JN440456

한영수교 140년 만에
처음 쓰는
영국한인사
英國韓人史
김종백

한영수교 140년 만에
# 처음쓰는 영국한인사


| | | | |
|---|---|---|---|
| **초판1쇄** | 2024년 1월 22일 | **펴낸곳** | 도서출판 수문당 |
| | | **등록번호** | 제301-2012-209호 (2012.10.10) |
| **지은이** | 김종백 | **주소** | 서울 중구 수표로 45, 304호 |
| **주간** | 목홍균 | **전화** | 02-2266-1307, 02-2275-7305 |
| **발행** | 박병훈 | **팩스** | 02-2278-6153 |
| **제자** | 여천 김정화 | | |
| **북디자인** | 김정환 | **ISBN** | 978-89-5527-079-2 (03920) |

1883~2023
英國韓人史
金鍾白

1부

## 한영 교류, 그 속 깊은 뿌리

# 1

## 한국과 영국의 개항 전후사



# 2

## 구한말 영국에 온 한국인들



# 3

## 영국에 있는 한국의 해외 독립운동 유적지



# 4

## 한국의 독립운동을 도운 영국인 독립유공자들

2부

# 뿌리를 내리는 재영한인의 역사

## 5 영국 한인사



## 6 한국기업의 영국 진출사



## 7 뉴몰든 코리아타운의 역사

3부

## 거목으로 뿌리 내린 영국 속 코리안

## 8 재영한인회 역사



## 9 영국 한인사회의 각종 단체



## 10 영국 한인들의 종교 활동

4부

## 한인 2세와 참전용사, 모두 더불어 삽니다

### 11
### 영국의 한국 학교, 한글 교육



### 12
### 재영 한인과 한국전 참전용사



### 13
### 주영한국대사관과 역대 대사들



### 14
### 영국을 방문한 역대 한국 대통령들

# 이한응과 베델, 韓英 두 독립운동가의 묘비문墓碑文

**앙천통곡하다가 자결하고 말았으니 꽃답도다 공의 위국단성이여, 빛나도다 공의 고매장렬한 정기여. 공은 진실로 애국의 회신이요, 의인 중의 의인이로다.**

**마침내 한을 품고 돌아갔으니, 이것이 공의 공다운 점이고 또한 뜻있는 사람들이 공을 위해 이 비를 세우는 까닭이로다. 드높도다 그 기개여, 귀하도다 그 마음씨여. 아! 이 조각돌은 후세를 비추어 영원히 꺼지지 않을 것이다.**

닮은 듯 다른 두 독립운동가의 묘비문墓碑文. 위는 건국훈장 독립장을 서훈한 이한응 열사의 비문이며 아래는 건국훈장 대통령장을 서훈한 어니스트 베델 선생의 비문입니다.

이한응 열사는 1874년 조선에서 태어나 1901년 외교관의 신분으로 영국에 갔고 1905년 영국에서 순국했습니다. 베델 선생은 1872년 영국에서 태어나 1904년에 언론인의 신분으로 한국에 갔고 1909년 한국에서 순국했습니다.

국적이 다른 두 독립운동가는 생전에 만난 적이 없습니다. 뱃길 따라 떠난 지구 반대편 먼 이국에서 온몸으로 일제에 항거했고 그 뜻을 이루지 못해 앙천통곡하다가 자결했으며, 마침내 한을 품고 돌아가셨습니다. 두 독립운동가는 모두 내 나라가 아닌 이국에서 순국했습니다. 이한응 열사의 유해가 배에 실려 고국으로 돌아와 고향 용인에 안장되고 4년 후 영국인 베델 선생은 양화진외국인선교사묘원에 안장되면서 두 독립운동가는 모두 한국에서 영면하게 됩니다.

영국 런던에는 이한응 열사의 순국 현장인 옛 주영한국공사관이 있습니다. 영국 브리스톨Bristol에는 베델 선생의 생가가 있습니다. 두 곳 모두 유적지가 아닌 일반인이 사는 주택이 됐고 역사는 하루하루 옛 기억이 되어 갑니다. 우리가 간직하지 못한 유적지를 후손에게 남길 방법은 없습니다. 두 독립운동가는 영국과 그토록 사무친 인연을 갖고 있지만 영국 땅에서 오히려 더 외롭습니다.

한국에서 영국으로, 영국에서 한국으로 우리가 한영 교류를 얘기할 때 조영상호수호조약이나 한국전쟁 참전용사를 누구나 거론하지만, 우리 역사의 가장 암울한 시기에 역사의 큰 부분으로 자리했던 두 항일 독립운동가는 추모의 빛이 많이 바랜 느낌입니다. 그래서인지 두 분의 인연을 보고 있자면 단순히 우연이라기엔 너무 운명적으로 가슴에 박힙니다.

영국한인사는 이한응과 베델, 韓英 두 독립운동가의 이야기를 써달라는 원고 청탁받으면서 가벼운 마음으로 시작했는데 하면 할수록 길고 어려운 길로 들어섰구나, 후회막급했지만 나름 그 과정에 궁금했던 과거를 알아가는 기쁨이 큰 힘이 됐습니다.

**"어릴 때 이미 뱃사람이 된 22살의 경상도 청년이 1917년 일본 원양어선을 타고 런던에 도착한다. 난생처음 마신 위스키에 취해 일본 선장에게 월급을 올려달라고 대들었더니 런던 항구에 그를 버려두고 일본 배는 떠나버렸다. 영어 한마디 할 줄 몰랐던 그 청년은 최초의 영국 교민이 되었을까?"**

**"러시아 북쪽 끝 무르만스크까지 쫓겨가 일하던 조선인 노동자 중 200명이 1차 세계대전이 끝나자, 영국 군인과 함께 산타엘라나 호를 타고 에딘**

**버려에 온 것이 1919년. 147명은 조선으로, 35명은 프랑스로 간다. 행방을 알 수 없는 18명의 조선인은 영국에 남았을까?"**

16세기 조선에서 만든 '천하도'라는 신비한 상상의 세계 지도를 보면 영국쯤 되는 위치에 있는 나라를 '일에 바쁜 황소 주둥이를 가진 흰색 인간들이 사는 나라'라고 이름 지었습니다. 지도 상 다른 국가들의 이름을 보면 '머리가 셋인 인간들이 사는 나라', '경멸스러운 나라', '내장이 없는 인간들이 사는 나라' 등으로 표현한 것에 비하면 영국을 경험한 적이 없는데도 참 후하게 표현해 주었다는 느낌이 듭니다. 물론 우연이지만.

영국에는 4만 명이 넘는 한인이 살고 있습니다. 독일과 함께 유럽에서 가장 많은 한인이 산다고들 합니다. 런던에는 유럽 최대 규모의 한인타운이 있습니다.

유럽 한인의 이주는 과거 강제 이주나 마지못해 끌려간 식의 눈물겨운 디아스포라가 아니라 대부분 자발적 이주자입니다. 그 가운데에서도 영국 한인들의 이주는 유학생, 주재원 등으로 온 경우가 많아 더 그렇습니다. 그래서인지 영국의 한인들은 자신이 사는 영국을 16세기 조선의 '천하도'처럼 후하게 평가하는 편입니다.

중국 동포와 탈북민도 유럽 국가 중 영국에 가장 많이 사는데 이들에게도 영국은 자기들이 선택한 국가입니다. 그래서 이렇게 어울려 사는 모습을 두고 통일 한국의 모습을 미리 본다고 좋게 말하기도 합니다. 모든 삶이 그렇듯 영국의 한인들의 삶, 그 안에는 또 다른 삶의 애환이 있습니다. 〈한영수교 140년 만에 처음 쓰는 영국한인사〉에 이를 모두 담으려 노력했습니다.

누구나 낯선 땅으로 이주하면 당연히 사회적으로 마이너리티가 됩니다. 언어, 문화, 사고, 생활 방식의 차이는 소수자들에게 더 힘겨운 삶의 요건입니다. 지금처럼 다문화사회가 어색하지 않고 디아스포라가 보편화된 현실과 달리 소수자의 존재를 이해하지 못하는 사회적 편견이 있던 시절, 그러한 장소에서 사회적 마이너리티로 살아온 날들을 기억하는 것도 매우 중요한 역사라고 생각합니다. 어제와 오늘을 기록하는 역사는 바로 내일을 위한 역사이기 때문입니다.

이 책 〈한영수교 140년 만에 처음 쓰는 영국한인사〉는 단지 '첫 삽'일 뿐입니다. 역사는 획일적일 수 없고 특히 현대사는 하한선이 없듯 이 책으로 영국한인사가 규정되고 이 책으로 영국한인사가 단락되는 것이 아닙니다. 그걸 바라지도 않고 그렇게 되어서도 안 됩니다. '영국한인사'가 작은 동네, 적은 인원이 만든 140년 남짓의 짧은 역사라 해도 그 어디 빈약한 역사라고 함부로 말할 수 있을까요. 또한 모든 분야, 모든 단체, 모든 이들에게 역사가 있는데 이 책에서 다룬 분야와 단체와 사람들은 그들 가운데 일부분에 지나지 않을 것입니다. 그리 보면 역사는 빈약하지 않은데 이 책처럼 늘 기록이 빈약합니다.

이제부터는 이 책이 간과한 것들을 채워 영국한인사를 정립하고 이어줄 누군가를 기다리며 살듯합니다.

2023년 12월

〈한영수교 140년 만에 처음 쓰는 영국한인사〉 저자

김종백 올림

책을 펴내면서…

# 우리들의 기억記憶을 기록記錄했습니다

'영국한인사 편집자'인 목홍균 씨가 처음 '영국한인사'를 편찬하자는 제안을 했을 때 개인적으로 이한응 열사, 베델 선생의 독립운동 관련 글을 쓴 적이 있고 한인 원로들을 인터뷰했던 경험도 여러 차례 있어 영국의 한인사회에 있는 기록을 모아엮으면 되는 간단한 일로 생각했다. 그때까지 영국한인사라고 할 만한 책은 전혀 없었고 어쩌다 독일과 프랑스 중심의 유럽한인사라는 제목의 책 속 한 쪽에 구색을 갖추듯 실린 간략한 영국한인사가 전부였으며 그것도 영국에 사는 한인이 아닌 타인의 시각으로 쓴 내용이었다.

영국한인사를 영국에 사는 한인의 입장에서 쓴다는 것이 누군가는 해야 할 일이라거나 의미 있고 보람찬 일이라는 상투적인 말은 그만두고 최소한 기존의 영국한인사보다는 낫게 쓸 수 있을 것이라는 무지無知의 자신감이 나를 이 일에 불쑥 뛰어들게 했다. 방황과 깨달음의 시작이었다.

영국의 한인사회에는 영국의 한인에 관한 기록이 너무 없었다. 아니 남아있지 않았다고 해야 하나. 해외동포 현황이나 이민사 등과 관련한 연구원이나 교수들이 한국 정부 기관의 지원을 받아 영국에 와서는 한인 원로들을 만나 '여러분의 역사를 기록하려 합니다' 하니까 고마운 마음에 모든 자료를 건네 남은 게 없었다. 한인회보 창간호 보관용부터 초창기 교민회비 납부 내역까지 몽땅 내줬다고 한다. 주로 1990년대에 일어난 일인데 자료를 몽땅 쓸어간 그들이 쓴 우리 영국 한인들의 역사라고는 그들의 논문이나 보고서에 몇 쪽 들어가 있는 것이 전부다. 초기 영국 한인사회가 남긴 기록이 참 빈약한데 그런 빈약한 기록 가운데서 나온 소중한 얼마조차 그들에게 모두 건네고 남은 게 없었다. 몇 년 동안 묻고 구해도 초기 한인회보 한 부를 구할 수 없어 이 책에 싣지 못했다. 지금 우리에게는 소중한 그 기록물들이 어디에 있는지, 있기나 한지 아쉬운 대목이다.

하여 흩어져 있는 기록을 모아 엮으려던 손쉬운 계획은 자연스레 무산됐다. 그래서 기억을 모아야 했다. 기억을 기록해야 했다. 〈한영수교 140년 만에 처음 쓰는 영국한인사〉는 그분들의 기억을 기록한 책이다. 여러 귀로 듣는다는 방침을 세워 늘 목홍균 씨와 함께 사람들을 만났다. 재영동포 수백 명을 만난 듯하다. 박중희 선생, 장민웅 전 한인회장, 김장진 전 교장 등 우리에게 기억을 들려주고 책이 나오기 전에 돌아가신 분들이 많다. 은퇴한 80대의 전직 외교관 등 한국으로 들어간 이들에게는 메일로 질문서를 보내 오래된 기억을 되돌려 받았다.

그동안 한인사회에서 중요한 역할을 한 이들을 만나되 그 당시 함께 했던 주변 인물도 가까운 시일 내에 만나려 노력했다. 어느 한 분의 주장에 많이 기대지 않으려는 노력이었다. 내가 쓴 〈한영수교 140년 만에 처음 쓰는 영국한인사〉가 비록 빈약하고 허접할지라도 영국 한인들 역사의 기록인 만큼 내용 또한 주류문화 중심으로 쏠리지 않도록 만나는 이들을 다양하게 했다. 그래서 이 책에서는 주변인들도 기억의 주인공으로 단단히 축을 세웠다고 본다.

만난 이 한 분, 한 분이 역사였다. 기억을 풀자 그 시절 우리들 삶이 마치 직접 무대를 보는 듯 짜릿함으로 다가왔다. 이청득심以聽得心 이랬던가. 만난 이들의 기억 속 시간으로 갔다 온 듯한 경험이 여러 차례 있었다면 믿으실까. 대부분 기쁨과 희망보다는 고민과 걱정이 더 많았던 나날을 애써 보람으로 포장한 흔적까지… 그래도 소중한 기억을 꺼내서 들려주었고 내가 그 기억을 기록으로 만들 수 있게 해주었다.

어느 한 사람의 불분명한 주장이나 일방적인 기억은 다른 사람의 기억과 일치하는지 확인했다. 그래도 불분명한 기억은 기록이 되지 못했다. 그래서 누군가의 소중한 기억이 기록으로 남지 못한 경우도 있다. 아쉽고 미안하지만, 이 작업을 하면서 최소한 기록의 순간에는 개인이 가진 희비喜悲의 짙고 옅음에 거리를 둔다는 원칙을 세워 지켜야 했기 때문이다.

이런 원칙으로 〈한영수교 140년 만에 처음 쓰는 영국한인사〉를 만들었지만 행여 이 책 어느 부분의 기록이 누군가에게는 사실관계가 다르다고 받아들여지거나 유불리 하게 전해질 수 있을 것이기에 그 부분의 이해를 바란다. 우리는 관계에 따라 시각과 내용을 달리하지 않았음이 분명하기에 감히 이해를 바란다.

생각하고 계획했던 것보다 훨씬 오래 걸렸다. 정부나 공공기관, 기업이나 어떤 단체의 후원이나 협조를 구하지 않고 오로지 우리 힘으로 여기까지 왔다는 사실, 그래서 자유로웠음을 자부한다. 도움받지 않으니 간섭하는 이가 없어 좋았으나 닦달하는 이가 없어 느슨해지다 보니 시간이 자꾸 미뤄졌다. 더욱이 먹고사는 일이 우선이라 일하는 틈틈이 사람을 만나 기억을 모으고 기록을 만들다 보니 몇 해를 더 넘겼다.

'영국한인사 언제 나오느냐'고 묻던 분들이 '영국한인사 나오기는 나오느냐'고 질문을 바꿨다. 이제야 대답한다. '예'

〈한영수교 140년 만에 처음 쓰는 영국한인사〉. 긴 제목에 비해 결과물이 짧고 가벼울까 걱정되고 부끄럽다. 누군가가 더 채워줄 역사서, 나는 처음이라서 부실할 수밖에 없다는 핑계로 부끄러움에서 도망친다.

하지만 얼마나 장구한 것이 역사이랴. 따라서 내가 쓴 역사는 언제까지나 한 부분의 역사일 뿐이다. 누군가가 어떤 형태로든 또 다른 영국한인사를 쓰고 그렇게 언제까지나 이어지리라고 믿고 싶다. 그래서 영국한인사를 쓴 지난 몇 해 동안 나는 찰나와 순간의 아키비스트에 불과하다는 마음으로 있었다. 거창한 말이 아니라 완벽한 역사서를 쓰겠다는 욕심은 처음부터 접어두고 첫 역사서를 쓴다는 데 더 의미를 두었다는 말이다.

〈한영수교 140년 만에 처음 쓰는 영국한인사〉가 나오기까지 고마운 분들이 많다. 누구보다 이 길을 처음 제안해 무대를 마련해주고 이 길을 끝까지 함께 해준 목홍균 편집자님께 감사한다. 어쩌면 이번 '영국한인사'는 그분의 첫 삽이 없었으면 세울 엄두를 못 낼 신기루에 그쳤을 것이다.

즐거운 시간, 유쾌한 대화, 만났던 모든 이에게 감사한다. 그분들의 회상이 제대로 기록으로 옮겨졌는지 걱정이다. 한인사회의 원로들이 기꺼이 시간을 내주셔서 우리도 신나는 시간 여행을 했다. 기꺼이 후원금을 주신 주낙군 회장님께 감사드린다.

만났던 분 중 돌아가신 분들이 많다. 돌아가시기 전에 기억을 들려주셔서 다행이고 정말 고마운데 이 책을 보여드리지 못해 더 아쉽다. 그분들께 진심으로 감사드리며 명복을 빈다.

아내 이지영, 아마 이 책을 가장 오래 기다렸을 것이다. 나랑 같이 신문 〈한인헤럴드〉를 만드는 동료이자 영국한인사의 원고 작업을 도와준 입장에서 발간이 자꾸 늦어져 속이 터졌을 것이다. '영국한인사 나오기는 나오느냐'는 질문을 가장 많이 하고 싶었지만 정작 가장 많이 참았을 사람, 아직도 참고 있을지 모른다. 영국 신문 아카이브를 뒤져 귀중한 자료들을 찾아주고 번역해 준 딸 김바다, 아들 김산, 도와주고 기다려 준 가족이 고맙다.

2023년 7월

런던 코리아타운에서

김종백 쓰다

Parliament Hill
Junction Rd
Temple Park
Finchley Road
NW
PRIMROSE HILL
REGENTS PARK
WC
W
BAYSWATER ROAD
HYDE PARK
SERPENTINE
KENSINGTON GORE
KNIGHTSBRIDGE
GREEN PARK
ST JAMES'S PARK
SW
RIVER
Walham Green
Fulham Green

BACON'S
NEW MAP OF
LONDON,
DIVIDED INTO HALF MILE SQUARES & CIRCLES
SCALE FOUR INCHES TO THE MILE.
1부
한영교류,
그 속 깊은 뿌리
英國韓人史
1883~2023

# 1
# 한국과 영국의 개항 전후사

**영길리英吉利, 대불렬전大不列顚 그레이트 브리튼으로 불리던 영국.**

**한국과 지구 반대편 2만2천 리里 떨어진 나라, 한국과 영국은 처음 어떻게 서로를 알게 됐을까.**

영국이 한국을 처음 알게 된 16세기로 거슬러 올라간다. 영국 작가며 사제司祭인 리처드 해클루이트Richard Hakluyt의 〈영국의 주요 항해·탐험·발견The Principal Navigations, Voiages, Traffiques and Discoueries of the English Nation〉 이라는 책을 통해서 한국이 처음 영국에 소개됐다. 〈영국의 주요 항해·탐험·발견〉의 2편이 1599년에 출간됐는데 네덜란드판인 Linschoten's Voyages를 영어로 번역하면서 한국에 대한 부분적인 정보를 책에 실어 한국을 처음으로 영국에 알리게 된다. 이 책에서는 한국을 Coray라 부른다. 책이 나온 당시 조선은 선조 32년, 임진왜란, 정유재란의 7년 전쟁으로 나라가 황폐해진 때인데 책에서도 조일전쟁에 대해 많은 부분을 할애해 얘기한다. "강력한 왕권 국가인 Coray, 도요토미 히데요시가 거대한 군대를 보내 Coray를 침략했다, 일본은 중국을 정벌하러 나섰는데 Coray를 통해 가면서 군사 물자를 Coray에서 모두 충당해 Coray가 무척 힘들었다." 등의 전쟁 당시 조선의 어려운 사정을 많이 소개한다. Coray의 지리적 위치 등은 아주 간단히 언급된다.

해클루이트가 이 책을 쓸 시기 영국은 헨리 8세의 딸인 엘리자베스 1세가 다스리던 시기다. 스페인의 무적함대를 물리치고 명실공히 세계 바다를 누비는 영국의 황금시대였다. 엘리자베스 1세 여왕 즉위 전 영국(잉글랜드)은 해외 식민지가 없었다.

엘리자베스 1세

스페인을 비롯한 다른 유럽 국가들처럼 잉글랜드도 식민지를 만들어 부자가 되고 싶었다. 그래서 영국의 많은 탐험가가 부와 명예를 얻으려 동양과 신세계로 가는 새로운 바닷길을 찾아 나섰다. 그런 시대적 요구에 따라 규모가 큰 해적에 불과했던 프랜시스 드레이크는 최초로 세계를 일주한 인물로 기록되고 나중에는 해적에서 귀족이 됐다. 아메리카 해안에서 스페인의 보물선들을 약탈하는 것이 그의 직업이었지만 여왕은 그를 좋아했고 경卿 칭호까지 줬다. 동시대의 월터 롤리 경은 북아메리카에 식민지를 건설하려고 했다.

THE
PRINCIPAL NAVIGATIONS, VOYAGES, TRAFFIQVES AND DISCOVERies of the *Engliſh Nation*, made by Sea or ouer-land, to the remote and fartheſt diſtant quarters of the Earth, at any time within the compaſſe of theſe 1600 yeres: Diuided into three ſeuerall Volumes, according to the poſitions of the Regions, whereunto they were directed.

The firſt Volume containeth the worthy Diſcoueries, &c. of the *Engliſh* toward the North and Northeaſt by Sea, as of *Lapland, Scrikfinia, Corelia*, the Baie of *S. Nicolas*, the Iſles of *Colgoieue, Vaigatz*, and *Noua Zembla*, toward the great Riuer *Ob*, with the mighty Empire of *Ruſſia*, the *Caſpian* Sea, *Georgia, Armenia, Media, Perſia, Boghar* in *Bactria*, and diuers kingdomes of *Tartaria*:

Together with many notable monuments and teſtimonies of the ancient forren trades, and of the warrelike and other ſhipping of this Realme of *England* in former ages.

*VVhereunto is annexed a briefe Commentary of the true ſtate of* Iſland, and of the Northren Seas and lands ſituate that way: As alſo the memorable defeat of the *Spaniſh* huge *Armada*, Anno 1588.

¶ The ſecond Volume comprehendeth the principall Nauigations, Voyages, Traffiques, and diſcoueries of the *Engliſh* Nation made by Sea or ouer-land, to the South and South-eaſt parts of the World, as well within as without the Streight of *Gibraltar*, at any time within the compaſſe of theſe 1600. yeres: Diuided into two ſeueral parts, &c.

¶ By RICHARD HAKLVYT Preacher, and ſometime Student of Chriſt-Church in Oxford.

¶ Imprinted at London by *George Biſhop, Ralph Newberie*, and *Robert Barker*.
ANNO 1599.

1599년 발간된 해클루이트의 <영국의 주요 항해·탐험·발견>. 한국을 영국에 소개한 최초의 책이다.

한국을 영국에 소개한 최초의 책인 해클루이트•의 〈영국의 주요 항해·탐험·발견〉에는 영국인들의 초기 북아메리카 탐사에 대한 모든 것이 실려 있다. 그는 북아메리카를 영국의 식민지로 해야 한다고 주장하며 끊임없이 해외로 진출해 영국의 부富와 무역을 축적하고 팽창해야 한다고 주장했다. 해클루이트는 성직자였고 파리에 있는 영국 대사관의 목사로 파견되기도 했으나 다른 나라의 무역, 기업 정보를 수집하는 정보원 역할에 더 열정적이었다고 할 수 있다. 당시 유럽인들 모두가 그러했듯 해클루이트에게 있어서 조선은 세계 무대에서 미미한 영향을 미치는 극동의 아주 작은 나라에 불과했다. 당연히 Coray에 그다지 관심을 두지 않아 책을 통해 소개한 내용도 많지 않다. 따라서 그의 저서 〈영국의 주요 항해·탐험·발견〉은 영국에 한국을 알린 최초의 사례라는 점에 의의가 있을 뿐 한영 관계에 미친 영향력은 거의 없다.

• 해클루이트Richard Hakluyt(1552~1616) 영국의 지리학자. 사제. 옥스퍼드대학교 최초의 근대적 지리학 교수로 평가됨. 그가 활동했던 시대에 정치적 영향력을 가진 학자였다. 엘리자베스 1세 시대 북아메리카의 식민지화를 비롯해 해외 진출의 필요성을 집요할 정도로 주장한 것으로 유명하다. 많은 저술을 남겼으며 그 가운데 <영국의 주요 항해·탐험·발견>은 오늘날까지 다른 어떤 지리 관련 서적보다 학식과 포괄성에 있어서 뛰어나다는 평가를 받는다.

## 부산 앞바다에 나타난 최초의 이양선은 영국 배

영국이 본격적으로 한국에 관심을 쏟게 된 것은 18세기 말부터다. 유럽 국가들과 중국의 교역이 증가하던 시기로 동아시아 해역을 항해하는 서양 선박이 급격히 많아지자 지역과 대양을 탐사, 측량하여 무역로를 개척하는 작업이 필요했다. 해안, 해도 측량이 주목적이었던 영국 해군 '프로비던스호'는 윌리엄 브로튼William Robert Broughton의 지휘 아래 1794년부터 1798년까지 북태평양과 아시아 해역을 항해했는데 항해 도중 1797년 10월과 11월 한국 해안에 도착했다. 브로튼 선장과 부하들은 부산에 상륙했다.

프로비던스호는 우리 사료史料에 처음으로 '이양선異樣船●'으로 기록된 배다. 우리나라 배와 생김새가 달라 '모양이 다른 배'라는 뜻으로 외국 배를 '이양선'이라 불렀다.

프로비던스호는 40t, 포 16문, 길이 33m 크기로 그 당시 잘 알려지지 않은 북태평양을 탐사했는데 타타르 해협으로부터 조선의 영흥만 앞바다를 거쳐 동해안을 따라 남하하면서 관측한 후, 부산 동래포에 상륙했다.

1797년 10월(정조 21년) 부산에 이 배가 나타나자 경상도 관찰사였던 이형원과 동래부사 정상우 등은 프로비던스호의 제원을 조사해 보고했는데 조선 조정에서는 특별한 반응을 보이지 않았다. 그런데 현계흠이라는 천주교인이 프로비던스호에 승선한 뒤 "이런 배 한 척만 있으면 조선의 전선 100척은 쉽게 무찌를 수 있다."고 말했다가 고문당하고 투옥되었다. 정조 21년 또 다른 사료에 "외국인 50명이 표착하여 배에 올라 보니 쌀 3,000섬(1섬=144kg)을 실을 수 있다."고 부산 동래포에서 보고한 기록이 남아있다.

프로비던스호는 지금 강원도 고성 북쪽 바다에서 울릉도로 보이는 아르고노트Argonaute 섬을 발견했다고 주장했는데 그래서 1820~50년경 만들어진 서양 지도에는 우리나라 동해에 울릉도가 2개 그려진 것이 종종 발견된다. 프로비던스호보다 10년 전(1787년 정조 11년)에 세계 일주를 하는 과정에 조선의 동해와 남해를 탐사하러 온 프랑스 배 라페루즈의 부솔호가 서양배로는 최초로 울릉도를 목격했다. 배에 타고 있던 천문학자 다줄레의 이름을 따 다줄레 섬Isle Dagelet 이라 했다. 그래서 당시 지도에는 먼저 발견한 다줄레 섬과 프로비던스호가 발견했다고 주장하는 아르고노트 섬이 함께 나온다. 하지만 얼마 지나지 않아 아르고노트 섬은 근거가 없다고 판명돼 세계 지도에서 사라진다. 그러나 다줄레 섬은 울릉도의 또 다른 이름으로 1950년까지 세계지도에 표기됐다.

● 이수광의 <지봉유설芝峯類說>에 영길리永吉利 선박이 영흥 앞바다에 도착했다는 기록이 있다. 이 내용은 1614년 영국의 동인도회사의 캡틴 사리스Captin Saris가 에드먼드 사리스Edmond Saris를 일본 대마도에서 조선 연안으로 출동시켜 직물 시장 개척 가능성을 조사하게 했다는 기록과 일치되는 것으로 판단되며, 이는 조선이 이양선의 실체를 처음으로 접한 사건이라 할 수 있다. [자료 : 우리역사넷]

프로비던스호에 대한 당시 기록을 보자.

정조 21년(1797) 9월 6일 조선왕조실록에 "경상도 관찰사 이형원이 보고하기를, '이국의 배 1척이 동래 용당포(지금의 부산시 남구 용당동) 앞바다에 표류해 이르렀습니다. 배 안의 50인이 모두 머리를 땋아 늘였는데, 어떤 사람은 뒤로 드리우고 머리에 백전립을 썼으며, 어떤 사람은 등으로 전립을 묶어 매었는데 모양새가 우리나라의 전립(戰笠: 조선 시대에 무관이 쓰던 모자의 하나)과 같았습니다. 몸에는 석새[三升 : 삼베] 옷을 입었는데 모양새가 우리나라의 협수(挾袖 : 조선시대 군복의 일종)와 같았으며 속에는 홑바지를 입었습니다. 그 사람들은 모두 코가 높고 눈이 파랗습니다. 역관을 시켜 그 국호 및 표류해 오게 된 연유를 물었더니, 한어漢語·청어淸語·왜어倭語·몽고어蒙古語를 모두 알지 못하였습니다. 붓을 주어 쓰게 하였더니 모양새가 구름과 산과 같은 그림을 그려 알 수 없었습니다.' 하였다."

또 다른 보고서에는 "삼도 통제사 윤득규가 보고하기를, '동래 부사 정상우의 정문에 용당포에 달려가서 표류해 온 사람을 보았더니 코는 높고 눈은 푸른 것이 서양 사람인 듯하였다. 또 그 배에 실은 물건을 보니 곧 유리병·천리경·무공은전(無孔銀錢: 구멍이 없는 은화)으로 모두 서양 물산이었다. 언어와 말소리는 하나도 알아들을 수 없고, 오직 낭가사기浪加沙其라는 네 글자가 나왔는데 이는 바로 왜어로 장기도長崎島이니, 아마도 상선이 장기도부터 표류하여 이곳에 도착한 것 같다. 우리나라 사람을 대하여 손으로 대마도對馬島 근처를 가리키면서 입으로 바람을 내고 있는데, 이는 순풍을 기다리는 뜻인 듯하다.' 하였습니다. 하니, 그들이 원하는 대로 순풍이 불면 떠나보내도록 하라고 명하였다."고 했다.

정약용의 〈다산시문집〉에는 배 내부 기록이 있다. "동래부사의 말을 들으니 '그 선제가 마치 우리나라의 거북선, 귀선龜船과 같았고, 개판 위로 창문을 내어 출입하도록 되었는데, 나사 모양의 사다리를 만들어 빙빙 돌아서 승강하였다. 좌우의 판 안에 여러 개의 방이 배열되어 있고, 그 판을 뚫어 창문을 만들었는데 모두 유리를 붙였으며, 배 안을 들여다보니 붉은색의 칠이 황홀하였다. 개, 돼지, 오리 등의 가축을 기르는 곳도 이상스럽게 정결하였다. 또 한 곳을 보니 장창 수백 자루를 쌓아놓았고, 사람마다 조창 하나씩을 차고 있었다. 그리고 배의 네 귀퉁이에는 모두 대포를 설치하였으며, 세 개의 돛대를 세웠는데 끊을 수도 있고 이을 수도 있어 그 장단을 마음대로 조절하게 하였다. 그들은 또 언덕 위에 소가 가는 것을 보고 두 손을 이마 위에 세워 소뿔의 형상을 하면서 달라고 요구해 왔으나 동래 사람들은 끝내 주지 않았다.' 하였다. 조창은 조그마한 것이 마치 필률(악기의 한 가지)과 같이 생겼는데, 화문(꽃무늬)을 돌로 장식하였으며 발사하면 불이 나간다. 그들은 이를 사용하는 솜씨가 매우 재빠르다."

정조 21년 10월 4일 조선왕조실록에는 잘못된 보고가 나온다. "전에 동래에 표류해 온 배에 대해 어떤 사람은 이르기를 '아마도 아란타阿蘭 사람인 듯하다.' 하였는데, '아란타는 어느 지방 오랑캐 이름인가?' 하니, 비변사 당상 이서구가 아뢰기를, '효종조에도 일찍이 아란타의 배가 와서 정박한 일이 있었는데, 신이 어렴풋이 일찍이 동평위의 문견록에서 본 기억이 납니다. 아란타는 곧 서남 지방 번이의 무리로 중국의 판도에 소속된 지가 또한 얼마 되지 않습니다. 명사明史에서는 하란賀蘭이라고 하였는데 요즘 이른바 대만臺灣이 바로 그곳입니다.' 하자, 우의정 이병모가 아뢰기를, '주달한 바가 두루 흡족하니 참으로 재상은 독서한 사람을 써야 합니다.'라고 적었다." 이는 잘못된 내용이다. 아란타는 네덜란드를 말하는데 프로비던스호는 영국 배다.

브로턴 함장의 프로비던스호는 2년간의 태평양 탐사 도중 안전한 항구를 찾아 동래에 닻을 내렸다. 브로턴 함장은 귀국 후 〈코리아 남동해 초산항 스케치A Sketch of Thosan Harbor S.E. Coast of Corea〉라는 도면을 영국 해군 수로부에 제출했다. 부산항을 '초산항'이라고 한 것처럼 지도에 나온 지명의 표기가 여러 가지다. 예컨대 부산항은 '초산항' 외에도 Tshosan, Chosan, Tchosan, Thosan, Tshesan, Chousan, Thesan 등 무려 7가지 지명으로 표기됐다. 주민들과 말이 통하지 않아 브로턴이 항구 이름을 묻자 '초산'이라고 대답했던 것으로 항구 이름이 아니라 '조선', 즉 나라 이름을 불러준 것이다. 또한 브로턴은 남해안을 '토상Thosang', 조선국을 '토상고Thosango'로 썼다. 오륙도에 관한 서술도 있는데 바위가 검게 보인다고 '검은 바위들Black Rocks'이라 했다.

### 조선에 처음 성경을 전해준 영국 배 알세스트Alceste호, 리라Lyra호

이양선을 타고 온 영국인과 조선인이 제대로 만난 것은 1816년 9월 조선의 서해안을 탐사한 영국 군함 '알세스트Alceste호'와 '리라Lyra호'에 의해서다. 이 두 척의 영국 해군 함정은 조선에 오기 7개월 전 중국 주재 대사로 부임하는 암허스트J.W. Amherst 백작을 태우고 영국을 출발했다. 알세스트호는 맥스웰Murry Max well 대령, 리라호는 홀B. Hall 중령이 각각 지휘했다. 이들 함대는 멀리 아프리카 해안을 돌아가는 6개월이 넘는 항해 끝에 8월 11일 중국에 도착해 암허스트 대사를 내려주고 한국 서해안 탐사에 나섰다. 한국에 대한 정보가 전혀 없었던 영국 해군은 이 기회에 한국 해안을 조사하고 이 지역 주민에 대한 정보를 수집할 목적으로 항해에 나선 것이다. 백령도를 거쳐 9월 4일(순조 16년 음력 7월 18일)에 마량진에 도착한다. 마량진에 오기 전 영국 배는 여러 섬에 들러 그곳에서 만난 조선인들과 교류하려 했다.

마량진 한국최초성경전래지 기념비

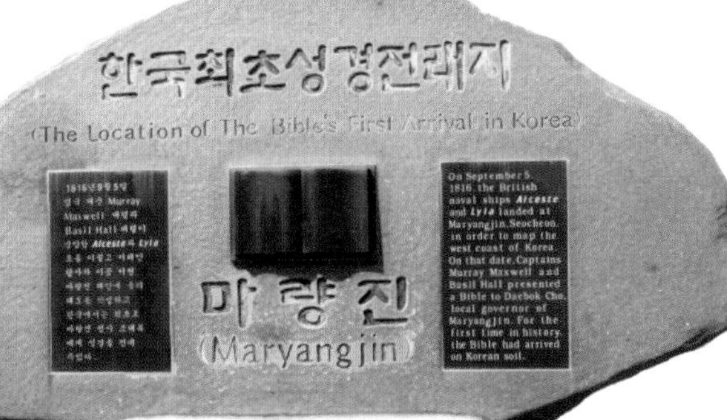

함대에서 기독교 선교를 전담했던 클리포드 대위는 선물, 성경, 전도지 등을 실은 손수레를 끌고 다니면서 이를 주민들에게 나눠주며 그들의 호기심을 끌어보려 했지만, 조선 백성들은 어떤 교섭에도 응하지 않았다. 마량진에 배가 정박하자 조선에서는 마량진첨사馬梁鎭僉使 조대복趙大福과 비인현감庇仁縣監 이승열李升烈을 문정관으로 정하여 배에 파견했다.

서기 겸 수행원이었던 엘리스H. Ellis가 1817년 런던에서 출간한 <극동항해보고서Journal of the Proceedings of the Late Embassy to China>와 군의관이었던 맥레오드J. M'Leod가 같은 해 출간한 <극동항해기Narrative of a Voyage, in His Majesty's Late Ship Alceste> 등 2권의 서적에 당시 조선인과 영국인의 만남이 상세히 묘사되어 있다. 맥레오드는 조선인을 평가하기를 "우리가 만난 모든 조선인의 행동에는 인간적인 솔직함이 있었으며 무례하다고 생각할만한 성향은 없었다."고 했다.

또한 이 책에는 조선에 최초로 성서가 전래된 사실이 기록되어 있다.

다음은 맥레오드의 항해기 중에서 성서 전래에 관한 부분 요약. "1816년 9월 5일 첨사 조대복은 알세스트호의 선상에서 문정을 하면서 맥스웰 함장에게 중앙 정부로부터 회신이 있을 때까지 기다려 줄 것을 강력하게 요구하였다. 맥스웰 함장은 첨사에게 여러 가지 선물을 주면서 그의 마음을 사보려고 애썼으나 그는 완강히 거절하였다. 그러나 배의 서가에 들어간 첨사는 벽면 서가에 꽂혀 있는 수많은 책을 보자 노기가 풀렸고 호기심에 가득찬 눈으로 이책 저책 만져 보다

<극동항해기>에 당시 조선인과 만남이 상세히 묘사되어 있다. 책에 실린 그림은 서양인이 조선을 방문해 조선 사람의 모습을 사실적으로 그린 최초의 채색 그림으로 추정된다. 가운데 갓을 쓰고 앉은 이는 첨사 조대복으로 조선 최초로 성서를 전해 받았고 최초로 체리 브랜디를 마셨다고 기록했다.

가 유달리 크고 장정이 가장 아름다운 성서를 뽑아서 이리저리 뒤져 보면서 '좋다'를 연발하였다. 첨사는 물론 그 책이 성서bible인 것은 알지 못하였다. 맥스웰 함장은 첨사가 하선할 때에 그 성서를 선물로 주었다. 첨사는 성서를 받을 때 종교적 의식을 행하는 것과 같이 정중하게 받았으며 공문서를 다루는 것과 같이 신중하게 해안으로 옮겼다."

최초로 성서가 전달됐다는 사실은 리라호의 선장이었던 홀이 1818년 런던에서 발간한 〈조선 류큐 항해기Account of a Voyage of Discovery to the West Coast of Corea〉에도 나온다. 다음은 홀이 쓴 항해기 중 현감 이승렬이 책을 받을 때의 상황 요약이다. "홀 일행이 마량진에 도착한 이튿날인 1816년 9월 5일에 첨사 조대복은 비인현감 이승렬을 대동하고 다시 리라 호를 방문하여 문정을 계속하였다. 배의 서가에서 현감 이승렬은 학식 있는 사람으로 보이고 싶어 하는 눈치였다. 책을 함부로 뒤적거리면서 그중 한 권을 품에 안고 구걸하는 표정을 지으며 자기에게 달라는 것이었다. 그가 택한 것이 대영백과사전 중의 한 권이었으므로 홀 함장은 부득이 거절할 수밖에 없었다. 그 대신 더 아름다운 책을 주었다. 현감 이승렬은 그것을 대단히 기쁘고 감사하게 받았다."

다음은 홀이 쓴 항해기 중 첨사 조대복이 성서를 받을 때의 상황 요약이다. "알세스트호와 리라호가 마량진을 막 떠나려고 할 때 조대복은 알세스트호로 맥스웰 함장을 다시 방문하였다. 조대복은 어떠한 선물도 받지 않으려 했지만, 선실에서 서적을 구경하는 동안 성서에 마음이 끌리는 것 같았다. 그러나 우리들이 선물로 주겠다고 했을 때 거절했다. 그러나 그가 선실을 떠날 때 다시 권하였더니 이번엔 사양하지 않고 감사한 표정으로 받아 기분 좋게 돌아갔다." [인용:크리스천 투데이]

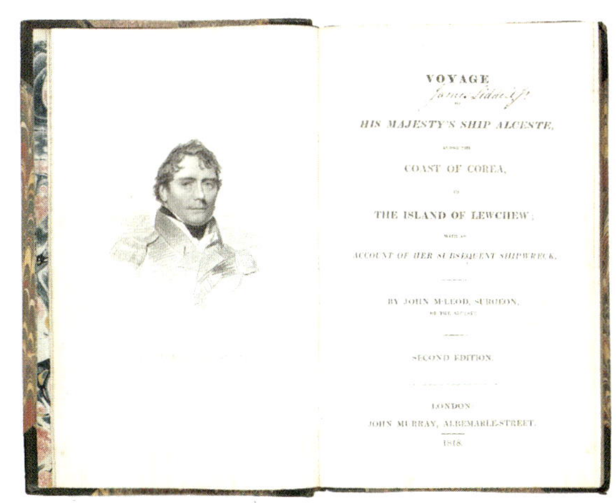

맥레오드J. M'Leod의 <조선항해기>

알세스트Alceste호 군의관이었던 맥레오드J. M'Leod가 1817년 런던에서 출간한 〈극동항해기〉에 당시 조선인과 만남이 상세히 묘사되어 있다. 책에 실린 그림은 서양인이 조선을 방문해 조선 사람의 모습을 사실적으로 그린 최초의 채색 그림으로 추정된다. 가운데 갓을 쓰고 앉은 이는 첨사 조대복으로 조선 최초로 성서를 전해 받았고 최초로 체리 브랜디Cherry Brandy를 마셨다고 기록했다. 현감 이승열이 청진기를 사용한 서양식 진료를 최초로 받았다는 내용도 있다.

## 조선에 처음 통상을 요구한 이양선도 영국 배

507톤급 범선 '로드 애머스트' 호가 1832년(순조 32) 서해에 나타났다. 이 배가 우리나라에 최초로 교역을 요구한 이양선으로 영국 동인도회사東印度會社 East India Company의 상선이었다. 영국 모직물 판매 시장을 개척하고 선교도 할 목적이었다. 로드 애머스트 호는 타이완을 거쳐 조선 서해안과 제주도, 일본 오키나와까지 항해한다는 계획을 세우고 린제이Hugh Hamilton Lindsay를 책임자로, 선장을 포함해 67명의 승무원이 승선했다. 이 배에는 한국에 온 최초의 개신교 선교사인 칼 귀츨라프Karl Friedrich August Gutzlaff(1803~1851)•가 있었다. 그는 독일 루터교 목사로 중국어에 능통한 의사 겸 선교사였다. 1828년 태국을 방문한 최초의 개신교 선교사로 방콕에서 선교하면서 태국어로 신약성경 전체와 구약성경 일부를 번역했다. 언어의 귀재였다고 평가받는데 모국어인 독일어 외에 영어, 네덜란드어, 태국어, 중국어, 일본어에 능해서 많은 저술과 번역을 했다.

로드 애머스트 호는 1832년 2월 27일 중국 광동을 출발해 처음 군산 만에 나타났다가 황해도 몽금포에 도착했다. 이들과 처음 마주친 조선인들은 어부였다. 어부들은 이방인들에게 떠나라는 몸짓을 했지만, 한편으로 해안으로 초대해 생선과 술을 대접했다. 그리고 어부들은 관리를 데리고 와 이방인들과 만나게 했다. 조선의 관리들을 만난 선장이 조선 국왕에게 통상을 요구하는 편지를 전달함으로써 애머스트 호는 조선에 공식적으로 통상을 요구한 최초의 서양 선박이 된다. 이틀 만에 몽금포에서 철수해 23일경 녹도에 닿았는데 조선 관리들이 더 안전한 항구로 옮길 것을 요구해 충청도 홍주의 고대도에 최종 정박했다.

린제이는 문서와 예물••을 국왕에게 바치며 여러 차례 통상을 요구했으나 조선 조정에서는 "조선은 상국인 대청에 예속돼 있어 속국이 비밀리에 다른 나라와 외교를 할 수 없다"고 거절했다. 그들이 가지고 온 상품은 광목, 모직물인 대니와 우모견, 유리그릇, 시계 등이었고 그들이 요구한 것은 금, 은, 동, 약재 등이었다.

이들은 약 두 달간 조선에 머물렀다. 이때 조선에 감자 재배법이 전해졌다고 하는데 1862년 김창한이 저술한 〈원저보圓藷譜〉에 "1832년 전라북도 해안에 머문 영국 상선에 타고 있던 선교사가 씨감자를 나눠주고 재배법을 가르쳐 주었다."는 내용이 나온다. 여기에 나오는 선교사가 귀츨라프 목사다.

• 루터교 목사이자 선교사인 칼 귀츨라프 목사는 선교목적으로 한국에 찾아온 최초의 개신교 선교사이다. 그는 1832년 7월 17일부터 8월 17일까지 우리나라를 방문했다. 특별히 고대도(충남 보령시)에서 7월 25일부터 8월 12일까지 머물면서 선교 활동을 했다. 이때 조선에 통상을 요청하는 서신과 성경을 진상했으며, 고대도 주민들에게 감자 재배법과 야생 포도주 제조법을 알려주었다. [출처 : 기독일보]

•• 영국인들이 국왕에게 전달해달라고 억지로 맡긴 것은 대니 청색, 홍색, 흑색, 포도색 각 1필, 우모견 홍색, 청색, 황색, 종려색 각 1필, 광목 14필, 망원경 2개, 유리그릇 6개, 금 단추 6개, 성서 등 서적 26종이었다.

귀츨라프는 1834년 〈The Journal of Three Voyages along the Coast of China in 1831, 1832 & 1833 with Notices of Siam, Corea and Loo Choo Island〉라는 항해기를 발간한다. 이 책에서 조선의 첫인상을 이렇게 썼다. “조선인들은 아주 비참한 상태에서 살고 있다. 토지가 비옥해 꽃이 잘 자라는 것을 보고 주민들이 열심히 일하면 이 황야를 에덴동산으로 바꿀 수 있다. 그러나 주민들이 게으른 이유가 주민이 게으르다고 비난할 수 없다. 힘을 쓰는데 필요한 자극이 부족하다. 정부는 주민이 노동의 열매를 향유하도록 허용하지 않았다. 주민은 겨우 하찮은 생필품 외에 어떤 물건도 소유하는 데 무관심했다. 조선인은 세상에서 가장 사람을 싫어하는(misanthropical) 민족이라 하지만, 협박과 상처를 입혀서라도 침략자를 충분히 물리칠 수 있는 용기를 가진 민족이라고 말해 주고 싶다. 처음 조선인을 면담할 때부터 매우 의아하게 생각한 점인데, 그들이 겁이 많으며 무엇이든지 강하게 요구하면 불평 없이 굴복한다는 나의 선입관을 입증할 만한 어떤 충분한 근거를 찾지 못하였다. 조선인들이 우리에게 냉담한 감정을 나타낸 것은 분명하지만, 악의 없는 외국인을 겉으로 원수같이 대접할 때 마음속에 갈등을 일으키고 있음을 알아차렸다. 모든 인간의 가슴속에 있는 인간의 타고난 감정을 없앨 수는 없기 때문이다.”

칼 귀츨라프 목사

동양 사정에 밝은 귀츨라프는 조선의 천주교 박해와 통상수교 거부정책(쇄국정책)을 잘 알고 있었다. 그렇지만 그의 선입관과 달리 조선인이 매우 용감하고 인정이 많다는 좋은 인상을 받은 것으로 보인다.

귀츨라프 목사는 한국 교회사에서 매우 중요한 인물로 꼽힌다. 한국 사람들에게 한문 복음서를 전해 줌으로써 한국에 성경을 전해 준 선교사로 기록된다. 그는 조선에 머물 때 섬사람들을 만나 성경과 의약품을 나누어 주었는데 그가 쓴 항해기에 성경을 전해준 내용이 나온다. “우리들은 해변에 상륙하여 큰 어선이 있는 곳으로 갔다. 정부 관리의 감시가 없는 해안이었으므로 어부들은 우리를 친절히 대하여 주었다. 내가 복음서를 몇 권 주었더니 그들은 너무 고마워 답례할 물건이 없음을 미안히 여기면서 잎담배 몇 개를 주었다.”

또 하나 주목할 점은 그가 성경의 ‘주기도문’을 우리나라 말로 번역한 일이다. 로드 애머스트 호가 조선 해안에 정박하자 조선의 관리들이 배를 조사하러 왔다가 검문을 마치고 돌아가려 할 때 비바람이 몰아쳐 배 안에서 밤을 새우게 됐는데 귀츨라프는 그날 한문으로 된 주기도문을 한국어로 번역했다. 배에 올라온 관리의 서생에게 한자로 주기도문을 써주고 한글로 그 옆에 토를 달아 번역하게 하였다.

이것이 부분적으로나마 한글로 성경을 번역한 첫 번째 사례가 됐다.

귀츨라프는 이때 배운 한글을 1832년 11월에 〈중국의 보고The Chinese Repository〉라는 잡지에 소논문 형태로 〈한글에 대한 소견Remarks on the Corean Language〉을 발표했다. 귀츨라프의 소논문은 조선에 와서 현지인을 통해 현지 언어인 한글을 채집하고 서양에 구체적으로 발표한 최초의 사례가 됐다.

애머스트 호가 왔을 때 조선은 순조의 세자인 효명세자가 대리청정하던 시기다. 영국 상선이 처음 통상을 요구하자 조선 조정은 청나라 황제의 허락 없이 외국과 통상할 수 없다고 통보했지만, 효명세자는 청나라를 벗어난 자주국가를 꿈꾸고 있었기에 전담 특사를 다시 보내 통상을 허락했고 고대도에 임시 상주할 것도 허락했다. 특사는 충청감사 홍희근이었다. 그가 린제이 일행과 교섭한 내용을 기록해 조정에 장계를 올리는데 영국에 관해 서술한 부분. "국명은 영길리국英吉利國 또는 대영국大英國이라고 부르고, 난돈蘭墩과 흔도사단忻都斯担이란 곳에 사는데 영길리국·애란국愛蘭國·사객란국斯客蘭國이 합쳐져 한 나라를 이루었기 때문에 대영국이라 칭하고, 국왕의 성은 위씨威氏이며, 지방地方은 중국中國과 같이 넓은데 난돈蘭墩의 지방은 75리里이고 국중에는 산이 많고 물은 적으나 오곡五穀이 모두 있다고 하였고, 변계邊界는 곤련昆連에 가까운데 곧 운남성雲南省에서 발원發源하는 한 줄기 하류河流가 영국의 한 지방을 거쳐 대해大海로 들어간다고 하였습니다. 북경北京까지의 거리는 수로水路로 7만 리이고 육로陸路로는 4만 리이며, 조선朝鮮까지는 수로로 7만 리인데 법란치法蘭治·아사라俄斯羅·여송呂宋을 지나고 지리아地理亞 등의 나라를 넘어서야 비로소 도착할 수 있다고 하였습니다."

애머스트호는 8월 17일 제주도에 들른 것을 마지막으로 조선과 작별했다.

이후 영국 배가 조선 연안에 나타나 통상을 요구하거나 평화적 통상 요구가 아닌 약탈, 무력 침공의 사례가 이어진다. 남아있는 기록을 보자.

- 1840년 영국 상선 2척이 제주목 대정현 가파도에 침입해 소를 약탈한다.
- 1845년 영국 군함 사마랑호가 제주도 정의현 우도에 침입 제주도와 전라도 해안 일대를 측량한다.
- 1859년 영국 상선 1척이 경상도 동래부 용당포에 와 소, 닭, 채소 등을 요구했다.
- 1859년 영국 상선 2척이 상해에서 일본으로 가던 중 와서 소, 닭, 채소, 쌀, 생선 등을 요구했다.
- 1860년 영국 상선 1척이 동래부 신초량에 와서 말을 사고자 했으나 거절했다.
- 1860년 영국 상선 1척이 일본에서 상해로 가던 중 전라도 영암군 추자도에서 난파, 조선 정부는 그들에게 배 2척과 식량을 빌려주고 보냈다.

이밖에 1866년 유대계 독일 상인인 오페르트가 영국 상선 '로나'호를 타고 충청도 서산군 조도에 와서 통상을 요구했고 같은 해 역시 영국 상선인 '엠펠러'호를 타고 충청도 해미현에 와서 통상을 요구했으나 두 번 모두 거절당했다. 자칭 인류학자라는 오페르트는 자신을 영국군이라고 속이고 두 차례 조선을 방문했다. 1868년 세 번째 방문에서는 러시아군이라 속이고 대원군의 아버지 남연군의 묘를 도굴한 '남연군분묘도굴사건'의 주인공이다.

### 조영수호통상조약

최초로 통상을 요구한 로드 암허스트 호 뒤에도 영국 함선들은 우리나라 연해를 탐방하며 조선 정부에 계속 통상을 요구했으나 오페르트의 남연군분묘도굴사건 이후 더욱 굳게 닫힌 조선의 문을 열지 못했다.

1860년 연해주를 영유하게 된 러시아 제국이 계속 남하 정책을 취하자 영국은 동아시아에서 자신의 권익을 지키기 위해 조선과 수교가 더욱 필요함을 느끼게 됐다. 당시 영국이 조선과 수교를 원한 것은 이전의 통상, 선교 목적과 달리 러시아의 남하 정책을 저지하기 위한 전략적 목적이 더 컸다.

1876년 대조선국과 대일본제국 사이 조일수호조약인 강화도조약이 체결된 뒤 고종의 특명으로 제1차 수신사 김기수가 일본에 갔을 때 주일영국공사 파크스Parkes, H.S는 그와 통상수교를 위한 담판을 했지만 수교에는 실패했다.

영국은 1876년 가을부터 실비어호The Sylvia, 스윙거호The Swinger가 경상도를 실측 조사하였고, 또 바바라테일러호The Babara Taylor가 제주도 근해에서 난파 구조되었으므로 나가사키의 영국 영사관 조셉 롱포드Joseph Henry Longford를 조선에 파견하여 사의를 표명하였다. 조셉 롱포드는 한국에 온 최초의 영국 외교관이다. 1881년 6월에는 페가서스Pegasus호가 지방 관원과 담판을 지었으나 수교에는 실패하였다.

영국 해군제독 윌리스가 조선 정부 관리와 조영수호통상조약을 하는 모습(가운데가 윌리스 제독)

본격적인 통상조약이 타진된 것은 1882년 대조선국과 아메리카합중국 사이에 조미수호통상조약이 체결된 직후였다. 조미조약이 체결되자 청나라에 주재하던 영국공사 웨이Wade,F.F.는 청나라에 조선과 조약을 맺도록 해달라고 요청한다. 이에 청나라의 주선으로 영국은 1882년 윌리스 제독Admiral George O. J. Willes을 조선에 파견하였고 조선에서는 조영하를 전권대신, 김홍집을 부관, 서상우를 종사관으로 하여 4월 21일 인천에서 조영회담을 시작했다. 같은 해 6월 6일 청나라 관리들이 참석한 가운데 조선과 영국 간 '조영수호통상조약'을 조인했다. 이 회담에서 전14조로 된 조약원안에 조인하고 별도로 다음과 같은 세 항목을 조회 형식으로 인정, 설명하도록 약정하였다. 즉, 부산·원산·인천 3항의 사용과 영국 군함의 항만 자유 출입과 연안 측량과 해도 작성의 허용을 양해하기로 했다.

그러나 영국 정부는 윌리스 제독이 체결한 이 조약은 조일수호통상조약에 비해 '영국의 무역과 영국민의 지위 보장에서 커다란 결함을 내포하고 있다'는 이유를 들어 비준을 유보했다. 조약이 체결되자마자 동아시아 주재 영국 외교관 및 상공회의소 상인 등은 조약의 비준에 반대했다. 조영조약 비준안의 반대를 주도한 이는 주일영국공사 해리 파크스Harry Smith Parkes였다. 영국의 무역과 상인들의 이해를 보장하는 측면에서 조약이 불리하게 체결되었다고 판단했기 때문이다. 특히 조미조약을 따라 규정한 높은 관세를 영국은 수용할 수 없다고 주장했다. 당시 자유 무역 주도국인 영국으로서는 낮은 구매력을 가진 조선인들이 영국의 상품을 살 수 있도록 유인하려면 관세 인하가 필요했기 때문이다.

영국 정부는 1883년 10월 27일에 해리 파크스를 파견하여 조약 재협상에 들어가 조선의 전권대신 민영목과 수정을 위한 교섭을 했다. 1883년 11월 26일 전문 13조의 조영수호통상조약 원문과 부속통상장정·세칙장정·선후속약을 조인하였고, 이듬해인 1884년 4월 28일에 해리 파크스와 김병시 사이에 비준이 교환되었다. 이 조약문은 당시에 영문 필사본으로 작성되었으며, 고종의 국새國璽가 찍혀있다.

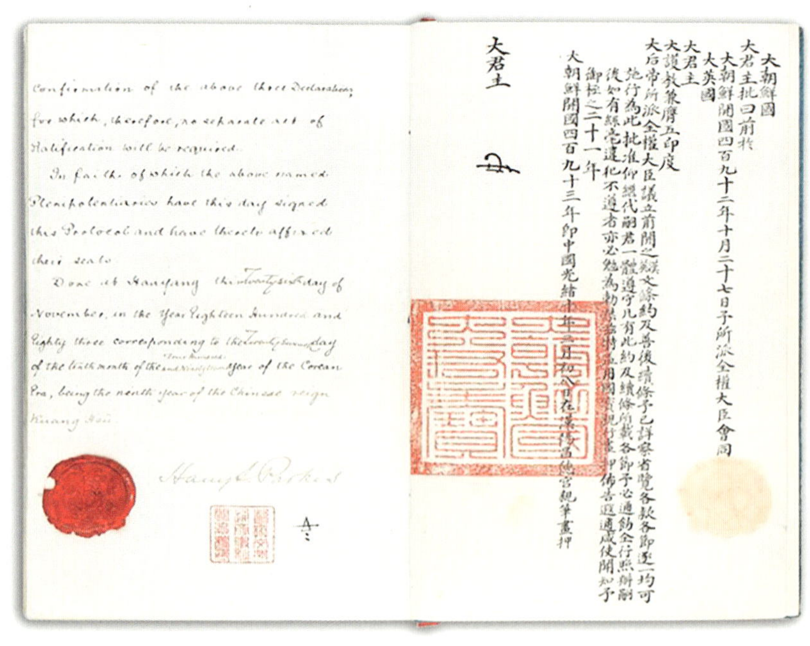

Confirmation of the above three Declarations for which, therefore, no separate act of Ratification will be required.

In faith of which the above named Plenipotentiaries have this day signed this Protocol and have thereto affixed their seals.

Done at Hanyang the Twenty sixth day of November, in the Year Eighteen hundred and Eighty three corresponding to the Twenty [illegible] day of the tenth month of the Four thousand and Ninety [illegible] Year of the Corean Era, being the ninth year of the Chinese reign Kuang Hsü.

Harry S. Parkes

大朝鮮國
大君主批曰前於
大朝鮮開國四百九十二年十月二十七日予所派全權大臣會同
大英國
大君主
大護教兼膺五印度
大后帝所派全權大臣議立前開之[illegible]文條約及善後續條予已詳察者覽各款各節逐一均可
施行為此批准仰繼代嗣君一體遵守凡有此約及續條所載各節予必通飭全行照辦嗣
後如有[illegible]違犯不遵者亦必[illegible]用國寶親行畫押佈告遐邇咸使聞知予
御極之二十一年
大朝鮮開國四百九十三年即中國光緒十年[illegible]月初八日在漢陽[illegible]宮親筆畫押
大君主

조영수호통상조약 영문

## 영국에만 유리한 불평등 조약

조영수호통상조약의 중요 내용은 조미조약의 체제를 모방했으나 조선의 주권을 침해하고 영국의 권익을 보장하는 데 치우쳤다. 영국에게 일방적으로 유리한 조항들만 있고 조선이 영국에 행할 수 있는 권리는 전혀 언급되지 않은 불평등조약이었다. 대표적인 불평등 조항은 다음과 같다.

"외교 대표들과 영사들은 조선 국내를 자유로이 여행할 수 있다. 조선 정부는 그들을 보호해야 한다. 치외법권의 철폐는 조선 국왕이 주도하는 것이 아니라 영국 정부가 판단해 승인할 때만 가능하다. 부산과 인천 이외에 서울과 양화나루를 개항한다. 개항장에서 영국인은 종교를 가진다. 걸어서 다닐 수 있는 일정한 지역에서는 여권 없이 자유롭게 왕래할 수 있다. 영국 군함은 개항장 이외에 조선 국내 어디나 정박할 수 있고, 선원을 상륙할 수 있게 한다."

이상에서 보듯 조영조약은 불평등조약이었다. 이 조약이 표본이 되어 영국 이후 조선과 조약을 체결한 국가들이 조영조약과 비슷한 내용으로 조약을 체결하고 이미 조약을 체결했던 일본과 미국도 조영조약과 유사한 수준의 혜택을 다시 얻었다. 즉 이 조약은 조선이 외국과 맺은 불평등조약의 원형이 됐다.

특히 "영국인은 통상 항구에서 100리 이내, 또는 양국이 동의하는 지역을 여권 없이 갈 수 있다. 조선 정부에서 허락하지 않은 서적, 출판물을 갖고 있지 않고 여권을 갖고 있으면 관광, 무역 목적으로 조선 국내 어디든 갈 수 있고 각종 상품을 판매, 구매 할 수 있다"는 규정은 소위 외국 상인의 내지 행상권內地 行商權을 인정한 것으로 이에 따라 먼저 조약을 맺은 일본, 미국에도 똑같이 허용하게 됐고 영국을 비롯한 외국 세력은 조선을 마음대로 넘나들 수 있게 됐다. 그들은 조선 각지를 마음대로 다니며 자원 탐사와 지형, 도로, 하천 등을 조사하고 군사 기밀을 탐지할 수 있었다. 특히 조선 각지에서 마음대로 장사를 할 수 있어 조선의 무역기구는 제 기능을 상실하게 됐다.

이로 인한 피해가 얼마나 심했으면 1894년 동학농민혁명東學農民革命에서 혁명군의 요구 사항 중 "각국 상인들은 각 항구에서만 상품을 매매하고 서울에 들어와 시장을 설치하거나 전국 각지로 가서 행상하는 것을 못하게 할 것"이라고 내세울 정도로 문제가 컸다. 이처럼 조영수호통상조약은 조선 외교사에 있어서 처음부터 잘못 끼어진 단추였다.

영국은 통상조약 체결부터 조인까지 1년 반이라는 오랜 시간을 끌었는데, 물론 통상조건을 바꾸는 데 시간이 걸렸기도 했지만, 무엇보다 영국은 조선의 항구를 여는 데 만족하지 않고 서울, 한성부의 개방을 기다렸다고 분석한다. 영국은 1882년 조선이 청국과 통상에 관한 규정(조청상민수륙무역장정)을 체결하길 기다렸다가 양화진을 통한 한성부 개시가 이 규정에 포함돼 서울이 열리자 그때서야 통상조약을 조인하였다. 서양인들의 서울 왕래, 통상과 거주는 이때부터 시작되었다. 동아시아 주재 영국 외교관들은 수차례에 걸쳐 조선을 답사하고 정보를 수집해 자국에 유리한 조약을 체결할 기초를 만들었고 그들 중 일부는 아예 조선 주재 외교관으로 자리를 옮겨 불평등조약을 관철시키는 데 큰 역할을 했다.

영국은 조약이 체결된 후 주청영국공사로 하여금 주조선공사를 겸직하게 하고 조선에 총영사만 파견했다. 나가사키 주재 영국영사 애스톤William George Aston이 총영사로 온다.(일본과 미국은 조약이 체결되자 전권공사를 파견했다) 이는 청국의 조선에 대한 종주권을 영국이 인정한 조치로 일종의 외교적 농간이다. 이후 독일과 러시아도 총영사만을 파견해 조선의 외교적 지위를 격하시켰는데 바로 영국의 선례를 따른 것이다.

## 거문도 사건

1885년(고종 22년) 조선이 러시아와 가깝게 지내자는 우호감을 표시하고 러시아가 조선을 통해 아시아 태평양으로 진출하려는 움직임을 보이자 영국이 이를 막으려 해군 함대를 보내 한국의 거문도를 불법 점령한 사건이다. 당시 영국은 러시아와 패권 경쟁으로 세계 도처에서 충돌하고 있었는데 거문도 사건도 러시아의 확산과 이를 저지하려는 영국의 정책이 한국 땅에서 충돌한 것이다.

여수와 제주도 사이에 있는 거문도는 전남 여수시 삼산면에 속한다. 당시 영국은 해밀턴port Hamilton이라 불렀다. 영국 해군 장군의 이름을 따서 불렀는데 이렇게 이름을 붙이는 건 새로 발견

주한 영국 대사관

한 영토에 자기들 식으로 이름을 짓고 영토를 차지해버리는 방식과 흡사하다.

그런데 거문도를 점령한 영국 해군이 매우 신사적이라 주민들은 오히려 반겼다고 한다. 주민을 고용해 일을 시키면 반드시 보상했는데 당시 백성의 노동력을 마음대로 착취하던 조선의 지배층과 달라 환영을 받았다. 떠날 때 섭섭해할 정도였다고 한다. 영국 해군이 거문도에 테니스장을 만들었는데 이는 국내 최초의 테니스 코트가 됐다.

당시 사망한 영국 해군들의 묘가 거문도에 남아 있다. 1999년 엘리자베스 여왕 방한 때 묘소 참배 계획을 했으나 취소된 바 있다.

## 130년 넘는 세월, 한자리를 지킨 영국공사관

영국공사관은 처음 조선과 외교 관계를 수립해 정동에 건립된 후 단 한 번도 이전하지 않고 영국의 외교공관으로 자리를 지켰다. 근대화 시기에 조선에 세워진 많은 외교공관 중 한자리를 지킨 곳은 영국공사관이 유일하다. 현 주한영국대사관 주소는 '서울특별시 중구 세종대로 19길 24'로 '정동 4번지'다. 한옥 6개 동에 넓이 10,393㎡. 세 방면으로 언덕이 있어 원래 전망이 좋았다고 한다. 붉은 벽돌의 대사관은 1883년부터 부지 물색을 했고 당시 그곳에 살던 주민에 대한 보상 등은 한성부가 중재에 나서 해결했다. 공관 건축 총공사비는 토지 225파운드, 건물 5,988파운드. 1891년에 완공했다.

나가사키 주재 영국영사였던 애스톤은 주한총영사로 임명되자 여러 부지를 물색한 뒤 본국에 보고하면서 정동 부지의 이점利點을 상세히 설명했다. 제물포에서 서울로 들어오는 진입로에 있다, 궁궐을 비롯한 조선 정부 시설과 인접했다, 중심에서 약간 벗어나 대지 및 가옥 구매 비용이 저렴하다, 전망이 좋다 등을 꼽았다. 애스톤은 조영수호통상조약 체결 시 배석했는데 기록에 보면 그가 조선말을 조금 알아 해리 파크스 공사의 통역을 맡았다고 하는데 이로 미루어 상당한 수준의 한국어 구사 능력이 있었던 것으로 보인다.

영국 외무부는 파크스를 조선 주재 영국공사, 애스턴을 총영사, 칼스를 부영사로 임명했다, 조선 현지답사를 수행한 경험이 있는 이들이 총영사, 영사가 됐다. 청과 일본에서 외교업무를 수행한 외교관 중에서 조선을 경험한 이들을 중심으로 초대 조선 주재 영국 외교관 라인을 꾸렸다.

처음 공관을 개설하고 영국공사관이라 했지만, 수교 초기에 주청공사가 주조선공사를 겸직한 탓에 공사가 부임하지 않고 총영사만이 근무했기에 '주조선영국총영사관'이라고 해야 옳다.

덕수궁 돌담길을 걷다 보면 만나는 영국 대사관 건물은 처음 조선인들이 사용하던 한옥 여러 채를 그대로 사용하다가 새 공사관 건물이 필요하다고 느껴 1890년 착공해 1년 만에 완공했다. 지금 그 모습 그대로다. 1894년 조선을 방문한 이사벨라 버드 비숍 여사의 책 〈조선과 그 이웃 나라들〉에서 표현했듯이 '언덕 위에 눈에 확 띄는 붉은 벽돌 건물'이 130년이 지난 지금까지 그대로다.

## 조선을 방문한 최초의 영국 외교관

한국을 방문한 최초의 영국 외교관은 일본 나가사키 주재 영사였던 조셉 롱포드Joseph Henry Longford다. 1878년(고종 15년) 9월 영국의 바바라 테일러호가 제주도 근해에서 난파됐는데 조선 측에서 선원을 구조해줘서 고맙다는 사의를 표명하려고 나가사키의 영국 영사를 조선에 파견한 것이다. 그런데 감사 인사를 한다고 오는 방문길에 롱포드 영사가 군함까지 끌고 오는 바람에 좋은 인상을 받지 못했다. 당시 주일영국공사로 있던 파크스가 소위 '군함외교'를 구사하면서 조선에도 군함을 끌고 와 계속 통상과 외교를 요구해 조선인들이 군함에 거부반응을 갖고 있었기 때문이다. 롱포드의 방문은 외교적인 방문이기는 했으나 그 전의 영국인 방문자들과 마찬가지로 한국인들로부터 적대적 대접을 받았다.

롱포드는 일본 주재 영국영사를 지낸 외교관이면서 학자였다. 일본 근무 후 킹스칼리지 대학에서 일본학 교수로 재직했다. 그는 일본에 관한 책 The Story of Old Japan(1910), The Evolution of New Japan(1913), Japan of The Japanese(1915) 등을 써서 서양에 일본을 알리는 데 큰 역할을 했다.

롱포드가 한영 관계에서 주목받는 이유가 〈The story of Korea〉라는 책을 저술했기 때문이다. 이 책은 1910년 한일 강제합방 이후에 출판됐는데 시대적 배경으로 보면 한반도를 중심으로 이 지역이 국제적 분쟁지역으로 부각돼 유럽인의 관심이 고조되고 있었기에 이 책이 조선에 대한 유럽인의 지적 갈증을 해소해준 것이다.

롱포드는 The story of Korea에서 한국의 고대부터 20세기 초까지 역사를 정치적 상황 중심으로 서술했다. 서울, 제물포 등 한반도의 도시명과 지리에 대한 설명으로 시작해 한국의 역사, 문화, 정치, 사회 등을 쉽게 이야기한다. 고대부터 변한, 마한, 진한, 삼국시대를 설명하고 임진왜란을 계기로 전기조선과 후기조선으로 구분하며 16세기 이후 세스페데스의 방한, 하멜의 표착 등 유럽

THE
STORY OF KOREA

BY
JOSEPH H. LONGFORD

WITH 33 ILLUSTRATIONS
AND THREE MAPS

NEW YORK: CHARLES SCRIBNER'S SONS
LONDON: T FISHER UNWIN
1911

한국을 방문한 최초의 영국 외교관인 조셉 롱포드 영사의 〈The story of Korea〉. 이 책은 1910년 한일 강제합방 이후 조선에 대한 유럽인의 지적 갈증을 해소해 주었다고 평가받는다. 그는 외교관을 은퇴한 뒤 런던 킹스칼리지 대학에서 일본학 교수로 재직했다.

THE STORY OF KOREA'에 수록되어 있는 한양의 거리 모습

과 한국과의 관계, 가톨릭 선교사들의 박해, 특히 19세기 이후 일본 및 서구 제국주의 침략과 조선의 몰락과정을 설명한다. 일제의 지배하에 조선의 무역과 경제적 상황을 각종 지표를 통해 상세히 설명하고 있다. 또한 이 책에는 고종, 순종, 평안도, 서울 시내·외 풍경, 가마, 지금은 사라진 독립문 옆 돌기둥의 모습 등 33장의 희귀한 사진이 있어 당시 모습을 볼 수 있는 소중한 자료다.

롱포드의 THE STORY OF KOREA

롱포드는 이 책을 통해 구한말 한국의 사회상을 비판했는데 왕의 절대적인 권력, 양반과 하인으로 구분되는 신분제도, 노예처럼 어떠한 권리도 갖지 못하는 조선의 여성 등 암울했던 구한말 한국의 사회상을 그렸다.

영국은 1902년 일본과 영일동맹을 체결해 일본의 한반도 지배를 용인했다.(1905년 미국도 포츠머스 강화조약을 통해 일본의 조선 지배를 지지했다)

롱포드의 The story of Korea도 이러한 시대적 분위기를 반영하고 있으며 그 시각에서 기술된 부분이 많다. 1910년 한일병탄 이후에 출판됐는데 조선은 부정부패가 심하고 자치능력이 없는 국가로 일본의 보호 및 감리가 필요하다는 인식이 일본에 우호적인 영국, 미국 등 서구 국가에는 팽배했다. 롱포드도 이런 인식에 따라 일본이 한반도를 합리적으로 경영함으로써 일본은 물론 한국인들에게도 궁극적으로 커다란 기여를 할 수 있을 것이라는 낭만적 예상을 책에 쓰기도 했다.

# 2
# 구한말 영국에 온 한국인들

충정공忠正公으로 많이 불리는 민영환은 1896년 5월에 제정 러시아 니콜라이 2세 대관식 축하 사절단의 특명전권공사로 참석하는 길에 영국을 경유하게 된다.

## 조선인 최초의 세계 일주
### - 충정공忠正公 민영환閔泳煥

민영환1861~1905은 잘 알려진 바와 같이 을사늑약이 체결되자 반대 상소를 올렸으나 일본에 막혀 거부당하자 자신의 명함에 유서를 남기고 자결 순국한 애국지사다.

충정공忠正公 민영환은 1896년 5월에 제정 러시아 니콜라이 2세 대관식 축하 사절단의 특명전권공사로 참석하는 길에 영국을 경유하게 된다. 사절단은 특사 민영환, 수원 윤치호, 참서관 김득련, 통역관 김도일, 특사 개인비서 손희영 등 5인으로 구성된다. 민영환은 명성황후의 조카로 고종이 매우 신임하는 인물이었다. 당시는 명성황후가 시해되고 고종이 러시아 공사관으로 피신한 아관파천이 있었던 시절이라 고종이 대관식에 사절단을 보낸 것은 조선의 절박한 사정을 러시아에 알리려는 목적이었다.

사절단은 요코하마에서 기선을 타고 태평양을 횡단, 캐나다 밴쿠버로부터 미국에 입국한다. 미국 대륙을 철도로 가로질러 뉴욕에서 다시 기선을 타고 영국 런던으로 가서 독일 베를린을 거쳐 러시아로 들어가 대관식에 참석했다. 이들이 귀국하려고 할 때, 러시아에서는 조선 사절단에게 자신들의 세를 과시하고 싶었고 이를 보여줌으로써 조선에서 러시아의 영향력을 키울 수 있을 것으로 판단했다. 그래서 조선에

충정공 민영환

서 러시아로 온 여정과 다른 길인 시베리아 내륙을 경유해 돌아가기를 권했다. 시베리아 내륙을 통해 조선으로 가는 길에는 금은 등의 광산과 철도 등 보여줄 게 많다고 생각했던 것이다. 당시는 시베리아 철도가 완공되지 않아 사절단은 때에 따라 철도, 마차, 배(내륙의 강줄기를 따라 이동할 때) 등을 이용해 힘겹게 조선으로 귀국했다. 이들이 서울에 도착한 것은 만 6개월 20일 만인 1896년 10월 21일이었다. 이때의 기록을 정리한 여행기가 민영환의 〈해천추범海天秋帆〉, 김득련의 〈환구일기〉, 윤치호의 〈윤치호일기〉 등이다. 이들은 러시아로 갈 때 태평양을 건너 배로 갔다가 내륙으로 돌아왔기에 세계를 일주한 것이다. 이들의 세계 일주 경로를 보면 인천→상해→나가사키→동경→캐나다→뉴욕→런던→네덜란드→독일→폴란드→러시아→모스크바→이르쿠츠크→바이칼호→울란우데→치타→블라고베시첸스크→하바로프스크·블라디보스토크→부산→인천→서울. 따라서 이 책들은 한국인 최초의 세계 일주 기록물이 된다.

〈윤치호일기〉에는 영국을 거쳐 간 당시 풍경과 그의 생각을 기록한 부분이 있다. 윤치호는 영국에 짧게 머문 것을 매우 아쉬워했다. "5월 16일. 토요일. 이레 동안 순항한 끝에 오늘 아침 8시, 우리는 영국 북서부의 리버풀 항구에 안전하게 닿았다. 드디어 유럽에 온 것이다. 좁다란 협궤열차가 시골을 지나 우리를 런던에 데려다주는 동안, 창밖 풍경은 내가 지금껏 보아온 것처럼 한 뼘의 마당일망정 모두 예쁘게 가꾸어 놓았다. 싱싱한 파란 잔디밭, 기름진 목장에서 풀을 뜯는 미끈한 암소들 - 이런 매혹적인 광경들이 나로 하여금 이 즐거운 옛날 메리 잉글랜드에 오래 머물렀으면 하는 생각이 들게 했다. 오후 3시 30분쯤 런던에 도착해 템스강변에 있는 로열 호텔에 들어갔다. 오후 7시, 빅토리아역에서 출발하여 퀸스보로에 가다. 기선에 올라타고 넘실거리며 플러싱에 저녁 11시경에 도착했다."

### 조선인의 세계 일주

1883년 미국에 파견된 민영익 등의 조선 보빙사 일행들이 조선인으로서 최초로 세계 일주를 한 것으로 보기도 한다. 이들은 영국도 방문했다. 조선 보빙사는 1882년 5월에 체결한 조미수호통상조약의 답례차 미국에 파견된 외교 사절단인데 전권대사 민영익을 필두로 홍영식, 서광범, 변수, 유길준 등 개화파 인사로 구성됐다. 사절단은 태평양을 건너 샌프란시스코에 도착, 미대륙을 횡단해 뉴욕에서 체스터 아서 대통령을 만나고 그의 주선(군함 한 척을 내주며 한국까지 타고 가라고 했다)으로 민영익, 서광범, 변수 등은 유럽 각국을 순방하고 여행했다. 영국·프랑스·이탈리아 등 유럽 각국, 아프리카의 이집트까지 시찰하고 수에즈운하를 거쳐 인도양, 남중국해를 지나 귀국했다. 따라서 거의 세계 일주에 가까운 여행이 된 것이다.

### 빅토리아 여왕 즉위 60주년 기념식 참석

1897년(광무 1년), 민영환은 영국·독일·프랑스·러시아·이탈리아·오스트리아-헝가리 6개국의 겸임공사 발령을 받았다. 영국 빅토리아 여왕 즉위 60주년(다이아몬드 희년) 기념식에 특명전권공사로 참석했다. 1897년 3월 24일 4명의 수행원과 함께 서울을 출발해 나가사키, 상하이, 마카오, 싱가포르를 거쳐 인도양을 지나 수에즈 운하를 통과해 지중해에 도착, 다르다넬스 해협을 지나 흑해로 들어가 오데사에 상륙, 기차로 상트페테르부르크로 가서 러시아 황제 니콜라이 2세에게 국서를 바치고 열흘 동안 체류하다가 6월 5일 런던에 도착했다. 빅토리아 여왕을 만나 국서와 국왕의 친서를 전달했고, 6월 22일에 거행된 기념식에 참석하고 7월 17일에 귀국길에 올랐다. 런던에서 40여 일간 체류하면서 영국의 국민 생활과 선진 문물을 견학했다고 하는데 이를 기록한 것이 〈사구속초使歐續草〉다.

### 에드워드 7세 대관식 참석

1902년 고종황제는 영국의 에드워드 7세(엘리자베스 2세 여왕의 증조부)의 대관식에 축하사절단을 파견한다. 특명부영대사 의양군 이재각(사도세자의 4대손), 부단장 이종응, 예식원 번역과장 고희경, 참리관 김조현, 인천주재 영국영사 칼복이 동행했다. 부단장 이종응도 중종의 11대손인 왕족으로 그는 사절단으로 다녀온 후 고종황제에게 '서쪽으로 배를 타고 갔다 온 기록'이란 뜻의 '서차록'이란 공식 보고서를 올렸다. 이 기록물은 오랫동안 잊혀 있다가 이종응의 증손들이 1999년 엘리자베스 영국 여왕의 한국 방문을 앞두고 공개하면서 알려졌다. 이종응은 공식보고서와 별도로 한글기행문인 견문록도 남겨 당시 열강의 사회상, 국방력, 경제력, 문화 등을 상세히 보여준다.

축하사절단은 1902년 4월 7일 인천항을 출발, 일본 요코하마를 거쳐 캐나다 밴쿠버에 도착했다.

### 민영익이 한국인 최초로 영국에서 명함을 사용했다?

당시 민영익이 방문국 인사들을 만날 때 명함을 줬는데 이는 한국인 최초로 명함을 사용한 사례로 추정된다. 한미수호조약 미국 측 대표였던 슈펠트는 민영익이 보빙사로 미국을 방문했다가 유럽을 여행했는데 영국에서 청국 공사를 만나 명함을 건넸다고 기록했다. 미국 방문에서 사용한 민영익의 명함을 연세대 박물관이 2001년 경매를 통해 구입해 공개했는데 가로 5.5㎝ 세로 9㎝로 지금 명함과 크기가 비슷하다.

명함에는 이를 받았던 미국인이 민영익을 기억하려고 연필로 명함 한쪽에 'Prince, Min You Ik, Corean ambassador to US'라고 적었다. 그가 명성황후의 조카라는 것과 공사관 개설차 방문했다는 사실을 보여준다.

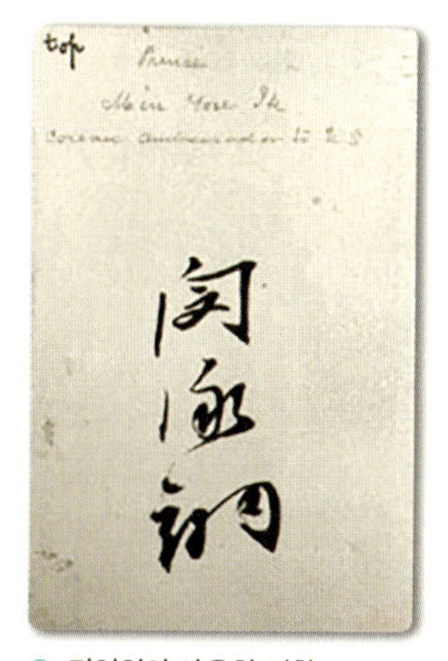

민영익이 사용한 명함

특이한 점은 영국 왕실의 배려로 5월 20일 토론토에 도착해 나이아가라 폭포를 관광했다. 나이아가라 폭포를 보고 놀란 이종응은 '우렛소리가 나고 물을 얼굴에 쏟아붓는 듯 했다'는 기념 시를 남겼다. 기차로 미주대륙을 횡단한 후 퀘벡에서 다시 대서양을 건너 60일 만인 6월 5일 영국 리버풀항에 도착했다. 일행은 한 달 남짓 영국에 머무르면서 1902년 6월 26일에 거행된 대관식에 참석하고 서양 문물을 접한 뒤 7월 7일 런던을 출발했다. 파리, 제노바, 나폴리를 거쳐 수에즈 운하와 홍해를 통과, 콜롬보, 싱가포르, 홍콩, 상하이(상해), 나가사키(장기)를 거쳐 8월 20일 인천항에 도착했다. 이종응은 '지나가는 곳의 산천 인물 풍속 견문과 새로운 소식을 적어, 젊은이들이 보고 배울 수 있도록 하려는 것'이 서사록을 쓴 이유라고 했다. 서서록의 내용 중 일부를 보면 사절단이 6개의 문을 지나 에드워드 7세를 만나 고종의 친서를 전달하자 흰머리에 넉넉하고 덕스러워 보이는 에드워드 7세는 "먼 길을 오느라 고생했다. 특사를 보내줘서 매우 고맙다. 영국과 조선, 두 나라 사이가 돈독해지길 바란다."고 했다.

1901년부터 영국에는 한국의 공사관이 있었다. 이종응은 주영공사 민영돈과 함께 런던 동물원을 구경하고는 "성인이 있어서 제 발로 걸어 왔는가. 정치를 잘하면 멀리 있는 사람도 제 발로 걸어 온다는데…", 조폐공사와 은화 금화들이 보관된 중앙은행 금고와 보석상을 보고는 "성인이 있어서 이렇게 모을 수 있었는가. 귀신이 아니면 어떻게 이렇게 만들 수 있었는가?", 영국 왕실을 보고는 "궁궐의 모습이 웅장하다. 옛날에 맹자가 제나라 왕의 거처를 보고서 탄식해 '위대하도다. 거처여'라고 얘기했는데 그 옛날 제나라가 바로 오늘의 영국이로다", 잘 포장된 영국 도로와 가로수를 보고는 "도로상에 박석깔고 사이사이 수목이라"고 표현했다. 서커스 극장에서 펼쳐진 무도회를 보고는 "일대 낭자군이 나와서 앞뒤로 왔다갔다 했다. 전기를 돌려서 활동사진을 상영했다. 마지막에 영국 국왕 에드워드 7세가 상석에 앉자 모든 사람이 기립 격려를 했다", 대관식에 참석한 귀족과 부인들이 어울려 춤추는 모습을 보고는 "쌍쌍 대립 거동 보소, 노래하며 춤을 춘다. 춘풍에 나비가 노닐듯", 런던 불꽃놀이를 보고는 "청천 밤 공중에 오색 비가 내리는 듯. 예서 탕탕 제서 탕탕, 천지가 불천지라. 천상절벽에 폭포수 내리는 듯, 솟구치는 듯. 두 눈 캄캄 귀가 먹먹"이라고 적는 등 영국 방문 기간의 모든 것을 생생한 스케치와 뛰어난 묘사로 남겼다.

## 독립운동의 도화선이 된 최초의 순국 이한응李漢應 열사

1901년 주영국공사관이 개설되고 민영돈이 초대 공사로 런던에 부임한다. 고종실록 1901년 3월 12일에 "민영돈을 영국과 이탈리아에 주재시키다"는 기록이 있다. 당시 미국은 박정양, 프랑스와 독일은 조민희, 오스트리아는 민철훈 등 서구 여러 국가의 주재공사가 임명된다. 이처럼 미국과 유럽지역에 공사를 파견한 목적은 대한제국을 청국이나 일본의 속국 정도로 생각하는 유럽 국가들에 우리나라가 독립국이라는 것을 알리고 외교도 독립적으로 하겠다는 의지에서 나온 조처였다.

이한용 열사(1874.9.21~1905.5.12)

민영돈은 명성황후와 같은 여흥 민씨 일문이지만 과거에 급제해 벼슬길에 올랐는데 특명전권공사로 영국에 올 때 30대 후반이었다. 그의 임기는 1901년 7월부터 1910년 8월(한일병탄)까지로 돼 있으나 그는 1904년 귀국한다.

민영돈 초대공사와 함께 영국에 온 외교관 중 한 사람이 최초의 순국자 이한응 열사다. 1901년 영국·벨기에 주차공사관駐箚公使館 3등참사관三等參官에 임명되어 민영돈 공사와 함께 영국에 왔다.

이한응은 육영공원에 입학해 2년간 영어 등 근대적 학문을 수학했다. 1881년 육영공원을 졸업, 1884년 과거를 보고 진사에 합격했으니 전통학문과 근대학문을 모두 공부했다고 할 수 있다. 1899년 관립 영어학교 교관으로 임명됐고 영어 능력으로 1901년 3월 14일 주영공사관에 임명된 것으로 보인다. 4월 15일 영국으로 부임하기 위해 새로 임명된 파리 및 베를린 특사와 함께 증기선을 타고 유럽으로 떠났다. 민영돈 주영공사가 귀국할 때 10주 정도 걸렸다고 하니 아마도 10주 후인 1901년 6월 24일경 런던에 도착한 것으로 보인다. 주영공사관에는 공사 민영돈 외에 5명-이기현(민영돈의 처남), 이한응 참서관, 민유식, 강기승, 또 윤이라는 사람-이 있었는데 공사관이 개설될 때까지 퀸 빅토리아 스트리트Queen Victoria Street에 임시 거주한 것으로 추측한다. 주영 명예 총영사인 모건馬廣, William Pritchard-Morgan의 소유였던 프리처드 모건 회사W. Pritchard Morgan & Co.가 있었던 곳이다. 8월 9일 공사관이 런던 얼스코트Earl's Court 트레버로드Trebovir Road 4번지에 개설된다.

민영돈 공사를 비롯해 초대 주영공사관 직원들의 영국에서의 활동에 대해서는 알려진 것이 거의 없다. 단지 영국 서리 역사센터Surrey History Centre에 소장된 자료를 보면 "대한제국의 외교관들이 영국 상류층 인사인 롤랜드 본 윌리엄스 경과 로라 본 윌리엄스 부인 등과 친밀한 관계였다."는 내용이 나온다. 롤랜드 본 윌리엄스 경은 빅토리아 여왕에게 기사 작위를 받고 고등법원 판사로 임명된 상류층 인사인데 이들과 친밀한 관계였다는 사실에 비춰 민영돈 공사 일행이 영국 상류층 인사들과 교류했음을 짐작할 수 있다.

1903년 11월 주영공사 민영돈을 해임하고 궁내부 김승규를 영국에 주차하도록 한다. 1904년 2월 민영돈 공사는 외부협판 박영하에게 주영공사직을 넘겨주고 귀국한다. 민영돈 주영공사가 해임되고 신임 공사가 부임하지 않아 공사관은 1904년 초부터 이한응이 대리공사로서 업무를 수행하였다. 대리공사란 특명전권공사가 비어 있을 때 또는 그 직무 수행이 불가능할 때 일시적으로 대리하는 공사를 말한다.

대리공사가 되고 1905년 5월 12일 자결 순국하기까지 약 1년간 이한응 공사는 한국의 독립과 영토 보존을 위해 영국 외무부를 상대로 도움을 요청하는 외교를 활발히 그러나 힘들게 수행했다. 열사가 순국한 뒤 주영한국명예총영사였던 모건이 "영국 외무부 및 기타 사회에서도 다른 각국 외교관과 더불어 조금도 차이가 없이 (이한응 공사를) 우대해 주었다."라는 보고서를 한국 정부에 보낸 것으로 보아 외교관 활동에 있어 영국 정부 인사들과의 관계는 문제가 없었던 것으로 보인다. 그러나 외교 활동의 노력만큼 결과가 나오지 않는 역사적 현실의 한계가 있었다.

이한응 공사는 1904년 1월 13일 영국 외무성을 방문하여 장문의 메모와 함께 각서를 수교하였다. 도표가 첨부된 장문의 메모는 이한응 열사의 영국에서의 외교 활동 가운데 절정이라고 지금도 평가한다. 이 메모에는 한국의 독립과 세계 평화에 관한 그의 견해가 고스란히 담겨 있다. 영국·프랑스·일본·러시아 등 네 나라가 네 꼭짓점에 앉아있는 사각형 구도로 세계정세를 묘사했다. 내용은 이렇다. "세계 정치 구도는 사각형을 이룬다. 서쪽은 영국과 프랑스가 두 개의 각을 차지하고 동쪽은 러시아와 일본이 두 개의 각을 차지해 세력 균형을 이룬다. 동쪽 균형이 무너지면 서쪽 균형도 무너져 세계적인 균형 파괴가 된다. 러시아와 일본이 싸워 균형이 무너질 위기가 왔으니 영국과 프랑스가 나서서 이를 말려달라. 영국, 프랑스가 러시아, 일본과 4개국 조약을 체결하면 분쟁을 조정할 심판자로 나설 수 있다. 러시아와 일본의 전쟁을 막아 한국, 중국, 만주를 보호하고 동아시아 문제를 해결하고 세계평화를 이룬다."

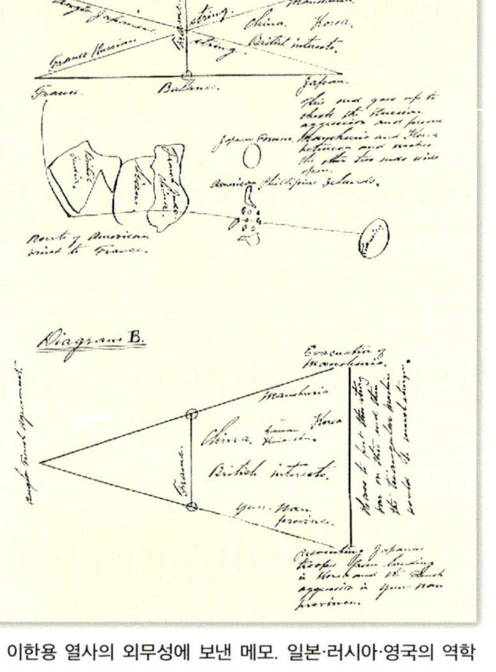

이한응 열사의 외무성에 보낸 메모. 일본·러시아·영국의 역학 관계를 유려한 필기체로 설명하고 있다.(런던국립문서보관소)

그로부터 이틀 뒤인 15일에는 영국 외무부 동아시아국 담당 차관보인 캠벨Francis A. Campbell에게 한국 정부에 보낼 외교적 차원의 인터뷰를 요청한다. 2월 19일에는 '한반도 중립화 방안'을 제시하는 메모를 추가로 보냈다. 그는 러시아와 일본 사이에 전쟁이 일어날 것을 예상하고 전쟁 결과와 상관없이 한국의 독립, 주권, 영토 및 특권 보존을 위한 새로운 보장을 해줄 것을 영국 정부에 요청하였다. '한반도 중립화 방안'은 당시의 국제정치적 안목에서 한반도의 평화를 유지하려는 탁월한 견해였다고 평가되지만, 영국 정부는 한국에 새로운 보장을 줄 수 없다고 통보했다.

8월 22일 이한응 열사의 외교활동을 더 어렵게 만드는 사건이 발생한다. 제1차 한일협약이 체결된 것이다. 협약의 골자는 대한제국 외교 관계의 처리는 사전에 일본 정부와 협의를 거친다는 것으로 사실상 조선의 외교 주권을 박탈하는 협약이었다. 그해 여름, 이한응 열사는 자신과 대한제국 정부와 통신 내용이 일제에 의해 통제되고 있다고 생각해 한국에 있는 영국공사관을 통해 중요한 문서를 보내 달라고 요청하고 주한 영국공사관을 통해 대한제국 정부와 비밀리에 통신을 했다.

10월에는 영국 외무부를 방문해 런던에 한국공사를 보내 달라고 요청했다. 일본이 대한제국의 해외공관 인원을 줄이려 하자 이한응은 오히려 영국 외무부에 요청해 '한국 정부는 영국 런던에 전권공사를 파견해주길 바란다'라는 전문을 고종에게 보내 달라고 부탁한다. 또한, 주한영국공사인 조단J. N. Jordan에게도 주영 한국전권공사의 파견을 강력히 요청하라고 부탁하나 영국 정부는 일제의 정책에 동조해 그의 부탁을 받아들이지 않았다. 캠벨 차관보는 열사가 하는 요청을 "이 작은 음모는 한국 대표부를 강화하려는 기도"라며 무시했다.

1905년 2월 8일 영국 외교부를 방문하여 동아시아국 고위관리 랭리Walter Langley와 한국 독립 보장 문제에 관해 의견을 나누었다. 본국과 연락을 할 수 없어 중국 주재 영국총영사관을 통해 고종황제와 연락을 하게 해달라고 요청했지만 거절당했다. 2월 26일 랭리를 다시 만나 영일동맹에 의해 한국의 독립이 보존될 수 있도록 해달라고 요청하였다.

3월 3일 자로 영국 외무대신에게 편지를 보내 영국 정부가 대한제국 정부를 위해 '거중조정居中調停'을 해달라고 부탁한다. 거중조정이란 어느 한쪽이 제삼국과 문제가 생겼을 경우 조약 상대국이 적극적으로 나서 원만하게 사태를 처리해 주는 것을 말한다.

이한응 공사의 이런 외교적 노력에 대해 영국 외무부의 반응은 거의 없었다. 특히 1905년 3월 영국의 한 관리는 이한응의 대영 외교에 대해 이렇게 적었다. "그는 아무것도 아는 것이 없고, 보아하니 그의 정부도 그에게 아무런 신경을 쓰지 않는 모양새다." 아는 것이 없다는 말은 당시 영국과 일본이 영일동맹을 수정하는 논의를 하고 있다는 것을 모른다는 뜻으로 보인다. 1차 영일동맹에는 한국의 독립을 승인한다는 내용이 있으나 이를 수정하는 2차 영일동맹에는 일본의 한국 지배를 외교적으로 보장하는 내용으로 바뀐다. 이처럼 일본의 한국 지배를 인정하는 쪽으로 이미 기울어진 영국 외무부를 상대로 이한응 열사는 한국의 독립과 영토 보존을 계속 요구했다. 그의 요구를 무시하는 영국 외무부의 태도에 점점 좌절감을 느꼈을 것으로 보인다. 그가 계속 외무부를 방문해 요청하니 나중에는 만남조차 거부하며 "서면으로 제출하라"하는 식으로 영국인 특유의 냉랭한 태도를 보였다.

4월에 이한응은 4월 12일 하이드 파크Hyde Park에서 두 명의 괴한이 자신의 목숨을 노렸다며 캠벨에게 신변 보호를 요청하는 편지를 보냈고 영국 경찰이 한국 공사관을 찾아갔다. 이 무렵 이한응의 건강이 좋지 않았는지 5월 10일 랜즈다운Lord Lansdowne 외무장관으로부터 쾌유를 비는 편지를 받았고, 다음 날 아침 외무부에 자신의 건강이 '빨리 회복(speedy recovery)' 되었다고 편지를 보냈다. 이 편지를 보낸 날이 자결하기 전날인데 이날 외무장관 면담을 요청했다는 기록이 있어 외무장관에게 편지를 보내면서 면담도 요청한 것으로 보인다. 면담 요청에는 아무런 답이 없었다.

5월 10일 일본 외무대신이 영국 외무부의 의사를 타진하기 위해 새롭게 작성된 조약 초안을 보낸다. 2차 영일동맹 조약의 초안이다. 주영 한국문화원의 폴 웨이디 연구원은 "국립문서보관소에서 발견한 기록에 따르면 이한응은 죽기 전 암호로 된 전보를 파기했다. 5월 10일 일본의 한반도 지배를 영국이 용인하는 내용의 2차 영일동맹 초안이 교환됐는데, 누군가 전보로 이를 이한응에게 알렸고 이한응이 절망한 나머지 자결을 결심했을 수 있다."고 밝혔다.

"오호라 국가는 주권이 없고 인종은 평등을 상실하여 각종 교섭에 치욕이 그지없으니 이 어찌 피 끓는 자가 참을 수 있는 일인가. 오호라 장차 종묘사직은 망하고 민족은 노예가 될 것이다. 구차하게 살아남아 치욕을 더하는 것보다 차라리 한순간에 모든 것을 잊는 것이 옳을 것이다."

대한제국의 외교관으로서 국권이 상실되어 가는 것을 막지 못한다는 한계를 절감하고 비통한 심정에서 이같은 유서를 남기고 자신의 침실에서 목을 매 자결한다. 1905년 5월 12일이었다.

영국 외무부에는 지금도 이한응 관련 문서가 2권 보관돼 있다. 일제와 결탁한 영국 정부는 대한제국의 1인 외교관을 무시하고 냉대했을 것이다. 지칠 줄 모르고 달려드는 그의 외교에 대해 '아무것도 모르고 그의 정부도 신경 쓰지 않는다'고 평했을 정도였으니까… 영국 정부에 보관된 이한응 관련 기록은 슬픈 외교사의 기록이다.

이한응 열사가 순국하기 전날 영국 외무부는 주한 영국공사에게 이한응이 정신에 문제가 있어 자살할 우려가 있으니 즉시 본국으로 데려가도록 한국 정부와 교섭하라는 훈령을 내렸다. 이한응이 정신에 문제가 있다는 근거는 모두 일본 측에서 나온 말이다. 영국 외무부의 캠벨 차관보는 일본 공사에게 들었다고 했으며 일본 공사는 이한응의 이웃 주민으로부터 편지를 받았다고 했다. 주영 일본대사가 이한응 열사의 순국 소식을 일본 정부에 알리면서도 그가 과거에 정신병으로 고통을 받아 왔다고 보고하고 있다. 그러니까 이한응 열사의 정신에 문제가 있다는 지적은 일본 공사관에서 나온 말이다. 영국 외무부가 공식적으로 이한응 열사의 정신 건강에 대해 발표한 내용이 없다. 따라서 조국을 지키려는 그의 맹렬한 외교 활동을 방해하고 외교 활동 대상인 영국 외무부와 이간질하려고 정신에 문제가 있는 것으로 조작했다고 의심할 수 있다.

이한응 공사의 순국 소식은 영국 외무부가 주한 영국공사에, 주한 영국공사는 주한 일본공사에, 주한 일본공사가 한국 정부에 전했다. 주한 일본공사관은 주영 한국공사관의 재산과 서류 보관을 주영 한국명예총영사 모건에게 위임하고 한국공사관을 당분간 폐쇄하라고 지시했다. 재불 한국공사관 참서관 1명이 장의를 위해 런던에 파견됐다. 이한응 대리공사의 유해는 모건의 노력으로 국내로 돌아올 수가 있었는데 그해 7월 고국에 반장되어 고향에 모셔졌다. 유해를 국내에 보낸 이후 모건이 쓴 1905년 5월 24일 자 편지에 “불쌍한 친구. 그는 극동에서 진행된 결과에 대해 매우 상심하고 있었고, 그의 외교관 생활이 끝날 것이라고 두려워하고 있었음에 틀림이 없다”라고 적었다.

제국주의가 활개치던 시대, 약소국 출신의 외로웠던 외교관은 외로운 저항을 이어가다가 외교권을 빼앗긴 나라의 운명과 함께 자결로써 마지막 저항을 했다.

## 영친왕 이은, 영국 방문

영친왕 이은(1897~1970)은 고종의 일곱 번째 아들로 한국의 마지막 황태자이며 일본 제국의 군인이었다. 그는 1927년 5월부터 1928년 4월까지 아내 이방자 여사와 함께 유럽 여행을 하면서 영국을 방문했다. 이는 홍콩, 싱가포르, 말레이시아 등 아시아 국가와 중동 국가와 이집트를 거쳐 프랑스, 스위스, 영국, 벨기에, 네덜란드, 독일, 폴란드, 덴마크, 스웨덴, 노르웨이, 이탈리아 등의 유럽 주요 국가를 둘러보는 1년 가까운 여정의 긴 여행이었다. 여행을 통해 가스통 두메르그 프랑스 대통령, 빌헬미나 네덜란드 여왕, 비오 11세 교황, 베니토 무솔리니 이탈리아 총리, 파울 폰 힌덴부르크 독일 대통령 등을 만났다.

1927년 조선인 최초로 수행원을 데리고 유럽으로 골프 여행을 간 영친왕 이은. 사진은 영국의 세인트 앤드루스 골프장이다.

영친왕의 유럽 방문을 일본 정부가 싫어했는데 조선에 아직도 독립된 왕실이 있다는 사실이 국제적으로 알려지는 것이 싫었기 때문이다. 유럽국가에서 그를 '프린스 오브 코리아'라고 부르게 되면 아직 코리아라는 나라가 존재한다는 사실을 국제사회가 인정하는 것이 되기 때문이었다. 따라서 영친왕의 유럽 방문은 개인 자격으로, '프린스'가 아닌 '백작'의 지위로, 유럽의 군사시설 시찰을 명분으로 이루어졌다.[출처: 중앙일보] 영친왕 내외는 21개국 53개 도시를 여행하며 가는 곳마다 '프린스 오브 코리아'로 불리며 극진한 대접을 받았다. 영국 신문 Derby Daily Telegraph는 1927년 9월 6일 "세계여행 중인 'Prince and Princess Ri of Korea'는 며칠 동안 리버풀에 머물 예정이다"라고 썼다. 영국에서는 조지 5세 국왕(엘리자베스 2세 여왕의 할아버지)을 예방했다.

영친왕의 유럽 방문 내용을 들여다보면 안타깝게도 한국의 황태자로서 세계열강을 상대로 우리의 입장을 알리는 등 외교적 활동을 한 기록이 거의 없는데 영국 방문 기록에도 조지 5세 국왕을 만난 일정에 대한 기록은 없고 여행 내내 즐겼던 골프를 영국에서 유독 많이 했다는기록만 있다. "영국에서는 골프 라운드(8월 29일 세인트앤드루스에서 현지 프로와 라운드를 했다)는 물론이거니와 골프 학교, 골프공 제조 공장까지 방문하며 애정을 보였다."고 한다. [출처: 스포티비 골프다이제스트] 그래서 영친왕의 유럽 여행이 알려졌을 때 상해 임시정부에서는 "나라를 망각한 채 국가와 민족의 슬픔과 고통도 모르고 호의호식에 취해 희희낙락하면서 유럽 여행이나 하려는 반민족적 정신을 깨끗이 씻어줘야 한다"며 영친왕 납치를 계획했다가 사전 발각돼 실패했다. 영친왕이 순종 황제가 승하한 바로 다음 해 유럽 여행을 떠났다는 사실도 더 비난을 받은 이유가 됐다.

### 의친왕義親王 이강, 1895년 영국 방문?

의친왕 이강(1877- 1955)은 고종의 5남으로 대한제국 황족 중 유일하게 독립운동가로 평가되는 인물이다. 1894년 청일전쟁 승리를 축하하러 조선국 보빙대사(답례로 외국을 방문하는 대사)로 일본에 다녀오고, 이듬해 6개국 특파 대사로 영국, 프랑스, 독일, 러시아, 이탈리아, 오스트리아를 방문했다고 하는데 1895년의 유럽 6개국 방문은 중도 취소되었다. 일부 자료에서 의친왕 이강이 유럽 6개국을 방문하고 돌아와 근대화에 눈을 떴다는 식으로 기술하고 있지만, 사실이 아니다. 1895년은 을미사변(乙未事變)이 있었던 해로 당연히 이 계획은 취소되었다.

## 구한말, 일제강점기 영국 한인 유학생들

### 윤보선(1897~1990) 1921년 도영

**대한민국 제4대 대통령.**
**별명 '영국 신사'.**

1919년 임시정부 최연소 의원이었던 그는 장래를 위해 유럽으로 가서 공부를 계속하라는 신규식, 이시영, 신익희 등의 충고로 1921년 6월 아내와 함께 영국으로 갔다. 중국인 여행권을 갖고 프랑스 배로 출항해 42일 만에 마르세유에서 하선, 열차로 프랑스로 가 여객선을 타고 도버해협을 건너 영국으로 갔다. 영국에는 의학 공부 중인 그의 당숙 윤치왕이 있었다. 우드블록 대학에서 1년 동안 영문학을 공부하고 중퇴했다.

영국 글래스고의 스캘리쉬 학교에서 1년간 수학하고, 버밍엄으로 건너가 퀘이커 교단에서 설립한 학교에서 1년간 공부했다. 옥스퍼드 대학에 입학, 3개월간 수학하다가 다시 에딘버러 대학으로 옮겨 고고학을 전공했다. 재학 중 정신적 스트레스와 과로로 신경쇠약에 걸려 2년간 병으로 휴학하였다. 1930년 12월, 6년(휴학 2년 포함) 만에 에딘버러 대학교를 졸업한다. 졸업 이후에 에딘버러에 근거지를 두고 유럽을 순방하였다. 영국 체류 중 꾸준히 기금을 마련하여 미국 워싱턴 D.C.에 있는 대한민국임시정부 구미위원부로 100불씩 송금했다가 일본 경찰의 첩보망에 걸리기도 했다. 에딘버러 대학 유학 중 스포츠카인 피아트 컨버터블을 사서 타고 다녔다. 에딘버러 대학 8,000명 학생 중 유일한 오너 드라이버였다.

1920년대 에딘버러 대학 시절의 윤보선

에딘버러 대학에서는 윤보선 대통령이 유학한 것을 기리고 한·영 우호 증진을 위해 2013년부터 해마다 '윤보선 기념 심포지엄'을 열고 있다.

**윤치왕(1895~1982)** 1914년 도영

**일제 강점기의 의사, 의학자.**
**영국 유학 후 의사로 활동.**

1911년 105인 사건으로 형 윤치호 등 민족 지도자들이 투옥되자 중국 사관학교에 입학하기로 결심했으나 김규식 등의 권유와 언더우드 목사의 도움으로 영국에서 의학을 공부하기로 한다.

1914년 4월 칭다오에서 독일 상선을 타고 40일간 항해 후 영국 남부 사우샘프턴Southampton 항 도착, 버밍햄Birmingham에서 영어 개인 교습을 받으며 중고등학교 과정을 수료. 1919년 3월 영국 글래스고 대학교 의학부에 입학한다. 당시 윤치왕의 하숙집의 주소는 Gordon 21, Granville Street, Glasgow. 1925년 30세에 글래스고 대학교에서 의학 학사 학위를 받아 영국 의사 면허증을 받았다. 졸업 후 영국 왕립아동병원에서 정형외과 의사House Surgeon로 1년간 근무했다. 귀국 후 1929년 세브란스 의학전문학교를 졸업했다. 윤치왕이 영국에서 공부할 때 윤치호는 졸업 후 세브란스 병원에서 일하라고 계속 권했다고 한다.

영국에서 공부할 때 심한 인종차별을 경험했는데 신생아 정상 분만 실습에서 런던 인근 병원에서 신생아를 받으려 했으나 동양인이라 모두가 기피하는 바람에 신생아를 받을 수 없었다. 그래서 잉글랜드인 신생아를 받기를 포기하고 방학을 이용해 아일랜드로 건너가 하숙하면서 아일랜드계 산원에서 50여 명의 신생아를 받았다.

1930년 봄 산부인과 분야에서 더욱 전문적인 지식을 쌓기 위해 약 3년 예정으로 다시 영국을 방문해 토마스병원, 카이스병원, 그리고 에딘버러 의대 산부인과 존스톤 교수 밑에서 연수를 받았다.

**여병현(1867년~사망 연도 미상)** 1896년 도영

**개신교 인물 일제강점기한국 YMCA 설립에 기여한 개신교인, 통역관.**

황해도 출신. 1890년대에 일본에서 수학하다가, 1896년 미국 하버드대학으로 유학, 5개월 후 영국으로 건너가 할리 대학(Harley College)에서 3년간 수학. 이 대학의 스승이 우리나라에 와서 일생을 바친 스코트필드 박사(한국명: 석호필石虎弼)의 아버지이다. 스코트필드 박사는 9살에 영국 런던에서 여병현을 만났다.

1899년 귀국하여 배재학당에서 교편을 잡는 한편, 영국영사관의 통역관이 되었다. YMCA의 본고장인 영국에서 YMCA 활동을 제일 먼저 견학한 한국인으로 한국YMCA가 창설될 때 초대 이사. 황성기독청년회 결성.

1910년 일제가 조선기독청년회와 일본기독청년회의 연맹을 체결하려고 하자, 중국에 가서 중국 및 홍콩 기독청년회와 연맹관계를 맺으려고 백방으로 노력하였으나 뜻을 이루지 못하였다.

**장택상(1893~1969)** 1915년 도영

**대한민국 초대 외무부 장관,**
**대한민국 제3대 국무총리, 4선 국회의원.**

대한민국임시정부 파리위원부와 구미위원부 등에서 독립운동을 했고 독립운동가에게 자금 지원을 했지만, 그는 선대로부터 탐관오리, 친일파 집안 출신이다. 해방 후 경찰 총수로 있으면서 친일파 경찰을 채용하고 좌익에 대한 정치 테러를 주도한 인물이다.

해외로 유학을 하러 갔다가 만주에서 아버지 친구인 이상설을 만나 그의 추천장으로 소련을 거쳐 독일로 갔다. 독일에서 안창호를 만났고 프랑스를 거쳐 영국으로 왔다. 1915년 에딘버러 대학 경제학과에 입학했으나 졸업하지 못하고 중퇴했다. 돈 많은 친일파 집안임을 증명하듯 에딘버러 대학을 중퇴하고 1921년 귀국했을 때 조선 총독이 마중 나갈 정도였다. 미군 정보부 문서에 '해방 직후 영어 회화를 가장 유창하게 구사했던 정치인'으로 기록됐다.

고미술품을 많이 수집한 것으로 유명한데 영국 유학 시절 서구인들의 고미술품과 예술에 대한 인식에 영향을 받은 것이다. 그는 주영 미국 대사였던 존 F. 케네디 대통령의 부친 조지프 케네디와 친분이 있었기에 1963년 케네디 미국 대통령이 암살됐을 때 고인을 추모하는 뜻에서 선봉사지 칠층석탑을 미국에 보내 버지니아주 알링턴 국립묘지의 케네디 무덤 앞에 세우려 했다고 한다.

**민규식(1888년~ ?)** 1918년 도영

**일제 강점기와 대한민국의 금융인, 기업인,**
**1918년 영국 케임브리지 대학교 경제학과 학사.**

친일파 민영휘의 차남이며 본인 역시 친일파. 국민총력조선연맹 이사, 조선총독부 중추원 참의를 거치며 수차례에 걸쳐 비행기 건조비, 국방비, 일본군 위문자금을 일제에 헌납했다. 해방 후 한민당 창당 발기인, UN조선단환영준비위원회 위원을 지내다가 1950년 7월 납북됐다.

**공진항(1900~1972)**

**해방 직후 제1대 주프랑스 대한민국 공사,**
**농림부 장관, 농협중앙회 회장 등을 역임한**
**실업가, 행정가.**

일본 와세다대학 영문학과에서 수학하다가 유럽으로 건너가 런던대학에서 2년, 프랑스의 소르본대학에서 사회학을 전공하였다.

## 이관용(1894~1933) 1913년 도영

**일제 강점기의 독립운동가,**

**언론인, 교육자.**

유럽에서 최초로 박사 학위를 취득한 한국인이다. 1914년 3월 옥스퍼드 대학 문과에 입학. 옥스퍼드 대학을 다녔으나 중퇴하고 1916년 스위스 취리히 대학에 입학했다. 김규식 등과 함께 파리에서 대한민국임시정부 파리위원부를 조직하고 파리위원부 위원장 대리, 대한적십자사 구주지부장 등을 역임했다. 1923년 2월 스위스 취리히 대학에서 '의식의 근본 사실로서의 의욕론'이라는 논문으로 철학 박사학위를 받았다.

동아일보 기자, 시대일보 부사장, 신간회의 간사로 활동하다가 1929년 광주학생사건과 관련해 체포되어 징역 1년 6월을 받고 출옥했다.

## 장덕수(1894~1947) 1929년 도영

**일제 강점기의 정치인,**

**언론인, 교수, 친일반민족행위자이며 독립운동가.**

1924년부터 미국 컬럼비아 대학교 대학원 정치학과에서 수학하다가 1929년 영국 런던으로 건너가 6월부터 런던 대학교 대학원 사회학과에서 수학하고 연구하며 1932년까지 영국 런던에서 체류했다. 런던 대학교 대학원에서 사회과학석사 학위를 받고 다시 미국으로 건너가 오리건 주립대학교 대학원 신문학과에서 언론학 석사 학위를 취득한다.

1936년 〈영국의 산업평화〉라는 논문으로 컬럼비아 대학교 정치학 박사학위를 받았다. 해방 뒤 미군정이 남한 단독정부를 수립하려는 움직임 속에 이승만, 김구 등과 사이가 멀어지고 피살당했다.

**신성모(1891~1960)** 1925년 도영

**독립운동가,**

**내무부 장관, 국방부 장관, 국무총리 서리.**

장학재단 기미육영회己未育英會•의 후원으로 1925년 영국에 유학하러 갔다. 런던 항해대학을 다녔는데 당시 고향 친구였으며 역시 기미육영회의 후원으로 독일에 유학 간 이극로는 1927년부터 1년 동안 영국에서 신성모와 같이 기거하게 되는데 당시 기록을 보면 "1927년 여름에 내가 런던에서 처음 머물던 집은 항해대학 안에 있는 기숙사인데 이 학교는 런던 동부에 있어 그 이웃은 템스강을 사이에 두고 저편에는 그리니치 천문대가 있고 이편에는 인도를 삼키어 먹은 동인도회사가 있다."고 묘사했다.

그런데 1927년은 신성모와 이극로 등 유학생들에게 장학금을 주던 기미육영회가 일제의 탄압으로 해산되었기에 이들의 생활이 매우 어려웠을 것으로 보인다. 당시 런던대학에서 수학했던 이활의 후일담에 신성모가 자주 돈을 빌려 달라고 요구해와 매우 난처한 적이 여러 번 있었다고 회고했는데 이로 미루어 장학금이 끊어져 어려운 생활을 했을 것으로 짐작된다.

신성모는 1930년부터 영국 런던과 인도를 왕래하는 정기화객선의 선장이 된다. 제2차 세계대전 중에는 인도 상선회사의 고문으로 봄베이(뭄바이)에 체류, 1948년 귀국해 해군 중장이 되고 제독으로 불린다. 내무장관을 거쳐 국방장관으로 6·25 전쟁을 맞고, 국무총리 서리를 지냈다.

• 1919년 11월 부산에서 안희제 등 백산상회 관계자들을 중심으로 한 부산·경남 지역 유지 40여 명이 조직한 장학재단이다. 3·1운동 이후 국권 회복을 위해서는 교육 보급, 인재 양성, 민중 계몽이 급선무임을 깨닫고 장차 독립운동에 필요한 인재를 양성하기 위해, 우수한 청년을 선발하여 국내 및 국외에 유학시킬 목적으로 만들어졌다. 1914년 안희제가 경영하던 민족기업 백산상회(白山商會)가 일제 탄압으로 1927년 폐업하면서 기미육영회도 해산했다.

**김선기(1907~1992)** 1935년 도영

**한글학회 이사,**

**문교부 차관, 서울대 교수.**

조선어학회 사전 편찬원으로 활동하다가 조선어학회 파견 연구원으로 프랑스 유학. 프랑스 파리에서 열린 국제 음성학회에 참석했다가 런던 대학 언어학 교수의 눈에 띄어 그 교수의 권유로 런던대학으로 유학. 런던대학에서 '한국 음성학'으로 석사학위 취득. 1938년 연희전문학교 교수로 재임 중에 조선어학회 사건으로 1942년 함흥 교도소 투옥. 한글학회 이사, 문교부 차관, 서울대 교수.

**이활(1899~1982)**

**런던대학 경제학부 졸업, 대학원 경제학 석사.**

**한국무역협회장. 고려대학교 재단 이사장.**

**제6대 국회의원.**

김선기, 김상만 등과 비슷한 시기 런던대학에서 같이 공부했다. 1930년 김성수가 세계 일주 차 영국 런던을 방문해 유학생들을 불러 위로할 때 장덕수, 윤보선, 신성모, 윤치왕, 이활 등이 모였다.

5·16쿠데타 직후 박정희 최고회의 의장은 경제인들의 자문을 구한다며 이활 무역협회장을 비롯한 경제인 몇 사람을 불렀다. 박 의장은 무장한 채 역시 무장한 부하들을 데리고 나타났다. 사뭇 강압적인 분위기였으나 이활은 박 의장에게 자유무역을 국시로 하는 무역입국론을 펴야 한다고 목소리를 높였다. 그는 "영국이 자원을 갖지 못하는 작은 섬나라이면서 세계를 제패할 수 있었던 것은 자유무역정책을 채택한 데 있었다."라고 했다. 영국 유학 시절의 경험에서 나온 이 회장의 말에 박정희가 공감했다고 한다.

**김상만(1910~1994)** 1933년 도영

**언론인, 기업인, 인촌 김성수의 장남. 동아일보사 대표이사 회장.**

일본 주오대학 예과를 수료하고 영국으로 건너가 런던대학교 정경대학School of Economics & Political Science에서 수학. 김상만이 영국 유학을 한 것은 부친인 김성수가 구미 여행을 한 뒤 영국에 가면 훌륭한 교육을 받고 검소한 생활, 예의를 배울 수 있다고 판단해 아들에게 추천했다고 한다. 1936년 다시 일본에 건너가 1940년 일본 와세다대학 법학부를 졸업하였으며, 1985년 일본 와세다대학 으로부터 명예법학박사 학위를 받았다.

1964년부터 1978년까지는 한영협회韓英協會 회장을 맡았고, 한·영 두 나라 친선에 이바지한 공로로 1974년 영국 명예 코만더CBE 훈장•을 받았다

## 재영 한인 동포 최초 영국 훈장 서훈 – 실비아 박

한영 민간친선협회 브리시코리안소사이어티(BKS : 영한협회)에서 약 40년간 한국과 영국 관계 증진을 위해 민간외교관으로 봉사한 실비아 박 씨가 2014년 재영 한인 동포 최초로 훈장(MBE : Member of order of the British Empire)을 서훈했다. 1970년대 초반 브리티시항공 승무원으로 영국에 정착한 박 씨는 BKS 이벤트담당 이사Events Secretary로 활동하며 양국의 우호협력을 강화하는데 기여한 공로로 수상 했다. 박 씨는 2011년에 직접 영한여성협회BKWS를 설립해 동포 여성들의 네트워크를 강화하고 법률 및 행정 서비스를 제공하는 역할도 했다

• 영국의 훈장 제도: 영국의 훈장은 영연방에 소속된 나라의 시민권이 있는 사람에게 주어지며 5등급으로 되어 있다. 1등급(Grand Cross 대십자)과 2등급(Commander)은 기사 작위에 해당돼 남성은 Sir 여성은 Dame이란 존칭이 이름 앞에 붙는다. 1등급 GBE, 2등급 KBE 뒤에는 일반 계급으로 3등급 CBE, 4등급 OBE. 5등급 MBE 등이 있다. 이 훈장을 받을 수 있는 사람 수가 정해져 있어 인원이 다 차면 기존 수상자가 죽거나 박탈당해 공백이 생겨야 다음 사람에게 훈장을 줄 수 있다. 영연방 소속 국민이 아닌 외국인은 훈장을 받는 인원 제한이 없다. 대신에 1등급이나 2등급에 서훈돼도 Sir와 Dame이란 존칭은 붙지 않는다. 영국과 교류하고 공을 세운 외교관, 정치인, 기업인 출신의 외국인에게 주로 준다. 한국인 중에서는 강영훈 전 국무총리, 한승수 전 국무총리, 김상만 전 동아일보 회장 등이 명예 KBE를 받았다. 명예 CBE를 받은 한국인은 정주영 현대그룹 창업자, 정세영 현대자동차 창업자, 이승한 전 홈플러스 회장, 국회의원 출신 박진 한영협회장, 정희선 충남대 분석과학기술대학원 원장, 신동빈 롯데그룹 회장, 대한성공회 초대 한국인 주교 이천환 바우로 주교 등이다.

모네가 그린 웨스트민스터(1871)

# 3
# 영국에 있는 한국의 해외 독립운동 유적지

세계 곳곳에 우리의 자랑스럽고 소중한 독립운동 사적지가 있다.
독립운동 사적지는 소중한 역사의 현장이며 후손들에게는 국민교육의 현장이다.

많은 국외 독립운동 사적지 중 영국에는 두 곳, 대한제국 시기 주영 공사관 건물과 영국 국회의사당 웨스트민스터 하원 6호실이 있다.

옛 주영 공사관 건물은 1905년 대한제국 서리공사 이한응 열사가 을사늑약이 있기 전에 울분으로 자결, 순국한 곳이며 영국 국회의사당 하원 6호실은 3·1운동 이듬해인 1920년 임시정부의 런던 외교관 황기환과 영국의 종군기자 매켄지 등 친한 인사들이 모여 일제의 한반도 침략을 비난하고 정의와 자유를 위하여 싸우는 한국을 돕고 지지하고자 한국 독립운동 후원 단체인 '한국친우회'를 결성한 곳이다.

한국의 독립유공자로 포상된 외국인은 모두 70명이다. 그중에 영국인은 6명, 유럽 국가 출신 독립유공자가 모두 9명(프랑스 1인, 아일랜드 2인)이기에 한국의 독립을 크게 도운 유럽인은 대부분 영국인이라 할 수 있다. 일제강점기에 영국의 입장은 일본과 더 가까웠고 일제의 통치를 지지하는 측면이 강했지만, 당시 한국의 실상을 직접 보고 경험한 영국인들은 국가의 입장과 다른 길을 걸었다. 조선의 독립을 도운 영국인들 중 언론인으로서 일제 침략을 국제사회에 고발하고 한국의 독립운동가와 손잡고 직접 영국에서 '한국친우회'라는 친한·반일 단체를 결성한 프레더릭 매켄지가 있다.

이한응 열사

## 푸른 눈의 친한親韓 영국인들이 만든 '한국친우회'

### "우리는 한국을 돕고 지지한다"

한국친우회Friends of Korea를 얘기하려면 자연스레 매켄지에서 시작된다. 영국의 〈데일리 메일〉 신문기자였던 그는 1904년 러일전쟁 취재차 처음 대한제국에 발을 딛는다. 일제 종군기자로 활동했던 그는 당시 대부분의 서양인이 막연히 생각하는 것처럼 처음에는 무능하고 부패한 대한제국을 일본이 개혁해 고치고 근대화시켜줄 것으로 믿고 환영하는 입장이었다. 그러나 잔혹한 일제의 참모습을 보고 친한·반일로 생각이 바뀐다. 1906년 대한제국을 다시 방문한다. 당시 영국과 일본은 매우 긴밀한 관계였기에 영국 기자인 그는 한국에서의 취재 활동에 있어 많은 혜택을 받는다. 외국인으로서는 유일하게 지방으로 내려가 의병 활동까지 취재할 수 있었다. 1907년은 조선통감부가 대한제국의 군대를 해산하자 이에 항의해 의병이 한반도 전역에서 일어났던 시기다. 그는 충청북도 제천, 강원도 원주 등 첩첩 산중 깊이 숨어 활동하던 의병을 찾아가 열악한

영국 '데일리메일' 기자였던 프레데릭 매켄지가 촬영한 구한말 의병 사진

환경에서 빈약한 무기로 싸우는 그들의 활약상을 생생히 기록했다. 그가 경기도 양평군 인근에서 촬영한 의병들의 모습은 매우 유명하면서도 희귀한 자료다. 이 사진과 그의 이야기는 인기 드라마였던 〈미스터 션샤인〉에도 소개됐다. 1907년 매켄지는 의병 활동이 활발했던 충청북도 취재기를 통해 '도시의 모든 것이 파괴되고 불탔다. 일본군은 여자를 강간하고 아이까지 학살한다'라는 내용의 기사를 본사에 송고했는데 일본과 친밀했던 영국에서 기사는 신문에 실리지 못하고 이 기사로 인해 그는 반일 기자로 낙인찍힌다. 1908년 그는 〈대한제국의 비극Tragedy of Korea〉이라는 책을 써서 "조선인은 일제의 통치에 반대한다"며 일제의 만행을 고발했다. 이런 노력에도 불구하고 이 시기 매켄지의 반일활동은 영국과 일본의 우호 관계로 인해 영국 정가나 사회에 널리 알려지지 못하고 따라서 크게 영향을 미치지 못한다.

그러나 매켄지는 3·1운동, 일제의 제암리 학살 등을 꾸준히 취재했고 3·1운동 이후 친한·반일 선교사, 목사들로부터 받은 자료와 목격담, 미국의 독립운동 단체와 임정에서 나온 자료 등을 갖고 3·1운동의 실상을 알리는 〈한국의 자유를 위한 투쟁Korea's Fight for Freedom〉-혹은 〈한국의 독립운동〉이라고도 함-을 발간해 영국 의회를 비롯해 영국 사회에 곳곳에 배포했다. 이 책은 당시 영국 국내 일부

매켄지의 구한말 의병 사진을 그래도 구현한 미스터 션샤인의 엔딩장면

인사들 사이에 일던 반일정서와 궤를 같이해 영국 의회에서 극동 문제를 논의하게 만드는 중요한 요인이 된다. 이에 고무된 매켄지는 대한민국임시정부 런던주재 외교위원으로 임명된 황기환과 함께 1920년 10월 26일 하원 의사당House of Commons 제6호 위원실에서 '한국친우회'를 결성한다. 이날은 영국의 웨스트민스터가 우리나라 독립운동 해외 사적지가 된 날이다. 한국친우회가 결성된 바로 다음 날(1920년 10월 27일 자) 영국의 〈더 타임스The Times〉는 짧은 기사를 냈다.

A meeting to establish a League of the Friends of Korea in Great Britain was held at the House of Commons yesterday. Sir Robert Newman, M.P., presided, and Mr. F. A. McKenzie spoke.

<The Times>의 1920년 10월 27일자 기사

FRIENDS OF KOREA.

PARLIAMENTARY GROUP FORMED.

(From a Correspondent.)

Mr. John Hinds, Colonel Tom Parry, Major J. Edwards, Mr. J. Hugh Edwards, Mr. Tomlyn Jones, and a number of other members of Parliament have formed a group to be known as the "Friends of Korea," to obtain an amelioration of the conditions—social, political, and religious—under which the Koreans have lived for the last ten years.

Mr. Llewellyn Williams has been appointed honorary secretary of the group, which includes about 30 members of Parliament and a considerable number of influential people outside the House of Commons.

guardian 3 nov 1920 friends of korea

더 상세한 기사는 맨체스터 가디언(The Manchester Guardian : 지금의 가디언 The Guardian) 1920년 11월 3일 자 신문에 나온다. 현재 한국친우회 결성에 관한 자료를 보면 대부분 이 소식이 '맨체스터 가디언'에 실렸다고 나오는데 사실 이 소식을 가장 먼저 보도한 신문은 '더 타임스'다. 결성된 바로 다음 날 보도했고 '맨체스터 가디언' 보다 일주일이 앞선다. 특히 진보 성향의 대표 유력지인 가디언과 보수 성향의 대표 유력지인 타임스가 모두 한국친우회 결성 소식을 보도한 것이 이채롭다.

### 영국 국회의사당은 한국의 독립운동 유적지

한국친우회가 결성된 곳은 영국 국회의사당 하원 제6호실England Parliament buildings room No. 6, London이다. 1920년 10월 26일 결성식에는 국회의원과 교수 등 영국의 각계 저명인사 62명이 참석했다. 이날의 회의는 하원의원 뉴먼R. Newman의 사회로 열렸으며, 회장을 맡은 로버트 뉴맨 바트 경Sir Robert Newman Bart은 개회사에서 "본회는 정의와 자유를 위하여 싸우는 한국을 돕고 지지할 목적으로 열린다"라고 선포했다. 황기환과 매켄지의 연설이 있었고, 런던 침례교회 장로인 존 클리퍼드J. Cliford 박사와 존 워드J. Ward 육군 대령이 한국 독립운동 후원을 목적으로 한다는 내용의 4개 항으로 된 결의문을 채택했다. 결의문에는 〈한국 내에서 정치적, 사회적, 종교적 상황의 개선, 일본의 식민정책, 한국 민족주의 운동에 대한 탄압, 한국에 대한 정보의 수집과 전파, 독립운동가 가족에 대한 원조〉 등이 포함된다.

한국친우회를 결성한 영국인들은 한국의 독립을 지지하는 이들이었다. 당시 국제정세에 따라 일본과 각별한 친분을 유지하는 영국에서 그들이 친한 인사가 된 까닭은 한국에 대한 일본의 통치방식이 자신들이 믿는 인도주의 정신에 어긋난다고 봤기 때문이다. 한국친우회가 결성된 1920년은 일본과 영국의 관계가 그 전처럼 극도로 친밀하지는 않았지만 그래도 1902년 체결된 영일동맹의 관계가 1922년까지 지속했다는 것을 고려하면 영국에서 친한·반일 인사가 나오기는 쉽지 않은 구조였다.

그런데 매켄지가 쓴 〈한국의 독립운동〉과 같이 일제의 만행과 한국인의 독립 의지를 상세히 알려주는 글이 영국 지식인 사회에 퍼지고 이를 통해 일본의 식민지배가 비인도적이라는 사실이 알려지면서 일부 영국인들 사이에서 일본의 식민지 지배를 비판하는 분위기가 형성됐다. 친한·반일 인사가 영국에서 나오게 된 데는 일본의 혹독한 식민지배를 제대로 알린 매켄지와 같은 인물이 있었기 때문이다.

매켄지는 대한민국의 국권이 침탈되는 과정과 그에 맞선 한국인의 투쟁을 목격담 위주로 생생히 전달했다. 일제의 무자비한 탄압 과정에 자행된 잔인한 고문과 같은 것들도 있는 그대로 낱낱이 묘사한다. 일본의 통치 방식이 잘못됐으며 한국은 그런 대우를 받을 민족이 아니라고 설명한다. 한국은 문화적 전통이 훌륭하고 한국인은 서구 학문에 대한 적응력도 뛰어나다고 소개한다. 매켄지의 이러한 생생한 소개가 당시 유럽인들이 막연하게 생각한 '일본의 앞선 문명이 미개한 한국을 발전 시켜 줄 것이다'라는 오판을 일깨워준 것이다. 유럽의 친한파 인사들의 탄생은 제대로 된 정보를 통한 이해와 각성에서 나온 것이다.

그 결과 유럽에서는 처음으로 영국에서 그것도 국회의사당에서 친한 인사들이 모여 한국친우회라는 한국 독립지원 단체를 결성한 것이다. 이처럼 영국 사회에서 영향력을 발휘할 수 있는 반일·친한 단체가 출현하자 한국위원단Korea Commission의 대표인 황기환은 유럽 독립운동의 중심지를 일시적으로 파리에서 런던으로 옮기게 된다. 매켄지는 황기환을 유럽에서 한국인을 대표하는 사람이라고 소개한다.

매켄지의 활발한 활동과 더불어 한국 친우회 회장인 로버트 뉴맨 바트 경은 '일본이 저지른 1920년 간도대학살에 대해 영국 정부가 알고 있는지 그렇다면 어떤 입장을 취할 것인지'를 세실 햄스워드Cecil Harmsworth 외무차관에게 공식적으로 따져 묻기까지 했다. 회원들은 한국에 대한 일본의 공포정치를 폭로하는 인쇄물들을 다수 만들어 배포하는 등 활동을 했다.

그러나 한국친우회는 자금 문제 등으로 활동이 어려워져 회원이 점차 줄어들고 1925년경에는 매켄지와 서기로 활동하던 윌리암스 둘만이 남게 된다. 결국 한국친우회의 활동이 저조하면서 영국을 비롯한 유럽에서의 한국 독립운동에 대한 관심이 줄어들게 된다. 한국의 독립운동과 한국인의 독립정신을 사랑하고 지지하고 힘을 보탰던 매켄지도 1931년 캐나다에서 사망한다. 그가 몸담았던 신문에 그의 부고 소식이 실렸는데 〈뛰어난 종군기자이며 훌륭한 작가가 사망〉했다고 알렸다.

한국친우회가 결성된 지 94년 후, 매켄지가 사망한 지 83년이 지나서 2014년 7월 8일 주영국대한민국대사관(당시 임성남 대사)에 맥켄지의 손녀 니콜슨 매켄지Nicholson MacKenzie 여사와 그 가족들이 초청돼 한국의 독립에 이바지한 공로로 건국훈장 독립장에 추서된 매켄지의 훈장 전수식이 열렸다. 니콜슨 매켄지 여사는 그해 광복절을 앞두고 한국에도 초청돼 "할아버지의 발자취를 따라 걷는 것이 행복하다."라고 감회를 알렸다.

### 한국친우회가 결성된 국회 6호실은 지금 어디일까

영국 국회의사당은 일반인의 관람을 허용하고 있다. 그러나 극히 제한된 구역만 볼 수 있다. 현재의 웨스트민스터 도면에서 보이는 Lower Waiting Hall-Central Lobby를 통해 우측에 있는 Members Lobby-House of Commons Chamber, 좌측에 있는 Peers Lobby-House of Lords Chamber-Royal Gallery 정도만 볼 수 있다. 1920년대 웨스트민스터 도면(흑백 도면)을 보면 6호라는 명칭은 좌측 상단에 하나밖에 없다. 이를 지금 도면(천연색 도면)에 서 보면 Clerk of the Parliaments. 1920년대 당시 나누어져 있던 방들이 지금은 하나의 큰 방으로 바뀌었다. 당시 6호실이라고 표기된 이곳이 맞는다면 지금의 Clerk of the Parliaments가 우리가 찾고 있는 한국친우회 결성장소, 독립유적지인 것이다. 물론 이 모든 것이 추측일뿐, 밝혀진 것은 아니다. 정확한 장소를 찾아 현재의 모습을 기록으로 남기는 것은 여전히 숙제로 남았다.

이곳은 일반인의 접근을 허용하지 않는다. 현재 바로 옆 방이 Leader and Chip Office로 매우 중요한 인사들이 모이는 곳이다. 당연히 사진 촬영은 물론 일반인은 접근조차 할 수 없다.

영국 국회의사당이 푸른 눈의 친한 인사들이 모여 한 번도 가본 적이 없는 이역만리 극동의 한 나라인 대한민국의 독립을 지지하는 '한국친우회'를 결성한 곳이라는 걸 알게 되면 의미가 더해지지 않을까. 자랑스러운 해외 항일 독립운동 유적지인 그 시절 '국회 6호실'을 찾아야 하는 이유이기도 하다.

영국 국회의사당은 일반인의 출입이 허락된 구역에도 대부분 실내 촬영을 할 수 없다.

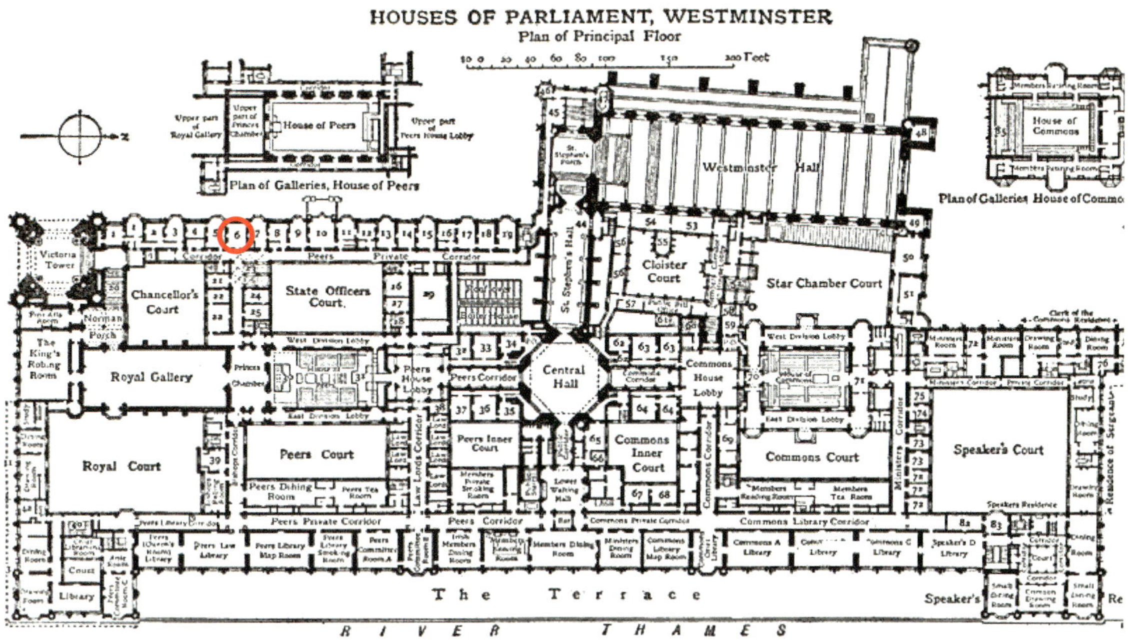


1920년대 웨스트민스터 도면(흑백) 빨간 원이 6호실 자리

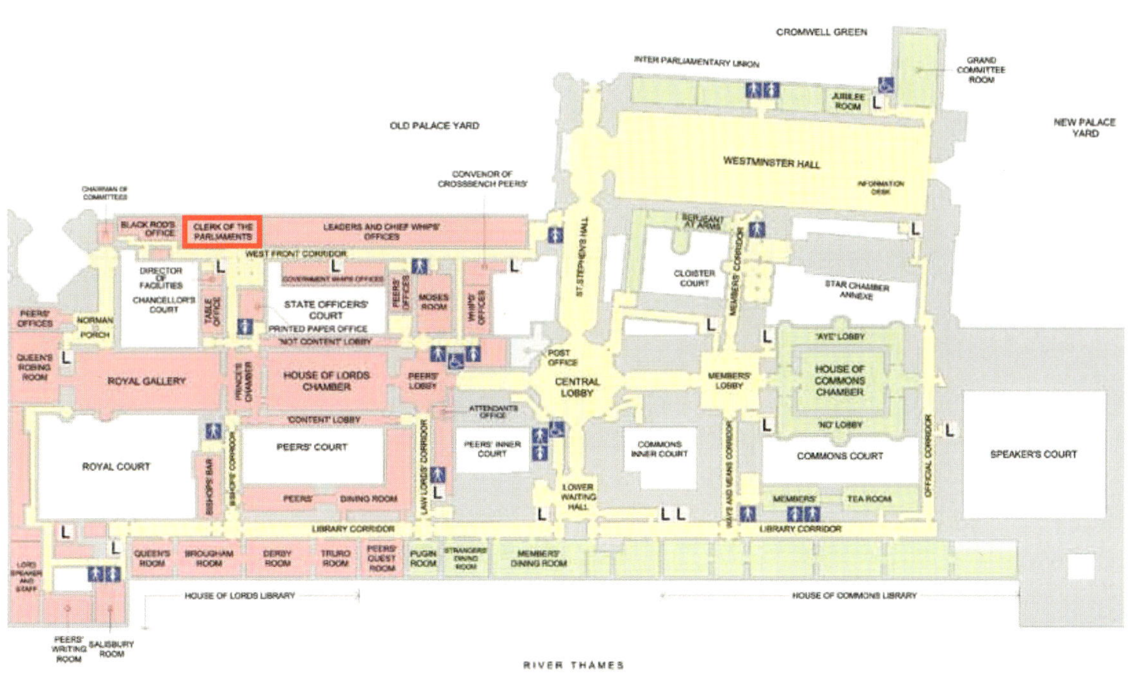


현재 도면에 빨간 네모가 6호실 자리로 추정되는 Clerk Of The Parliaments.

## 114년 동안 아무도 찾지 않은 독립운동 유적지

현재 주영대사관이 있는 버킹엄 게이트에서 구한말 대한제국 공사관이었던 이한응 공사의 순국지인 얼스코트 트레보버 로드Earls Court Trebovir Rd 4번지까지는 지하철로 다섯 정거장. 가까운 곳에 있는데 한국인이라도 이곳이 독립운동 유적지라는 것을 아는 이는 적다. 당연히 찾는 이도 거의 없다. 외관은 옛 모습을 간직하고 있으나 4, 6, 8번지의 세 건물이 합쳐져 4층 36세대의 저소득층 주거 지원 아파트로 변한 지 오래다. 영국에 있는 두 곳의 독립 유적지 중 한 곳인 이곳에서 일제의 국권침탈에 자결로써 항거한 이한응 열사의 흔적을 찾을 수는 없다.

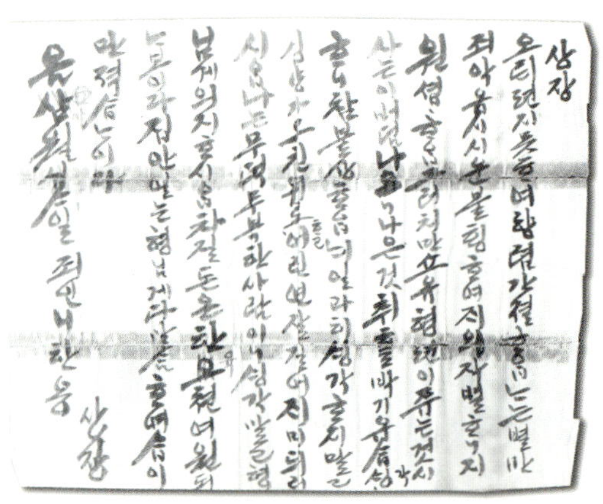

이한응 열사의 친필 유서

"나라가 무너지고 민족이 남의 노예가 되면 산다는 것이 욕만 더하고 죽는 것이 낫다"며 최초로 순국한 열사의 혼이 깃든 곳이지만 이 유적지는 철저히 외면받았다. 전두환 전 대통령부터 박근혜 전 대통령까지 영국을 방문했던 한국의 대통령 중 어느 한 사람도 이곳을 찾지 않았다. 그래서 1907년 네덜란드 헤이그에서 순국한 이준 열사를 기리는 열의와 심한 온도 차가 있어 자주 비교된다. 이준 열사가 자결한 호텔은 한국 정부가 구입해 1995년에 기념관을 건립했다. 대통령을 비롯해 한국의 고위급 인사들이 네덜란드를 방문하면 빠지지 않고 이준 열사 기념관을 방문한다. 그러

대사관 1층 홀에 있는 이한응 열사의 흉상. 1993년 제막식을 했지만, 대사관 내에서도 제자리를 못 잡고 옮겨 다니다가 이번 대사관 리모델링 후 누구나 볼 수 있는 곳에 모셔졌다.

나 한국의 대통령을 비롯해 고위급 인사가 이한응 열사가 자결한 구한말 대한제국 주영공사관이자 독립운동유적지, 이곳 런던에 있는 역사의 현장을 방문했다는 기록은 찾아볼 수가 없다.

### 재영국 한인사회의 열사 추모 약사略史

한국에서는 열사의 희생이 다른 독립유공자에 비해 잘 알려지지 않았으나 영국의 한인사회에서는 열사를 추모하는 운동이 오래전부터 있었다.

1970년부터 영국의 한인들은 한인회관을 건립하려는 염원이 본격화됐는데 당시 배의환 대사와 대사관 관계자, 한인 대표들이 대사관에 모여 이와 관련된 회의를 했다. 그때 한인회관 건립 기금을 모으자는데 합의하고 당시 영국에 하나뿐인 한국계 은행인 외환은행에 계좌를 개설했다. 강철수 전 한인회장의 주장에 따르면 이때 기금의 명칭을 '이한응 Hall Fund'로 했으며 언젠가 한인회관을 마련하면 '이한응 홀'로 명명하기로 합의했다는 것이다. 나중에 이 계좌가 '재영한인회관 설립기금'으로 명칭이 바뀌었고 40년이 지나 2010년에 한인회관을 구매, 건립하며 회관의 이름이 '한인종합회관'이 됐다. 이한응 열사를 기억하고 기리려는 재영한인들의 노력과 정신에서 시작돼 이런 결실을 맺은 것이다.

1993년에는 그동안 동포사회에서 모은 기금으로 만든 이한응 열사 동상 제막식을 했다. 재영

#### 이한응李漢應(1874년 9월 21일 ~ 1905년 5월 12일)

호는 국은, 1892년 한성관립영어학교 졸업, 1894년 진사시 합격, 1899년 한성관립영어학교 교관, 1901년 3월 영국·벨기에 주차공사관 3등 참사관으로 임명, 영국 런던에 공사 민영돈과 함께 부임, 1904년 주영공사 민영돈의 귀국으로 서리공사, 1904년 1월 13일 영국 대외사무소(Foreign Office)를 방문해 한반도 정세분석에 관한 10쪽의 서한과 메모 전달 - 영국 정부의 한반도 문제 관심 요망, 한국의 독립과 주권, 영토 보존 등 영국 정부가 보장해 주도록 요청, 외교권이 빼앗기는 을사늑약을 앞두고 1905년 5월 12일 영국 런던에서 순국, 고종의 특명으로 시신은 용인으로 옮겨져 안장, 1962년 건국훈장 독립장 추서.

재미 사학자 방선주 박사는 이한응 열사 순국지인 런던의 주영공사관 건물을 당시 조선 정부가 매입했으며 이를 일제가 1910년 경술국치 무렵 매각했을 것이라고 했다. 런던의 브리티시도서관에서 찾아낸 자료에 이 건물은 1900년까지 개인 소유 여인숙이었다가 1903년부터 1905년까지 주영한국공사관이 입주한 것으로 되어 있다. 방 박사는 공사관 건물을 매입하지 않고서는 3년씩 장기입주하기 어려웠을 것이라고 주장한다. 또한 1908년에 건물 입주자 기록이 없고 1911년 영국 군인이 입주한 것으로 되어 있다. 1908년에 입주자가 없다는 것은 일제가 1905년 을사늑약 당시부터 조선의 해외 공관들을 강제로 폐쇄했는데 주영공사관 건물도 그때 강탈해 팔지 않고 갖고 있었던 것으로 보이며 1911년 입주자가 있는 것은 경술국치 무렵 판 것으로 보인다고 추측했다.

한인사회에서 이한응 열사의 동상을 만들자는 논의는 1980년대 말부터 나왔으며 주낙군 교민회장 등이 모금에 많은 기여를 했다. 런던에서 얼음 조각가로 활동하던 채우병 씨가 '이한응 공사 추모사업추진회' 회장이 되어 진행됐으며 1993년 8월 15일 광복절 기념식을 겸해 노창희 대사, 장민웅 한인회장, 채우병 추모사업추진회장을 비롯해 많은 한인이 모여 대사관에서 제막식을 했다. 처음 전신상인 입상을 계획했다가 흉상(반신상)으로 축소된 것은 모금액이 부족했기 때문이라는 것은 낭설이며 당시 대사관 규모에 비춰 전신상을 만들면 설치할 공간이 부족하다는 판단에 흉상(반신상)으로 만들기로 했다고 한다.(현재의 대사관저를 대사관으로 사용하던 때라 공간이 부족했다) 동상 제작은 영국 로얄오브아트컬리지에 유학 중이던 한국인 조각가 강동철 씨가 재료비만 받고 재능 기부를 했으며 당시 한인회장이던 장민웅 씨가 제작비의 많은 부분을 희사했다. 이 동상은 지금 주영국대사관 1층 로비, 대사관을 오가는 사람들이 모두 볼 수 있는 위치에 있는데 지금처럼 자리 잡은 것도 최근 대사관 건물을 리모델링해 공간을 마련했기 때문이다. 그전에는 대사관 건물 내 이리저리 옮겨 다니며 눈에 띄지 않는 구석 자리를 전전하기 일쑤였다. 그런데 이제는 대사관 정문에 들어서서 안내데스크를 지나면 이한응 열사를 제일 먼저 만나게 된다. 대사관을 방문한 사람은 누구나 볼 수 있는 자리에 동상이 있어 한인들에게는 열사를 다시 기억하게 만들고 열사를 모르는 외국인에게는 우리 역사와 열사의 희생을 소개하는 소중한 교육자료가 됐다.

### 재영 한인들 "열사의 희생을 기억하자"

최근 영국의 한인사회에는 이한응 열사를 기억하자는 운동이 되살아나고 있다.

크게 두 가지 운동이다. 하나는 열사의 순국일을 영국 한인사회 한인들의 기념일로 만들자는 운동이다. 이 운동은 '이한응 Hall Fund'를 만들 당시에도 추진되다가 나중에 흐지부지된 것이다. 열사가 순국한 5월 12일을 기려 기념식을 하고 추모 행사를 하기 위해 한인들이 모이자는 것인데 이 모임을 통해 열사의 희생을 함께 되새기고 정신에 감사하는 가운데 영국에 사는 한인들이 화합하는 계기로 만들자는 의미를 담고 있다. 5월에는 어린이날, 어버이날 등 지금까지 여러 행사를 마련해 치러왔기에 순국일을 전후한 휴일에 단체로 순국지를 방문하는 프로그램을 만들자는 제안도 나온다.

또 하나는 해외 독립유적지이면서 열사의 순국지인 옛 공사관 건물에 유적지 기념 판을 부착하는 운동이다. 영국에는 유명인이 태어난 곳이나 거주했던 곳 혹은 어떤 행사나 사건이 있었던 곳 즉 역사적으로 또는 문화적으로 의미가 있다고 판단되는 곳에 블루플라크Blue Plaque라는 푸른

런던에 있는 칼 막스의 블루플라크. 1867년 왕립예술원 The Royal Society of Arts이 런던 웨스트엔드에 있는 시인 바이런의 생가에 부착한 것이 처음이다. 왕립예술원이 발간하는 잡지에 어느 독자가 투고한 내용을 보고 아이디어를 얻어 시작했다고 한다. 1851부터 56년까지 이곳에 살았음을 알려준다.

색의 안내판을 붙인다. 런던 도심 곳곳에 이런 블루플라크가 붙은 건물이 많은데 런던 일대에만 약 950개가 있다고 한다. 블루플라크는 그 건물의 명찰이 되기도 하며 간단한 설명이 표기돼 있어 찾는 이들에게 건물에 대해 설명해주는 역할도 한다. 얼스코트 트레보버 로드 4번지에 이를 부착하면 이곳이 과거 대한제국의 공사관 건물이었으며 독립유적지라는 것을 알리는 이정표가 될 것이기 때문이다.

이를 부착하려면 영국 정부의 문화재 관리를 담당하는 관청과 지방정부의 승인을 얻어야 하는데 대상이 될 인물은 태어난 지 100년이 넘고, 죽은 지 20년 넘게 지났으며 각계 많은 사람이 특별한 인물로 인정하거나 인류의 행복과 복지를 위해 이바지했다고 인정되는 인물로 한다. 영국인이나 영연방국가 출신 인물만 선정하는 것이 아니다. 외국인의 경우 자신의 출신 국가에서 존경받는 인물이며 그 인물이 런던에 있었던 때가 그의 일생 중 중요하고 뜻깊은 시간이었음을 입증해야 한다. 이런 조건을 따져보면 이한응 공사는 충분히 가능성이 있다.

무엇보다 청원인이 많아야 승인이 나올 가능성이 높다. 많은 이가 이한응 열사의 순국지에 블루플라크 설치를 원한다는 사실을 영국의 중앙정부와 지방 정부에 알려야 하므로 한인들의 단합된 힘이 필요하다. 이 운동을 제안한 이들은 20대에 유학을 오거나 30대에 해외근무지로 영국에 와서 지금은 70대 80대가 된 원로급 인사들로서 '이한응 홀 펀드'가 이야기되는 그 시대의 주역들이다. 재영 한인사회 1세대로 있는 이 어르신들이 앞장서고 있어 추모 열기의 불길이 지금 한참 거세게 일고 있다.

영국의 해외 독립유적지를 찾아서

# 잊힌 독립운동가, 방치된 독립유적지… 114년 만에 재영한인들이 되살린다

이한응 추모 특집 기사

글, 사진 : 한인헤럴드 2019년 10월 14일

이한응 열사의 죽음을 보도한 영국 일간지 〈데일리 텔레그라프〉 1905년 5월 13일 자 기사 제목은 '공사관의 비극 A LEGATION TRAGEDY', 부제는 '한국인 공무원의 자살 KOREAN OFFICIAL'S SUICIDE' 신문은 전날의 비극을 이렇게 알렸다.

"이한응, 영국의 한국 대리대사(공사)가 어제 아침 자신의 방에서 목매 자살했다. 그는 한국 공사관을 홀로 담당해온 지 오래됐는데, 장관(대사)은 수개월 전 한국으로 불려 들어갔다. 대리대사는 최근에 몸이 아팠고 굉장히 우울했는데, 무슨 일인지 오랫동안 한국 정부와 연락이 되지 않고 지원도 받지 못한 것으로 알려졌다. 지난 6개월 동안 그의 정신 건강이 매우 걱정스러울 정도였다고 한다. 그가 어제 아침 방에서 나오지 않아서 하인이 10시에 방으로 찾아갔는데 대답이 없어 들어가 보았다. 이한응은 방문 뒤에 있는 고리에 창 끈을 매달아 목을 매었다. 응급조치하고 의사를 불렀지만 이미 사망한 상태였다. 비극이 발생한 뒤 주영 명예총영사인 모건이 얼스코트 트레보아 로드에 있는 집으로 향했다. 그는 사건에 대해 말하지 않겠다고 했지만, 현재 외교부와 홈오피스가 이 사건에 대해 논의 중이라고 설명했다. 부검하지 않을 것으로 본다고 했고 한국 공사관은 영국에 있는 다른 모든 국가의 대사관이나 공사관과 마찬가지로 외국 땅으로 간주해 영국 법이 적용되지 않는다고 했다. 사망자는 40살 정도로 영국에는 수년 전에 왔다"

이한응 공사의 자결 소식은 영국 외교부 - 주한 영국공사 - 주한 일본공사 - 한국 정부 순으로 전달됐다. 영국 정부는 일본에 이 사실을 먼저 알렸으며 주한 일본공사관은 대한제국에 주영 한국공사관의 폐쇄를 요구한다. 이를 통해 보듯 영국 정부는 한국에 관한 모든 정보를 영일동맹으로 끈끈한 관계를 맺은 일본을 통해 얻고 전달했다. 1902년 영국 외무장관과 주영 일

주영국한국대사관(대사 김건)이 삼일절을 맞아 107년 전 이한응 열사의 순국을 기리는 시간을 가졌다.

본공사는 런던에서 1차 영일동맹을 맺었고 영국과 일본은 서로의 이익을 인정하는 사이였다.

이한응 열사에 관한 내용도 마찬가지다. 기사를 보면 6개월 동안 정신 건강에 심각한 문제가 있었고 한국 정부와 연락이 닿지 않고 지원이 끊어진 고립무원의 상태였다고 나온다. 열사가 자결하기 전에 영국 외무부는 열사의 정신건강에 문제가 있으니 한국으로 귀임시키는 것이 어떻겠냐는 조처를 하려 했다고 한다. 영국 정부가 열사의 정신 건강 상태를 어떻게 알았을까. 주영 일본공사가 영국 외무부 관리에게 전한 "이한응 이웃에 사는 사람이 말하기를 '그 사람 미친 사람 같다'고 한다."는 정도의 근거 없는 정보가 전부였다. 주영 일본대사도 본국에 "몇 차례 정신적 문제가 있었는데 자살했다."고 보고한다. 일본으로서는 맹렬한 외교활동을 벌이던 껄끄러운 상대국 외교관인 이한응이 그렇게 치부되도록 만들었을 가능성이 크다. 영국 정부에 준 정보도 대부분 일본의 입장과 관점에서 만들어진 정보였을 것이다. 데일리 텔레그라프의 기사도 주영 일본대사관의 말을 그대로 적은 정황이 진하게 보인다. '정신건강이 매우 걱정스러웠을 정도'라는 것이 누구의 말인지 없다. 사실 확인이 부족한 부분이 많은데 31살에 순국한 열사의 나이조차 '40살 정도(about forty years)'라고 오보했다.

순국하기 전 열사는 영국 정부를 상대로 활발한 외교 활동을 했다. 러일전쟁의 발발을 예상했던 그는 전쟁이 일어나도 대한제국의 주권과 영토를 영국 정부가 보장해야 한다는 것을 주장하며 영국 외무부에 그 내용을 전달했다. 이한응 공사가 독자적으로 만들어 강대국이었던 영국 정부에 제시한 외교 사상과 노선은 매우 독특하고 창의적인 견해로 평가받는다. 대한제국의 평화가 유럽의 세력균형과 연관된다는 '한반도 중립화 방안'을 제시했지만, 영국 정부는 열사의 제안을 철저히 무시했다. 영국 외무부 관리가 열사의 제안에 적어 놓은 구절이 이랬다. "그는 아무것도 모르고 그의 정부도 그에게 아무 신경을 쓰지 않는다." 1905년 3월의 일이다. 그해 8월에 2차 영일동맹이 맺어질 만큼 일본과 가까울 대로 가까워진 영국의 입장에서 보면 약소국 출신 한 외교관의 고군분투는 국제 정세가 어떻게 돌아가는지 전혀 모르는 외교였으며 그의 정부도 관심이 없는 것으로 보였을 것이다. 아니면 대한제국의 외교권을 일본이 쥐고 있으며 이한응 열사를 도우려는 대한제국의 노력을 일본이 방해하고 있다는 걸 영국 정부도 알고 있었지만, 일본과 나눈 이익계산서에 따르다 보니 대한제국 한 외교관의 피나는 노력과 외교적 절규를 철저히 무시해야 했을 것이다.

이한응 공사의 순국지인 얼스코트 트레보버 로드 4번지

순국하기 전에 이한응 열사의 신변은 불안한 상태였다. 1905년 4월 12일 하이드 파크 호수 부근에서 두 명의 괴한이 자신을 위협했다고 영국 정부에 신변 보호 요청을 했으며 영국 경찰이 한국 공사관에 찾아왔을 정도였다.

그는 영국과 일본의 제국주의 야욕이 손을 잡은 비밀 협약 앞에서 결국 쓰러진다. 러일전쟁에서 일본의 승리가 거의 확실해진 가운데 영국은 승전국이 될 일본과 새로운 조약을 맺을 필요가 생겼다. 이는 열사에게 더 큰 좌절감을 안겼을 것이며 국권이 상실됨을 더 처절히 느끼게 했을 것이다. 영국과 일본이 2차 영일동맹을 맺기 전 주고받은 밀약의 초안 내용을 열사가 알고 좌절해 자결했을 가능성이 높다. 1905년 5월 10일 비밀 협약의 초안이 영국 외무부에 전달됐고 이 내용을 알게 된 후 1905년 5월 12일 마침내 순국한 것으로 추정할 수 있다. 열사가 순국한 런던 공사관은 1905년 12월 당시 외부대신 이완용의 명령으로 폐쇄됐다. 모든 서류와 가구는 일본공사관으로 인계됐다고 한다.

영국의 해외독립유적지를 찾아서

# 잊힌 독립운동가, 방치된 독립유적지… 114년만에 재영한인들이 되살린다

A LEGATION TRAGEDY.

KOREAN OFFICIAL'S SUICIDE.

Yi Han Euan, the Korean Chargé d'Affaires London, committed suicide in his bed-room yesterd morning by hanging himself. He had been in sc charge of the Legation for a considerable time, t Minister having been withdrawn several months ag The Chargé d'Affaires had recently been unwell, a very depressed, and it is known that whatever m have happened lately, he for some period had sort of communication with his Government, and w left without resources from them. It is stated th for at least six months his mental condition had giv cause for great anxiety. As he did not leave his roo yesterday morning, one of the servants went to t door shortly after ten o'clock, and being unable obtain an answer, entered. Yi Han Euan was found hanging from a peg behind the door by a piece of window-cord. Restoratives were applied, and a doctor was summoned, but life was already extinct.

After the tragedy, Mr. Pritchard Morgan, who is Consul-General for Korea in London, proceeded to the house in Trebovir-road, Earl's-court. While intimating that he was not at liberty to give any particulars, he stated that he was in communication with the Foreign Office and the Home Office in reference to the matter. He thought it extremely doubtful whether an inquest would be held, seeing that the Legation like all Embassies and Legations of foreign Powers, is regarded as foreign territory, to which English laws do not apply. The deceased, who was about forty years of age, had been in England for some years.

**이한응 열사의 죽음을 보도한 영국 일간지 〈데일리 텔레그라프〉 Daily Telegraph & Courier (London) - Saturday 13 May 1905**

1905년 5월 13일 자 기사 제목은 '공사관의 비극 A LEGATION TRAGEDY', 부제는 '한국인 공무원의 자살 KOREAN OFFICIAL'S SUICIDE.

이한응 열사의 죽음을 보도한 영국 일간지 〈데일리 텔레그라프〉 1905년 5월 13일 자 기사 제목은 '공사관의 비극 A LEGATION TRAGEDY'. 부제는 '한국인 공무원의 자살 KOREAN OFFICIAL'S SUICIDE'. 신문은 전날의 비극을 이렇게 알렸다.

*〈이한응, 영국의 한국 대리대사(공사)가 어제 아침 자신의 방에서 목매 자살했다. 그는 한국 공사관을 홀로 담당해온 지 오래 됐는데, 장관(대사)은 수개월 전 한국으로 불려 들어갔다. 대리대사는 최근에 몸이 아팠고 굉장히 우울했는데, 무슨 일인지 오랫동안 한국 정부와 연락이 되지 않고 지원도 받지 못한 것으로 알려졌다. 지난 6개월 동안 그의 정신건강이 매우 걱정스러울 정도였다고 한다. 그가 어제 아침 방에서 나오지 않아서 하인이 10시에 방으로 찾아 갔는데 대답이 없어 들어가 보았다. 이한응은 방문 뒤에 있는 고리에 창 끈을 매달아 목을 매었다. 응급조치하고 의사를 불렀지만 이미 사망한 상태였다. 비극이 발생한 뒤 주영 명예총영사인 모건이 얼스코트 트레보아 로드에 있는 집으로 향했다. 그는 사건에 대해 말하지 않겠다고 했지만, 현재 외교부와 홈오피스가 이 사건에 대해 논의 중이라고 설명했다. 부검하지 않을 것으로 본다고 했고 한국 공사관은 영국에 있는 다른 모든 국가의 대사관이나 공사관과 마찬가지로 외국 땅으로 간주해 영국 법이 적용되지 않는다고 했다. 사망자는 40살 정도로 영국에는 수년 전에 왔다.〉*

이한응 공사의 자결 소식은 영국 외교부 – 주한 영국공사 – 주한 일본공사 – 한국 정부 순으로 전달됐다. 영국 정부는 일본에 이 사실을 먼저 알렸으며 주한 일본공사관은 대한제국에 주영 한국공사관의 폐쇄를 요구한다. 이를 통해 보듯 영국 정부는 한국에 관한 모든 정보를 영일동맹으로 끈끈한 관계를 맺은 일본을 통해 얻고 전달했다. 1902년 영국 외무장관과 주영 일본공사는 런던에서 1차 영일동맹을 맺었고 영국과 일본은 서로의 이익을 인정하는 사이였다.

이한응 열사에 관한 내용도 마찬가지다. 기사를 보면 6개월 동안 정신 건강에 심각한 문제가 있었고 한국 정부와 연락이 닿지 않고 지원이 끊어진 고립무원의 상태였다고 나온다. 열사가 자결하기 전에 영국 외무부는 열사의 정신건강에 문제가 있으니 한국으로 귀임시키는 것이 어떻겠냐는 조처를 하려 했다고 한다. 영국 정부가 열사의 정신 건강 상태를 어떻게 알았을까. 주영 일본공사가 영국 외무부 관리에게 전한 "이한응 이웃에 사는 사람이 말하기를 '그 사람 미친 사람 같다' 고 한다."는 정도의 근거 없는 정보가 전부였다. 주영 일본대사도 본국에 "몇 차례 정신적 문제가 있었는데 자살했다."고 보고한다.

다분히 일본의 입장에서는 맹렬한 외교활동을 벌이던 껄끄러운 상대국 외교관인 이한응이 그렇게 치부되도록 만들었을 가능성이 높다. 영국 정부에 준 정보도 다분히 일본의 입장에서 만들어진 정보였을 것이다. 데일리 텔레그라프의 기사도 주영 일본대사관의 말을 그대로 적은 정황이 진하게 보인다. '정신건강이 매우 걱정스러웠을 정도' 라는 것이 누구의 말인지 없다. 사실 확인이 부족한 부분이 많은데 31살에 순국한 열사의 나이조차 '40살 정도 about forty years' 라고 오보했다.

순국하기 전 열사는 영국 정부를 상대로 활발한 외교 활동을 했다. 러일전쟁의 발발을 예상했던 그는 전쟁이 일어나도 대한제국의 주권과 영토를 영국 정부가 보장해야 한다는 것을 주장하며 영국 외무부에 그 내용을 전달했다.

이한응 공사가 독자적으로 만들어 강대국이었던 영국 정부에 제시한 외교 사상과 노선은 매우 독특하고 창의적인 견해로 평가받는다. 대한제국의 평화가 유럽의 세력균형과 연관된다는 '한반도 중립화 방안' 을 제시했지만, 영국 정부는 열사의 제안을 철저히 무시했다. 영국 외무부 관리가 열사의 제안에 적어 놓은 구절이 이랬다. "그는 아무것도 모르고 그의 정부도 그에게 아무 신경을 쓰지 않는다." 1905년 3월의 일이다.

그해 8월에 2차 영일동맹이 맺어질 만큼 일본과 가까울대로 가까워진 영국의 입장에서 보면 약소국 출신 한 외교관의 고군분투는 국제 정세가 어떻게 돌아가는지 전혀 모르는 외교였으며 그의 정부도 관심이 없는 것으로 보였을 것이다. 아니면 대한제국의 외교권을 일본이 쥐고 있으며 이한응 열사를 도우려는 대한제국의 노력을 일본이 방해하고 있다는 걸 영국 정부도 알고 있었지만 일본과 나눈 이익계산서에 따르다 보니 대한제국 한 외교관의 피나는 노력과 외교적 절규를 철저히 무시해야 했던 것이다.

순국하기 전에 이한응 열사의 신변은 불안한 상태였다. 1905년 4월 12일 하이드 파크 호수 부근에서 두 명의 괴한이 자신을 위협했다고 영국 정부에 신변 보호 요청을 했으며 영국 경찰이 한국 공사관에 찾아왔을 정도였다.

그는 영국과 일본의 제국주의 야욕이 손을 잡은 비밀 협약 앞에서 결국 쓰러진다. 러일전쟁에서 일본의 승리가 거의 확실해진 가운데 영국은 승전국이 될 일본과 새로운 조약을 맺을 필요가 생겼다. 이는 열사에게 더 큰 좌절감을 안겼을 것이며 국권이 상실됨을 더 처절히 느끼게 했을 것이다.

영국과 일본이 2차 영일동맹을 맺기 전 주고받은 밀약의 초안 내용을 열사가 알고 좌절해 자결했을 가능성이 높다. 1905년 5월 10일 비밀 협약의 초안이 영국 외무부에 전달됐고 이 내용을 알게 된 후 1905년 5월 12일 마침내 순국한 것으로 추정할 수 있다. 열사가

**이한응 李漢應**

**1874년 9월 21일 ~ 1905년 5월 12일**

호는 국은, 1892년 한성관립영어학교 졸업, 1894년 진사시 합격, 1899년 한성관립영어학교 교관, 1901년 3월 영국·벨기에 주차공사관 3등 참사관으로 임명, 영국 런던에 공사 민영돈과 함께 부임, 1904년 주영공사 민영돈의 귀국으로 서리공사, 1904년 1월 13일 영국 대외사무소(Foreign Office)를 방문해 한반도 정세분석에 관한 10쪽의 서한과 메모 전달 - 영국 정부의 한반도 문제 관심 요망, 한국의 독립과 주권, 영토보존 등 영국 정부가 보장해 주도록 요청, 외교권이 빼앗기는 을사늑약을 앞두고 1905년 5월 12일 영국 런던에서 순국, 고종의 특명으로 시신은 용인으로 옮겨져 안장, 1962년 건국훈장 독립장 추서.

순국한 런던 공사관은 1905년 12월 당시 외부대 이완용의 명령으로 폐쇄됐다. 모든 서류와 가구 일본공사관으로 인계됐다고 한다.

### 114년 동안 아무도 찾지 않은 독립운동유적지

지금 주영대사관이 있는 버킹엄 게이트에서 한말 대한제국 공사관이었던 이한응 공사의 순국 인 얼스코트 트레보버 로드 4번지까지는 지하철 다섯 정거장. 가까운 곳에 있지만, 한국인이라도 곳을 아는 이는 적다. 당연히 찾는 이도 없다. 외 은 옛 모습을 간직하고 있으나 4, 6, 8번지의 세 건 이 합쳐져 4층 36세대의 저소득층 주거 지원 아파 로 변한 지 오래다. 영국에 있는 두 곳의 독립 유적 중 한 곳(또 하나는 1920년 한국친우회가 결성된 국의 웨스트민스터 국회의사당 6호실)인 이곳에 일제의 국권침탈에 자결로써 항거한 열사의 흔적 찾을 수는 없다.

〈나라가 무너지고 민족이 남의 노예가 되면 산 는 것이 욕만 더하고 죽는 것이 낫다〉며 최초로 순 한 열사의 혼이 깃든 곳이지만 이 유적지는 철저 외면받았다. 전두환 전 대통령부터 박근혜 전 대 령까지 지금까지 영국을 방문한 많은 대통령 중 느 한 사람도 이곳을 찾지 않았다. 그래서 1907년 덜란드 헤이그에서 자결한 이준 열사를 기리는 열 와 비교된다. 이준 열사가 자결한 호텔은 한국 정 가 구입해 1995년에 기념관을 건립했다.

대통령들을 비롯해 고위급 인사들은 네덜란드 방문하면 빠지지 않고 이준 열사 기념관을 방문 다. 그러나 한국의 대통령을 비롯해 고위급 인사 이한응 열사가 자결한 독립운동유적지, 역사의

THE HANIN HERALD 14 OCTOBER 2019 17

런던 중심가 건물에 부착된 Blue Plaque.

이 불루 프락은 이곳이 마르크스가 거주했던 곳이라는 것을 알려준다. 불루 플락은 관광객들에게 이정표와 안내판 역할을 한다.

장을 방문했다는 기록은 찾아볼 수가 없다.

### 재영국 한인사회의 열사 추모 약사略史

한국에서는 열사의 희생이 잘 알려지지 않으나 경국의 한인사회에서는 열사를 추모하는 운동이 오 래전부터 있었다.

영국의 한인사회에서는 1970년부터 한인회관을 건립하자는 움직임이 본격화됐는데 당시 배의환 대 사와 대사관 관계자, 한인 대표들이 모여 대사관에 서 관련 회의를 해 한인회관 건립 기금을 모은다는 데 합의하고 당시 하나뿐인 한국계 은행인 외환은행 에 계좌를 개설했다. 이때 기금의 명칭을 '이한응 Hall Fund'로 했다. 언젠가 마련할 한인회관을 '이 한응 홀'로 명명했다. 나중에 이 계좌가 '재영 한인 회관 설립 기금'이라고 명칭이 바뀌었는데 40년이 지나 2010년에 한인회관을 구매, 건립했으니 그 씨 앗은 이한응 Hall Fund였다. 이한응 열사를 기억하 고 기리는 재영한인들의 정신에서 시작돼 이런 결실 을 맺은 것이다. 1993년에는 그동안 동포사회에서 모은 기금으로 만든 이한응 열사 흉상 제막식을 했 다. 재영 한인사회에서 이한응 열사의 동상을 만들 자는 논의는 1980년대 말부터 나왔으며 모금이 시 작됐다. 런던에서 얼음조각가로 활동하던 채우병 씨가 '이한응 공사 추모사업추진회' 회장이 되어 진 행됐으며 1993년 8월 15일 광복절 기념식을 겸해 대사관에서 제막식을 했다.

처음 전신상인 입상을 계획했다가 흉상으로 축 소된 것은 모금액이 부족했기 때문이라는 것은 낭설 이며 당시 대사관 규모에 비춰 전신상을 둘 공간을 만들기가 어렵다는 판단에 흉상으로 만들기로 했다 고 한다. 조각은 당시 영국에 유학 중이던 한국인 조 각가가 재료비만 받고 재능 기부를 했다.

노창희 대사, 장민웅 한인회장, 채우병 추모사업 추진회장을 비롯 많은 한인이 모여 대사관에서 제막 식을 했다. 이 흉상은 지금 주영국 대사관 1층 로비, 대사관을 오가는 사람들이 모두 볼 수 있는 위치에 있는데 지금처럼 자리 잡은 것이 최근 대사관 건물 을 리모델링해 공간이 마련됐기 때문인데 그전에는 대사관 건물 내 이리저리 옮겨 다니며 눈에 띄지 않 는 구석 자리를 전전하기 일쑤였다. 그런데 이제는 대사관 정문에 들어서서 안내데스크를 지나면 제일 먼저 만나는 인물이 됐다.

대사관을 찾은 사람은 누구나 볼 수 있는 자리에 있어 한인들에게는 열사를 다시 기억하게 만들고 열사를 모르는 외국인에게는 우리 역사와 열사의 희생을 소개하는 소중한 흉상이 됐다.

### 재영 한인들 "열사의 희생을 기억하자"

최근 영국의 한인사회에는 이한응 열사를 기억하자는 운동이 되살아나고 있다.

크게 두 가지 운동이다. 하나는 '이한응 Hall Fund'를 만들 당시에도 추진되다가 흐지부지됐는데 열사의 순국일을 영국 한인사회 한인들의 기념일로 만들자는 운동이다. 열사가 순국한 5월 12일을 기려 기념식을 하고 추모 행사를 하는 것으로 한인들이 모이는 장을 만들어 함께 열사의 희생을 되새기고 정신에 감사하는 가운데 영국에 사는 한인들이 화합하는 계기로 만들자는 것이다. 5월에는 어린이날 어버이날 등 지금까지 여러 행사를 마련해 치러왔기에 순국일을 전후한 휴일에 단체로 순국지를 방문하는 프로그램을 만들자는 제안도 나온다. 또 하나는 해외 독립유적지이면서 열사의 순국지인 옛 공사관 건물에 유적지 기념판을 부착하는 운동이다. 영국에는 유명인이 태어나거나 거주했거나 혹은 어떤 행사나 사건이 있었던 곳 즉 역사적으로 또는 문화적으로 의미가 있다고 판단되는 곳에 Blue Plaque라는 푸른색의 안내판을 붙인다.

런던 도심 곳곳에 이런 불루 프락이 붙은 건물이 많다. 불루 프락은 그 건물의 이정표가 되기도 하며 간단한 설명이 표기돼 있어 이 장소를 찾는 이들에게 설명해주는 역할도 한다. 이 건물이 과거 대한제국의 공사관 건물이었으며 독립유적지라는 불루 프락을 부착해 모르는 이도 이곳을 쉽게 찾을 수 있도록 하자는 뜻이다. 이를 부착하려면 영국 정부의 문화재 관리하는 관청과 지방정부의 승인을 얻어야 하는데 청원인이 많아야 가능하기에 한인들의 단합된 힘이 필요하다. 특히 30대에 유학 와서 이한응 홀 펀드를 만들었던 주역들이 이제 80대에 들어섰는데 재영 한인사회 1세대로 있는 이 어르신들이 앞장서고 있어 추모 열기의 불길이 지금 한참 거세다.

**이한응 공사의 순국지인 얼스코트 트레보버 로드 4번지. (맨 왼쪽 건물)**

외관은 옛 모습을 간직하고 있으나 4, 6, 8번지의 세 건물이 합쳐져 4층 36세대의 저소득층 주거 지원 아파트로 바뀌었다. 영국 정부가 인정하는 문화재 지정 명패인 '불루 프락 Blue Plaque을 달자는 운동이 전개되고 있다.

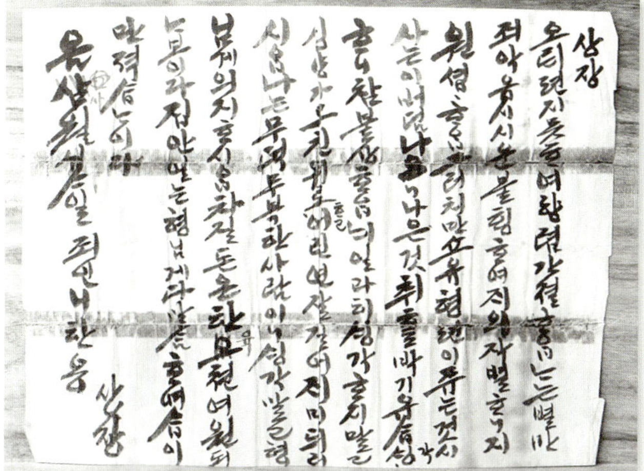

▲ 이한응 열사가 부인에게 남긴 유서

*오호라 나라의 주권이 없어지고,*
*사람의 평등이 없어졌으니,*
*모든 교섭에 치욕이 망극할 따름이다.*

*진실로 혈기를 가진 사람이라면*
*어찌 참고 견디리오.*
*나라가 장차 무너지고,*
*온 민족이 남의 노예가 되리라.*
*산다는 것은 욕만 더할 따름이다.*

*이 어찌 죽는 것보다 낫겠느냐.*
*죽을 뜻을 매듭지으니*
*다시 할 말이 없노라.*

**대사관 1층 홀에 있는 이한응 열사의 흉상.**

1993년 제막식을 했지만, 대사관 내에서도 제자리를 못 잡고 옮겨 다니다가 이번 대사관 리모델링 후 누구나 볼 수 있는 곳에 모셔졌다.

헤럴드 **김종백** * 이 기사는 한국 언론 진흥 재단 후원으로 제작되었습니다.

# 4

# 한국의 독립운동을 도운 영국인 독립유공자들

**독립유공자가 된 영국인들은 이역만리 한국에 와서 일제강점의 현실을 직접 마주하자 일제의 강압 정치가 인류 보편적 가치에 맞지 않는다는 것을 느꼈을 것이다.**

외국 국적의 독립운동 유공자로서는 마지막 생존자였던 중국의 쑤징허 선생이 2020년 돌아가시면서 이제 생존해 있는 외국인 독립유공자는 없다. 한국의 독립유공자가 된 외국인은 모두 90명(2020년 현재)이다. 외국 국적을 가진 한국계를 제외한 순수 외국인은 70명인데 중국인이 33명, 미국인 21명으로 두 나라 출신이 전체의 77% 이상을 차지한다. 중국과 미국은 한국 독립운동의 해외 기지였기에 우리의 독립운동을 지지하고 돕는 현지인들이 많이 나왔다. 그외의 나라에서는 영국인 독립유공자가 6명이나 된다. 영국과 가까운 아일랜드인도 2명이다. 당시 영국은 일본과 친밀했지만, 독립유공자가 된 영국인들은 이역만리 한국에 와서 일제강점의 현실을 직접 마주하자 일제의 강압 정치가 인류 보편적 가치에 맞지 않는다는 것을 느꼈을 것이다. 그로 인해 한국인의 독립운동과 그 정신에 감화되어 각자 자신의 위치에서 자신이 할 수 있는 방법으로 한국을 돕고 진실을 알리는 것으로 독립운동에 참여했다.

외국인 독립유공자의 출신국은 자료에 따라 약간의 차이가 있는데 유일한 의병 사진을 남긴 영국 신문기자 프레드릭 매켄지는 캐나다인으로, 이륭양행을 세워 상해임시정부와 독립운동가를 도운 조지 루이스 쇼는 아일랜드인으로, 민족자결주의 알려 3·1운동 불 지핀 교육자 프랭크 스코필드 교수는 영국 태생의 캐나다인으로 기록된 곳이 있다. 스탠리 마틴, 아키발드 바커, 올리버 에이비슨 등을 영국인으로 포함한 곳도 있다.

## 영국인 독립유공자 6인

한국의 공훈 사료관에 외국인 독립유공자 중 출신 국가가 영국으로 기록된 이들은 모두 6명으로 더글라스 스토리Douglas Story, 어거스틴 스위니Augustin Sweeny, 어네스트 토마스 베델Ernest Thomas Bethell, 조지 루이스 쇼George Lewis Shaw, 프레데릭 브라운 해리스Frederick Brown Harris, 프레드릭 에이 맥켄지Frederick A. Mackenzie 등이다.

### 배설 - 어니스트 베델Ernest Thomas Bethell (1872~1909)

외국인 독립유공자 서훈은 1급인 건국훈장 대한민국장부터 5급인 건국훈장 애족장까지 나뉜다. 1급에 서훈된 5인은 손문, 장개석을 비롯해 모두 중국인이고 2급에 서훈된 11인 중 10인의 독립유공자가 중국인이다. 배설 선생이 유일하게 영국인으로서 2급에 서훈됐다.

대한매일신보를 창간한 어니스트 토머스 베델한국명 배설 裵說은 영국 브리스틀에서 태어났다. 일본으로 건너가 무역상을 하다 영국으로 돌아왔으며 〈런던 데일리 크로니클〉의 특별 통신원으로 1904년 한국에 왔다. 민족지도자 박은식, 양기탁, 신채호 선생과 함께 〈대한매일신보〉와 〈코리아 데일리 뉴스〉를 창간해 일제의 한국침략을 강력히 규탄하며 싸운 영국 언론인이다. 대한매일신보는 을사늑약을 폭로했고, 민영환이 자결하자 우리나라 최초로 '의견 광고'를 싣고 대서특필했다. 헤이그 밀사 사건, 국채보상운동 등을 알리고 일제 황무지개간권 반대, 고종황제 친서 영국 언론에 게재 등 일제 침략을 국내외에 알리는데 앞장선 신문이다.

당시 대한제국은 모든 신문을 검열하고 언론통제를 했으나 대한매일신보는 치외법권 자격을 가진 영국인이 발행인이었기 때문에 일제의 검열을 피할 수 있었다. 대한매일신보 사옥은 항일 비밀결사인 신민회의 본부로 사용됐고 국채보상운동 의연금을 거두는 데도 큰 역할을 했다.

이에 일제는 베델을 한국에서 추방하거나 신문을 폐간시키려 영국 정부에 계속 압력을 넣었고 영국 사법부는 베델을 두 차례 재판했다. 1907년 10월 첫 재판에서 6개월 근신 처벌을, 1908년 6월 두 번째 재판에서 3주일 금고형과 복역 후 6개월간 근신 처벌을 받는다. 1908년 7월 양기탁이 구속되고 베델은 사임한다. 1909년 5월 심장비대증으로 사망했는데 일제의 집요한 괴롭힘, 두 번의 재판, 근신과 금고형 등으로 건강을 해쳐 37세의 젊은 나이에 순국한 것으로 추측된다. 죽으면서 양기탁의 손을 잡고서 "나는 죽을지라도 신보는 영생케 하여 한국 동포를 구하라"고 유언했다. 서울 양화진 외국인 묘지에 안장됐다. 1968년에 대한민국 건국훈장 대통령장을 추서했다.

어니스트 베델

베델 선생 사망 뒤 부인은 아들을 데리고 영국 런던으로 돌아갔다. 베델 선생은 재산의 대부분을 신문 발간에 사용해 남은 가족들의 생활은 어려웠다고 한다. 한국 정부는 훈장을 줄 유족을 찾으려 1968년 7월 15일 영국의 〈더타임스〉에 작은 안내 광고를 냈다. 광고가 워낙 작아 잘 보이지 않았는데 유족을 찾겠다기 보다는 한국 정부가 유족을 찾으려 노력했다는 기록이라도 남기려 했던 것으로 보인다. 그런데 〈더타임스〉는 광고를 토대로 한국 정부에서 베델 선생의 유족을 찾는다는 기사를 냈고 이를 본 베델 선생의 며느리 도러시 메리 베델 여사가 손녀 수전 제인과 손자 토머스 오언을 데리고 한국대사관에 왔다. 당시 이 가족은 정부 보조금으로 생활하고 있었다. 베델 선생의 연고자를 찾은 직후 당시 중앙일보 런던 특파원이었던 교민 박중희 씨가 가족을 직접 만나 1968년 7월 25일 중앙일보에 '항일의 필봉 베델'이라는 특집 기사로 가족들의 모습을 한국에 생생히 알렸다.

현재 베델 선생의 손녀 수전 제인 블랙 여사가 브리스톨에 살고 있는데 2018년 12월 22일 피우진 국가보훈처장이 이 자택에 직접 방문해 해외 독립유공자 1호 명패(한글이 새겨진 독립유공자 명패와 이에 관한 설명을 담은 철제판)를 달았다. 손녀인 블랙 여사는 이 집에 보관된 베델 선생의 유품인 장식장과 사진첩 등을 한국 정부에 기증했다. 브리스톨에는 베델 선생의 생가54 Egerton Road, Bishopston, Bristo로 추정되는 주택이 있다. 1860년대 건축돼 현재 원형이 보존된 상태다. 보훈처는 생가로 확인될 경우 국외 시설로 등록하고, 표지물을 설치해 관리하는 방안을 추진할 계획이라고 했는데 그 후 상황은 알려진 바 없다.

영국 브리스톨 베델 손녀 자택에 부착된 해외 독립유공자 1호 명패

**프레데릭 매켄지**Frederick Arthur Mackenzie(1869~1931)

프레데릭 매켄지는 영국의 언론인으로 유일하게 남아있는 구한말 의병 사진을 촬영한 종군기자다. 1904년 영국 〈데일리메일〉의 특파원으로 러일 전쟁을 취재하러 대한제국을 처음 방문했으며 1906년에는 대한제국 군대 해산과 의병 활동을 취재했다. 1908년 〈조선의 비극The Tragedy of Korea〉이라는 저서를 통해 서방의 입장에서 구한말 한국 정세와 일본의 만행을 기술했다. 1919년 3·1운동의 보복으로 일제가 저지른 제암리 학살을 보도했다. 〈조선의 독립운동〉이라는 저서에서 조선인의 독립 의지를 서방에 알렸다. 1920년 런던에서 황기환과 함께 '영국 한국친우회Friends of Korea'를 창립해 한국 독립운동을 후원하고 한국의 독립을 영국과 서방세계에 호소했다. 2014년 대한민국 건국훈장이 추서됐다. 2014년 7월 8일 런던의 주영한국대사관에서 임성남 대사가 한국의 독립에 기여한 공로로 건국훈장 독립장에 추서된 프레데릭 매켄지의 손녀 니콜슨 매켄지Nicholson MacKenzie 여사와 그 가족들을 초청하여 훈장 전수식을 개최했다.

매켄지가 직접 촬영한 3·1운동 사진

### 프레데릭 브라운 해리스Frederick Brown Harris(1883~1970)

감리교회 목사인 프레데릭 브라운 해리스는 영국 우스터에서 출생해 어린 시절 미국으로 이주했다. 신학대학을 졸업하고 워싱턴 D.C. 파운드리교회의 담임목사로 목회 활동을 하다 이승만과 부인 프란체스카 여사를 파운드리교회의 교인으로 만나게 된다. 태평양 전쟁 시기 미국 정부 로비 및 선전 활동을 위해 이승만을 중심으로 친한 미국인들로 구성된 단체 한미협회Korean-American Council의 이사장과 의장으로 있으면서 한국의 독립과 대한민국임시정부의 승인을 요청하는 활동을 했다. 한미협회는 회보, 통신문 발행, 언론 보도자료의 배포, 대중강연 등을 통해 한국의 독립운동을 지지했다. 미국 역사상 가장 오랜 기간인 24년 동안 상원 원목Senate Chaplain으로 재직하면서 부통령일 때부터 친분이 있었던 트루먼 대통령과 가까웠던 까닭에 이승만과 트루만을 잇는 중재자 역할을 했다.

### 더글라스 스토리Douglas Story(1872~1921)

더글라스 스토리는 에딘버러 출신의 영국 언론인이다. 〈트리뷴The Tribune〉의 특파원 자격으로 1906년 1월에 한국에 왔다. 을사늑약이 강제되었다는 고종황제의 밀서를 갖고 서울을 몰래 빠져나와 제물포에서 노르웨이 선박을 타고 중국으로 탈출했다. "을사늑약이 일본의 강압에 의해 체결되었으며 고종의 승인을 받은 바 없다."는 요지의 기사를 〈트리뷴〉에 게재해 을사늑약의 무효를 주장하고, 일본의 침략을 세계열강이 막아달라는 고종의 밀서를 세상에 알렸다. 그가 런던 본사에 보낸 첫 기사는 1906년 2월 8일자 〈트리뷴〉에 게재됐다. 같은 내용을 같은 해 12월 1일 자 신문에 다시 보냈다. 스토리는 〈트리뷴〉에 '동양의 장래The Future in the Orient'를 연재하면서 또다시 고종의 밀서를 게재, 을사늑약이 일본의 강요로 체결되었으므로 무효라고 재차 주장했다. 그의 기사를 로이터 통신이 다시 보도해 이 뉴스를 받은 한국, 일본, 중국 신문에 실려 파장이 일었다. 일본은 한국 황제의 밀서가 존재하지 않는다고 계속 부인하자 1907년 1월 16일 대한매일신보가 밀서를 사진으로 실어 존재를 만천하에 공개했다. 2015년 건국훈장 애족장을 추서했다.

**조지 루이스 쇼**George Lewis Shaw(1880~1943)

조지 루이스 쇼는 중국에서 태어난 아일랜드인.(국가보훈처 공훈록에 영국인으로 기재돼 있다. 아일랜드가 영국의 억압에 고통 받았음을 고려하면 아일랜드인을 영국인이라고 기록한 것은 심각한 오류다) 아버지는 아일랜드계 영국인이었고 어머니는 일본인이었다. 그는 생전에 자신이 아일랜드인이라서 한국인의 독립운동을 이해한다고 말했다. 아일랜드 독립전쟁과 한국의 3·1 운동은 같은 해 일어났고 쇼는 한국의 독립운동을 지원했다. 님 웨일스가 쓴 〈아리랑〉의 주인공 독립운동가 김산金山은 "쇼는 한 푼도 받지 않고 오로지 동정심에 스스로 한국을 도와주었다."고 했다. 어머니를 통해 자기도 일본인의 피가 흐르고 아내와 며느리도 일본인이었던 그가 한국의 독립운동을 도운 것은 김산의 말처럼 아일랜드인으로서 한국을 본 동병상련同病相憐이었을 것으로 역사학자들은 해석한다.

그는 1900년부터 한국에서 근무했는데 1907년 중국 인둥(지금의 단둥丹東, 압록강 건너 신의주와 마주한 국경도시)의 영국 조계지에 이륭양행이라는 무역회사를 세웠다. 이륭양행은 사실 상해 대한민국 임시정부의 연락사무소와 다름없었다. 이륭양행 2층을 임시정부에 제공해 자금모집, 정보

### "네 할아버지도 항일 독립유공자라고?"

런던에서 북쪽으로 약 184㎞ 떨어진 작은 시골 동네 스폴딩Spalding. 이곳에 사는 캐서린 베틴슨과 수전 제인 블랙은 20세 무렵부터 이웃이면서 친구처럼 지내고 있었다. 수전 블랙 여사는 어니스트 베델 선생의 손녀로 1995년 한국을 처음 방문했는데 이때 친구인 캐서린 베틴슨 여사도 함께 한국에 왔다. 베틴슨 여사는 국가보훈처 직원에게 '조지 루이스 쇼'라는 영국인 독립유공자에 대한 얘기를 듣게 되는데 마침 자기 할머니 성도 '쇼'였기에 그가 자신의 조상일지 모른다는 기대로 뿌리 찾기에 들어갔다. 아일랜드로 건너가 자료를 찾고 영국 국회의사당에서 해외국민 출생 관련 자료를 다뒤졌다. 그리고 우연히 읽은 캐나다 소설에 작가가 묘사한 인물이 쇼와 닮았던 것이 생각나 캐나다 인구조사과에 문의해 소설가와 연락이 닿아 작가가 쇼의 조카임을 찾아냈다. 베틴슨 여사는 조지 루이스 쇼의 아들인 사무엘 루이스 쇼의 사진을 영국 '조상 찾기' 홈페이지에 게시했고 이를 본 조지 루이스 쇼의 외증손녀 레이첼 사씨가 연락해 직계 후손도 찾게됐다. 조지 루이스 쇼와 어니스트 베델, 두 항일 독립유공자의 손녀가 영국 시골 마을에 오래동안 친구로 살았다는 것과 이를 알게 된 과정도 참 기적 같은 일이었다. 조지 루이스 쇼는 1963년 건국훈장 독립장이 추서되었으나 후손을 찾지 못해 수여 되지 않았다가 49년이 지난 2012년에야 친손녀에게 전달했다.

수집, 지도와 탄약 전달 등을 하고 배로 독립운동가들을 실어날랐다. 김구는 3·1운동 직후 동지 14명과 함께 이륭양행 배를 타고 안동에서 상하이로 피신한 이야기를 〈백범일지〉에 소개했다. 영국 무역회사 선박은 치외법권을 누릴 수 있어 백범 김구, 김가진, 김의환 부자 등 많은 독립 운동가가 이용했다. 쇼가 일제의 '눈엣가시'였다는 기록도 남아있을 정도다.

1920년 일제는 그를 내란죄 명목으로 체포, 구금했는데 영국 정부의 강력한 요청으로 4개월 만에 보석으로 석방된다. 석방된 이후 더 적극적으로 임시정부를 도와 1921년 상해 임시정부로부터 금색공로장을 받는다. 의열단원에게도 선박을 제공했고, 임시정부의 요청으로 권총을 구입해주기도 했다. 1938년 경영난으로 이륭양행을 옮기면서 독립운동 지원을 중단할 수밖에 없었고 한국의 독립을 보지 못한 채 1943년 11월 13일 63세의 나이로 중국에서 숨졌다.

1963년 건국훈장 독립장이 추서되었으나 후손을 찾지 못해 수여 되지 않았다가 49년이 지난 2012년에야 쇼의 친손녀 마조리 허칭스Majorie Hutchings가 호주에 살고 있음이 알려져 그해 8월 16일 국외 거주 독립유공자 후손 초청행사에서 훈장을 전달했다. 2019년 5월 3일 피우진 국가보훈처장은 호주 빅토리아주에 거주하는 외증손녀 레이철 사씨 씨의 집을 방문해 '독립유공자의 집' 명패와 영문 설명판을 전달했다. 외국의 독립유공자로서는 영국 브리스톨의 베델 후손 다음으로 2번째다.

## 어거스틴 스위니Augustin Sweeny(1909~1980)

한국 성씨로는 서徐 신부로 불린 천주교 신부. 아일랜드에서 태어났다. 어거스틴 스위니신부는 1935년부터 1949년까지 목포와 제주도에서 사제로서 봉사했는데 특히 1936년부터 제주도 서귀포 서홍천주교회 신부로 재직하면서 제주도의 천주교 항일활동을 주도했다. 일제의 신문과 라디오 방송이 불공정한 보도를 한다고 비난하고 일본이 패망할 것이라고 설교하는 등 주민들에게 항일 의식을 고취하다가 일경에 체포되어 1942년 10월 24일 광주지방법원에서 육군 형법과 해군 형법 위반으로 금고 2년을 선고받았다. 성당 건물은 일본 육군병원, 부속건물은 일본군 장교 숙소 등으로 점거돼 사용됐다. 천주교회의 모든 활동은 중지됐다. 징역 후에도 일제의 감시 속에 연금 상태로 지내다 해방으로 풀려났다.

1999년 건국훈장 애족장을 추서했다. 광복회 제주특별자치도지부는 2015년 1월의 제주지역 항일독립운동가로 어거스틴 스위니 신부를 선정, 발표한 바 있다.

## 그 밖에 영국인으로 규정되기도 하는 독립유공자

그 밖에 미국, 캐나다에서 태어났거나 영국에서 출생한 후 중국, 캐나다 등 다른 나라로 유학 또는 이주한 스탠리 마틴Stanley H. Martin, 조지 섀넌 매큔G.S McCune, 아키발드 바커Archibald H. Barker, 올리버 에이비슨Oliver R. Avison 등 독립유공자 4인을 소개한다.

### 민산해閔山海 - 스탠리 마틴 Stanley H. Martin(1870~1941)

스탠리 마틴민산해은 영국 뉴펀랜드 출신으로 1915년 캐나다 장로회의 의료 선교사로 내한했다. 중국 길림성 용정에 있던 제창병원(박걸 선교사가 설립)에서 의료 선교를 하던 민산해 선생은 3·1운동 때 많은 사상자가 나오자 이들을 치료하고 병원과 부속 건물을 독립운동가의 비밀 모임 장소로 제공했다. 제창병원은 독립운동가들의 집회 장소와 숙박시설이었으며 독립사상을 고취하는 각종 문서 발행처로 북간도 독립운동의 총본영 역할을 했다. 특히 청산리대첩 이후 조선인에 대한 마구잡이 보복에 나선 일본군이 저지른 경신참변의 잔악한 만행과 한인들의 피해를 조사해 캐나다 기독교 사회에 알리고 신문에 보도해 국제사회에 알렸다. 세브란스 의학전문학교 교수와 의사로 봉사하며 결핵 퇴치 운동에도 앞장섰던 그는 2차 세계대전이 발발하자 반일 활동 경력이 있는 외국인 선교사의 본국 철수 계획에 따라 캐나다로 돌아가 1941년 서거했다.

평소 자녀에게 우리는 한국인이고 한국을 위해 봉사해야 한다고 가르쳐 아들은 6·25 때 군의관으로 복무하다 전사했고 두 딸도 한국에서 활동했다. 1968년 3·1절 경축식에서 딸 마거릿 마틴 무어 여사가 아버지 스탠리 마틴의 건국훈장 독립장을 받았다. 그녀는 이화여대 교수로 재직 중이었다.

### 윤산온尹山溫 - 조지 섀넌 매큔 G.S McCune(1873~1941)

을사늑약이 있던 1905년 한국에 와서 선천과 평양에서 교육 선교를 했다. 신성중학교 교장으로 있으면서 3·1운동 시위 참가자들을 숨겨주고 일제의 탄압을 미국 의회에 알리는 등 한국 독립을 위해 헌신하다 추방 당했다. 1928년 다시 숭실대학의 교장으로 초빙되어 인재 양성에 힘쓰다 신사참배 거부로 1936년 교장직에서 해임되고 추방당했다.

**박걸 - 아키발드 바커** Archibald H. Barker( ? ~1927)

1911년 선교사로 내한한 아키발드 바커박걸는 학교를 세워 민족의식을 일깨웠다. 1913년 명신여학교를 설립해 여성 교육에 힘쓰고, 은진중학교의 교장으로 벽돌 건물의 학교를 건축하고 일제가 금지한 한글과 국사를 가르치며 민족의식을 일깨웠다. 1919년 독립만세운동에서 부상자 구호 활동을 하고, 1920년 경신참변(일본군이 만주를 침략해 무고한 한국인을 대량으로 학살한 사건)의 실상을 조사해 본국에 알리고 독립운동가들의 석방을 요청했다. 병에 걸려 캐나다로 돌아가 1927년 토론토에서 생을 마감. 1968년 서훈됐다.

**어비신魚丕信 - 올리버 에이비슨** Oliver R. Avison(1860~1956)

영국 요크셔주에서 태어난 선교사이자 의사인 올리버 에이비슨어비신은 미국을 거쳐 캐나다로 이주하였다. 1893년부터 1935년까지 한국에서 제중원 원장, 세브란스 의학전문학교, 연희전문학교 교장 역임. 오늘날 연세대학교의 기틀을 마련했다. 3·1 운동 후, 종합대학교를 설립하려 노력했으나 총독부가 허가하지 않아 1934년 세브란스 의학전문학교와 연희전문학교 교장직에서 물러나 미국으로 돌아갔다. 1942년부터 1943년까지 기독교인친한회 재무를 맡아 대한민국임시정부의 승인과 한국 독립운동 지원 활동을 했다. 1952년 건국훈장 독립장 서훈.

1907년 세브란스 의학전문학교 앞에 선 세 선교사. 왼쪽이 파울러 선교사, 가운데가 세브란스 장로, 오른쪽이 에이비슨 선교사이다.

GLASS HOUSE YARD
ST PETER
ST SEPULCHRE
ST BARTHOLOMEW THE GREAT
ST BARTHOLOMEW THE LESS
HOLBORN
VIADUCT
ST ANDREW
CHRIST CHURCH
ROLLS
ST MARTIN
ST BRIDE
ST ANDREW Blackfriars
TEMPLE
Temple Gardens
TEMPLE
ST NICHO COLE ABB

2부
뿌리를 내리는
재영한인의 역사
英國韓人史
1883~2023
ST GILES
Cripplegate
ST AGATHA
ST ALPHAGE
ST ALBAN
L HALLOWS
VEDAST
ST MARY LE BO
ST MICHAEL
ST PETER
ST MARY WOOLNOTH
ST MILDRED
ST MARY ALDERMARY
ST EDMUND
ALL HALLOWS
ST JAMES
ST MARY
CLEMENT
ST MICHAEL
ST MAGNUS
ST MARY

트래펄가 광장에서 비둘기에게 먹이를 주고 있는 한국인 노인

# 5
# 영국 한인사

영국에 사는 한인의 수가 기록상 처음 등장 한 것은 1959년으로
주영대사관에서 한국 정부에 보고한 영국 체류 한인의 수는 모두 47명이었다.

2019년 기준, 영국에 사는 한인은 4만770명으로 시민권자 1만316명(남 4,738 여 5,778), 영주권자 1만812명(남 4,966 여 5,846), 유학생 1만1,278명(남 5,179 여 6,099), 일반 체류자 8,364명(남 3,842 여 4,522)이다. 98%가 넘는 한인(4만100명)이 잉글랜드와 웨일스에 거주하고 스코틀랜드에 580명, 북아일랜드에 90명이 살고 있다. 최근 한인 식당이나 민박집 등의 사업을 하는 이들이 스코틀랜드로 거주지를 옮긴 경우가 많아 스코틀랜드 거주 한인의 수는 이보다 훨씬 많을 것이다.

시민권자는 외국 국적 동포로 분류하는데 여기에는 한국에서 태어나 영국 가정으로 입양된 50여 명의 입양인이 포함된다. 영국에는 1958년부터 1990년까지 72명이 입양되었다. 입양 협약국에서 제외된 1991년 이후로 영국으로의 해외입양은 진행되지 않았다.[자료 제공: 영국입양인후원회 박회출 회장]

시민권자와 영주권자를 합쳐 장기 거주자 혹은 교민으로 보고 일반인과 유학생을 합쳐 단기 체류자로 구분한다. 전체 재외 동포가 193개국에 749만3,587명이 거주하는 것으로 조사되는데 영국은 13번째로 많은 한인이 거주하는 국가로 나타났다. 유럽 국가 중에는 독일(4만4,864명) 다음으로 많다.

영국에 사는 한인의 수가 기록상 처음 등장한 것은 1959년으로 주영대사관에서 한국 정부에 보고한 체류 한인의 수가 47명이었다. 장기, 단기 거주자를 구분해 처음으로 유의미한 통계가 나온 것이 1967년인데 당시 재영한인은 모두

116명으로 시민권자와 영주권자가 32명, 단기 체류자가 84명이었다. 1978년에 926명으로 천 명에 육박했고 1980년이 되면 2배인 1,967명이 된다. 1988년에 3,072명으로 3천 명을 넘어서고 1997년 IMF 전에 1만1,330명으로 1990년대의 정점을 찍는다. IMF의 여파로(시민권자와 영주권자는 계속 조금씩 늘지만) 단기체류자가 급감해 통계를 시작한 이후 처음으로 전체 재영한인의 수가 줄어든다. 주재원의 정기적인 파견은 영국 내 한인들의 수를 일정 수준 유지하는데 큰 몫을 했는데 IMF로 주재원이 한국으로 돌아가면서 그 가족까지 함께 한인사회에서 빠지게 되니 장기체류자가 조금 증가해도 전체 한인의 수는 줄어들게 된 것이다.

그러나 2000년대에 들어서면서 그동안 미국으로 향하던 이민과 유학의 물결이 테러와 장벽으로 꺼려지거나 어렵게 되자 새롭게 영국을 목적지로 물꼬를 터면서 재영 한인의 수는 다시 가파르게 증가한다. 2001년 1만5천 명(장기 2,515명, 단기 1만2,485명), 2003년 3만5천 명(장기 3,500명, 단기 3만1,500명) -2002년과 2003년은 영국을 향한 한국인이 눈에 띄게 많아진다- 2005년 4만 명을 넘어서더니 2011년 4만6,829명(장기 1만3,009명, 단기 3만3,820명)으로 최고를 기록한다. 이후 조금씩 줄어 현재 4만 명 내외를 유지하고 있다.

그런데 이 수치에 조선족과 탈북민은 포함되지 않는다. 1990년 후반부터 조선족은 한인사회의 일원으로 살았고 2000년대 들어서면 영국의 한인사회는 탈북민을 떼어서 얘기하기 어려울 정도로 하나의 공동체를 이루고 살고 있다. 지금 영국의 한인사회가 한국인만의 사회라고 할 수 없듯이 영국 한인의 역사는 특히나 '한국인사韓國人史'가 아니라 '한인사韓人史'라고 해야 한다. 재영한인사회는 조선족과 탈북민이 포함된 개념의 한인사회로 봐야 한다. 현재 영국에는 어림잡아 각각 1,000명에 육박하는 조선족과 탈북민이 있다. 현지인의 눈에는 한인과 함께 그들 모두가 코리안이다. 그리고 그들 대부분이 한국인과 밀접한 관계 속에 더불어 살고 있다.

### 영국 에딘버러에 온 200명의 조선인 근로자

19세기 후반 구한말 시절부터 연해주로 이주한 조선인이 많았다. 일제의 식민지배로 생활이 어려웠던 조선인들은 추운 러시아 영토로 건너갔는데 그래서 시베리아에는 언젠가는 조선으로 돌아갈 생각으로 잠시 돈벌이를 하러 왔거나 아예 생활 터전을 찾아 이주한 조선인 노동자들이 많았다.

1896년 5월, 제정 러시아 니콜라이 2세 대관식의 축하사절단 특명전권공사로 참석했던 민영환이 귀국할 때 모스크바에서 블라디보스토크까지 시베리아를 경유해서 오는데 러시아 땅 이곳저곳을 거치면서 여러 지역에 흩어져 살고 있던 한인 이주민에 관해 기록했다. 당시 여행기 〈해천추범〉에 따르면 러시아 땅으로 이주한 한인들은 적게는 수십 호에서 많게는 수천, 1만여 호에 다다를 정도로 두루 편재하여 살았던 것으로 되어 있다.

노르웨이와 핀란드 국경에서 가까운 러시아 최북단 도시 무르만스크Murmansk의 철도회사에 제1차 세계 대전이 끝날 무렵(1918년 11월 11일 종전) 영국군 소속의 조선인 노동자가 500여 명이 있었다. 그런데 '10월 혁명'으로 불리는 볼셰비키 혁명이 일어나자 영국이 무르만스크에서 철수하기로 했기 때문에 조선인 노동자들이 직업을 잃고 유랑하게 되었다(일본 역사자료센터의 기록 중 '구주에서 귀환한 조선인에 관한 건'이라는 문서 기록 참조)고 한다. 영국군이 러시아에 남아 있는 자국인 포로를 데려오기 위해 무르만스크에 갔다가 철도회사에 고용된 조선인 노동자들을 영국군 소속으로 전환해 잡역을 시켰던 것으로 추측된다. 왜냐하면 조선인 노동자들이 영국에 도착하자 일본은 이들의 법적 국적이 일본이기때문에 조선으로 송환하라고 요청했고 영국이 이를 받아들여 강제송환 될 위기에 있을 때 임시정부의 황기환이 영국 에딘버러로 달려가 송환을 막기 위한 협상을 했다. 임시정부 자료집에 '황기환이 영국 외무부와 국방부에 이들이 무르만스크에서 영국군과 연합군의 지휘하에서 노동하였음을 강조했다'는 내용이 나온다.

영국군은 러시아인 피란민, 중국인, 한인 노동자 등 800명을 데리고 산타엘라나호를 타고 1919년 10월 16일 영국 에딘버러로 돌아간다. 이때 무르만스크에서 일하던 한인 노동자 500명 중 200명이 영국으로 간 것이다. 산타엘라나호는 무르만스크를 떠나는 마지막 배였기에 소비에트 혁명군이 무르만스크를 점령한 후 나머지 300명의 행방은 알지 못한다. 영국 에딘버러에 온 200명 중 147명은 영국이 동맹국인 일본의 요청을 받아들여 중국 청도를 거쳐 조선으로 귀국한다(말이 귀국이지 강제송환이었다). 그런데 53명은 조선으로 가지 않았다. 대한민국 임시정부 파리위원부 서기장이었던 황기환(그는 1919년 10월 10일 런던 주재위원을 겸하여 파리와 런던을 오가면서 활동했다)이 영국으로 달려가 영국 정부에 항의하고 프랑스 정부에 부탁해 35명을 프랑스로 데려온다. 프랑스로 간 한인 35명이 주축이 돼 유럽 한인의 뿌리가 되는 재법한국민회를 만든다. 그런데 나머지 18명의 행방은 알 수 없는데 이들이 영국에 남았을 것으로 추측된다.(한국으로 돌아간 사람, 프랑스로 간 사람 등의 정확한 수치는 자료마다 조금씩 다르다)

1919년 당시 대한민국 임시정부 파리위원부 서기장으로 런던 주재위원을 겸했던 황기환 지사

프랑스로 간 35명의 한인이 프랑스 노동부의 지정으로 모두 프랑스의 스위프Suippes 시에서 전후 폐허 복구 공사장에서 일하게 되었다. 이들이 1920년 3월 1일 스위프에서 유럽 각지 한인들을 초대해 3·1 운동 1주년 기념 경축식을 열었는데 당시 신문 '신한민보'에 따르면, "경축식에는 한인 노동자들과 학생 10여 명, 영국 런던에서 가족을 데리고 온 10여 명과 파리 위원부 인사들이 모였다"고 한다.

김Kim이라는 성만 알려진 한국인 노인. 트래펄가 광장에서 비둘기에게 먹이를 주고 있는데 AP통신 기자에게 "비둘기와 친해지려고 알록달록한 옷을 입었다"고 했다. 뒷면의 설명을 보면 제1차 세계대전에 런던 소총부대 소속으로 참전했고 1955년 사진 촬영 당시 74세였다.[사진제공 : 목홍균]

## 1882년생 KIM은 과연 누구?

위 사진은 영국에서 한국 관련 서적 등을 수십 년 동안 모아 온 영국 교민 목홍균 씨가 AP통신으로부터 어렵게 구입한 것으로 런던 트래펄가 광장Trafalgar Square에서 비둘기에게 먹이를 주고 있는 한국인 노인의 모습이다. 사진 뒷면에 있는 설명을 보면 '비둘기와 친해지려고 알록달록한 옷을 입었다'는 이 노인은 당시 74세, 이름은 김Kim이라고 성만 나온다. 제1차 세계 대전에 런던 소총부대 소속 영국군으로 참전했고 1955년 당시 런던에 50년 살았던 것으로 나온다. 이한응 공사가 런던에서 순국한 해, 을사늑약이 있었던 1905년 전후로 24살 정도(1881년-1882년생으로 추측)의 나이에 영국에 왔다는 뜻이다. 그가 복무했다는 'The Eight London Regiment'라는 부대를 찾아봤으나 지금은 없어져 김에 대해 더는 알 수가 없는데 재법한국민회(프랑스한인회)를 만든 무르만스크 한인 노동자들이 처음 영국에 들어온 1919년 이전에 영국으로 건너온 조선인이 있었다는 것을 보여주는 사진이다.

### 조선시대 마드로스 1895년생 조남해 씨

실재 1919년 이전에 영국에 온 한인이 있다. 한인들의 공식 기록 속에 있는 가장 오래된 영국 거주 한인은 조남해趙南海씨로 봐야 한다. 1987년 8월에 창간한 최초의 재영한인 대상 월간지 런던신보(발행인 박중희)에 조 씨 인터뷰 기사가 나온다.

조 씨는 1895년생으로 22살 때인 1917년부터 영국에서 살았다. 개인사를 보면 경상북도 청송 출신으로 12살에 부산에서 예인선을 타면서 '뱃사람'이 됐다. 한일병탄 이듬해인 1911년 16살에 일본 최대의 해운회사인 '일본우선日本郵船' 소속 화물선의 수부가 되어 블라디보스토크 등 외국을 구경하게 된다. 이어 원양어선 기관실 조수가 되어 콘스탄티노플, 마르세이유 등을 항해하면서 유럽을 경험했다. 1917년 일본 고베항을 떠나 동남아, 중동, 지중해를 거쳐 3개월 넘는 항해 끝에 런던에 도착하는 원양어선을 탄 것이 그가 영국에 살게 된 이유가 됐다. 당시 조 씨는 월급으로 2원을 받았는데 일본 선원은 자기보다 경력이 적어도 5원이나 받아 차별을 받는 것이 억울했다. 런던에 도착해서 위스키를 먹고 월급을 올려달라고 일본인 선장에게 대들었더니 런던에 그를 남겨놓고 배가 떠났다고 한다. 말도 통하지 않는 이역만리에 혼자 남아 막막했지만, 배를 계속 타라는 운명인지 배 타는 것이 천직이었던지 제1차 세계대전 중이었던 유럽은 선원이 필요했고 원양어선 경력자인 그는 환영을 받았다. 그래서 P&O와 같은 영국 상선회사에서 계속 일을 하게 됐다. 영국 런던에 거처를 두고 살았지만 대부분 바다 위에서 생활했기에 3·1운동이 일어났다는 것도, 한국이 해방되었다는 소식을 모두 바다 위에서 들었다고 한다. 상선을 타지 않을 때는 런던 집에서 생활했는데 한국 유학생들이 찾아와 같이 어울렸다. 아마 이 시기 유학생 신분이었던 신성모 씨 등도 조 씨와 어울린 것으로 보인다. 한국은 두 번 방문했다. 한국전쟁이 끝난 후 늦장가를 가려고 한국 땅을 밟았고 60년대에는 아예 한국에서 살려고 부산에 집까지 샀으나 부인의 병 치료 때문에 일 년 만에 영국으로 돌아왔다. 부인은 1970년에 사별했다. 1982년에 새 부인을 만나 런던 빅토리아의 시영주택에서 생활하며 일주일에 한 번 복지국 사람들이 노인들을 위한 티 파티Tea Party 봉사를 할 때 참여하는 것이 유일한 외출이라고 했다. 1987년 여름에 런던신보와 인터뷰할 때 조 씨의 영국 생활은 70년이나 됐다. 첫 결혼에서 영국인 부인과의 사이에 딸을 얻었으나 일찍 사망하는 아픔을 겪었다. 따라서 그의 후손은 없다.

교민들과의 교류는 있었다. 주낙군, 채우병, 이성진 씨 등이 가끔 찾아가 어울렸고 설날에 세배를 올렸다고 한다.

아래는 교민 채우병 씨가 쓴 조남해 씨에 대한 기록이다. "그는 영국 부인과 사별한 후 조국으로 귀국을 몇 번이나 시도했으나 여의치 못했다고 아쉬워했다. 필자가 그를 처음 방문했을 때는 인도인을 양자로 삼아 도움을 받다가 말년에는 빅토리아 근방의 시영아파트에서 김모 집사의 보살핌을 받아 가며 생활했다. 그는 가끔 방문하는 필

尋訪

# 望鄕 살이 八十年

## 런던에 寓居中인「李朝시대」선원 趙南海翁

### 「日船타고왔다 주저앉았어..」

### 滯英만 長長 七十年

曺斗愚

서울에서도 이제 李朝시대의 사람을 만난다는것은 여간해 있기 어려운 일이다. 하물며 영국땅 어느 구석진 주택가에서 李朝시대의 한국인을 만난다는것은 도대체가 그럴듯하지도 않은일이다. 그러나 1895년생이면, 高宗치하 한국에서 태어난 어엿한 李朝人이다.

런던시내 빅토리아 구시영주택 사랑방에 안내 받아 趙南海노인과 처음 얼굴을 대하면서 느끼는것도 「李朝시대의 사람」과 만난다는데서 오는 야릇한 隔世感이였다.

「고종임금님때야, 그러니까...」. 자기 태어난해를 떠듬더듬 말하는 노인 말투에 70년의 객지생활에도 지워지지않은 경상도 사투리의 흔적이 완연하다. 타고난것이란 지워지지 않는것인가보다.

경상도 青松에서 태어났다.

그러나 영국땅에와 눌러앉게 된게 1917년, 그가 스물두살되던때 였으니까 영국생활만도 장장 70년을 헤아리는 셈이다. 고향을 떠난게 스물둘되면 해라했지만 경상도 고향땅에 발부치고 산건 그보다도 더 짧았다.

열두살때 부산에 내려가 그때 벌써 꽤 큰항구 였!

조남해趙南海 씨. 22살 때인 1917년 일본 원양어선에서 일하다 영국에 왔다. 1987년 8월 런던신보 창간호에 '망향 살이 팔십 년'이란 제목의 인터뷰 기사가 실렸다.

자에게 지난날의 삶을 회상하곤 했는데 포리머스(플리머스) 상선 사관학교에 유학 중이던 전 국방부 장관 신성모 씨에게 물심양면의 관심을 베풀어 주었으며 조국을 위해 큰일을 하라고 격려했다고 몇 번이고 되풀이하며 무엇인가 크게 섭섭한 표정을 짓기도 했다." 채 씨는 조남해 씨의 장례 모습도 남겼다. "1991년 11월 17일 그가 별세했다는 소식을 받고 찾아갔을 때 김모 집사만이 쓸쓸한 빈소를 혼자 지키고 있었으나 연락을 받은 대사관 영사과의 협조와 교민 다수가 참석, 순복음교회장으로 장례를 치렀다. 장례를 마치고 돌아오는 내내 교민의 적막한 말로가 가슴을 뭉클하게 했다."

## 조남해 씨는 영국에 74년을 살았다

조남해 씨가 영국에 자리를 잡은 1917년을 전후로 일제강점기 영국에 살았던 한인은 거의 유학생이다. 조선 후기 이래로 높은 벼슬을 하는 등 집안이 좋고 재산이 있으면서 당시 세계정세가 돌아가는 상황을 보는 눈이 있었던 계층의 자녀는 영국 유학을 하였다. 국가에서 유학을 보내는 경우가 없었으니 당시 영국 유학생이라면 어떤 과정을 거쳐 영국에 왔고 얼마나 어렵게 영국에서 생활하며 공부하고 졸업했느냐에 관계없이 모두가 상류층 자녀들이었다고 볼 수 있다.

그들은 유학생이라서 원양어선을 타고 온 조남해 씨처럼 영국에 계속 산 것이 아니라 짧은 기간 머물다 학업을 마치면 돌아가는 단기 체류에 그쳤다. 1914년 3월 옥스퍼드 대학 문과에 입학한 독립운동가 이관용 박사, 1914년 영국에 와서 1925년 30세에 글래스고 대학교에서 영국 의사면허증을 받았던 윤치왕, 1918년 케임브리지 대학교 경제학과에 있었던 민규식, 1919년 에딘버러대학 경제학과에 입학했다가 중도에 그만둔 장택상 전 국무총리, 1921년 6월 영국에 와서 에딘버러대학에서 고고학을 공부했던 윤보선 전 대통령 등이 이 시절 영국 유학생들이다.

영국 유학생 중 한국인 성공회 신부가 옥스퍼드 대학에서 수학했다는 기록이 있다. 버밍엄 대학 도서관Birmingham Univrsity Cadbury Resarch Library에 Korean Mission에서 보관해 놓은 자료 중 Morning Calm이라는 제목의 당시 간행물에는 한국에 관한 내용이 많이 나오는데 김 현대 바오로 신부가 1928년 7월 10일 영국에 도착해 옥스퍼드 스테판 칼리지Oxford, St Stephen College에서 수학하고 1930년 9월 18일 한국을 향해 떠났다는 기록이 있다.

한국인이 유학생이 아닌 순수 이민으로 영국으로 오는 것은 일제강점기가 지나 광복 후에나 이루어졌다. 이 시기 한국인 이민자는 영국인과 국제결혼을 한 한인 여성들이 대부분이었다. 이 분들에 대한 기록은 전무한 실정이라 한인 원로분들의 기억에 의존한다. 채우병 씨(1930년생)에 따르면 1948년 주한영국대사관에 근무하던 영국 외교관과 결혼해 영국에 온 김모 씨가 최초로 영국에 정착한 한인 여성일 것으로 판단한다. 김씨의 자녀들은 현재 영국 법조계에 종사하고 있는 것으로 알려졌다. 유엔군으로 참전한 영국 군인과 결혼해 영국으로 온 한인 여성들이 더러 있었지만, 런던에 거주하지 않고 남편 고향에 가서 살게 되니 한인과의 교류가 없어 대부분 소식이 끊겼다고 한다. 그 가운데 1955년 영국 군인과 결혼해 1957년 런던 근교 레딩Reading에 정착한 김옥희 씨(영국명 Mrs. Gils)는 2000년대 초까지 한인 사회와 교류가 있었다. 1950년대 후반 영국인과 펜팔 친구에서 부부가 된 또 다른 김모 씨는 일링Ealing에 정착했다. 원로들의 증언에 따르면 국제결혼을 한 인 여성들(Mrs. 모, Mrs 카타라고 알려져 있다)이 당시 주로 대사관에 근무했다고 한다.

## 1958년 재영한국유학생회在英 韓國 留學生會 결성

영국에서 한인들이 모여서 처음으로 단체를 만든 것은 1958년 3월 1일이다. 그해 삼일절 행사를 마치고 대사관에서 '재영한국유학생회'를 만들었는데 이기준, 이동원, 이동녕, 김진만, 전영철, 현경호 등 발기인은 6명이었다. 이들을 포함해 이날 창립대회에는 모두 16명이 참석했다. 유학생회의 발기인은 6명에 불과하나 이들의 면면을 보면 하나같이 한국사에 큰 비중을 차지한다.

이기준 KDI 이사장

이기준 한국개발연구원KDI 이사장은 1952년 국비 장학생으로 옥스포드대학에 유학했다. 서울대에서 경제학을 전공했고 서울대 상대·국민대 교수를 거쳐 경제과학심의회의 상임위원·국제경제연구원 이사·산학협동재단 고문을 지냈다.

이동원 전 외무부 장관

이동원 전 외무부 장관은 1962년 박정희 정권의 초대 대통령비서실장을 지냈다. 1958년 영국 옥스퍼드 대학교 대학원에서 정치학 박사학위를 받고 태국 대사, 스위스 대사, 제7, 8, 9대 국회의원을 하며 국회 외무위원장, 한·일 협회장을 지냈다. 1964년, 외무부 장관 시절 일본으로부터 3억 달러 차관을 받는 조건으로 일본군 위안부 문제를 묻어두는 한일회담의 주역으로 대일 저자세 외교를 반대하는 국민 저항을 불렀다.

이동녕 포항공대교수

이동년 포항공대교수는 런던 대학교 대학원 핵물리학과 이학박사인데 한국 최초로 고속중성자 발생에 성공한 핵물리학자다. University of London 소속의 Nuclear Engineering Laboratory에서 연구 허락을 받아, 1955년 8월에 영국으로 유학 왔다. 1959년 말까지 4년 8개월 동안 영국에서 수학했다. 사학자 이병도의 아들이다.

김진만 성공회대교수

김진만 성공회대 초빙교수는 서울대 영문학과를 졸업하고 영국 런던대 유니버시티칼리지에서 중세 영문학을 공부했다. 국내 중세 영문학 연구 선구자로 꼽히며 국내 최초 번역한 영국 시인 제프리 초서의 〈캔터베리 이야기〉가 유명하다. 성공회 신자로서 성공회가 국내에 기반을 다지도록 기여했으며 가톨릭·개신교·성공회 등 여러 기독교파의 신학적 공통점을 찾는 교회 일치 운동에 앞장섰다.

유학생회가 만들어질 때 총무로 선임된 현경호 박사는 이승만 대통령이 원자력 전문가를 키우

현경호 한국원자력연구소장

기 위해 영국에 보낸 국비 유학생이었다. 영국에는 원자력 전문가로 키우기 위해 이승만 대통령이 국비로 보낸 유학생이 많았다. 워커 시슬러 미국 에디슨전기협회 회장이 이 대통령에게 원자력 발전을 원한다면 "젊은 과학기술자를 해외에 보내 교육하라"고 조언하자 이 대통령은 그대로 따랐다. 1957년 원자력 전문가를 키우기 위해 국비 유학생 제도를 도입하자 인재들이 대거 지원했는데 선발되어 유학을 간 사람이 237명이나 됐다. 반은 영국으로, 나머지는 미국으로 향했다. 1958년에는 20명의 유학생을 선발해 영국으로 유학을 보냈는데 현경호 박사는 그중 한 사람이었다. 1인당 국민소득이 60달러 남짓하던 시절, 과학 인재를 모아 1인당 6,000달러의 거금으로 국비 유학을 보냈다. 이승만 대통령은 영국과 미국으로 원자력을 공부하러 나가는 유학생들을 친히 경무대로 불러 "너희들에게 나라의 장래가 달려있다. 열심히 공부하라"면서 달러가 든 봉투를 전달했다고 한다.

김입삼 전국경제인 연합회 상임부회장

현경호박사는 한국원자력연구소장을 역임하는 등 우리나라 원자력 산업의 기초를 닦는 역할을 했으나 안타깝게도 1980년 3월, 52세에 급환으로 사망한다.

현경호 박사에 이어 1958년 9월부터는 런던 정경대학원을 졸업한 김입삼 전국경제인연합회 상임부회장이 총무를 했다. 사후 고인의 평전인 〈한국경제발전의 초석, 김입삼〉이 출판될 정도로 1960~1970년대 경제성장의 토대를 마련한 공로를 인정받는 인물이다.

신동식 한국해사기술회장

1959년 11월에는 신동식 한국해사기술회장이 총무를 맡았다. 신동식 총무는 1955년 서울대학교 공과대학 조선해양공학과를 졸업하고 1956년 세계적인 조선소인 스웨덴 코쿰에 설계사로 있다가 1959년 영국의 로이드 선급협회 국제 선박 검사관으로 근무했다. 대통령 정무 비서관, 경제 수석을 지냈다.

1960년 10월에는 현경호 박사가 다시 총무를 맡았다가 곧 한 달 뒤인 11월에 유태호 씨가 총무를 한 것으로 재영한인유학생회의 기록은 끝난다. 이 시기 우리나라 국가 기관의 기록을 살펴보면 1959년 재영 한인의 수가 47명으로 나온다.

1963년에 영국에 온 홍명희 씨의 기억에 따르면 1963년 12월 27일 켄싱턴 대사관에 직원과 교민이 모였는데 대사관에서 "영국 전역에 사는 전체 한인의 수가 100명이 되지 않는다" 했다고 한다.

## 홍명희(1934년생)

영어명 아그니타 테난트, 박경리 선생의 소설 <토지> 1부 3권을 영어로 번역 출판한 재영 번역가, 교수. 2020년 현재 영국에 체류하는 교민 중 가장 일찍 온 인물로 추정됨.

1957년 연세대 정외과 졸업(이만섭 전 국회의장, 윤형섭 전 문공부장관 등이 동기). 졸업 후 서대문에 있는 특별 도서관인 한국연구도서관에서 근무했다. 부친이 일본 와세다 대학을 졸업하고 한국에서 영어 교사로 근무해 일찍부터 영어교육 기회가 있었다. 한국에 파견 온 성공회 신부인 남편을 영어 회화 클럽에서 만났으나 곧 헤어져 잊고 있다가 부활절 고백성사를 하러 갔다가 다시 만났다. 1963년 말에 영국으로 왔다. 1964년 2월 성공회 사제인 찰스로저 테넌트(한국명 천갈로)와 결혼. 주례를 이형근 대사(가수 이현의 아버지로도 유명함)가 섰다. <토지>를 영어로 번역해 명성을 얻었는데 그 이전에도 <메밀꽃 필 무렵> 등 한국 단편소설 20여 편을 영어로 번역했으며 한국일보, 코리아 타임스 번역상을 2회 수상했다. 54세에 영국 대학Loughborough University에서 토마스 하디Thomas Hardy 연구로 박사 학위를 받고 토지 번역본을 교재로 강의를 했다. 제자 중에 한국문학으로 박사학위를 받은 사례도 있다.

박경리 선생의 소설 <토지>의 영문판 <LAND>

토지를 영어로 옮기는 작업을 하면서 박경리 선생과 무척 친해졌다고 하는데 처음부터 사이가 좋았던 것은 아니라고 한다. 정부에서 영어번역을 주관했기에 당시 사위인 김지하 시인이 국가보안법으로 고생하던 때라 정부 주관 사업(1975년 첫 영어판 발간을 문예진흥원이 주관)에 번역가로 뽑힌 홍명희 선생을 박경리 선생이 곱게 보지 않았다고 한다. 그런데 만남이 거듭될수록 사이가 좋아졌고 특히 남편 천 신부가 촉매제 역할을 했다. 박경리 문학관에서 같이 김장김치를 담그는 사이가 됐다.

<토지> 1부 1권은 1996년에 나왔고, 1부 3권 완역판은 2011년에 나왔다.(런던 한국문화원에서 박경리 선생 추모 행사를 겸한 출판기념회를 열었다) "나라 사랑하는 마음으로 번역했다."는 홍명희 선생의 영어판 <LAND>는 러시아에서도 출판에 관심을 보인다.

### 박중희(1931년~2022년, 서울 출생)

재영동포 언론인. 서울대학교 문리대 중퇴. 영국 요크대학교B.Phil. 영국 런던대학교MA. 한국일보 기자, 논설위원, 중앙일보 런던 특파원. 동포신문 〈런던신보〉 편집인·발행인. 관훈클럽 창립회원. 1968년 영국인 독립운동가 베델 가족의 영국 집을 방문해 '抗日 筆鋒 裵說'이라는 특집 기사를 썼다. 1965년 영국에 와서 라드렛Radlett에 오래 거주하다가 2020년 한국으로 돌아갔다. 2022년 9월 27일 사망하여 국가 유공자로 국립현충원에 안장 예정이다. 저서 〈커다란 게임과 네 명의 전우 네 개의 국가〉, 〈커다란 게임과 박정희 살리기, 쓰기, 죽이기〉 등을 썼다.

〈커다란 게임과 네 명의 전우 네 개의 국가〉는 6·25 당시 자신의 경험을 쓴 책으로 조선민주주의인민공화국 인민군, 대한민국 육군, 중화인민공화국 인민지원군, 미합중국 육군 등 4개국의 군인을 모두 거친 자신의 독특한 경험을 심도 있게 그려 전쟁의 참혹함과 나라의 소중함을 일깨우고 죽음의 상황에서 진정한 휴머니즘이 무엇인지 그렸다.

〈커다란 게임과 박정희 살리기, 쓰기, 죽이기〉는 '박정희의 죽음, 그 진실은 무엇일까'를 객관적이고 상식적으로 다뤘다. 박정희의 목숨을 놓고 벌어진 세 번의 사건들, 1948년 남로당 군사책으로 잡혀 고문을 당했던 고비, 5·16 군사 쿠데타, 10·26을 재조명한다. 우리의 역사는 우리가 원했던 역사가 아니라 세계열강이 벌이는 커다란 게임판 '진영' 속에 펼쳐진 역사였다. 이 책을 통해 미국이 박정희를 어떻게 '살리기, 쓰기, 죽이기'를 했던가 진실을 파헤친다.

박중희 씨가 창간한 최초의 재영한인 대상 월간지 런던신보 1987년 8월 창간호

커다란 게임과 네 명의 전우 네 개의 국가

커다란 게임과 박정희 살리기, 쓰기. 죽이기

## 뿌리를 내린다 - 한인회 결성, 한인사회의 탄생

'재영한국유학생회'는 1964년 '재영한인회'로 이름을 바꾸고 회원 자격을 유학생만이 아닌 '영국에 3개월 이상 체류하는 한국인'으로 확대한다. 이는 유학생이 주를 이루던 한인사회에 영국에 체류할 목적으로 이주한 한인들이 많아졌음을 보여주는 변화다. 그렇다고 이 시기 재영 한인의 수가 비약적으로 많아진 것은 아니다. 출입국외국인정책본부의 통계자료를 보면 1966년 영국으로 간 한국인은 86명이며 1969년 재영 한인의 수는 모두 204명에 불과했다.

1965년 11월에 '재영한인회'가 출범하는데 한인회장은 여전히 유학생들이 맡았다. 그러다 1970년 12월 제6대 한인회장으로 대한해운공사의 김성응 씨가 취임한다. 1958년부터 있었던 한인들의 모임에서 처음으로 유학생이 아닌 회사원이 한인 단체장이 된 경우다. 1970년대에 들면서 해외 교류가 늘어 주재원 등의 신분으로 영국에 온 한인들이 많아졌음을 보여준다. 유학생들은 대체로 혼자 오는 경우가 많은 데 반해 주재원들은 대부분 가족 단위로 오기 때문에 1970년대로 접어들면서 전체 한인의 수가 급격히 많아진다. 가족 단위의 영국 이주가 시작되면서 한인의 숫자가 안정적으로 유지되고 지금의 한인사회 기초를 만들었다.

한인들은 정보 교류를 위해 모여 살기 시작했고 필요한 것을 만들게 됐다. 1972년에 지금의 한인학교의 초석이 되는 재영어린이학교가 생긴 것이 일례다.

1970년대까지 영국의 한인사회는 주재원과 유학생이 주축이었다. 1971년 중앙일보에서 홍사덕 씨가 순회 특파원이란 직책으로 세계 각국에 있는 한인들을 취재한 내용이 있다. 영국 교민을 취재한 내용을 보면 교포는 모두 250여 명이었다. 대사관, 한국은행, 외환은행, 대한무역투자진흥공사KOTRA의 직원과 가족이 150명이 넘고 잠시 체류하는 사람이 30명, 따라서 장기 체류 교포는 70명 안팎이었다. 대사관에서 말하기를 70명의 교민 중 일반 직장인은 5~6명 정도인데 병아리 감별사가 12명이라고 했다. 나머지는 모두 유학생. 공관과 정부 기관 직원과 가족의 수가 교민의 두 배가 넘었다. 70명의 교민을 위해 영사가 두 명이나 있었다.

영국인과 결혼해서 온 한인 여성들이 있었지만, 대사관이나 다른 교민과의 교류가 적어 이들에 대해 알려진 바는 거의 없다. 1960년대 말부터 1970년대 초반에 걸쳐 병아리 감별사 외에 요리사, 태권도 사범 등으로 영국에 온 교민들이 생긴다.

## 병아리 감별사

1964년 앵글로 저팬 회사가 한국가금협회(1964년 한국부화협회로 명칭 변경)에 해마다 병아리 감별사를 초청하겠다고 제안한다. 첫해 8명의 감별사가 선발되는데 윤경중 씨가 1965년 1월 5일 노동허가서를 받고 영국에 온다. 영국에 온 최초의 한국인 병아리 감별사였다. 1966년 11월에 맹종술 씨가 역시 병아리 감별사로 온다. 당시 해외에 나간 병아리 감별사 7인 중 2명이 영국에서 근무했다. 이 직업은 이전까지 일본인이 강세를 보였는데 한국인 감별사들이 등장해 좋은 기술을 발휘하자 세계시장에서 환영을 받았다. 영국에서도 한국인 병아리 감별사를 환영해 노동허가서를 잘 줬는데 이후 영국 이민을 목적으로 감별사 자격을 취득하는 한국인이 많아졌다.

1971년 중앙일보 기사를 보면 당시 병아리 감별사들이 재영 교포의 주류를 이루었는데 생활이 지극히 안정되고 풍족했다고 한다. 신문은 영국 잉글랜드 동부 노르위치(Norwich) 지역 부화장에서 근무하며 인근에 살았던 차학수 씨(27), 이일표 씨(27) 부부, 권영우 씨(27) 가족, 김동한 씨(42), 이주백 씨(31) 등을 취재했다. 기사 제목이 '적중률 98%, 모두 12명 1년에 백만 원 저축'. 당시 한국인 병아리 감별사들이 매우 여유 있게 생활하는 것으로 묘사했는데 연 수입이 3천 파운드로 월 250파운드 정도를 받았다.

1970년 영국 공장 노동자들의 평균 임금이 80파운드로 250파운드를 받는 직업은 대학교수, 의사, 대형 슈퍼마켓의 매니저 정도였다. 영국의 한국인 병아리 감별사들은 모두 경력 6년 이상이며 이일표 씨는 한국 최초의 여자 고등 감별사 자격을 얻은 일급 기술자였다. 능력에 따라 급여가 다른데 98% 이상의 적중률을 올려야 하며 백 마리 감별하면 25펜스를 받는데 1마리 틀리는데 45펜스씩 물어줘야 한다. 보통 4분 내로 백 마리를 감별하는 고도의 숙련공들이었다. 영국에서 병아리 감별사로 일하면 4인 가족이 생활비를 쓰고도 1년에 백만 원은 모을 수 있었다. 지금 가치로 2천1백만 원이 넘는다.

이런 좋은 대우에도 불구하고 영국 현지인들에게 병아리 감별사는 여전히 어렵고 기피하는 직종이다. 2015년에 영국 양계업계에서 '연봉 4만 파운드를 줘도 병아리 감별사를 구하기 힘들다'며 어려움을 호소하는 보도가 나온 바 있다. 현재 한국인 감별사는 전 세계 병아리 감별사의 60% 정도일 것으로 추산한다.

## 태권도 교관 이기하 사성

이기하 사성과 저서 <This is Taekwon-do>

ITF(국제태권도연맹) 수석부총재. ITF와 WTF(세계태권도연맹)를 통합해 태권도 종주국으로서의 위상을 높이고자 노력했던 인물이다. 태권도 창시자인 최홍희 장군의 수제자이며 그로부터 '사성' 칭호와 9단을 최초로 받은 인물. 1964년부터 동남아에 태권도를 보급했고, 싱가포르에서 영국 공군을 가르친 계기로 영국에 왔다. 영국에 처음 태권도를 전파한 인물로 평가받는다. 한때는 영국에 태권도를 배우는 단원이 너무 많아 '이기하 사성은 비행기를 타고 승단 시험장을 다닌다' 할 정도였다고 한다.

1973년에는 영국에 진출한 한국 무도인들(합기도 주낙군 사범, 당수도 이강욱 사범)과 함께 '백마BAKMA : British Association Korean Martial Art' 모임을 만들어 한국 무술을 영국에 널리 알리는 데 큰 역할을 했다. BAKMA는 정식으로 영국 정부에 등록된 단체로 당시 런던경찰서장이 회장을 맡을 정도로 높은 위상을 증명했다. 이같은 단체가 있어 긍정적인 평가를 받아 무도인들의 노동허가서가 쉽게 나왔는데 1990년대 들어 영국으로 진출한 한인 무도인이 많아진 것도 이에 도움을 입은 바가 크다. 이기하 사성은 사상과 이념을 떠나 세계 각지에 태권도를 보급한다는 신념으로 당시 금지국가인 동유럽에 태권도를 전파하고 1980년에는 북한까지 태권도를 알렸다. 태권도 발전 및 보급 등의 공로로 태권도인으로서 남북한으로부터 모두 훈장을 받은 유일한 인물이다. 태권도계의 전설적인 그랜드 마스터로 국보급 태권도인이다.

'백마 BAKMA'에서 발행한 단증 카드

1973년 합기도 단원 모집 리플렛

가족 단위의 한인 이주가 조금씩 늘자 어린이를 비롯해 학생들이 생겨났다. 재영한인들은 1972년 유럽에서 가장 먼저 한글학교를 만들었다. 한글학교를 일찍 만들 수 있었던 것은 민·관, 즉 한인회와 대사관이 필요성에 공감했고 힘을 합쳐 적극적으로 나선 결과다. 한글학교 설립추진위원회 위원을 보면 김성웅 대한해운공사 지사장, 정종화 교수, 강철수 전 한인회장, 권인혁 영사, 김성열 동아일보 영국 특파원 등 영국에 있는 각계의 한인들이 적극적으로 참여했음을 짐작게 한다.

1973년 282명이던 전체 한인 수는 1975년에 2배 이상 늘어 574명이 된다. 장기 거주자가 73명에서 123명으로, 단기체류자가 209명에서 451명으로 증가한다. 1978년이 되면 장기 거주자는 96명으로 오히려 줄어드는데 단기체류자가 830명으로 늘고 1980년이 되면 장기 247명, 단기 1,720명으로 재영한인이 2,000명에 육박하게 된다.

## 한인회 vs 교민회

1970년대 후반에는 유학생이나 주재원으로 왔다가 영국에 '눌러앉아' 교민이 되는 이들도 많아진다. 중동 건설 붐에 따라 중동에 진출할 한국 기업들이 영국에 지점이나 지사를 설립하고 주재원을 파견했는데 중동에서 사업을 마치고 철수할 때 영국 지사의 주재원이 한국으로 돌아가지 않고 영국에 교민으로 정착하는 경우가 많았다. 1978년 영주권이나 시민권을 취득한 장기 거주자가 96명이었으나 1980년에는 247명으로 2년 사이 급격히 늘어난 데서 알 수 있다. 이처럼 교민 수가 많아지자 유학생과 주재원 중심의 한인회와는 별도로 교민이 중심이 된 '영주교민회'와 같은 단체를 만들기도 했다. 이름에 '영주'라는 말이 들어간 것을 보면 일시적으로 정해진 기간만 체류하다 돌아가는 주재원이나 유학생과의 차별을 두려는 내심이 엿보인다. 영국 영주권이나 시민권을 받은 이들이 많아지고 교민사회가 자리를 잡으면서 단기 체류자인 유학생, 주재상사원 중심으로 구성되고 운영되던 한인회에 대한 거리감이 형성되기도 했다.

1979년 교민회가 만들어지고 10년이 지나 1989년 한인회와 교민회가 통합하고 그때부터 교민회 출신 인사들이 통합된 한인회를 이끌어가는 주축이 되지만 교민회가 처음 발족한 당시 관계자들의 주장에 따르면 교민회는 한인회를 구성하는 여러 산하 단체 중 하나로 있었을 뿐이다. 그것도 형식적인 교민대표를 둔 하부 단체의 하나였다고 초기 교민회 관계자들은 주장한다. 처음 교민회를 만든 이유가 한인회에 대응하는 단체를 만들려고 한 것이 아니라 한인회에 참석해서 교민의 이익을 대변하는 목소리를 내는 진정한 교민대표를 선출하고자 결성됐다고 한다. 그러니까 한인회에 교민대표로 참석하는 사람이 교민을 대변하는 목소리를 내지 않는 무늬만 교민인 인물, 주재원이나 유학생 출신 교민대표에 대한 불만에서 출발했다. 그만큼 주재원과 유학생 출신이 중심이 된 한인회에서 초기 교민들의 위상은 미약했고 그렇게 운영되는 한인회에 여러 가지 불만을 품고 있었다.

교민들의 불만이 교민회 결성과 나중에 한인회와의 통합 시도라는 행동으로 표출된 것은 대사관을 향한 불만이기도 했다. 일례로 대사관은 전두환 대통령의 영국 방문 때 동포간담회에 참가할 교민을 극소수로 제한해 교민들이 '교민을 형식적으로 끼워주는 식이라면 차라리 아무도 참석하지 않겠다', '영국 동포 간담회가 아닌 영국 주재원 간담회로 하라'는 등의 항의를 받았다. 이는 당시 국가기관이 주재하는 행사도 주재원이 중심이 되어 참석하거나 진행을 했고 교민은 보조적 역할을 했다고 짐작할 수 있는 대목이다.

교민회와 한인회가 통합하려 할 때 대사관이 앞장서서 말렸다고 교민회 관계자들은 증언한다. 대사의 지시로 공사와 영사가 수시로 교민대표를 찾아와 통합하지 말 것을 종용했다고 하는데 이유는 한국에서 주요 인사가 올 때 교민대표가 한인사회의 대표로 나서는 것이 대사관 측에서는 불편했기 때문이라고 해석한다. 1980년대 당시에는 주재 상사 임직원이 주를 이루는 한인회에 비해 교민회를 구성한 교민들은 영세한 자영업을 하거나 낮은 임금의 업종에 고용된 경우가 대부분이었다. 교민회를 만들었던 한인 원로들에 따르면 "소득의 차이로 생활의 여유가 다르기는 했으나 외국 생활을 하는 한국인으로서 신분의 차이는 없었는데 교민들은 선입견으로 홀대받았다."고 회상한다.

그래서인지 교민회는 회원 간에 어떤 일체감이 형성됐고 만날수록 누구 집 숟가락 개수까지 아는 가족 같은 분위기가 만들어졌다고 한다. 당연히 이런 만남을 교민회라는 하나의 단체로 엮어내는 것에 전혀 무리가 없어 '영주교민회'는 아주 자연스레 만들어졌다. 교민회 설립 당시 참여한 사람들의 기억을 모아보면 한결같이 특별한 계기로 만들어진 것이 아니라 자연스럽게 만들어졌다고 하며 특히 만들어지는 과정에 많은 모임을 했지만, 매번 별다른 이견이 없었다고 한다. 교민회가 만들어질 당시 '교민'과 '한인'이라는 단어 차이가 만들어 낸 영국 한인사회의 미묘한 분위기를 짐작할 수 있다. 교민회 초기 회원의 1/3 정도가 국제결혼을 한 한인 여성들이었다는 점 또한 시사하는 바가 크다.(1985년 교민회 주소록에 따르면 회원 110명 중 영국인과 국제결혼한 한국 여성이 34명이다) 교민회원들이 일일이 이들을 찾아가 교민회를 홍보하고 참여를 종용했다. 얼마 지나지 않아 이들이 교민회에서 가장 열성을 갖고 활동하는 회원들이 됐다. 자신의 정체성을 갖고 한인사회의 일원으로서 참여하고 싶어도 참여할 기회나 속할 곳이 없었거나 문턱이 높았을 것이라고 짐작게 한다.

## 80·90년대의 번성과 한인촌의 형성

1980년에 들어서면서 혼자 와있던 이들이 가족을 부르고, 주재원으로 근무하다 영국에 아예 정착하는 등 교민이 많아지면서 영국의 한인사회 규모가 커지게 된다. 한인들이 모이자 단체를 만들고 학교를 세운다. 한인회가 가장 먼저 만들어지고 이어 2세 교육을 위한 한인학교를 세운다.

또한 한인들은 신앙공동체를 만들게 되는데 1973년 천주교인들이 처음 모여 런던 시내 성당이나 교인들의 가정에서 미사를 하다가 1979년부터 윔블던의 성당을 빌려 월 1차례 정기 미사를 하게 된다. 1984년에는 킹스턴으로 성당을 옮겨 정기적인 미사참례가 가능하도록 했다. 개신교 교회도 1978년 윔블던의 교회를 빌려 창립 예배를 했고 1984년에는 한인 교인들이 킹스턴에 있는 영국 교회를 구매해 처음으로 한인 소유의 교회가 생기게 된다. 이들 종교단체의 위치가 윔블던에서 시작돼 킹스턴으로 옮겨가는데 윔블던과 킹스턴 사이에 있는 뉴몰든New Malden이 이들 두 지역보다 상대적으로 집값이 저렴하면서 교육 환경이 좋고 교통이 편리해 한인들이 모이게 되면서 한인촌, 코리아타운이 만들어진다.

물론 이 시기 전에도 한인들이 어느 정도 모여 사는 지역이 있었지만, 이는 영국에 진출한 기업의 지사나 정부 기관이 있는 곳 인근(윔블던에 대사관저가 있었고 퍼트니 지역에 종합상사가 여러 곳 있었다)에 모여서 거주하는 형태에 불과했다. 그런데 1970년대 후반부터는 뉴몰든이라는 지역으로 한인들이 모이게 된다. 적은 숫자라도 한인들이 모이게 되니 모여 사는 주재원을 고객으로 한 교민 업체가 뉴몰든에 생기게 되고 뉴몰든에 가면 그런 업체가 있다는 편리함을 찾아 또 다른 한인이 뉴몰든에 정착하고 그렇게 모인 한인들의 수요에 따른 또 다른 업체가 생기는 순환을 반복하면서 한인타운이 커지게 된다. 비록 초기 단계이지만 뉴몰든 하이스트리트가 한인 비즈니스 타운이 되고 주변이 한인 주택가가 되는 현재의 지형도와 비슷한 형태를 갖추게 된다.

1980년대 중반이 되면 비록 전문화된 업종이 나온 것은 아니지만 교민들이 운영하는 업소가 어느 정도 다양화된다. 영국으로 혼자 오는 유학생과 달리 주재원과 교민은 가족 단위의 이주이기 때문에 인구 증가가 빨랐다. 또한 어른과 아이, 세대별 필요한 것이 다르고 다양해지니 업종도 이에 맞춰 다양해진다. 식당, 귀국용 기념품 가게 중심의 교민 업종이 미용실, 과외 학원 등으로 확장된 것이다. 공식 통계에 따르면 1988년 재영 한인의 수는 3,072명이었다.

1988년 서울올림픽 이후 여행 자유화가 시행되면서 한국 여행객이 많아지자 이들을 상대로 하는 여행사가 많아졌다. 서울 런던 간 국적기의 직항편이 생긴 것도 인구 증가에 큰 몫을 했다. 1988년 9월 2일 대한항공이 서울 런던 간 직행항로를 개설하고 주 1회 운항한다. 곧이어 10월 19일에는 주 2회 운항한다.(처음에는 게트윅Gatwick 공항을 이용했다가 1991년 6월 18일부터 히스로Heathrow 공항을 사용한다)

1990년대에 들어서면 한국의 단체관광객이 런던으로 밀려들고 영어연수와 조기유학을 목적으로 오는 한국인 유학생이 해마다 많아진다. 한국에서 영국으로의 출국자는 1988년 올림픽이 열린 해 6,590명이었으나 여행 자유화 조치 이후인 1990년에는 1만9,229명, IMF 직전인 1996년에는 8만5,943명으로 늘어나는데 여행객과 유학생이 특히 많아졌기 때문이다. 이런 특수에 따라 여행사에는 가이드가 더 필요했기에 여행사를 운영하는 교민이 직접 가이드를 겸하거나 유학생이 아르바이트로 가이드를 하다가 아예 전문 가이드로 나서는 경우도 많아졌다.

영국 교육에 대한 한국에서의 인식과 평판이 좋아지고 사립학교에 입학하면 비자 취득이 쉬워 조기 유학생이 많아진 것도 이때다. 조기 유학생들은 주중에 영국학교에서 기숙사 생활을 하고 주말에는 가디언이 있는 뉴몰든에서 생활했다. 집을 빌려 유학생을 전문으로 유치하는 교민들이 나오고 보습학원을 하면서 유학원을 겸해 전문 가디언을 하는 전문학원이 여럿 생겨났다. 이런 업종에 있는 교민들은 조기 유학생 몇 명만 가디언을 하면 풍족한 생활을 할 수 있을 정도였으니 영국 내 유학 사업이 호경기였다고 할 수 있다.

영국으로 영어연수를 오는 학생들도 많아졌다. 영어연수를 오는 학생들은 유학생과 달리 한인타운에서 아르바이트하면서 생활비를 버는 경우가 많아 한인타운 인근에 많이 거주했다. 따라서 뉴몰든 인근 킹스턴과 윔블던에는 한국인을 주 대상으로 하는 영어교육 과정이 개설되기도 했다.

영국의 유명 대학마다 한국인 유학생이 많아진다. 영국 고등학교에서 A-level을 마치고 대학

1988년 옥스퍼드 한인 유학회 회원들. 유학 시절의 손학규 전 경기도지사도 보인다.

에 입학한 학생도 있지만, 한국에서 고등학교를 마치고 영국 대학에 진학하거나 한국에서 대학 과정 중에 편입한 경우도 있다. 또한 교환교수나 언론인, 외교관 등 사회생활을 하다가 영국 대학에 온 경우도 많았다. 1988년 옥스퍼드 한인 유학회의 경우 35명의 회원이 있었다.(1975년에는 한국인 재학생이 4명이었다)

한국에서 온 단기체류자와 그들을 사업 대상으로 하는 장기체류 교민들이 어울리던 이 시기, 뉴몰든이 영국의 한인타운으로 모습을 갖추기 시작한다.

1990년대 초반 한국인 주재원들이 대거 영국에 오는데 동아건설은 리비아 공사를 위해 영국 런던에 본부를 두면서 100명 이상의 주재원을 파견한다. 금융계도 앞다투어 런던에 진출하는데 은행마다 런던지점에 10여 명의 주재원을 보냈다. 1988년 2,458명의 단기체류자가 1993년에는 4,940명으로 두 배로 많아진다. 이 수치는 1997년까지 계속 증가해 1995년 6,648명, 1997년 8,640명으로 90년대 정점을 찍는다.

## IMF 한파, 영국 한인사회의 고난과 극복

IMF의 영향을 한눈에 볼 수 있는 것이 인구통계다. IMF를 거치면서 처음으로 재영한인의 수가 줄었다. 1997년 주재원과 그 가족, 유학생 등 단기체류자는 8,640명이었으나 1999년 7,621명으로 줄었다. 같은 기간 장기거주자는 2,690명에서 3,215명으로 약간 늘었지만, 전체 한인의 수는 1만1,330명에서 1만836명으로 줄었다. 1967년 통계조사를 시작한 이래로 재영한인의 수가 줄어든 것은 처음이다.

한국 기업 중 런던사무소를 폐쇄하는 곳들이 생겨나면서 런던의 상사 주재원들이 한국으로 많이 돌아갔다. 사무소를 폐쇄하지는 않더라도 인원을 줄이는 곳도 많아지니 주재원과 그 가족들의 수가 줄었다. 주재원들이 줄어드니 무엇보다 한인사회의 경제가 나빠졌다. 주재원과 그 가족들을 비롯해 한인을 주 고객으로 했던 한인업소는 모두 타격을 받았다.

유학생의 수도 줄었다. 원화 가치가 떨어지니까 한국에서 학비와 생활비를 보낼 때 IMF 이전보다 2배 더 많이 보내야 하니 부담이 커져 학업을 중단하고 돌아가는 학생들이 많았다. 예를 들어 자녀가 중고등학교 과정에 있어 조기유학생 1명을 보낸 가정에서는 1년에 2만 파운드 정도를 보내야 하는데 한화로 1년에 약 2,500만 원을 송금하던 것이 IMF로 단숨에 4 500만 원이 넘었다. 조기 유학생 가디언을 전문으로 하는 한인들은 이 시기 영국 조기 유학생의 수가 반으로 줄었다고 했다.

한인업소들은 일제히 세일 경쟁에 들어갔다. 식당에서는 값싼 세트 메뉴를 개발해 손님 유치에 나섰다. 과외 학원도 형제가 같이 다니면 한 학생은 과외비를 반값으로 해주는 서비스를 내놓았다. 뉴몰든을 비롯해 한인들을 주거래 대상으로 사업하는 일부 현지 업체에서 한국인 거래처에는 IMF 이전의 환율로 계산해 계속 사업을 하자는 제안도 내놓았다. 반값 할인과 비슷한 내용이다. 한인업소 중 문을 닫고 폐업을 하는 곳도 많았지만 나름대로 대책을 마련해 IMF의 파고를 넘어가려 힘쓰는 한인들의 노력이 안타까운 한편 아름답던 시절이기도 했다.

주재원과 유학생의 감소로 인한 한인사회의 전체의 경제적 어려움이 한인사회가 속한 지역사회에도 적지 않은 영향을 미쳐 한국인에게는 물건을 싸게 팔거나 장학금 등 특혜를 준다는 소위 '할인 경제'에 접어든 IMF 직후, 이런 영국에 이민을 온 한인들의 경제적 어려움과 상관없이 아이러니하게도 1990년대 후반은 영국 이민의 황금기였다.

이 시기 영국은 토니 블레어의 신노동당New Labour 집권 시절로 매우 개방적인 이민정책을 폈는데 그로 인해 무엇보다 영국 국경의 담이 낮았고 일자리가 많은 데다 EU 국가 출신이 아닌 사람들도 취업에 어려움이 없었다. 영국은 관광객에게도 6개월 비자를 주는데 이렇게 관광객 자격으로 입국해도 자녀를 공립학교에 보낼 수 있었다. 관광비자로 와서 자녀가 영국 학교에서 공짜 교육을 받는 것이다. 한인타운 근처 윔블던과 킹스턴에는 값싼 영어학원이 많았는데 이 학원에 등록하면 1년짜리 학생비자를 받을 수 있었다. 그렇게 받은 학생비자로 합법적인 취업(정규직이 아닌 1주일 제한된 시간만큼만 일하는 임시직)을 할 수 있어 이렇게 2~3년 영국 생활을 계획하고 오는 가족 단위의 이주가 많아졌다.

또한 IMF를 거치면서 주재원으로 왔던 이들이 한국으로 돌아가지 않고 계속 머물면서 영국을 새로운 삶의 터전으로 삼는 경우가 많아졌다. 한창 왕성한 활동을 할 연령대의 이들이 가족과 함께 영국에 정착하면서 교민사회를 튼튼하게 하는 큰 역할을 했다. 이들은 직장생활의 경험을 살려 교민사회에 없던 새로운 분야의 직종을 개척하기도 했다.

2000년대 들어오면서 한국에서 해외 학부 유학 붐이 일자 2001년 9월 11일의 9·11사태 이후 비자 조건을 매우 엄격하게 바꾼 미국 대신 영국을 선택하는 학생들이 많아졌다. 토니 블레어 정부는 1999년부터 유학생 5만 명 유치계획 등을 발표하며 정책적으로 이를 권장했다. 특히 영국 대학의 학비가 미국과 비교해 더 싼 것도 유학생들을 모으는 요인이 됐다. 이때 영국대학에 진학, 졸업 후 교사, 금융업, 외식업 등 분야에 취업해 영국에 정착한 한인이 많다.

## 2000년대 재영한인 구성원의 변화

한인 인구의 변화를 보면 1999년 1만836명에서 2001년 1만 5천 명으로 늘어났고 2003년까지 불과 2년 사이에 2만 명이 늘어 3만 5천 명에 달하게 된다. 이 기간 시민권자나 영주권자의 수는 큰 변동이 없거나 오히려 줄었는데 일반 체류자와 유학생의 수가 1만2,485명에서 2003년 3만 1,500명으로 급격히 많아진다. 2003년 재영한인 중 주재원, 일반체류자, 유학생 등 단기체류자가 90%를 차지한다. 참고로 2015년 기준 전체 한인 4만263명 가운데 장기거주자(시민권자+영주권자)는 1만9,468명(48%) 단기체류자(일반체류자+유학생)는 2만795명(52%)으로 2003년 당시 한국인의 영국 진출 붐을 엿볼 수 있다.

단기체류자의 증가는 계속된다. 유학생이 많아진 것과 함께 영국 경제의 호황으로 주재원 파견도 늘었다. 단기체류자는 2005년 3만4,260명으로 정점을 찍고 2011년까지 비슷한 수준을 유지하다가 감소한다. 반면에 장기거주자는 계속 많아진다. 2005년부터 한인 인구수의 변화를 보자.

| | 단기 | 장기 | 전체 |
|---|---|---|---|
| 2005 | 34,260 | 6,550 | **40,810** |
| 2007 | 33,430 | 8,565 | **41,995** |
| 2009 | 33,900 | 11,395 | **45,295** |
| 2011 | 33,820 | 13,009 | **46,829** |
| 2013 | 26,633 | 18,116 | **44,749** |
| 2015 | 27,759 | 19,468 | **40,263** |

장기(시민권자+영주권자) 단기(일반체류자+유학생)

전체 한인의 수는 2011년 4만6,829명을 정점으로 조금씩 감소해 2017년 3만9,934명이었으나 최근 한국인의 영국 유입이 조금씩 다시 증가해 2019년 4만770명을 기록한다.

영국에는 2,300만 명의 외국인이 살고 있어 4만여 명의 한국인은 소수집단이다. 그러나 단순히 인종적 구분의 소수민족으로 규정하기에는 구성에 복합적 요소가 있다. 게다가 중국 동포와 탈북민이 영국과 영국의 한인타운으로 몰려 이제는 '한반도 남쪽에 거주했던 한인'으로만 영국의 한인을 규정하기에는 성격이 복합적으로 변했다. 특히 언어 장벽 없이 취업할 수 있는 곳을 찾아 런던과 뉴몰든 한인타운 중심으로 모여든 중국 동포와 탈북민은 대부분 한인이 운영하는 업소에 취업해 영국 한인사회의 중요한 노동력으로 자리했으며 점차 경제적으로 성공하고 언어 장벽도 극복하면서 그들도 활동 범위를 넓혀 지금은 한인사회를 구성하는 하나의 축이 되었다고 할 수 있다.

1970년대와 1980년대, 비교적 초기에 영국에 정착한 한국인 이민자들이 한인을 대상으로 소규모 사업을 하면서 폐쇄적일 수밖에 없었던 한인사회의 성격이 이제는 당연히 바뀌었다. 지금 한인들이 경제적으로 성공하고 이민 2세들은 사회적 지위도 상승하면서 과거의 폐쇄적 한인사회는 이제 모든 방향으로 통로가 열렸다. 다문화 가정이 많아지고 중국 동포와 탈북민이 한인사회의 가족으로 들어오면서 영국 내 한인의 범주 또한 크게 변하고 있다.

뉴몰든 탈북민들의 이야기

# 그들의 험난한 정착기

김바다(AP통신, AFP통신 기자)

**영국 일간지 <가디언> 기사, 한인헤럴드 옮김** 2012년 10월 15일

런던 남쪽 한인이 많이 모여 사는 뉴몰든. 오리엔탈 식품 유통업체 '코리아푸드'에서 밴을 운전하는 49세 신 씨는 러시아의 시베리아에 벌목공으로 갔다가 탈북해 영국에 정착했다. 그는 한국 땅을 밟은 적이 없다. 북한의 외화벌이 일꾼으로 시베리아에 갔지만 3년 동안 단 한 푼도 월급을 손에 쥐어보지 못했다. 벌목공으로서의 세월은 악몽이었다. 숙소도 없었다. 나무로 대충 지어놓은 집을 트럭에 싣고 다니다가 나무를 벌목할 장소 한 곳에 집을 내려놓으면 그곳이 숙소였다. 하루 몇 시간을 일했는지 모른다. 눈을 뜨면 일하고 잠을 잘 때만 쉬는 생활의 연속이었다. 힘들어 병에 걸려 죽어간 동료도 많았다. 그렇지만 집을 떠날 때 3년만 고생하면 아내와 두 아들을 다시 볼 수 있다는 꿈이 있어 참고 견뎠다. 그러나 약속한 3년이 지났지만, 그에게는 단 한 푼의 급여도 지급되지 않았다. 북한에 있는 아내에게 지급된 돈도 없었다. 절망과 더 고생하다가는 죽을지도 모른다는 불안감에 그는 시베리아 벌목장을 도망쳤다. 영국에 오기까지 6년이 걸렸다. 지금 그는 난민 자격을 취득했고 영국에서 취업해 일하고 있지만, 북한을 떠날 때 30개월, 6개월에었던 어린 두 아들을 20년째 못 보았다. 소식조차 모른다. 자유를 얻는 것이 꿈이었던 신 씨의 꿈은 이뤄졌다. 그의 또 다른 꿈은 영국에서 자신이 누리는 자유를 북한에 두고 온 가족과 함께 누려보는 것이다.

북한을 탈출한 탈북민 중 대한민국이 아닌 세계 각국에 사는 숫자는 2010년 말 917명으로 되어 있으나 전문가들은 약 2천 명으로 추산한다. 세계 각국에서 난민으로 인정받은 917명 중 581명이 영국에서 산다. 탈북민들이 가장 선호하는 국가가 영국이다. 영국에는 난민 자격을 취득했거나 아직 자격이 나오기를 기다리는 사람과 난민 자격 심사에 통과하지 못했는데도 돌아가지 않고 영국에 불법 체류하는 사람을 모두 합하면 탈북민이 천 명 정도 있을 것으로 추산된다.

2004년 탈북자 17명이 난민 자격을 받으면서 시작된 탈북민들의 영국 행은

2021년 탈북민 송년 잔치가 뉴몰든 코리아타운에서 열렸다. 탈북민은 물론 한인, 중국 동포, 현지인까지 함께하는 뉴몰든 동네잔치가 됐다.

해마다 늘어났다. 탈북자들이 영국을 선호하는 이유는 북한 인권에 대한 영국 의회 차원의 관심이 높아졌고, 난민 제도가 비교적 간단하다는 것이다. 북한 사회에서 인기를 끈 007시리즈의 영향도 있고, 북한에서 반미교육은 강하지만 반영교육은 거의 없다는 것도 하나의 이유가 됐다. 영국 복지 제도에 대한 큰 기대와 자녀가 있는 탈북민들은 자녀에게 영어 공부를 시킬 수 있다는 것도 큰 이유다. 여성에 대한 사회적 배려가 많아 여성 탈북민들이 특히 영국을 선호한다.

영국에 온 탈북민들은 대부분 서비스업이나 건설업에서 일한다. 많은 이가 한국인이 대표로 있는 회사나 업소에서 일을 한다. 탈북민 대부분이 영어가 서툴러 남한사람과 일을 하면 언어 장벽이 없기 때문이다. 북한에서 대학을 나온 45세의 김 모씨는 킹스턴 대학에서 영어를 공부하고 있다. 오전에는 영어 공부를 하고 오후에는 뉴몰든에 있는 한국인 운영하는 회사에서 일을 한다. 아내와 자녀가 모두 난민 자격을 받은 김 씨의 꿈은 작게는 영어로 자신의 파란만장한 얘기를 써서 책을 내는 것이고 크게는 북한에 영어 학교를 세우는 것이다.

탈북민들은 각자 꿈을 갖고 영국에 온다. 그렇지만 영국에 정착하는 것이 점점 더 어려워졌다. 한국계 중국인이 탈북민으로 신분을 위장해 난민 신청을 하다가 적발된 사례가 많아지면서 영국 정부의 난민 자격 심사가 매우 까다로워졌다. 특히 한국에 정착했다가 적응하지 못하고 영국으로 와서 난민 신청을 하는 경우가 대부분이라 이에 대해서도 꼼꼼하게 심사하기 때문이다.

그러나 탈북민들은 영국 정부의 난민 자격 심사와 일 처리에도 문제가 있다고 했다. 30세의 탈북자 박 씨는 부모님과 형제를 모두 북한에 두고 혼자서 영국에 왔다. 영국 정부가 제공한 맨체스트의 임시거처에 살았는데 영국에 와서 같은 탈북민 여성을 사귀게 되자 약 1달간 집을 비우는 경우가 많았다. 그러자 카운슬에서 실제로 살지 않는 경우에는 난민에게 집을 제공할 수 없다며 나가라고 했다. 1주일에 40파운드씩 나오던 지원금도 끊어버렸다. 김 씨는 영어를 몰라 규정을 이해하지 못해 그렇게 된 일이라고 사정했지만 지방 정부에서 한 번 내려진 결정은 바꿀 수가 없었다.

잠잘 곳이 없고 돈도 없었던 김 씨는 배가 고파 도둑질이라도 해야겠다는 유혹에 빠졌지만 어떻게 얻은 자유며, 어떻게 들어온 영국인데 나쁜 짓은 할 수 없다고 다짐하며 참았다고 한다. 김 씨는 비슷한 자격조건을 갖춘 탈북민들 중에 누구는 난민 신청이 인정되기도 하고 누군가는 기각되는 사례를 많이 봤는데 자격 기준을 두고 심사하는 것이 아니라 이번에는 신청인 중에 몇 퍼센트까지만 인정한다는 식으로 숫자를 맞춰놓고 심사한다는 인상을 받았다고 했다.

탈북민들은 자기 신상이 언론에 공개되는 것을 꺼린다. 가명으로 나와도, 얼굴을 모자이크 처리한 사진이라도 보도되는 것을 싫어한다. 북한에 남겨진 가족에게 피해가 갈까 걱정하는 것이다. 영국에서 난민 자격을 취득한 대다수의 탈북민은 정상적인 일자리를 찾아 열심히 일한다. 노력하는 만큼 돈을 벌 수 있다는 것을 알기 때문이다. 그렇지 않은 소수가 전체 탈북민의 모습으로 비쳐 오해를 산다고 불평한다. 또한 그들은 정직한 납세자다. 받는 월급에서 꼬박꼬박 세금을 낸다. 자기 계발에도 힘쓴다. 시베리아에서 벌목공으로 일했던 신 씨는 알파벳도 몰랐는데 공부해서 영국 운전면허시험을 통과해 지금 밴을 운전한다. 그의 통장에는 돈이 모이고 있다. 20년째 보지 못하는 아내와 두 아들을 언젠가 만날 수 있다는 꿈을 꾸면서 돈을 모은다. 그들은 자신의 말과 행동이 영국 사회에 탈북민의 본보기가 된다는 생각에 정직하게 살려고 노력한다. 정직하게 살면 영국 사회가 그들을 차별하지 않을 것이라는 것을 안다.

탈북민들이 원하는 것은 한결같다. 북한에 두고 온 가족을 만나는 것이다. 많은 수의 탈북민이 아직도 북한을 조국이라고 생각하는 것은 이데올로기 때문이 아니라 그리운 부모·형제가 그곳에 있기 때문이라고 했다.

뉴몰든에서 만난 일하는 탈북민들은 자신들이 영국의 복지 정책에 기대어 세금을 축내는 사람으로 인식되는 것이 가장 싫다고 했다. 따라서 그들은 일을 할 수 있는 한시적인 체류 허가라도 원하고 있다. 그들은 북한을 탈출했고 그리고 지금 영국을 선택해 왔다. 영국을 원했던 탈북민들이 영국에서 거부당하면 영국은 그들이 떠나온 차가운 땅과 같은 또 하나의 차가운 땅이 될 것이다.

# Don't close the doors on us now

By Bada Kim

A story of settlement: How North Korean refugees live in Britain

The small town of New Malden in South London shelters a large North Korean community. 48-year-old Jung Hyuk Shin is currently an employee of a Korean supermarket in New Malden. Some 20 years ago, he was a labourer in Siberia under Kim Il Sung's dictatorship until he escaped in 1994. Shin shudders as he recalls his 'nightmarish' experiences in Siberia: a 'monotonous continuation of unpaid labour' over 3 long years. There was no accommodation, so he carried a 'poorly made wooden box' in the back of a truck and used it as shelter. He cannot remember the number of hours he worked each day, but recalls starting work 'the moment he opened his eyes' and not stopping until he 'closed them again'. Shin watched his colleagues die of disease and fatigue but he carried on, reminding himself that he will soon be reunited with his wife and children in North Korea. However, when he received no pay in the entire 3 years he worked, he became desperate and fled the logging areas of the Siberian mountains, spending the next 6 years reaching Britain. Decades have passed since the British Government recognised him as a refugee, but he is yet to hear from his two sons, who were 6 and 30 months old when he left. Shin's only wish when he left Siberia was freedom. His only wish now is to share the freedom he's found, with his family.

A United Nations High Commissioner for Refugees report published in 2010 account a total of 917 North Korean refugees around the world; but experts estimate a figure over 2000. Of the 917 recognised refugees, 581 are documented to be resident in Britain, making it the most favoured country by North Korean refugees. However, when including those who are still awaiting the results of their application and those who have been rejected, it is possible to presume the population of North Koreans in Britain to near 1000.

Since the first 17 approved refugee applications in 2004, the number of North Korean refugees in Britain has increased annually. There are many reasons for Britain's popularity, but the two most compelling are the Government's increased interest in the human rights of the North Korean people and a comparatively easier refugee application process. Other contributing factors include the fame of the 007 James Bond series, equal rights for women and advanced social services which allow children to be 'educated, not brainwashed'.

Most North Korean refugees in Britain work in construction. The majority speak no English so they work with South Koreans. However, 45-year-old Chul Ho Kim, a graduate of a North Korean university, has recently enrolled on an English course at Kingston University. He spends his mornings studying, and afternoons working at a Korean company in New Malden. When he first arrived in Britain, Kim wished 'nothing but freedom' for his family. Now, with his wife and children having been recognised as refugees, his dream has become more ambitious: to open an

English school in North Korea.

Britain is a 'dreamland' of 'countless opportunities' to North Korean refugees. However, rooting in Britain is becoming increasingly difficult. The Government's move to complicate refugee application procedures follows the discovery of refugee statuses being wrongly granted to ethic Koreans from Yanbian in China and North Koreans who have settled in South Korea before coming to Britain. The detection of such dupery has pushed the Government to be more meticulous in the issuing of refugee statuses.

North Korean refugees, however, say that there are irregularities in the way the British Government examines applications for refugee recognition. Kim described numerous cases where people received 'different results' despite having the 'same requirements' for recognition as a refugee. He, like many refugees, suspects that the Government is 'no longer assessing against a criteria, but a percentile limit in population number'.

30-year-old Young Gwang Park left his family in North Korea when he came to Britain. The Government issued him with temporary accommodation while his refugee application was being processed. When he left the room empty for a month to be with his girlfriend, a refugee he met in Britain, the Council ordered him to vacate the property and immediately stopped his weekly £40 allowance. Park tried to explain that the consequences for not going home were never explained to him, but his pleas were ignored. Homeless, hungry and destitute, Park confessed that he did once consider theft, for it seemed the only way for him to survive. However, each time he had such thoughts, he reminded himself of all that he risked when he fled North Korea, and the opportunities Britain, the 'dreamland', had yet to offer him.

North Korean refugees speak in unison about not wanting to be reliant on the British's taxes: 'I came to Britain for the opportunities it offers, not state benefits. I don't want taxpayer's money.' The refugees say that issuing a Temporary Work Visa 'makes sense' - so that they may 'support themselves' while awaiting the results of their refugee application.

North Korean refugees, once recognised by the Government, find work quickly and are very committed employees. They follow British legislations as legal taxpayers, because they know that Britain does not discriminate against the law-abiding. Furthermore, refugees in Britain can afford the comfort of investing in self-development. Shin, who didn't know the alphabet when he first arrived in Britain, taught himself English and passed his driving test with ease. Working as a van driver, he grows his bank account in the hope of living with his family again. Kim, the university student, continues to study in the hope of writing his autobiography in English. Park hopes to start a family, and is 'overwhelmed' at the thought that his children can receive 'proper education'. To them, Britain is a land of hope, a 'dreamland' of 'countless opportunities'.

The names in this article have been changed at the refugees' request, as they do not wish to be identified. This isn't because they fear for their own safety, but for their family who still live under 'the most oppressive regime on earth'. There is only one thing North Korean refugees really want, and that is to reunite with their family. It isn't the 'ideology' that compels refugees to call North Korea 'home', but the family left behind. North Korean refugees defected to Britain having chosen it as their 'new' home. Wouldn't it be right to keep the doors open for them?

Feel the Rhythm of Korea라는 문구가 새겨진 런던2층버스(2021)

# 6
# 한국기업의 영국 진출사

**한국과 영국의 교역 동향을 보면 2018년 8월 기준 한국의 대영국 수출은 38억 달러, 수입은 47억 달러로 영국은 한국의 19대 수출대상국이며 18대 수입대상국이다.**

한국은 영국에 자동차(24.9%), 선박(16.8%), 항공기부품(6.5%), 자동차부품(4.7%) 등을 주로 수출하며 원유(34.3%), 자동차(17.7%), 의약품(4.5%), 원동기(2.6%) 등을 주로 수입한다. [자료원 : 한국무역협회]

### 초기 영국 진출과 현대 정주영 회장

한국 기업의 영국 진출은 1960년대 들어 대對영국 수출 호조에 따라 경제 교류가 확대되면서 이뤄진다. 당시 한국 정부의 수출 제일주의 정책은 기업의 해외 진출을 장려했다. 1960년대에 대한중석(1961년 11월), 해운공사, 대한무역진흥공사 등이 런던사무소를 열고 공사 주재원을 파견한다.

그리고 주로 무역업체와 건설업체가 많이 진출한 1970년대에 한국과 영국의 경제적 교류가 급격히 발전한다. 1970년대 중반에 일어난 중동 건설 붐에 따라 영국 런던이 중동으로의 진출 본부가 되어 중동 현장에 사용할 기자재와 시설물을 모두 영국에서 조달했다. 이 시기에 한국 정부는 종합무역상사 지정제도를 도입함에 따라 한국 무역상사들의 영국 진출이 많아졌다. 1978년 영국에 진출한 58개 한국 업체 중 무역업체가 26곳, 건설업체가 10곳이었다. 현대는 현대중공업, 현대종합상사, 현대건설, 현대미포조선, 현대자동차 등 그룹 내 5개 기업이 1970년대에 이미 영국에 진출했다.

정주영 현대그룹회장

한국 기업의 영국 진출을 이야기하면서 초기 한국 기업과 영국 기업의 교류에서 빼놓을 수 없는 인물이 정주영 현대 명예회장이다.

1971년 정 회장은 울산에 조선소를 짓기 위한 차관을 받으러 영국에 왔다. 당시 영국 최고의 은행이었던 바클레이Barclays 은행에 4,300만 달러의 차관 도입을 요청했지만 바클레이은행 측은 조선소를 하기에 현대의 능력과 기술이 부족하다고 거절했다. 이에 은행을 움직일 수 있는 선박 컨설턴트 회사인 A&P 애플 도어Appledore• 의 찰스 롱바톰 회장에게 추천을 부탁했다. 롱바톰 회장 역시 현대의 성장 잠재력과 차관 상환 능력을 의심했다. 롱바톰 회장을 만난 자리에서 정회장이 지갑에 갖고 있던 당시 500원권 지폐를 꺼냈다. 이순신 장군과 거북선이 그려진 지폐였다. "보라. 우리는 영국보다 300년이나 먼저 16세기에 이미 철갑선을 만들었다. 당신들이 자랑하는 넬슨 제독도 엎드린다는 인물이다. 산업화가 늦어 이렇게 됐지만, 다시 시작하면 잠재력이 뿜어져 나올 것이다."라고 했다. 이에 롱바톰 회장이 긍정적인 추천서를 써주었고 바클레이 은행에서 차관을 얻을 수 있었다.

정주영 회장의 영국 기업과의 일화는 또 있다. 자동차 산업으로 눈을 돌린 정 회장은 조선소 건립의 경험을 갖고 다시 영국 자동차 회사를 찾아가 도움을 청하기로 했다. 당시 영국 최대의 자동차 회사인 브리티시 레일랜드British Leyland (미니, 재규어랜드로버, 레일랜드 트럭 등 생산)의 조지 턴불George Turnbull 부사장이 마침 회사를 그만뒀다는 정보를 갖고 그를 설득해 한국으로 데려왔다. 1974년 7월에 공장을 짓기 시작해 1976년 1월

당시 500원권. 이순신 장군과 거북선이 있다. 정주영 회장이 이 지폐를 보여주며 영국보다 300년 먼저 철갑선을 만들었다고 설명했다.

• Appledore Shipyard Company : 1855년에 설립된 영국 조선업의 핵심 회사로 퀸 엘리자베스 항모 건조 등에 참여했다. 영국 조선산업의 쇠퇴로 2019년 3월 문을 닫았다. 현대중공업은 새로운 조선소를 건설할 인원과 기술을 이 회사에서 지원받았는데 오늘날 세계적인 조선소가 된 현대중공업의 출발에 큰 도움을 줬다.

최초의 국산 자동차 '포니'가 탄생했다. 당시 한국에서의 조지 턴불의 활약상을 영국 BBC가 특집 프로그램으로 소개하기도 했다.

2015년 대기업 홍보책임자들을 대상으로 '기업가 정신을 가장 잘 느낄 수 있는 기업인 어록'을 물었을 때 최고의 어록으로 선정된 것이 정 회장의 '이봐, 해봤어?'였다. 1972년 세계 최대의 조선소를 짓겠다는 정 명예회장의 계획에 참모들이 반대하자 그는 이 발언을 했다. 정회장은 영국에 와서 자신이 한 말 '이봐, 해봤어?'를 직접 실천했고 결국 이뤄냈다.

조지 턴불 브리티시 레일랜드 부사장

## 고종황제 어차는 영국제 자동차

우리나라 사람들이 한국 땅에서 처음 본 자동차는 영국제로 고종황제 어차용으로 수입한 것이다. 영국제 4기통 다임러 리무진인데 현재 국립고궁박물관에 보관돼 있다. 1995년 문화재관리국에서 이를 복원했는데 영국 재규어 다임러에서 온 전문가는 차 상태가 너무 좋아 자기들이 보수하고 싶다고 했지만 거절당했다. 같은 종류의 차가 영국의 박물관에 한 대만 남아 있다고 한다. 고종황제가 타다가 나중에 순종황제가 탔던 이 차는 가격을 매길 수 없는 문화재가 됐다. 이 차는 결국 현대자동차에서 복원했는데 현대자동차와 영국 자동차는 이래저래 인연이 깊다.

고종황제 어차御車는 영국제 자동차

## 한국 기업에 영국은 기회의 땅

물론 현대 정주영 회장의 일화가 워낙 유명하고 영국 기업인들과 좋은 관계에서 눈에 띌 성과를 만들어 내고 경제적인 성공을 이루어 한영 기업 관계에서 대표적으로 이야기되지만 1970년대에 들어서서는 한국과 영국이 기술, 기업, 경제, 수출입, 인적 교류 등 여러 분야에서 제휴가 이루어지고 관계가 발전한다. 1971년 11월에 착공해 1977년에 완공된 우리나라 최초의 원자력발전소인 '고리발전소'를 세우는데 영국의 General Electric Company가 참여한다. 이 시기에 영국 은행들이 한국에 들어오기 시작하고 수많은 영국 기업이 점점 커지는 한국의 시장을 노리고 한국 진출을 시도한다. 구한말 1897년 제물포에 문을 열었던 HSBC은행이 1974년 서울에 해외 사무소를 다시 연다.

마찬가지로 한국 금융회사들의 영국 진출도 시작된다. 한국은행은 1967년 4월에 런던에 주재원을 처음 파견하고 1969년 1월에 이를 사무소로 승격시킨다. 1976년 우리은행이 런던지점 개설 내인가를 받아 우리은행 런던사무소가 개소해 시장조사 등의 업무를 하다가 1978년 런던지점으로 승격한다. 시중은행 최초의 런던 진출이다.

우리은행은 런던지점의 개점으로 국제금융의 중심지에서 영업망을 확대하는 발판이 되었다고 평가한다. 1978년 영국에 진출한 은행, 보험회사 등 금융회사는 모두 12곳이다.

현대중공업은 1971년 3월에 런던지점을 설립한다. 동아건설은 1978년 2월 런던에 지점을 설치한다. 1982년 10월 동아건설이 리비아 대수로 공사를 수주하면서 런던지사에 100여 명 이상을 파견하는데 이는 한국 기업의 영국 진출 규모를 키운 것뿐 아니라 영국 전체 한인사회의 규모가 커지고 소수민족으로서 영국 내 정착에도 일조를 했다. 2000년 동아건설이 부도가 나면서 런던지사도 이듬해 사실상 해체됐는데 많은 직원이 한국으로 돌아가지 않고 영국 교민으로 남았다.

### 영국 은행에 한국의 금을 보관한다?

한국은행이 금을 활용한 국제 금융거래를 하면서 매입한 금을 보관하는 곳이 영국이다. 영국 중앙은행 금고에 보관한다. 서울 남대문에 있는 한은 본점 금고에는 금이 없다. 한은이 가진 104t가량의 금이 모두 영국에 있다. 금은 약 12.㎏의 금괴로 만들어 보관하는데 104t은 금괴 8,380개 정도. 런던 금 시장은 국제 금 거래가 가장 활발한 곳이라 한국은행은 1980년대 말부터 영국 중앙은행에 금을 맡겨왔다.

## 동아건설 영국 런던에서 국제 입찰 설명회 스케치

1982년 10월 리비아 대수로 사업의 건설사 선정을 앞둔 동아 팀이 묵고 있던 런던의 호텔. 리비아 대표단이 동아 팀이 묵고 있는 호텔로 불쑥 찾아왔다. 동아의 유성용 런던지점장이 이 사실을 최원석 회장에게 보고했다. 상대방에게 줄 선물을 준비하지 않으면 절대 예고 없이 방문하지 않는다는 사실을 아는 최 회장이 이번 대수로 사업의 건설사로 동아가 선정된 것을 눈치채고 손님과 협력사는 물론 경쟁사 사람들까지 모두 데리고 가서 크게 한턱 내라고 했다. 런던의 사교계 큰손들이 드나드는 곳으로 유명한 가스라이터라는 술집에 40명이 모였다. 리비아 측의 대표단장이 김교련 사장에게 다가와 일어서라고 요청한 뒤 술잔을 들어 올리며 외쳤다. "이번 대수로 사업의 건설사는 동아컨소시엄입니다." 이날 술값으로 5만 달러가 나왔다.

영국의 1960년대와 1970년대는 소위 '영국병The British disease'이라 불리는 고임금 저효율성의 경제 침체 시기다. 이 시기를 거치면서 영국 경제의 상처는 점점 더 곪아가고 결국 1976년 IMF 구제금융을 신청하는 것으로 곪은 상처가 터진다. 1980년대 들어서는 영국병을 고치겠다고 대처리즘이 등장한다. 대처리즘의 경제 격변기를 겪는 동안 영국 기업의 한국 진출은 크게 줄어든다. 그러나 한국 기업의 영국 진출은 오히려 늘어난다. 중동에 진출한 기업과 아프리카 시장으로 진입하겠다는 목표를 세운 한국 기업들은 대부분 런던에 지사를 설립했다. 중동 현장에 사용할 기자재를 영국에서 조달했으며 일찍이 아프리카에 식민지를 개척했던 영국에 아프리카 시장 개척 교두보를 마련하는 것이 당연한 수순이었다. 그 결과 1970년 3개에 불과했던 영국 진출 한국 업체가 1983년에는 75개로 늘어났다. 1982년을 기점으로 석유파동의 위력이 줄어들고 중동 건설 붐이 꺼지면서 한국 기업이 중동에서 많이 철수했기에 1983년의 통계는 그나마 그 전보다 감소한 것이다. 1983년 재영한인회가 발간한 '재영한인회지'를 보면 그해 영국에 진출한 전체 한인 업체는 72개로 무역업이 25곳, 건설업이 19곳, 금융업이 14곳, 조선/중공업이 7곳, 항공/운송사업이 7곳으로 조사됐다.

영국의 1980년대는 인종 갈등이 특히 더 심해지고 잦은 인종 봉기가 일어난 시기다. 따라서 이런 갈등의 해결 방안으로 다문화주의 정책이 추진된다. 다문화주의 정책에 따라 소수 집단과 그들의 문화에 대한 지원책이 쏟아지고 다른 문화권이 영국 사회에 들어올 기회가 표면적으로 확대된다. 이런 정치 사회적 분위기와 함께 한국 기업의 내외적 조건도 맞아 함께 굴러가니 한국 기업에 있어 영국은 기회의 땅이 되었다. 그래서 한국 기업의 영국 진출은 더 늘어나는 데 1990년대에 들어서도 계속 증가해 한국이 IMF 구제금융을 신청하는 1997년까지 증가세가 이어진다.

## 1989년 영국에 진출한 한국기업들

1989년 영국에 진출한 한국기업들을 뒤에 나오는 2020년과 비교해 살펴보자.

(상호는 당시 표기된 그대로 옮김)

### 무역업(25개사)

제일제당, ㈜대우, ㈜금성사, 한주통산㈜, ㈜화승, 흥명공업㈜, 효성물산㈜, 현대종합상사, 현대전자산업, 현대엔진㈜, 현대정공㈜, 진도, 코오롱상사, 대한중석광업, ㈜금호, ㈜가일통상, 롯데상사㈜, 럭키금성상사, 만도기계㈜, 삼성항공산업, 삼성전자제조, 삼성전자판매, 삼성물산, ㈜쌍용, ㈜선경

### 조선, 중공업(7개사)

한라자원㈜, 현대중공업, 현대미포조선, 인천조선㈜, 한국석유개발공사, ㈜대한조선공사, 삼성중공업

### 건설업(6개사)

대림산업㈜, 동아건설산업, 동산토건㈜, 현대건설㈜, 삼성종합건설, ㈜신성

### 은행(10개사)

한국은행, 서울신탁은행, 조흥은행, 한국산업은행, 한국수출입은행, 한일은행, 중소기업은행, 한국상업은행, 한국외환은행, 제일은행

### 보험, 증권(17개사)

안국화재해상, 대한화재해상, Far East Agency, 현대화재해상, 대한재보험, 럭키화재해상, 대우증권㈜, 대신증권㈜, 동서증권㈜, 현대증권㈜, 럭키증권㈜, 동양증권㈜, 환은런던금융, 한국투자신탁, 쌍용투자증권, 삼일회계법인, 한신증권

### 신문, 방송, 통신사(5개사)

동아일보, 문화방송, 연합통신, 조선일보 런던지국, 한국일보 런던지사

### 운송, 여행(18개사, 교민 기업 포함)

㈜대한항공, 한국관광공사, 호텔신라, Rhodes Hotel, 조양상선㈜, ㈜한진해운, 현대상선㈜, 한국선급, 범양상선㈜, 콘티넨탈여행사, 유로비젼여행사, 한영여행사, J B 여행사, 코리안써비스, 박여행사, PGS 여행사, Air Couriers Parcel, ㈜삼영익스프레스

### 교민 무역업(17개사)

All Nets Marine Equipment, 반도산업㈜, Briko International, Comacraft Ltd., Empire UK, Everex Trading, First Root UK, 한영무역㈜, Kima Ltd., KKP, 한국무역, Lees Fashion, 리버톤, Multisonic, Partners Trading, SAM Trading

### 교민 서비스업(17개사)

크라식, Fast Way Ltd., 한국슈퍼마켓, 바바리집, 한영식품, 이씨네떡집, 피터스, 서울식품, 에스디문구상, 헤이컴퍼니, KBC 렛팅, 킴스렛팅, 삼용사진식자, 슬기도원

## 80·90년대 한국기업은 영국의 귀빈

한국의 많은 기업이 영국으로 몰려온 것은 무엇보다 영국과 유럽 시장으로 진출하기 위해서지만 영국 정부가 적극적으로 유치 작업에 나섰기 때문이기도 하다. 영국 정부는 공장용지를 싼값에 내주고, 투자 유치 보조금을 제공하고, 각종 세제 혜택까지 주면서 한국 기업의 영국 진출을 환영했다. 한국 기업으로서는 영국 정부가 주는 이런 혜택에다가 한국에서 기업을 운영할 때 따라붙는 각종 규제를 피할 수 있고 골치 아픈 노동쟁의가 없고 한국보다 싼값에 우수한 노동력을 활용할 수 있어 영국에 판매법인을 세우고 생산공장을 건립하고 연구소를 만들었다.

우선 삼성전자, LG전자를 비롯해 한국을 대표하는 가전업체와 첨단기술 기업들이 영국에 적극적으로 진출했다. 삼성전자는 1984년 영국에 판매법인(SEUK)을 설립했고, LG전자는 1987년 런던에 판매법인을 세웠고, 대우전자는 1993년에 판매지사를 만든다.

삼성전자는 1986년 잉글랜드 북동부 빌링엄 Billingham 윈야드Wynyard 에 전자레인지와 모니터 생

1995년 10월 윈야드 전자복합단지 준공식에 참석한 엘리자베스 2세 여왕과 이건희 삼성그룹 회장

산 공장을 세우면서 현지 공장 건립에 앞장서게 됐다. 이 공장은 채용인원 1,100여 명 규모의 삼성전자 윈야드 단지로 확대되면서 컬러TV와 팩시밀리도 생산한다. 이 생산단지에 한국 중소 협력업체들이 동반 진출해 시너지 효과를 냈다. 2000년까지 4억6천만 파운드(약 7천5백억 원)을 투자한다는 계획이었다. 전자단지 1단계 공사가 완공되어 열린 1995년 10월 준공식에는 엘리자베스 여왕과 부군 필립공, 노창희 대사, 이건희 회장 등이 참석했다. 1996년 교육관 개관식에는 토니 블레어 총리가 참석했다. 영국 정부와 지방정부는 유치 보조금을 무상지원했다.

LG전자는 1988년 뉴캐슬Newcastle에 전자레인지 연 100만 대 생산 규모의 공장을 건립했는데 1996년에는 LG전자 종합가전단지로 발전해 20~29인치 중·대형 컬러TV 60만 대, 중·고급 전자레인지 1백만 대 규모의 생산체제를 갖춘다. 1996년부터 가동한 웨일스 뉴포트Newport 종합전자단지에서는 모니터(연산 120만 대)와 브라운관(연산 300만 대)을 생산했다. 또한 LG전자는 1991년 북아일랜드 더블린Dublin에 디자인 연구법인을 설립했다.

대우전자도 EC 지역 내 생산 판매거점 확대의 일환으로 1993년 영국에 별도의 판매지사를 설립하고 북아일랜드의 공장에서 생산되는 VCR, 프랑스 및 본사에서 공급되는 컬러TV, 전자레인지, 세탁기, 냉장고 등을 영국에서 대우브랜드로 판매했다. 대우자동차는 1994년 영국의 차량개발 전문기술용역 회사를 인수해 '대우 워딩 테크니컬 센터'라는 이름으로 자동차 기술연구소를 건립했다.

한국 기업의 영국 진출을 두고 한국 기업 측에

주영한국대사관은 세계 최대 해상 풍력 시장인 영국에 한국 기업들이 진출을 지원하기 위해 '한영 해상 풍력 비즈니스 대화'를 개최했다.(2023년)

### 영국 지방 정부 간 한국기업 유치 경쟁의 과열

LG그룹은 14억 파운드를 들여 전자복합단지 건설 사업을 계획했다. 한국기업의 해외 진출 투자 중 최대 규모이며 외국기업이 유럽지역에 투자한 역사를 통틀어 최대 규모였다. 6천1백 명이라는 대규모 고용을 창출하는 이 사업은 웨일스와 스코틀랜드 정부 간에 치열한 유치 경쟁을 불렀다. 단지 건설 사업을 유치해 실업자를 줄이고 실업수당을 보조금으로 전환해 각종 지원과 사회 문제를 해결할 수 있기 때문에 누구나 유치하고자 했다. 웨일스 지방 정부가 해외 투자 유치 기관인 WDA 보조금을 1억5천만 파운드 제공하겠다고 제안해 LG그룹은 스코틀랜드 대신 웨일스에 있는 뉴포트 항구를 공장 부지로 내정했다. 그러나 '지방 정부의 과다한 투자 유치 보조금이 뇌물처럼 이용되고 있다'는 지적이 뒤따랐다.

서는 영국 현지에 공장을 건립하면 유럽의 고관세 정책을 피하고 물류비용을 줄일 수 있기 때문이라고 했지만, 실상은 한국 내 고임금과 각종 규제를 피해 돌파구를 찾던 중 영국이 각종 혜택을 주면서까지 해외자본을 유치하고 환영했기 때문이다. 영국에 공장을 건설하면 국내 노동시장에 비해 평균임금이 80%(생산직 근로자는 한국 임금의 50% 수준)에 불과한 값싼 노동력을 이용할 수 있고, 지구 반대편에 있는 유럽까지의 막대한 물류비용을 줄이고, 덤핑판정을 내려 수출을 막는 유럽의 고관세 정책도 피하는 등 여러 장점이 있었다. 더욱이 영국의 지방정부는 한국 기업을 서로 유치하려 경쟁을 벌이며 각종 혜택을 쏟아냈다.

이런 요인으로 영국 언론은 한국 기업의 영국 진출을 곱게 보지 않았다. 지방 정부 간에 과도한 로비와 불합리한 경쟁이 있다고 지적하며 뇌물성 특혜를 주면서 외국 기업을 유치한다고 지방 정부의 과도한 투자유치 경쟁을 비난했다. 한국에 대해서는 이런 우대 정책을 만끽하며 공세적으로 진출하면서 한국 시장은 자국 산업 보호 정책을 세워 외국 기업이 못 들어오게 빗장을 내린다고 불평했다. 특히 한국 기업의 공세적 영국 진출이 이미 영국 시장에 진출한 미국, 일본, 유럽 기업에 선전포고한 것과 같다고 표현했다. 일례로 대우자동차가 영국의 전통적인 판매 방식인 딜러 판매망을 무시한 채 가격 파괴 전략을 써가면서 자체 판매망을 운영하고 있다고 지적했다.

### 영국의 한국 주재상사와 영국 한인사회

1970년 이후 한인회 현황을 살펴보면 주 수입원이 재영 한인업체인데 당시 영국의 한인 업체는 극소수의 교민 업체를 제외하고 한국에서 진출한 한국 기업의 지상사가 대부분을 차지했다. 여기에는 무역, 유통, 건설, 조선, 운송, 물류, 관광, 은행, 증권, 보험, 법률, 회계 등 모든 분야의 기업이 포함된다. 한인회장은 이들 회사의 대표들 중 한 사람이 선출됐다. 총무는 한인회장이 속한 회사의 부하 직원이 맡고 운영위원회는 영국에 진출한 한국 정부 기관의 공무원이나 지상사 대표들로 구성해 재영한인회가 운영됐다.

한인회와 교민회가 통합하는 1990년까지 사실상 영국에서는 주재 상사의 구성원이 한인회의 구성원이 되었고 한국학교의 운영 주체가 되고 학부모회를 구성했다. 교민사회가 수적이나 경제적으로 미약해 주재원 사회에 의존하고 있었다.

지금은 영국의 한인사회가 커지고 지역사회에서 차지하는 중요성도 높아지면서 교민들의 위상이 높아지고 주재원이 교민으로 정착한 사례가 많아 구분하지 않지만, 소득에 따라 생활 수준이 달랐던 시절, 주재원과 교민 사이에 분명히 느껴지는 '차이와 간격'이 있었다고 당시 교민들은 회상한다.

**재영한국경제인협회(KOCHAM. UK)**

재영한국경제인협회(Korean Chamber of Commerce in the UK : 재영한인들은 대다수가 '코참'이라고 부른다)는 1983년 결성했다. 당시 한국에서 파견된 약 40개의 지.상사, 금융기관이 중심이 되어 만들었다. 1981년 5월에 만들어진 재영기업인협회Association for Korean Businessmen에 뿌리를 두는데 코참은 설립 이후 사실상 영국 내 한국기업의 대표기관으로 자리한다.

2019년 12월 코참 연차총회 모습

통상 코참KOCHAM으로 불리는 재영한국경제인협회는 한국에서 온 주재상사 외에 영국에서 활동하는 정부 관계기관, 일부 교민기업, 영국에서 한국회사를 지원하는 외국계 법무, 회계법인도 모두 포함해 2023년 현재 106개 회원사가 속해 있다.

회장단은 회장, 상근부회장과 2명의 부회장으로 구성되며 감사 1명을 두고 분과위원회를 나눈다. 설립 당시부터 KOTRA 런던무역관에 사무국을 설치해 KOTRA 런던무역관장이 상근부회장을 맡아 활동한다.

코참은 "친목 활동과 정보교환을 통해 회원사 간의 네트워크와 커뮤니티 형성에 큰 역할을 담당하고 영국 사회에 한국의 기업 활동을 알리고 회원사의 권익을 신장시키는 민간외교의 역할을 담당하는 한편 한·영 양국 간 긴밀한 관계유지를 통해 무역 증진 및 경제협력에 이바지하고자 하는 목적을 가지고 있다"고 설명한다.

회원들을 위해 전문가를 초청해 세미나, 워크숍을 열고 비즈니스 정보를 제공하며 회원 친목 도모를 위한 친선체육대회와 연례 만찬을 갖는다.

또한 코참은 영국 및 한국 교민사회에서 시행하는 각종 행사에 많은 지원을 하는데 한인회관 건립, 런던 한국전 참전 기념비 건립, 한국학교 지원, 코로나 상황에서 한인타운에 있는 킹스턴병원 지원금 전달 등에 큰 역할을 했다.

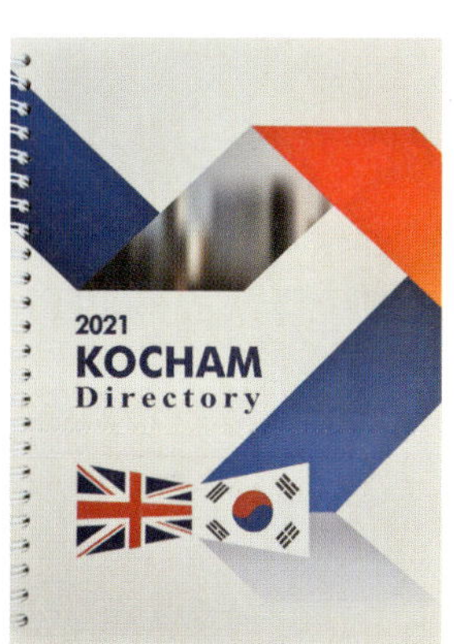

코참 간행물

2024년 KOCHAM 임원진은 다음과 같다.

### KOCHAM 임원진

- **회장**: 박명은 SK에코플랜트㈜ 소장
- **상근부회장** : 김도형 KOTRA 런던 무역관장
- **부회장** : 김종보 베스텍㈜ 대표이사
  맹년호 HMM 구주본부 본부장/상무
- **감사** : 노형 교보생명 런던주재사무소 소장

아래는 2024년 분과위원회별 이사 명단이다.

- **무역·유통**: 이현석 LS전선㈜ 유럽판매법인장
- **관광** : 홍정호 대한항공 런던지점장
- **은행** : 이성한 국민은행 런던지점장
- **증권** : 김근태 삼성증권 런던법인장
- **보험** : 이성렬 삼성화재 유럽법인 CUO
- **법률, 회계** : 박정규 힐 디킨슨 파트너 변호사
- **서비스** : 표정아 코넥트퍼스넬 대표

2021년 3월 30일 김점수 코참회장이 '코로나 극복을 위한 지역 의료기관 지원 활동'에 동참해 Sian Bates 킹스턴병원 최고경영자에게 코참에서 모은 기부금을 전달했다.

1997년 영국에 진출한 LG전자 직원들이 영국의 한인타운이 있는 킹스턴 시청을 방문해 시에 TV 10대를 기증했다.

## 영국 진출 한국 기업들(2020년) -일부 교민업체 포함(가나다 순)

경동나비엔영국법인 Navien Ltd.

교보생명 Kyobo Life London Office

국민연금공단 Korea National Pension Service

국민은행런던현지법인 Kookmin Bank International Ltd.

국제엔지니어링컨설팅㈜ Engineering Consulting International Group

㈜굿맨상사 KITRI Ltd.

금융감독원 Financial Supervisory Service, London Representative Office

금호타이어㈜영국법인 Kumho Tire (UK) Ltd.

기아자동차영국판매법인 Kia Motors UK Ltd.

기업은행런던지점 Industrial Bank of Korea, London Br.

농업회사법인그린(합) SMITHY MUSHROOMS Ltd.

대교 Daekyo Co. Ltd.

대우조선해양㈜런던지사 DSME London Office

대한보험 Daehan Insurance Services/Paradise Financial Ltd.

대한항공㈜런던지점 Korean Air Regional Office London

도루코 Dorco Europe Ltd.

동부대우일렉트로닉스영국법인 Dongbu Daewoo Electronics UK Ltd.

동부화재해상보험㈜런던사무소 Dongbu Insurance Co., Ltd. London Rep Office

동아타이어공업㈜ DTR VMS Ltd.

두산산업차량 DOOSAN INDUSTRIAL VEHICLE UK Ltd. Unit 12 Kilvey

두산중공업㈜ DOOSAN ENPURE Ltd.

두산파워시스템 Doosan Power Systems

롯데글로벌 로지스틱스 Lotte Global Logistics (UK) Co.Ltd.

롯데캐미칼 LOTTE CHEMICAL UK Ltd.

롯지코트렐 Lodge Cottrell Ltd.

무림제지영국판매법인 Moorim UK Ltd.

㈜모두투어네트워크 MODETOUR NETWORK UK

미래 에셋 런던현지법인 Mirae Asset Securities (UK) Ltd.

㈜미르기술 MIRTEC EUROPE Ltd.

㈜바이오프로테크 MEDIMAX TECH UK Ltd.

㈜바텍 VATECH DENTAL MANUFACTURING Ltd.

범양익스프레스 Pumex Ltd.

베루스 Verus Mobile Ltd.

삼성경제연구소유럽 Samsung Electronics Research Institute Europe

삼성물산런던법인 Samsung C&T U.K

삼성바이오에피스㈜ SAMSUNG BIOEPIS UK Ltd.

삼성SDS유럽법인 Samsung Sds Europe Ltd.

삼성자산운용런던법인 Samsung Asset Management (London) Ltd.

삼성전자㈜(구주총괄) Samsung Electronics (UK) Ltd.

삼성전자㈜영국판매법인 Samsung Electronics (UK) Ltd.

삼성중공업㈜ Samsung Heavy Industries Co., Ltd.

삼성증권유럽법인 Samsung Securities (Europe) Ltd.

삼성화재해상보험유럽법인 Samsung Fire & Marine Insurance Company Of Europe Ltd.

신한은행런던지점 Shinhan Bank London Branch

쏠리테크런던지사 Solid Technologies, Inc. UK Branch

씨에스윈드 CS WIND UK Ltd.

㈜스눕바이 SNOOPBY UK Ltd.

아시아나항공런던지점 Asiana Airlines, Regional Sales Office, London

㈜아이디스 IDIS EUROPE Ltd.

㈜애이아이아키텍스 AI UK PARTNERS Ltd.

㈜에이스테크놀로지 ACEAXIS LIMTED

㈜옐로트래블랩스 ESESGLOBAL UK Ltd.

오로라월드 Aurora World UK Ltd.

우리은행런던지점 Woori Bank London Branch

월드링크익스프레스 World Link Express Ltd.

유도썬스㈜ YUDO SUNS UK Ltd.

㈜유디피 UDP TECHNOLOGY Ltd.(UK)

이노션월드와이드영국법인 Innocean Worldwide UK Ltd.

㈜이랜드 EURO E-LAND COMPANY PLC

㈜인피니트헬스케어 INFINITT UK Ltd.

제일기획영국법인 Cheil Europe Ltd.

㈜짐월드 MAGFORMERS UK Ltd.

케이이비하나은행런던지점 KEB Hana Bank London Branch

코리아엘엔지 Korea LNG Ltd.

코리안리재보험런던주재사무소 Korean Re London Liaison Office

㈜태평양자원무역 TPR EUROPE

트루월드푸드리미티드 True World Foods (UK) Ltd.

㈜티맥스소프트 TMAXSOFT UK Ltd.

파워피티월드와이드 Power PT Worldwide Ltd.

㈜판토스 영국법인 Pantos Logistics UK Ltd.

㈜하나투어 HANATOUR EUROPE Ltd.

하이호금속유럽법인 HiHo Metal Europe Ltd.

한국관광공사 KTO London

한국선급런던지부 Korean Register of Shipping London Office

한국석유공사영국법인 Dana Petroleum Ltd.

한국수출입은행런던현지법인 Korea Exim Bank UK Ltd.

한국은행런던사무소 The Bank Of Korea, London Representative Office

한국증권유럽법인 Korea Investment & Securities Europe Ltd.

한국콘텐츠진흥원 유럽사무소 KOCCA Europe

한국타이어영국법인 Hankook Tyre UK, Ltd.

한국투자공사 Korea Investment Corporation London Office

한미약품㈜ HANMI Ltd.

한진중공업㈜런던지점 Hanjin Heavy Industries And Construction Co., Ltd.

한화생명런던사무소 Hanhwa Life Co. Ltd.

한화테크윈유럽법인 Hanwha Techwin Europe Ltd.

현대건설런던지사 Hyundai Engineering & Construction Co. Ltd.

현대모비스 Hyundai Mobis T/A Mobis Parts Europe N.V.(UK Branch)

현대상선㈜구주본부 Hyundai Merchant Marine (Europe) Ltd.

현대자동차영국판매법인 Hyundai Motor UK Ltd.

현대중공업㈜런던지사 Hyundai Heavy Industries Co. Ltd.

현대해상화재보험㈜런던사무소 Hyundai Marine & Fire Insurance Co. Ltd. London Office

㈜호텔신라 SAMSUNG HOSPITALITY (UK) Ltd.

휴맥스 Humax Electronics Co.Ltd.

ACI익스프레스㈜ ACI Express (UK) Ltd.

CJ제일제당영국법인 CJ Food Europe Ltd.

G스마트 G-SMATT EUROPE Ltd.

GS칼텍스 GS Caltex Corporation London Branch

H마트 H Mart Europe Ltd.

KCC바실돈 Basildon Chemical Company Ltd.

LDC-Europe Co., Ltd.

LG전자㈜영국법인 LG Electronics UK Ltd.

LS전선㈜유럽판매법인 LS Cable & System UK Ltd.

SK하이닉스영국법인 SK Hynix UK Ltd.

SK해운유럽법인 SK Shipping Europe Plc

SK에너지유럽 SK Energy Europe Ltd.

# 코참 회원 명부(2021년)

## 1. 무역/유통

경동 나비엔 영국 법인 Navien UK Ltd.

Building 2, Ground Floor, Guildford Business Park, Guildford GU2 8XH

**www.navien.co.uk**

기아자동차 영국판매법인 Kia Motors (UK) Ltd.

Walton Green, Walton-On-Thames, Surrey KT12 1FJ

**www.kia.co.uk**

대한전선㈜ Taihan Electric Wire Co., Ltd.

9 Teddington Business Park, Station Road, Teddington, TW11 9BQ **www.taihan.com**

㈜두산 산업차량 Doosan Industrial Vehicles UK Ltd.

Unit 12 Kilvey Road, Brackmills Industrial Estate, Northampton, NN4 7BQ **www.doosanflt.com**

무림페이퍼㈜ 유럽 법인 Moorim UK Ltd.

Unit 3, Kingsmill Business Park, Chapel Mill Road, Kingston Upon Thames, Surrey, KT1 3GZ, UK

**www.moorim.co.kr**

삼성물산 런던법인 Samsung C&T UK Ltd.

5th Floor, Profile West, 950 Great West Road, Brentford, Middlesex TW8 9ES **www.samsungcnt.com**

엘리아 Elia International Ltd.

10 Aintree Road, Perivale, Middlesex UB6 7LA

오로라월드 Aurora World Ltd.

Aurora House, Crockford Lane, Hampshire Int'l Business Park, Basingstoke RG24 8WH **www.auroraworld.co.uk**

트루 월드 푸드 True World Foods (UK) Ltd.

Unit 10B Beaver Industrial Park, Brent road, Southall, UB2 5FB

**www.trueworldfoods.co.uk**

포스코 인터내셔널 런던지사 POSCO International Corporation

10th Floor, CI Tower, New Malden, Surrey KT3 4TE

**www.poscointl.com**

한화 테크윈 유럽 Hanwha Techwin Europe

The Heriot House, Heriot Road, Chertsey KT16 9DT

**www.hanwha-security.eu**

현대 모비스 Hyundai Mobis T/A Mobis Parts Europe N.V.(UK Branch) Ansley Hall Drive, Birch Coppice Business Park, Dordon, B78 1SQ **www.mobis.co.kr**

현대자동차 영국판매법인 Hyundai Motor UK Ltd.

Birchwood, Springfield Dr., Leatherhead KT22 7LP

**www.hyundai.co.uk**

에이치마트 H Mart Europe Ltd.

Unit 1 Leigh Close, New Malden, Surrey KT3 3NW

**www.hmart.co.uk**

LS 전선㈜ 유럽지역부문 LS Cable & System UK Ltd.

Velocity 2, Brooklands Drive, Weybridge KT13 0SL

**www.lscns.com**

## 2. 전자/통신

베스텍㈜ BESTEC Co. Ltd.

Unit 81-82 Kingspark Business Centre, 152-178 Kingston Road, New Malden, Surrey KT3 3ST **www.bestecsv.com**

삼성 SDS 유럽법인 Samsung SDS Europe Ltd.

1st Floor, No.5 The Heights, Brooklands, Weybridge, Surrey KT13 0NY

삼성전자 구주총괄/영국판매법인 Samsung Electronics UK Ltd.

Samsung House, 2000 Hillswood Drive, Chertsey, Surrey KT16 0RS **www.samsung.com/uk**

세기 정보 통신 Sekyee Business ICT Solutions

173 Junction Road, London N19 5PZ **www.sekyee.co.uk**

휴맥스 영국법인 Humax Electronics Co., Ltd.

8th Floor, The Mille Building, 1000 Great West Road, Brentford, London TW8 9DW

**www.humaxdigital.com/uk**

LG 전자 영국법인 LG Electronics UK Ltd.

Velocity 2, Brooklands Drive, Brooklands, Weybridge, Surrey, KT13 0S **www.lg.com/uk**

## 3. 건설/조선

대우조선해양㈜ 런던지사 Daewoo Shipbuilding & Marine Engineering Co., Ltd. Unit C402, Westfield London Shopping Centre, Ariel Way, London W12 7FD

**www.dsme.co.kr**

두산파워시스템 Doosan Power Systems

Doosan House, Crawley Business Quarter, Manor Royal, Crawley, West Sussex RH10 9AD

**www.doosanpowersystems.com**

삼성중공업 런던지점 amsung Heavy Industries Co. Ltd.

1st Floor, East Wing, 30 Gresham Street, London EC2V 7PG

**www.samsungshi.com**

현대건설 런던지사 Hyundai Engineering & Construction Co. Ltd.The Old Church, 89B Quicks Road, Wimbledon London SW19 1EX **www.hdec.co.kr**

현대중공업㈜ 런던지사 Hyundai Heavy Industries Co., Ltd.

2nd Floor, The Triangle, 5-17 Hammersmith Grove, London W6 0LG **www.hhi.co.kr**

SK 에코플랜트㈜ SK ecoplant Co., Ltd. UK Branch

Riverlinx CJV Office Blakely Lane, East Parkside Greenwich, London SE10 0FR

**www.skecoplant.com/en/**

## 4. 에너지/화학

코엘엔지 Korea LNG Ltd.(KOLNG)

3rd Floor, C.I. Tower, St. George's Square, New Malden, Surrey, KT3 4HH **https://kolng.netlify.app/**

㈜효성중공업 영국지점 Hyosung Heavy Industries UK

CI Tower, St George's Square, New Malden, KT3 4TE, United Kingdom

**www.hyosungheavyindustries.com**

다나 Dana Petroleum Ltd.

King's Close, 62 Huntly Street, Aberdeen AB10 1RS

**www.dana-petroleum.com**

GS 칼텍스㈜ GS Caltex Corporation

3rd Floor, 22 Old Bond Street, London W1S 4PY

**www.gscaltex.com**

SK 에너지 유럽㈜ SK Energy Europe Ltd.

3rd Floor 175-179 Oxford Street, London W1D 2JS

**http://eng.skinnovation.com/**

## 5. 운송/물류

㈜판토스 Pantos Logistics U.K. Ltd.

776 Buckingham Avenue, Slough, Berkshire, SL1 4NL

**www.pantos.com**

HMM㈜ 구주본부 HMM (Europe) Ltd.

4th Floor, City Reach, 5 Greenwich View Place, Millharbour, London E14 9NN **www.hmm21.com**

## 6. 관광

㈜대한항공 영국지점 Korean Air, Regional Office U.K.

1st Floor, 24 Savile Row, London W1S 2ES

**www.koreanair.com**

아시아나항공 런던지점 여객지점[총괄] Asiana Airlines, Regional Sales Office, London

The 2nd Floor South 1-11 Carteret Street, London SW1H 9D

**www.flyasiana.com**

유니마스터 여행사 Unimaster Travel Ltd.

15A High Street, New Malden, Surrey KT3 4BY

**www.unimaster-travel.com**

타임투어 Time Tour Ltd.

225 South Lane, New Malden, Surrey KT3 5EW

**www.timetouruk.wix.com**

## 7. 은행

국민은행 런던지점 Kookmin Bank London Branch

6th Floor, Princes Court, 7 Princes Street, London EC2R 8AQ

**www.global.kbstar.com**

기업은행 런던지점 Industrial Bank of Korea London Branch

Leaf B, 38th Floor, Tower42, 25 Old Broad Street, London EC2N 1HQ **https://global.ibk.co.kr/**

신한은행 런던지점 Shinhan Bank London Branch

6th Floor, 77 Gracechurch Street, London, EC3V 0AS

**https://uk.shinhanglobal.com**

우리은행 런던지점 Woori Bank London Branch

9th Floor, 71 Fenchurch Street, London EC3M 4BR

**www.wooribank.com**

한국산업은행 런던지점 The Korea Development Bank London Branch

99 Bishopsgate, London EC2M 3XD **www.kdb.co.kr**

한국수출입은행 런던현지법인 Kexim Bank (UK) Ltd.

3rd Floor, Moorgate Hall, 155 Moorgate, London EC2M 6XB

**www.koreaexim.go.kr/site/uk**

KEB하나은행 런던지점 KEB Hana Bank London Branch

2/F 8 Old Jewry London EC2R 8DN

**https://global.1qbank.com**

## 8. 증권

미래에셋증권 런던현지법인 Mirae Asset Securities (UK) Ltd.

41st Floor, Tower 42, 25 Old Broad Street, London EC2N 1HQ

**https://securities.miraeasset.com**

삼성자산운용 런던법인 Samsung Asset Management (London) Ltd.

1st Floor, 30 Gresham Street, London EC2V 7PG

**www.samsungfund.com**

삼성증권 Samsung Securities (Europe) Ltd.

1st Floor, 30 Gresham Street, London EC2V 7PG

**www.samsungsecurities.com**

한국투자증권 유럽법인 Korea Investment & Securities Europe Ltd.30 Crown Place, 10th Floor, London EC2A 4EB

**www.koreaholdings.com**

NH 투자증권 NH Investment & Securities London Office

32 Threadneedle Street, London, EC2R 8AY

**www.nhqv.com**

## 9. 보험

교보생명 런던사무소 Kyobo Life London Office

1 King William Street, London EC4N 7AF

대한보험㈜ Daehan Insurance Services/ Paradise Financial Ltd.

63 High Street, New Malden, Surrey, KT3 4BT

**www.insuranceparadise.com**

삼성화재해상보험㈜ 유럽법인 Samsung Fire & Marine Insurance Company of Europe Ltd.

16th Floor, 88 Wood Street, London EC2V 7QT

**www.samsungfire.com**

코리안리 재보험㈜ Korean Re / London Liaison Office

Room No 703, Gallery 7 of Lloyd's 1986 Building, One Lime Street, London EC3M 7HA

**www.koreanre.co.kr**

현대해상화재보험㈜런던사무소 Hyundai Marine & Fire Insurance Co Ltd./London Liaison Office
7th Floor, 37-39 Lime Street, London EC3M 7AY
**www.hi.co.kr**

KIB보험 Korean Insurance Brokers(Japan England Insurance Brokers Ltd. - Lloyd's Broker)
1st Floor, 3 London Wall Buildings, London EC2M 5PD
**www.kib.co.uk**

## 10. 법률/회계

디에시 비치크로프트 DAC BEACHCROFT LLP
The Walbrook Building, 25 Walbrook, London EC4N 8AF
**www.dacbeachcroft.com**

루이스 실킨 법무법인 Lewis Silkin LLP
5 Chancery Lane - Clifford's Inn London EC4A 1BL
**www.lewissilkin.com**

삼일회계법인 PricewaterhouseCoopers LLP Korean Business Network
4th Floor, 1 Embankment Place, London WC2N 6RH
**www.pwc.co.uk**

삼정회계법인 KPMG LLP
KPMG LLP, 15 Canada Square, London E14 5GL
**www.kpmg.co.uk**

스콰이어 패튼 보그즈 (유케이) Squire Patton Boggs (UK) LLP
Premier Place, 2 & A Half Devonshire Square, London, EC2M 4UJ **www.squirepb.com**

스티븐슨 하우드 Stephenson Harwood LLP
1 Finsbury Circus, London, EC2M 7SH **www.shlegal.com**

아리스 인터내셔널 로이어스 엘티디 ARIS International Lawyers Ltd.
Kopshop, Cell 5A, 6 Old London Road, Kingston upon Thames, KT2 6QF **www.arislawyers.com**

언스트앤영 한영회계법인 Ernst & Young LLP
1 More London Place, London SE1 2AF **www.ey.com/uk**

조철현 회계법인 CHOACCOUNTANCY AND PRACTICE Ltd.
PARK HOUSE, PARK TERRACE KT4 7JZ **www.choacca.co.uk**

최무룡 회계법인 FURUICHOI & CO Chartered Accountants and Registered Auditors
69 Station Road, Hampton, Greater London TW12 2BT
**www.furuichoi.com**

키스톤 Keystone Law
48 Chancery Lane, London WC2A 1JF **www.keystonelaw.com**

허버트 스미스 프리힐즈
Exchange House, Primrose St, London EC2A 2EGh
**www.herbertsmithfreehills.com**

홀만 펜윅 윌란 HFW(Holman Fenwick Willan)
Friary Court, 65 Crutched Friars, London EC3N 2AE
**www.hfw.com**

힐 디킨슨 Hill Dickinson LLP
The Broadgate Tower, 20 Primrose Street, London EC2A 2EW
www.hilldickinson.com

KPY 필립스 영 KPY Phillips Young
LLP13 Approach Road, London SW20 8BA **www.kpy.consulting**

리 Lee & Capital Partners Ltd.
25 South Lane, New Malden, Surrey KT3 5HU

레이 Leigh Carr Chartered Accountants
12 Helmet Row, London EC1V 3QJ **www.leighcarr.co.uk**

3CS 로펌 3CS Corporate Solicitors Ltd.
35 New Broad Street, London EC2M 1NH **www.3cslondon.com**

## 11. 일반

런던한의원 Pathways Clinic
Pathways Clinic, Unit 4, St.Georges Court, St.Georges Square, New Malden KT3 4HG **www.DrRyu.co.uk**

루브릭스 아키텍츠 건축사 사무소 Rubrics Architects

76 New King's Road, London, SW6 4LT **www.rubrics.co.uk**

브로드스톤 컨설팅그룹 Broadstone Corporate Benefits Ltd.

100 Wood Street, London, EC2V 7AN **www.broadstone.co.uk**

서울부동산 Seoul Residential Ltd.

158 High Street, New Malden, Surrey KT3 4ES **www.sr4u.co.uk**

씨앤피 스포츠 C&P(Catalina and Partners) Sports Ltd.

1st Floor, Michelin House, 81 Fulham Road, SW3 6RD

**www.catalina-and-partners.com**

엑센트리 XnTree Ltd.

Level 39, 1 Canada Square, Canary Wharf, London, E14 5AB

**www.xntree.com**

이노션 월드와이드 영국법인 Innocean Worldwide UK Ltd.

3rd floor, Haymarket House, 26-29 Haymarket, London, SW1Y 4SP **www.innocean.co.uk**

코넥트 퍼스넬 Konnect Personnel Ltd.

20-22 Wenlock Road, London, N1 7GU

**www.konnectpersonnel.com**

픽손 부동산거래 중개회사 Pickthorn

8 Laurence Pountney Hill, London EC4R 0BE

현대캐피탈 영국법인 Hyundai Capital UK Ltd.

2nd Floor, London Court, 39 London Road, Reigate, RH2 9AQ

**http://www.hyundaicapital.co.uk/**

㈜Thinking Space 설계시공 Thinking Space Design & Build Ltd.Landmark House, 17 Hanover Square, London W1S 1HU **www.ts-db.co.uk**

## 12. 유관기관

주영국대한민국대사관 Embassy of the Republic of Korea

60 Buckingham Gate, London SW1E 6AJ

**http://gbr.mofa.go.kr**

금융감독원 Financial Supervisory Service, London Representative Office

4th Floor, Aldermary House, 10-15 Queen Street, London EC4N 1TX **www.fss.or.kr**

한국관광공사 Korea Tourism Organization

3rd Floor, New Zealand House, Haymarket, London SW1Y 4TE

**www.visitkorea.or.kr**

한국은행 Bank of Korea, London Representative Office

8th Floor, Tower 42, 25 Old Broad Street, London EC2N 1HQ

**www.bok.or.kr**

한국투자공사 Korea Investment Corporation London Office

10th Floor, 1 Bartholomew Ln, London EC2N 2AX

**www.kic.go.kr**

KOTRA 런던무역관 Korea Trade-Investment Promotion Agency (KOTRA LONDON)

1st Floor, Brettenham House North, 12-13 Lancaster Place, London WC2E 7EN **www.kotra.or.kr/london**

## 13. 언론사

런던타임즈 Londontimes.tv

254 Redford Close, Feltham TW13 4TG **www.londontimes.tv**

연합뉴스 Yonhap News Agency

4 Claygate Lane, Esher KT10 0AQ **www.yonhapnews.co.kr**

유로저널 The Euro Journal

44-47 Kingspark Business Centre, 152-178 Kingston Road, New Malden, Surrey KT3 3S **www.eknews.net**

중앙일보 JoongAng Ilbo

5th Floor(west), Kenilworth House, 79-80 Margaret Street, London W1W 8TA **www.joongang.co.kr**

코리안 위클리 The Korean Weekly **www.koweekly.co.uk**

한인헤럴드 The Hanin Herald

1st Floor, 71 High Street, New Malden, Surrey KT3 4BT

**www.haninherald.com**

NEW
MALDEN

# 7
# 뉴몰든 코리아타운의 역사

"뉴몰든이라는 이름은 2마일 남쪽에 위치한 '올드 몰든'이라는 예전 마을에서 유래한다. '몰든'이라는 이름은 앵글로 색슨 시대 'mael'과 'duna' 합성으로 '언덕을 가로지르다'라는 뜻이다."

한인타운이 있는 뉴몰든New Malden은 한국인들 사이에서는 우스갯소리로 '뉴몰동洞'이라 불린다. 뉴몰든은 런던 남쪽 지역에 있는데 워털루Waterloo 역에서 기차로 약 20분 거리에 있다.

유럽에서 가장 큰 코리아타운인 뉴몰든은 런던시 킹스턴 구(The Royal Borough of Kingston upon Thames)에 속하는데 킹스턴 카운슬은 관내 인구의 약 10%인 1만7천 명 정도의 한인이 거주하는 거로 예측한다.(킹스턴 카운슬에는 한국인 공무원이 파견 근무를 할 정도로 한인과 교류가 깊다) 써튼Sutton 카운슬과 같은 인근 지역에도 많은 한인이 거주하는데 이 지역에 사는 한인들까지 포함할 것인가의 여부에 따라 영국 한인타운에 사는 한인의 수가 고무풍선처럼 들쑥날쑥해질 수 있다. 특히 재외동포에게 참정권을 주느냐 마느냐 한창 논란이 있던 2006년이나 2007년에는 영국에 재외선거인이 많다고 주장하고 싶었던 일부 사람들이 영국 한인타운에만 2만5천 명의 한인이 산다고 부풀려 얘기하곤 했는데 당시에는 이 주장이 공식적인 수치처럼 통용되기도 했다. 이처럼 지금도 정확히 몇 사람의 한인이 한인타운에 사는지 알기 힘든데 영국 현지 언론에서 발표하는 숫자도 매체마

킹스턴시의 문장紋章. 세 마리의 물고기는 킹스턴에 흐르는 템즈강으로 회귀하는 연어를 상징한다.

다 다르다. 똑같이 2011년에 보도한 내용인데도 BBC 방송은 약 2만 명이 산다고 했고 가디언 신문의 일요판인 〈옵저버The Observer〉는 약 8,000명으로 보도했다.

킹스턴 보로우는 로얄보로우Royal Borough다. 영국에는 8곳의 로얄보로우가 있으며 7곳은 잉글랜드, 1곳은 웨일스에 있다. 런던과 그 인근에 Windsor and Maidenhead. Kingston upon Thames, Kensington and Chelsea, Greenwich 등이 로얄보로우들이다.

킹스턴 인구는 2020년 현재 17만 6,313명 이다. 인종별Ethnicity로 구분하면 백인White-British이 9만 6,174명으로 가장 많고, 아시아 인종은 인도인Indian 8,358명, 중국인Chinese 4,216명, 방글라데시Bangladeshi 1,963명이며 그 밖의 아시아 국가 출신Other Asian 1만 9,736명으로 10.8%를 차지한다. 아시아 국가 출신의 대부분이 한국인이다.

영국의 한인타운 범주와 그곳에 거주하는 한인의 수를 '뚝' 잘라서 규정하기는 무척 어렵다. 정확히 뉴몰든과 그 인근에 거주하는 한인들만으로 영국의 한인타운이 구성되는 게 아니기 때문이다. 뉴몰든(한국의 동洞 규모)만을 한인타운으로 규정할 때와 뉴몰든을 포함한 킹스턴 일대(한국의 구區 규모)로 규정할 때 한인 거주인구는 수치상 큰 차이를 보인다. 더 나아가 한국학교 학생을 자녀로 둔 한인들, 한인 종교시설이 있는 곳에서

한인타운이 있는 뉴몰든이 속한 킹스턴은 런던을 구성하는 32개 지방 자치구 중 하나다. 그림의 왼쪽 아래 반도처럼 튀어나온 지역이 킹스턴이다. 써리Surrey 지역과 접해있는데 뉴몰든의 주소는 런던이 아니라 써리다.

매주 신앙 활동을 하는 한인들도 한인타운을 구성하는 한인에 포함할 수 있다. 앞서 말한 영국 언론매체의 통계가 각각 다른 것도 한인타운의 구성원(중국 동포와 탈북민을 포함하는 등의 요인)과 거주 범위를 다르게 적용하기 때문이다.

그도 그럴 것이 차로 한 시간 거리에 살지만 매일 노인회관에 와서 고전무용과 장구를 배우는 할머니, 일주일에 한 번은 한인 슈퍼마켓에 와서 반드시 한국 장을 봐야 하는 다문화 가정의 주부, 매주 토요일이면 자녀들을 한글학교에 등하교시키는 외교 공무원 등도 한인타운을 구성하고 유지하며 발전 시켜 나가는 일원이기 때문이다.

그리고 영국의 한인타운에는 따로 구분하기가 무색하게 한인과 중국 동포(조선족)와 탈북민 동포가 함께 산다. 중국 동포와 탈북민 동포가 각각 약 1,000명 내외 영국에 거주하는 것으로 추

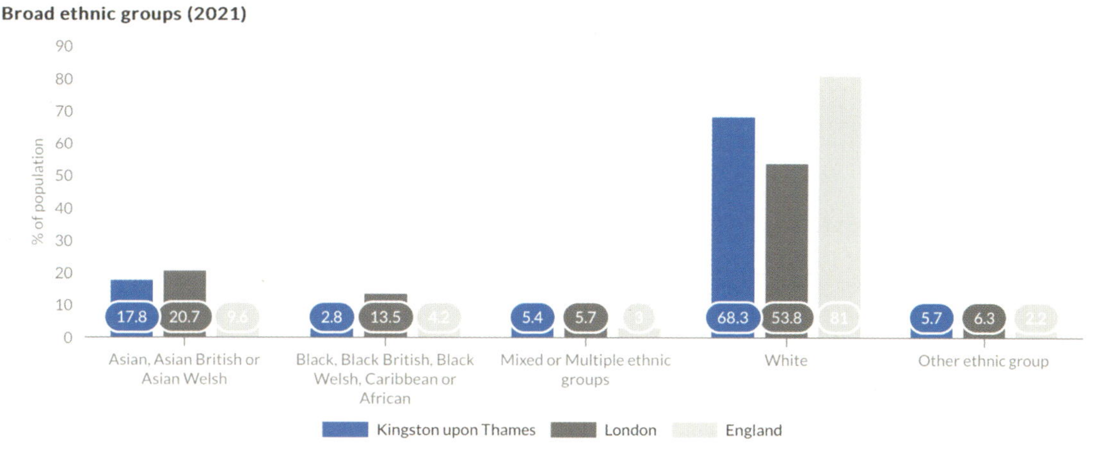


Source: ONS, Census 2021

| | Kingston upon Thames | London | England |
|---|---|---|---|
| Asian, Asian British or Asian Welsh | 29,938 | 1,817,640 | 5,426,392 |
| Asian, Asian British or Asian Welsh (%) | 17.8 | 20.7 | 9.6 |
| Black, Black British, Black Welsh, Caribbean or African | 4,741 | 1,188,370 | 2,381,724 |
| Black, Black British, Black Welsh, Caribbean or African (%) | 2.8 | 13.5 | 4.2 |
| Mixed or Multiple ethnic groups | 8,996 | 505,775 | 1,669,378 |
| Mixed or Multiple ethnic groups (%) | 5.4 | 5.7 | 3 |
| White | 114,831 | 4,731,172 | 45,783,401 |
| White (%) | 68.3 | 53.8 | 81 |
| Other ethnic group | 9,559 | 556,768 | 1,229,153 |
| Other ethnic group (%) | 5.7 | 6.3 | 2.2 |

Date: 2021 | Source: ONS, Census 2021

킹스턴시 인구 구성(2021)

정되는데 이들 중 대부분이 한인타운과 그 인근에 거주하며 한인 혹은 한인사회와 밀접한 관계를 맺고 살아간다. 이들이 얼마나 거주하는 지를 아는 것은 더 어렵다. 중국 동포들은 워낙 들쑥날쑥한 데다가 많은 중국 동포가 난민 혜택을 얻으려고 탈북민인 양 신분을 속이고 난민 자격을 받아 탈북민 수에 포함됐기 때문이다.

영국 현지인과 다른 문화권 사람들이 보기에 외모만으로 한인과 중국 동포, 탈북민 동포를 구분하기 힘들어서 '따로 구분하기가 무색하다'라고 표현하는 것이 아니다. 한인과 중국 동포와 탈북민은 뉴몰든에 '함께 산다'고 표현해야 옳다. 적어도 뉴몰든에서만큼은 탈북민 역시 매일 마주하는 이웃일 뿐이다. 따라서 탈북민이 전혀 새롭지 않고 신비롭지 않다. 지금 한동네에서 나랑 부대끼고 사는 옆집 탈북민이 겪은 과거 북한에서의 삶을 궁금해하는 한인은 뉴몰든에 드물다. 두만강을 건널 때의 스릴러물, 정치범 수용소의 공포물 등이 뉴몰든 한인타운에서는 관심을 끌지 못한다.

중국 동포는 탈북민들보다 더 먼저 한인타운에 와서 더 오랜 세월 동안 한인들과 섞여 살았다. 지극히 중요한 관계를 맺을 경우가 아니라면 뉴몰든에서는 (조선족이든 탈북민이든) 사람의 출신을 따지지 않는 풍토가 됐다.(중국 동포나 탈북민 젊은이와 한인 젊은이의 연애결혼이 이미 여러 차례 있었다) 출신을 따지지 않게 됐다는 것은 적응기가 한참 지났다는 뜻이며 소위 '서로 다른 문화와 가치관의 차이' 운운은 식상한 표현이 됐다고 봐야 한다.

중국 동포와 탈북민의 노동력은 한인타운 여러 업종 중 요식업, 건설업 등의 분야에서는 필수적이다. 영국 이민법의 강화로 영국으로 오는 사람들이 줄어들자 이들 업종에 있는 한인 사업체에서 '사람 구하기 힘들다'는 비명이 끊이질 않았는데 이때 인력난의 숨통을 틔워준 이들이 중국 동포와 탈북민 동포였다. 이들도 처음 영국 땅에 발을 딛는 순간 언어장벽이 없는 한인 업체를 찾아와 일하는 것을 당연한 수순으로 생각했을 것이다. 문화와 가치관의 차이를 따질새 없이 한인타운의 노동력으로 바쁘게 흡수되고 그렇게 함께 살아오는 동안 문화와 가치관의 차이는 자연스레 사라졌다. 그리고 그들은 한인타운의 일원이 됐다. 자신이 일했던 곳에서 독립해 그 분야나 업종에 새로 사업체를 열거나 일하던 업체를 인수해 자기 사업을 하는 이들도 늘어났다. 2020년 3월 기준으로 한인타운에는 중국 동포와 탈북민 출신 '사장님'들이 많다.

## 뉴몰든 한인타운은 어떻게 만들어졌나

외국에 있는 한인타운은 관광객을 대상으로 상업적 목적으로 만들어진 경우가 많다. 그래서 해외 한인타운은 거주가 아닌 비즈니스 타운의 성격이 강하다. 그런데 영국의 한인타운은 그야말로 한인들이 '생활'하기 위해 모이다 보니 자연스럽게 만들어졌다고 해야 한다. '생활'이란 의미 속에는 직장에 편리하게 다니기 위해, 자녀를 좋은 환경에서 기르고 가르치기 위해, 내 형편에 맞는 적정한 수준의 주택을 찾아서, 한인들이 모여 사는 동네가 있다니까 어울려 살려고 또는 앞서 말한 이유가 모두 섞여서, 그리고 그렇게 모인 한인들을 대상으로 또다시 비즈니스를 하기 위해서 한인타운을 찾아오는 등 모든 사연이 포함된다.

그럼 왜 런던 남쪽 변두리 마을인 뉴몰든에 한인타운이 형성됐는가. 흔히 해외 한인사회는 대사관, 주재 상사, 한인교회를 중심으로 형성된다고 한다. 영국 한인타운은 이 3가지 구심점과 주변 환경이 공통으로 작용해 '자연발생적'으로 생겨났다고 할 수 있다.

뉴몰든에 한인들이 하나둘 정착하다 보니 "아, 여기는 한인들이 모여 사는 곳이구나"라는 느낌이 들게 한 것은 1970년대 후반부터라고 그 시절 영국에 체류했던 이들이 대부분 얘기한다. 1980년, 영국 전역에 사는 한인이 2,000명이 채 되지 않았지만, 그들 중 많은 이가 뉴몰든에 자리를 잡았다.

뉴몰든에 자리를 잡은 이유가 우선 뉴몰든 인근 윔블던(1972년 윔블던 콤몬Wimbledon Common에 대사관저를 구매)에 주영 한국 대사관저가 있었기 때문이다. 관저 주위에 한인들이 많이 거주했다는 사실은 원로 교민들의 증언에 나타난다. 당시 주말이 되면 관저에서 자주 한인들을 초청해 파티를 열었는데 금융기관 주재원과 교민 대표 등이 참석했다. 모임이 참석했던 이들의 증언에 따르면 참석자들은 런던 각지에서 모여 서로 사는 곳이 달랐지만, 유독 윔블던 인근에 사는 이들이 많았다고 한다.(관저와 가까운 곳에 살아서 많이 초대받은 것이 아니라 단체, 분야, 모임의 대표들이 초대받았고 초대받은 이들은 거의 대부분 참석했다) 당시 유학생

뉴몰든의 거리 풍경

이었던 정미령 씨(옥스퍼드 대학교수)는 윔블던 대사관저 근처에 사는 여러 한인 가정을 방문해 어린이들을 대상으로 아동심리학 관련 과제를 진행했을 정도로 한인들이 윔블던에 많이 거주했다고 증언한다. 그는 당시 뉴몰든에 사는 한인을 본 기억이 없다고 했다.(1970년대 초반까지 대사관 직원 중에 뉴몰든에 거주한 사람은 주유엔대사를 지낸 박근 공사 한 사람이었다)

대사관과 함께 뉴몰든 인근에 많은 주재 상사가 자리를 잡았다. 1970년대 후반이 되면 주재 상사들의 영국 진출이 늘어나면서 뉴몰든에 한인들이 서서히 정착하게 된다. 동아건설이 1978년 런던에 지사를 설립하고 리비아 대수로 공사를 수주하면서 1980년대에 들어 100여 명이 넘는 주재원을 파견해 이들 중 많은 이가 뉴몰든에 자리를 잡는다. 또한 삼성전자 영국본부가 뉴몰든 인근에 들어서고(삼성전자는 2005년 써리 카운티의 처시Chertsey로 옮긴다) 다수의 대기업 주재 상사가 해머스미스, 퍼트니 등 뉴몰든에서 가까운 지역에 자리 잡으면서 뉴몰든은 직장과 가까운 주거지역으로 주목받는다. 1978년부터 뉴몰든에 자리를 잡고 한인들을 대상으로 '하이 파이'를 판매한 업체(UNILET HI-FI 35 New Malden High Street)가 한인들을 대상으로 광고를 하면서 판매는 물론 귀국 시 부가세 환급과 운송 관계까지 해결해 준다고 했을 정도로 1970년대 후반에는 뉴몰든을 중심으로 한인들이 많이 모여 살았음을 짐작할 수 있다.

당시 대사관 직원이나 주재원들은 근무지 가까운 곳에 거주지를 마련했는데 대사관저가 있는 윔블던과 런던 2존에 해당하는 퍼트니Putney 등지는 집세가 꽤 비싼 곳이다.(대사관이 있는 윔블든 콤몬과 퍼트니는 한 지역으로 구분한다. 이 당시 한글학교가 가까운 풀럼에 있었다) 집세에 구애를 받지 않고 집을 구할 수 있는 이들(대사관, 주재 상사의 고위직 인사들)은 이 지역에 집을 얻었고 직급이나 수입 등 형편에 맞게 좀 더 싼 곳에 집을 구하던 이들이 조금 더 런던 외곽지역에 속하는 뉴몰든에 정착하게 됐다.

뉴몰든이 왜 한인타운으로 발전했느냐 하는 문제는 영국 현지 매체에서도 여러 차례 다뤘다. BBC, 텔레그라프, 가디언, 파이낸셜타임스 등의 현지 언론들이 관심을 두고 뉴스로 다뤘는데 언론사에서는 뉴몰든을 방문해 한인들을 직접 인터뷰한 뒤 기사화했다. 모든 기사에 공통으로 초기 한국 대사관저와 한국 기업이 인근에 있어 뉴몰든에 한국인들이 모여 살게 되었다고 했다.(물론 한인들에게 들은 내용을 보도한 것이다)

뉴몰든에 한인들이 정착하게 된 요인 중 또 하나는 이 지역에서 한인들의 종교단체가 시작됐다는 점이다. 외국 생활(이민 생활)을 시작할 때 종교단체는 반드시 찾아야 할 곳이다. 초기 외국 생활 적응에 필요한 정보를 얻기 위해 가는 곳이 주로 교회였다. 그렇게 교인이 되는 경우가 많지만, 우선은 정보를 얻고 외국 생활의 외로움을 달래려 찾는 친목의 장소이기도 하다. 그래서 신앙공동체가 있는 곳에 자리를 잡고 처음 정착하는 것은 자연스러운 현상이다.

한인사회의 신앙공동체가 처음 생길 때 윔블던을 시작으로 킹스턴으로 옮겨 갔는데 이 두 지역의 가운데에 위치한 뉴몰든이 한인들에게 '살기 편한 곳'이 됐다는 것이다. 영국 이주 초기에 해당하는 시기, 한인들은 신앙공동체를 만들게 되는데 천주교인들은 1973년 처음 런던 시내 성당이나 교인들의 가정에서 미사를 하다가 1979년부터 윔블던의 성당을 빌려 월 1차례 정기 미사를 하게 된다. 1984년 킹스턴으로 성당을 옮겨 더 자주 미사참례가 가능하도록 했다. 개신교 교회도 1978년 윔블던의 교회를 빌려 창립 예배를 가졌고 1984년에는 킹스턴에 있는 교회를 구매해 한인 소유의 교회가 생긴다. 이들 종교단체의 위치가 윔블던에서 시작돼 킹스턴으로 옮겨가는데 이들 두 지역 사이에 있는 뉴몰든이 상대적으로 집값은 저렴하면서 교육 환경이 좋고, 교통이 편리해 한인들이 모이면서 한인촌이 만들어지게 된다.

**그런데 왜 뉴몰든인가?**

한인들이 정착하기 전 뉴몰든이 이웃 인근 지역과 비교해 주거지로 각광을 받는 동네는 아니었다. 아기자기하고 매력적인 풍광을 가진 것도 아니고 1990년이 다 되어서야 대형 슈퍼마켓(1980년대 말에 웨이트로즈가 생겼다)이 들어설 만큼 제대로 쇼핑할 곳도 없는, 주거지로서 불편하고 황량한 동네였다. 그런데 왜 뉴몰든인가?

우선, 뉴몰든은 학군이 좋았다. 뉴몰든의 우수한 교육환경은 한인들이 이곳을 선택한 중요한 요인이었다. 뉴몰든에 처음 모여 살던 동양인은 일본인이었다. 이들도 한인들이 모여드는 것과 비슷한 사유로 뉴몰든에 모여 살다가 더 큰 일본인 타운이 형성된 런던 북부 지역으로 옮겨갔다.

2011년 뉴몰든 테스코(Tesco)에서 열린 한국 식품 특판전

일본인들도 처음 뉴몰든에 모여든 이유 중 하나가 학군이었다고 언론에 답하곤 했다. 뉴몰든은 영국의 32개 런던 보로우London boroughs 중 킹스턴 보로우에 속한다. 킹스턴 보로우는 초등학교 졸업생 기준으로 전국 단위 성적 평가에서 130개가 넘는 보로우 중 해마다 3위~5위에 해당하는 우수한 성적을 기록한다.

영국의 학제를 보면 초등학교를 졸업하면 중고등학교에 진학하는데 공립학교도 선발 고사를 통해 학생을 모집하는 곳과 시험 없이 배정하는 학교로 나뉜다. 공립학교이면서 시험을 통해 학생을 선발하는 셀렉티브스쿨Selective School은 대학 입시에서 (학비가 비싼 사립학교 못지 않은) 좋은 성적을 해마다 기록하기에 모든 학부모와 학생이 선망하는 학교들이다. 뉴몰든이 속한 킹스턴 보로우에는 티핀보이스Tiffin School과 티핀걸스Tiffin Girl's School이라는 전국에서도 손꼽히는 명문 셀렉티브스쿨이 있다.(한국의 6·70년대 중·고등학교 입시처럼 이런 셀렉티브스쿨에 자녀를 보내기 위한 과외 학원과 개인 교습이 한인타운에는 여전히 성행한다.) 굳이 이런 셀렉티브스쿨이 아니라도 뉴몰든의 몇몇 공립학교도 좋은 성적을 기록한다. 그래서 좋은 교육환경은 초기 한인들이 뉴몰든을 선택한 중요한 요인이 됐다.

뉴몰든을 선택한 또 하나의 이유는 런던 중심지를 기준으로 비슷한 거리에 있는 다른 지역보다 집값이 쌌고 렌트비도 저렴했다. 1980년대 중반 런던 중심부에서 비슷한 거리에 있는 런던 북부 지역보다 런던 남부 지역의 집값이나 집세가 더 싼 것이 뉴몰든에 한인들이 몰리는 중요한 이유가 됐다. 1980년대 중반 이전까지는 런던 남부 지역에 속하는 뉴몰든보다 런던 북부 지역에 한

킹스턴 소재 명문 학교 티핀걸스Tiffin Girl's School

인들이 더 많이 살았다. 당시를 기억하는 이들은 "런던 남쪽의 집값이 북쪽의 약 70% 정도였다."라고 회상한다. 북부 지역에 살던 한인 중 많은 이가 이 시기에 뉴몰든 지역으로 이사했다고 한다. 런던 중심부에 직장이 있으면 출퇴근에 비슷한 시간이 걸리는데 굳이 비싼 북쪽에 있을 필요가 없었다는 것이다.

세 번째는 편리한 교통이다. 뉴몰든은 A3(A 도로는 간선도로에 해당) 국도를 끼고 있는데 이를 통해 M25(M 도로는 고속도로에 해당) 런던 외곽 순환 고속도로에 연결돼 영국 전역 동서남북 어디든 쉽게 갈 수 있다. 뉴몰든역에서 기차로 20분이면 런던 워털루역에 도착한다.

자녀가 있는 가정에서 영국에 올 때 최우선으로 고려하는 교육 환경이 좋고 주택 가격은 싸고 교통이 편리하니 주로 가정이 있는 대사관 직원, 은행, 상사 주재원 등이 뉴몰든에 먼저 모여들었다. 이렇게 모인 한인들은 가까운 곳에서 필요한 것을 찾게 됐는데 부동산, 영어학원, 미용실, 한인 레스토랑 등이 우선 필요했다. 그러자 이들을 대상으로 사업을 할 교민들이 뉴몰든에 사업체를 내기 시작했다. 한국 슈퍼마켓이 뉴몰든에 문을 연 것이 이때다. 최초의 한인 슈퍼마켓이라고 할 수 있는 〈롯데슈퍼〉가 뉴몰든에 문을 연 것이 1984년이다. 영국 정육점에서 한국인 고객을 대상으로 한국식 갈비를 만들어 내놓기도 했다. 구매력이 있는 주재원들이 뉴몰든에 모이자 이들을 대상으로 사업을 하는 업소들이 하나둘 늘어났다. 뉴몰든 하이스트리트가 한인타운의 중심가가 된 것은 1980년대 중후반이 되어서다. 뉴몰든으로 한인들이 모이니 이들을 대상으로 부동산 업체가 생긴다. 1987년 9월 발행된 런던신보에는 뉴몰든에 주소를 둔 BRIKO LETTING SERVICE가 '주택임대를 도와드립니다'라는 광고를 한다.(다음해 이 광고는 '브리코 한국 복덕방'이라고 아예 한국어로 상호를 쓴다)

신앙공동체가 뉴몰든 일대에 생긴다. 신앙공동체와 한인촌의 형성은 마치 닭과 달걀의 관계 같은데 사람이 모이니 신앙공동체가 생기고 신앙공동체가 있으니 사람들이 더 모이는 법칙과 같다. 앞서 말한 1979년 뉴몰든 인근에 처음 만들어진 천주교 모임에 이어 기독교 모임은 1980년대에 들어 교회 수가 10여 개에 달하니 1987년 뉴몰든에 여행사가 문을 열면서 이집트 이스라엘 성지순례 상품을 만들어 신앙인들을 대상으로 고객을 모집하는 규모로 커진다. 1980년대에는 불교 모임도 '스님을 모시고 매월 정기적으로 법회를 갖는다.'라고 알리며 불교 신자들을 모았는데 불교 모임은 1989년 법회와 경전 공부를 정기적으로 갖는 사찰, 연화사를 설립하기에 이른다.

BBC 방송의 뉴몰든 기사

# 영국에 사는 한인들은 순수하고 열심히 일한다

BBC 방송의 뉴몰든 기사 / 한인헤럴드 옮김 2011년 1월 31일

BBC가 유럽에서 한인이 가장 많이 모여 사는 영국의 한인타운 뉴몰든을 조명해 인터넷판으로 보도했다.

뉴몰든에 25년 거주하며 한인타운의 발전사를 직접 목격한 로렌스 나이트Laurence Knight 기자가 약 2만 명의 한인이 사는 뉴몰든의 여러 한인 업소를 탐방해 '이웃과 대화한다'는 느낌으로 한인들의 얘기를 듣고 뉴몰든을 한인타운의 모습으로 보도한 것이다.

BBC는 차이나타운에 많은 중국 업소가 있듯 뉴몰든에도 많은 한국 업소가 있다고 했다. 나이트 기자가 처음 찾은 곳이 '박준미장'. 김용훈 사장은 "한국인 헤어디자이너는 매우 섬세하고 정확한 기술을 가졌다. 머리 커팅은 한국인 미용사가 최고 수준이다."라고 소개했다. 또 김 사장은 "1999년 처음 박준미장을 세웠을 때 뉴몰든에 경쟁업체가 영국 미용실 하나밖에 없었지만, 지금은 박준미장 출신 디자이너가 독립해 세운 미용실들이 새로운 경쟁업체가 됐다."며 업소가 늘어난 상황을 소개했다. 또 런던에 사는 학생 고객을 겨냥해 웨스트엔드West End 지역에도 한인 미용실이 생겼다고 했다.

BBC는 뉴몰든에서 가장 성공적인 한인 업체의 하나로 '코리아푸드'를 꼽았다. 뉴몰든에 대형 매장과 영국 전역에 6개의 지점을 운영하는 코리아푸드는 한식당을 경영했는 사장이 한국 식자재의 중요성을 알고 한국에서 재료를 가져와 영국 전역에 공급하면서 시작됐다고 보도했다. 매니저 홍영아 씨는 "비슷한 음식문화를 가진 중국, 일본 고객이 점차 늘어났고 금융위기였던

2009년 중국, 일본 음식을 함께 취급하면서 아시아 고객이 많이 증가했다."라고 설명했다. 또한, 학교 단위로 두부, 떡 등의 한식을 체험하러 오는 경우가 잦고, 요리책을 들고 와 어떤 재료를 사야 하느냐고 묻는 영국인 고객도 늘고 있다고 했다.

매체는 뉴몰든에서 가장 오래된 한국 업소 중 하나로 '메이스'를 소개했다. 22년 역사의 메이스는 유럽에서 생산되는 명품 옷, 장신구, 도자기 등을 판매하는데 주 고객이 대기업이나 은행 직원이라고 했다. 출장이나 파견 온 회사원이 선물을 구입하러 많이 들리는데 웨지우드Wedgewood, 안슬리Ainsley 등의 진품을 찾아서 메이스로 온다고 했다. 한국인이 주 고객이지만 중국인, 일본인과 함께 뉴몰든 인근 부촌에 사는 영국인 고객도 많다고 했다. 최근 한인 여행객이 줄고, 환율도 나빠 예전만큼 경기가 좋지 않다는 업주의 얘기도 전했다.

BBC는 영국에서 한인사회가 성장한 역사를 지켜본 사람으로 1975년 영국에 와서 현재 부동산회사인 '진스렛팅'을 운영하는 진 사장Mrs Hardy을 찾았다. 진 사장은 "80년대 후반까지 뉴몰든에는 소수의 한인 업소와 한인이 있었지만, 그 후 10년 동안 한인 이민자가 급격히 늘었다. 1991년 부동산 회사를 만들었는데 한국 대기업 250개가 있었던 1996년 전후에 한인이 가장 많았던 거로 예상한다. 1997년 이후 한국 경제 위기로 약 60%의 한인이 귀국했는데 줄어든 한인 수를 늘리는 데 몇 년 걸렸다. 최근 비자법이 까다로워 영국에 오는 데 어려움을 겪고 있다."라고 설명했다. 진 사장은 "한국인은 매우 열심히 일하는 사람이다."라고 했다.

BBC는 〈한국인이 왜 뉴몰든을 선택했을까〉라는 질문을 했으나 한인타운에서 만난 한인들은 정확한 이유를 알지 못한다고 했다. 단지 런던으로 가는 기찻삯이 저렴했던 시절 교통이 편리하고 집값도 싸기 때문에 정착했을 것이라는 추측을 전했다.

매체는 뉴몰든의 한인들에게 교육도 매우 중요한 문제라고 전했다. 많은 한국인이 자신과 자녀의 교육을 위해 영국에 오며 언어만 배우는 것이 아니라 영국 교육체계에 동화되려고 온다고 했다. '유니마스터학원'의 박지은 씨는 "한국 학생은 답을 알지만, 이론을 모르는 경향이 있는데 운동, 예술, 드라마 등 모든 과목을 중요시하는 영국 교육시스템을 선호하는 한인이 많다. 영국의 대학이 한국 대학보다 평가에서 상위에 랭크된 것도 영국교육을 선호하는 원인 중 하나다."라고 했다. BBC는 이런 학원이 6살 어린아이부터 교육 문제를 관리해주고 보딩스쿨이나 데이스쿨 학생의 가디언, 중고등학교 진학과 대학 진학까지 도움을 준다는 학원 관계자의 설명을 보도했다.

뉴몰든의 한인들이 느끼는 언어와 문화 장벽에 대해 BBC는 한인업소 주인의 말을 인용해 "모든 한국인은 영어를 배우고 싶어 한다. 영어를 배우는데 많은 돈을 들인다."고 소개하며 "언어 문제만 극복되면 한국인은 다른 민족에게 매우 다정하게 대한다. 지역 사회의 많은 부분에 참여해 함께하고 싶지만, 언어 장벽으로 어렵다."라는 고충을 전했다. 또 "한인들이 지역사회에 무관심하다는 오해를 받는 것이 언어 문제로 참여에 어려움이 있기 때문이다."라고 설명했다. 이에 나이트 기자는 "한인들은 언어 장벽을 느끼지 않으려고 치과의사부터 회계사까지 모두 한인들만 원한다"라고 꼬집었다.

BBC는 한국인이 가진 문화적 차이가 영국에 사는 한인들이 모이는 힘이 되기도 했다고 평가했다. 매체는 한국에서 〈영국은 신사의 나라〉로 불리나 이곳에서 종종 환상이 깨진다고 했다. 또 '한국 사람은 매우 착하고 순수하다'라는 한인의 말을 전하며 한국인은 영국과 달리 윗사람을 공경하고 효도를 한다고 했다.

BBC Sign in Home News Sport Weather iPlayer Soun

NEWS

Home | Cost of Living | War in Ukraine | Coronavirus | Climate | UK | World | Business | Politics | Tech

Business | Your Money | Market Data | Companies | Economy | Technology of Business | CEO Secrets | Global Trad

## Doing business in London's Little Korea

23 January 2011

## 한인타운의 번성 - 88올림픽과 여행 자유화 조치

88올림픽 이후 시행된 여행 자유화 조치(1989년 1월 1일 시행)는 뉴몰든을 유럽 유일의 코리아타운으로 만드는 밑거름이 됐다. 대한항공 서울-런던 노선이 서울올림픽 개최를 앞둔 1988년 9월 1일부터 주 1회 운항을 시작했고 런던에 한국 관광객이 오면서 이들을 대상으로 여행사가 설립되고 가이드를 직업으로 하는 한인들이 나오기 시작했다. 가이드 공부를 체계적으로 해서 영국 관광청에서 인정하는 전문 가이드 자격증인 '블루 배지Blue Badge Tour Guide'를 취득한 한국인 가이드도 늘어났다. 초창기 재영 한인사회를 구성한 1세대 인사 중 김장진, 김복수, 목홍균, 김상수 씨 등이 이 시기 블루배지 소지자였다. 케임브리지 대학 출신과 소아스 대학교수도 블루배지 자격시험을 보고 전문 가이드 자격증을 취득하던 시절이다. 물론 블루배지가 있어야만 가이드를 할 수 있는 건 아니었지만, 이 시기 한인 가이드가 많이 나왔고 한인 여행사는 한국행 비행기표를 판매하면서 가이드 업무를 병행했다.

이 시기는 한국 식당과 한국 여행사가 손을 잡고 손님 유치에 나섰다. 88올림픽 이후 런던에 한국 식당이 급격히 많아졌다고 하지만 유럽 여행객이 많아서 한인 여행사에서 보내준 한국 관광객만 받아도 식당 운영에 충분했다. 영국에서 요식업으로 성공했다는 한인이 많이 나온 시절이다. 한국 여행사도 많아졌다. 요식업처럼 여행사를 해서 성공한 사람도 많이 생겼다. 하지만 문제점도 있었다. 여행사와 한식당을 운영하는 이들 중 갑자기 돈을 많이 벌어 경제적 관념이 흐려지자 과소비와 낭비를 일삼는 이들이 많았다. 쉬는 시간을 카지노 등에서 허비하다 보니 이런 호시절에 역설적으로 부도난 여행사나 주인이 바뀐 한식당이 생겨났는데 대부분 사업주의 낭비 때문으로 지적된다.

1990년대 들어 영국에 투자하는 한국 기업이 많아짐에 따라 주재원 수가 급격히 많아진다. 특히 이 시기 영국에 오는 주재원들은 대부분 가족을 동반해 뉴몰든 한인 인구가 많아지자 뉴몰든에 다양한 업종의 한인 업소가 등장한다. 한인 슈퍼마켓, 미용실, 한식당(레스토랑), 부동산 등이 생기면서 런던 시내를 중심으로 이뤄지던 한인들의 경제활동이 뉴몰든에서 더 활발하게 이뤄진다.

한인업소들은 뉴몰든 파운틴펍과 파운틴 라운드어바웃(로터리)에서 뉴몰든역까지의 하이스트리트를 비롯해 십자형으로 이뤄진 짧은 도로 안에 대부분 모여 있어 뉴몰든에 사는 이들에게는 동네 생활권처럼 접근이 쉬웠고 멀리서 온 한인들도 주차 후 걸어 다니며 모든 업무를 해결할 수 있어 편리했다.

1980년대부터 1990년 초반 뉴몰든에는 코리안서비스(여행사), 브리코 한국 복덕방, 레스토랑 아사달, 아가씨 미용실, 서울부동산(당시 상호는 Hay & Company), 처칠칼리지(학원) 대한보험, 진미식품(반찬전문점), 뉴몰든 월드 오브 골프 등 다양한 업종의 한인 업소가 생겨 뉴몰든이 한인들에게 원스톱 생활권이 되는 기반을 마련했다. 1990년대 초반에 발행된 격월간지 유로코는 1992년 10월 현재 런던에 600여 가구 3,000여 명의 한인이 거주하고 있으며 약 2,000여 명이

### 한국식 갈비 때문에 뉴몰든에 한인들이 모여 살게 됐다?

1970년대에 영국으로 온 한인 중에는 뉴몰든을 한인타운으로 만든 일등 공신이 한국식 갈비를 만들어 팔던 뉴몰든 식육점(스탠리 블런든이란 현지인이 운영해서 상호를 블런든 정육점이라고도 했다 )이라고 한다. 이 정육점은 언제부터인가(1980년대 초) 어느 한국인이 알려준 방식대로 한국식 갈비를 만들어 팔았는데 소문이 나자 주말에는 영국 각지에서 온 한인들이 줄을 서서 구매했다. 영국인은 소갈비 부위를 제대로 취급하지 않아 처음에는 한국인에게 무료로 나눠주거나 매우 싸게 팔았는데 수요가 늘자 가격을 많이 올렸다고 한다. 한국인에 가르쳐 준 방식대로 갈비를 양념해 만들어 내놓기도 했다. 멀리서 뉴몰든을 방문한 한인들이 갈비 맛이 좋아 뉴몰든에 살아야겠다, 우스갯소리를 곧잘 했는데 이 말이 갈비 때문에 뉴몰든에 살게 됐다는 말로 와전되기도 했다. 1990년 영국에서 발행되는 한인 잡지의 해당 정육점 광고를 보면 주소가 89 Burlington Road New Malden. 취급 품목이 불고기, 돼지불고기, 돼지갈비, 등심, 삼겹살, 양지머리, 육회용 고기, 장조림용 고기, 갈비 등 육류 일절(체), 이밖에 한국식품을 갖추고 있다고 했다. 한국 정육점 이상의 식품점 역할을 한다.

1980년대 영국에서 발행한 한인 월간지에 실린 식육점 광고. 영국인이 운영하는 뉴몰든 소재 '블런든 정육점'이다.

블런든 정육점과 함께 한인의 사랑을 받았던 곳은 노비튼에 있는 생선가게 Jarvis the Fishmonger였다. 1943년부터 있었던 이 생선가게에도 생선을 유난히 좋아하는 한인들이 한국식품점처럼 많이 방문했다고 한다.

뉴몰든을 중심으로 이뤄진 한인타운에 거주한다고 추산했다.

이 시기는 뉴몰든이 한인 생활권의 중심지가 되고 킹스턴, 윔블던과 같은 인근의 도시가 한인 생활권의 부심으로 형성된다. 뉴몰든 하이스트리트에 한인 업소가 많아지면서 킹스턴과 윔블던에도 한인을 주 고객으로 한 한인 업소들이 생기기 시작한다. 킹스턴의 헤이부동산, 킴스렛팅, 크로이던에서 윔블던으로 옮긴 아쿠어커스텀Aquascutum 전문 판매점 Peters of London Co 등이 대표적이다.

유학생의 증가도 뉴몰든의 팽창에 한몫한다. 영어 시장을 개방한 영국 정부는 처음 입국 시 6개월 관광비자를 주고 그렇게 영국에 입국해서 비자 기간이 끝나기 전에 영어 어학원 등록을 하면 공부하는 기간만큼 학생비자를 주니 1년이나 1년 반 정도 예정으로 어학연수를 오는 단기 유학생이 많아졌다. 그들은 윔블던이나 킹스턴에 있는 가격이 저렴한 영어학원에 등록하고 인근 뉴몰든에 방을 얻어 생활했는데 한인 업소에서 아르바이트하며 학원비와 생활비를 충당하는 경우가 많았다.

88서울올림픽 이후부터 뉴몰든에 한인이 정착하는 초기에 해당하는 1995년 사이 한인타운의 경제는 주재원의 생활방식에 따라 변해가며 그 영향을 크게 받았고 특히 주재원의 패턴에 따른 맞춤형 직업을 가진 교민도 생겨난다. 뉴몰든에 먼저 정착한 이들이 주재원이었고 주재원을 대상으로 그들이 필요로 하는 것을 지원하는 것이 직업이 됐다는 뜻이다. 예를 들어 '카탈로그 장사꾼'이라 불렸던 교민들이 1988년부터 1995년 사이 한창 짭짤한 소득을 올리며 유행했다. 당시 주재원과 가족들은 귀국할 때 냉장고, 세탁기 등 가전제품 일체, 소파, 장식장 등 가구 일체, 그릇까지 새것으로 구입해 한 가구당 컨테이너 한 대분의 유럽 제품을 싣고 귀국하는 것을 당연시했다. 평소 사용하는 것이 아니라 유럽 근무를 마치고 들어갈 때 새것으로 모두 장만해 전리품처럼 갖고 가는 모습이었다. 그래서 이들을 대상으로 물건을 소개하고 구매, 포장, 운송까지 해주는 교민 업체들이 많았다. 이들이 매장이나 전시장을 갖고 있을 리 없으니 카탈로그만 잔뜩 들고 다니며 고객이 '소파는 이 브랜드, 커피잔은 저 브랜드' 하고 고르면 대신 구매해주는 일을 했다. 카탈로그만 들고 다닌다고 '카탈로그 장사꾼'이라 했다. 당시 한국으로 가져가는 이삿짐 품목에 가전제품, 골동품, 가구, 그릇 외에 로열젤리, 녹용, 양복 기지 등이 포함됐다. 귀국할 때 부가세 환불 서비스도 필수항목이었다.

이 시기 뉴몰든 한인타운의 특징 중 하나가 경제력 있는 교민들이 나오기 시작했다는 점이다. 영국 한인사회 1세대를 구성하는 이들 중 요식업 종사자가 많은데 워크퍼밋(노동허가) 기간이 끝나

뉴몰든 한인타운의 랜드마크 역할을 했던 '파운틴 펍'. 뉴몰든 하이스트리트 끝 교차로에 있어 한인타운의 중심지였고 이 펍의 가든에서 한인음식 축제를 비롯해 월드컵, 올림픽 기간에는 한인들의 단체 응원이 벌어졌던 곳이다. 지금은 헐리고 고급 아파트가 들어섰다.

영주권을 취득하고 자기 사업을 할 수 있는 자격을 갖추자 뉴몰든에 한식 레스토랑을 여는 이들이 하나둘 생겨났다. 이전에는 주재원과 교민의 경제력 차이가 컸는데 이때부터 자기 사업을 통해 경제력 있는 교민들이 나온다. 한인타운에서 자기 건물을 갖고 사업을 하는 교민들이 등장한 것도 이 시기다.

뉴몰든 한인타운 하이스트리트에 처음 들어선 한인 소유의 상가는 서병수 코리아푸드 회장이 1989년에 세운 '송주미용실'이다. 곧이어 동영수 씨가 '메이스'를 설립한다.

## 한인타운의 시련 - IMF와 한인들의 귀국

1997년 IMF 외환위기가 닥치자 뉴몰든 한인타운에는 주재원, 유학생, 어학 연수생 등 단기체류자의 60%가 귀국했다는 말이 돌았다. 2년마다 시행되는 재외 동포 통계를 보면 1997년 주재원과 그 가족, 유학생 등 영국의 단기체류자는 8,640명이었는데 1999년에는 7,621명으로 나타난다. 물론 통계를 시작한 1967년 이래 IMF가 닥친 1997년에 처음으로 숫자가 줄기는 했지만, 단기체류자의 60%가 귀국했다는 말은 실제 숫자가 아니라 체감 숫자로 받아들여야 한다. 그만큼 IMF는 뉴몰든 한인타운의 많은 것을 바꿔놓았다. 금융기관, 종합상사 등은 대부분 영국에 있는 지사의 규모를 축소했고 일부는 아예 철수하는 곳이 생겨났다. 가족 단위로 영국에 온 이들이 한국으로 돌아가면서 한인타운의 많은 업종에 영향을 미쳤다. 주재원들이 퇴근 후 모이던 한인 레스토랑에서부터 자녀들이 방과 후 다니던 한인학원까지 모두 어려움을 겪게 됐다. 이를 극복하고 뉴몰든이 다시 런던의 한인타운으로 발돋움하는 데는 긴 시간이 걸렸다.

뉴몰든에 있는 한인업소들은 저마다 세일 품목을 만들어 판매에 나섰다. 소주 판매가 확 줄어든 한식당에는 비싼 소주와 안주를 묶어서 파는 세트 메뉴가 등장했고 학원과 과외교사들은 할인 혜택을 주면서 학생들을 모집했다. 이런 분위기에 맞춰 한국 어학연수생이 많이 다니던 한인타운 인근의 영어학원에서도 한인 학생에게는 특별 할인 혜택을 주겠다고 홍보했다. IMF로 오른 환율이 아니라 종전 환율대로 계산해서 한인 학생에게는 싼값의 교육비를 적용하겠다는 광고를 올리기도 했다.

## 다시 도약하는 한인타운

뉴몰든 한인타운에 덮친 IMF의 상흔은 깊었지만, 영국의 한인 동포사회는 IMF를 길게 끌고 가지 않았다. IMF는 경제적 어려움이었을 뿐 그런 어려움은 이민 생활 정착 초기에 이미 단련이 되어 있었다고 할까. 견디거나 극복하거나 저마다의 위치에서 IMF를 체감했고 호황기와 비길 바는 아니지만 2년이 지나자 어느 정도 IMF 이전 모습을 되찾았다.

토니 블레어 정부가 이민에 개방적이고 유학생 유치에 힘쓴 덕을 크게 봤다고 해야 한다. 2000년

들어 한국의 대학생이 해외로 어학연수를 가는 붐이 일었고 미국 등 영어권 국가들로 많이 갔는데 2001년 9·11사태로 미국에서 영국으로 방향을 돌린 한국의 젊은이들이 뉴몰든 한인타운에 등장했다. 1999년 재영한인은 1만 명 남짓했으나 2003년에 3만5,000명이 넘었다. 시민권자나 영주권자인 장기거주자가 많아진 것이 아니라 주재원, 일반체류자, 유학생 등 단기체류자가 많아진 것이다. 최근에는 통상 장기거주자(시민권자+영주권자)와 단기체류자(일반체류자+유학생)의 비율을 어림잡아 50% 대 50%로 보는데 2003년에는 단기체류자가 90%를 차지했다. IMF를 극복한 1999년 이후 불과 몇 년 사이에 런던으로 새로운 한인 식구가 계속 몰려든 것이다. 이를 바탕으로 한인타운은 다시 활기를 찾았다.

이 시기 뉴몰든 식구로 새롭게 합류한 탈북민들도 큰 역할을 했다. 처음 영국에 들어와서 영국 정부로부터 배정받은 지역(주로 영국 중부 지역인 뉴카슬, 리버풀, 맨체스터 등지)에 살다가 말이 통하는 동포를 찾아서 뉴몰든 코리아타운으로 온 탈북민들은 곧 한인타운을 구성하는 한 축으로 크게 자리 잡았다. 2000년대부터 탈북민이 뉴몰든으로 몰리자 외국 언론에서도 이들을 찾아와 취재해 기사가 종종 나면서 뉴몰든을 '런던의 리틀 평양'이라고 말하는 기사까지 나오기도 했지만, 이는 흥미를 끌려는 과장된 표현이다. 뉴몰든에서 탈북민은 한인타운을 구성하는 하나의 작은 구성원들이다. 그들은 이제 충분히 한인사회와 영국 현지 사회에 동화되어 각자 지역민의 한 사람으로 살고 있다고 해야 한다.

IMF가 가져온 경제적 어려움을 극복하고 뉴몰든이 지금과 같은 한인타운의 모습을 만들 수

뉴몰든 한인 행사

있었던 가장 큰 이유는 1990년대 말 교민들이 가지고 있던 '자녀에 대한 교육열'이라고 할 수 있다. 당시 초등학교와 중학교에 다니는 1980년대 후반부터 1990년대에 출생한 한국인 2세들에 쏟는 부모들의 교육열은 그전 세대와 사뭇 달랐다. 뉴몰든이 런던에서도 학군이 좋고 학업 성취도가 높은 킹스턴 보로우Kingston Borough에 속하는데 킹스턴 각급 초중등학교에서 한국 학생들이 뛰어난 성적을 냈다. 한국인 학생만을 개인 교습으로 가르치는 한국인 과외교사들이 있었는데 이 시기에 과외교사를 직업으로 삼는 이들이 더 많아졌다. 영국 입시를 준비하는 학생을 위한 학원이 이 시기에 더 많이 설립되었는데 대부분 한국인 학생을 겨냥한 것이었다. 한국 학생들은 한국에서 하듯이 입시전쟁에 임하는 각오로 공부한다고 할 정도였는데 학교 수업을 마치고 곧장 학원으로 향하는 한국 학생들의 모습은 당시 영국 일반 가정에서는 이해하기 힘든 모습이었다. 학원마다 한국 학생이 가득했다. 원래 수학 계통 과목에 좋은 성적을 내는 학생으로 인정받던 한국 학생들이 과외로 영어와 다른 과목까지 좋은 성적을 내니까 뉴몰든 일대 학교에서는 한국 학생이 전학오면 무조건 환영했다. 학교 성적 평균을 올려줄 학생으로 환영을 받았다.

지금은 이 학생들이 자라 현지사회에 성공적으로 진출하면서 사회적 지위가 상승하고 한인들의 지위도 상승했디. 이들 2세들의 성공에 힘입어 더 고무적인 사실은 한인사회가 더 열린 사회가 되고 있다는 것이다. 그래서 초기 '남한 출신 한인들'만의 코리아타운은 이제 찾기 힘들고 그렇게 규정하는 이도 없다. 포용과 화합, 한인타운은 지금 매일 문이 더 크게 열리면서 영역도 넓어지고 있다.

찰스 3세 국왕 런던 코리아타운 뉴몰든 방문기

# 찰스 3세, 뉴몰든에서 한인과 한국문화에 빠졌다

글, 사진 : 한인헤럴드 / 후원 : 한국 언론진흥재단 2023년 11월 8일

비가 오는 가운데 국왕을 환영하는 플래카드를 들고 밖에서 기다린 재향군인 회원들과 노인회원들에게 국왕이 다가가 인사하고 있다. 영국 언론들은 찰스 3세가 예정된 시간을 넘겨 가며 환영나온 한인들, 현지인들과 인사를 나눴는데 '찰스 3세가 뉴몰든 한인타운 방문을 정말 즐기는 것처럼 보였다'고 보도했다.

영국 국왕 찰스 3세His Majesty King Charles Ⅲ가 11월 8일 오후 영국의 한인타운으로 불리는 뉴몰든New Malden을 방문했다. 찰스 3세뿐 아니라 영국 왕실 고위 인사가 뉴몰든을 찾아와 한인 사회를 둘러본 것은 처음이다. BBC는 이날 '찰스 3세가 코리아타운의 왕이 되었다'고 보도했다.

비가 많이 내린 이날, 승용차로 뉴몰든에 도착한 국왕은 직접 우산을 들고 환영나온 한국인과 현지인들에게 인사했다. 특별히 한복을 입고 태극기를 든 어린이들의 환영을 받으며 감리교회Methodist Church에 들어갔다.

찰스 3세는 이날 검은 양귀비 장미 배지와 카리브해 및 아프리카 지역 사회의 흑인 퇴역 군인을 기억하는 전통적인 양귀비 배지를 착용했다.

방명록에 서명하고 김치와 김치 요리책을 선물로 받았다. 매운 음식을 잘 먹지 않는 국왕은 김치를 선물 받고서 "Will it blow my head off?(김치를 먹으면 매워서) 머리가 터질까."라고 농담했다. 윤여철 주영대사에 따르면 국왕이 '배추cabbage로 만든 것이죠'라고 물어 '발효된 것'이라고 했다 한다. 이날 선물한 김치는 이하연 대한민국김치협회장이 한국에서 담가 보냈으며 김치 요리책은 뉴몰든 지역에서 전해지는 한국, 북한, 중국 연변의 김치 비법을 모은 것으로, 한영문화교류 KBCE가 제작했다.

왕실을 대리해 초청 업무를 담당한 킹스턴시 관계자는 국왕의 전격적인 방문 목적이 '대한민국 대통령의 국빈 방문State visit에 앞서 한인사회 주요 인사 및 그와 관련된 지역사회 인사들과의 만남을 갖기 위한 것'이라고 밝혔다. 영국 언론은 찰스 3세 국왕이 윤 대통령 국빈 방문에 앞서서 뉴몰든에서 한국 문화와 음식을 배웠다고 보도했다.

감리교회에서는 기다리고 있던 한인사회 대표 인사들을 만났다. 한인 단체 대표들과 인사를 나누며 활동 내용에 관해 설명을 들었다.

대한노인회 영국지회 소속 노인에게 노인회 가입 나이를 묻고 65세라고 하자 자신은 기준을 통과했다고 말하며 웃었다.

탈북민인 이정희 재영탈북민총연합회 회장과 영국 의회의 북한 관련 초당파 모임에서 일하는 티모시 조 씨에게 북한에서 탈출해 영국에 정착한 과정과 가족이 남아있는지 등을 물었다. 또한 어떻게 북한을 떠났는지, 국경을 넘어 중국으로 갔었는지 등에 관해 물었고 이정희 회장은 "중국에서 잡힌 탈북민들을 다시 북한으로 돌려보내는데 그들이 북한으로 돌아가면 거의 죽을 목숨이다. 이를 막는데 영국 정부가 도와달라" 고 국왕에게 요청했다.

런던한국학교 교장, 재영한인회 회장, 한국문화예술원 이사장, 민주평통영국협의회 회장, 한인 출신 킹스턴 구의회 의원 등도 접견했다.

찰스 3세는 런던 한인 허밍버드 합창단London Korean Hummingbirds Choir의 '아름다운 나라'를 감상하고 합창단원들에게 영국에 온 지 얼마나 됐는지, 한국에 가끔 가보는지 등을 묻고선 약 30여 년 전인 1992년 11월의 방한 기억을 떠올렸는지 "정말 멀다. 진 빠진다exhausting"라고 말했다. 또 한인 무용가의 부채춤 공연을 감상했는데 무용가가 공연에 사용한 부채를 건네며 펴보라고 해 국왕이 이를 하려고 했지만 잘되지 않자, 소리 내 웃었다.

국왕은 한인들이 준비한 한식 생일상에 관한 설명을 들었다. 우선 재영외식업협회 우옥경 회장이 국왕에게 한식에 관해 설명하고 음식을 직접 준비한 임형수 셰프가 세부적인 설명을 했다. 임형수 셰프에 따르면 이날 준비한 한식은 행사 1주일 전 왕실로부터 국왕에게 한식을 소개해 달라는 부탁을 받고 마침 며칠 후(11월 14일) 국왕 생일이라 생신진연수라를 만들었다고 한다. 수라상 진설이 워낙 공이 들어가 힘이 들었는데 밤새워 마련해 방짜유기에 담아 국왕에게 선보였다고 한다. 특히 한국음식의 아이콘인 김치 종류를 다양하게 준비했는데 찰스 3세는 김치를 선물 받은 데다 생일상에도 여러 종류의 김치가 있는 것을 보고 관심을 보였다.

국왕을 안내한 킹스턴 구의 한인 구의원 박옥진 씨에 따르면 찰스 3세는 해산물을 재료로 많이 사용해서 한식이 건강에 좋은지, 구절판이 채식인지, 수정과는 어떤 재료로 만드는지 등을 물었고 한 번 맛 보라고 했지만 나중에 먹어보겠다며 거절했다고 한다. 이어서 전시된 한복과 한·영수교 140주년 기념 전시물들을 둘러보았다.

찰스 3세는 이어 교회 옆 한국 카페Cake & Bingsoo Cafe에 가서 김종순 대표와 케임브리지 대학생 허지원 양을 비롯한 청년들을 만나 10여 분 대화를 나눴다. "이게 빙수냐, 종류가 여러 가지냐, 한 번에 다 먹을 수 있냐, 한 번에 못 먹을 것 같다"고 말하기도 했다. 평소 얼그레이 차를 즐기는 것으로 알려진 찰스 3세는 이곳에서 75번째 생일을 기념해 얼그레이 케이크를 선물로 받았다. 김 대표에 따르면 국왕이 떠날 때 "한국 문화에 관해 많이 알게 됐기를 바란다"고 인사하자 국왕이 답하기를 "윤 대통령을 만나면 한국 문화에 관해 더 많이 알게 될 것이다"라 했다.

찰스 3세는 이후 2차선 도로 길 건너 전쟁 기념비War Memorial 앞에서 이형국 국방무관과 함께 도열한 Alderman Ken Smith JP를 비롯한 한국전 참전용사들과 인사를 나누었다. 브라이언 패릿 준장은 한국전이 '잊힌 전쟁'이 되지 않도록 이렇게 와줘서 고맙다고 말했다.

도로변에는 'God save the King!'을 연호하는 군중이 비가 내리는데도 아랑곳없이 계속 모여들었다. 찰스 3세는 공식 행사가 끝난 후 도로변에서는 정해진 동선을 무시하고 즉석에서 대중들 사이로 산책하며 대화를 나눴는데 장희관 재향군인회장, 김지호 노인회장 등이 회원들과 함께 'Welcome! His Majesty King Charles Ⅲ'라고 쓴 플래카드를 들고 있는 곳으로 와서 비를 맞으며 기다린 노인회원들, 재향군인회원들과 일일이 악수를 했다. 재향군인회 장 회장에게 회원이 몇 명이냐, 윤 대통령 방영 때 참가하느냐 등을 물었다.

영국 언론들은 찰스 3세가 예정된 시간을 넘겨 가며 환영나온 한인들, 현지인들과 일일이 악수하며 인사를 나눴는데 '찰스 3세가 뉴몰든 한인타운 방문을 정말 즐기는 것처럼 보였다'고 보도했다.

행사장 밖 도로변에서 국왕을 기다린 김지호 노인회장에 따르면 한복을 차려입고 양손에 태극기와 영국 국기를 들고 국왕을 기다리는 한인들에게 대다수 영국인은 미소를 지으며 우호적인 눈길을 보냈다고 한다. 대부분 국왕을 환호하는 가운데 '당신은 나의 왕이 아니다', '가자를 도와달라' 등이 적힌 피켓과 현수막도 있었지만, 눈길을 받지는 못했다.

한편 이번 행사에 한인사회 대표자로 초청된 인사 선발에 큰 문제가 있었다며 향후 반드시 개선돼야 한다는 지적이 나온다. 한인사회의 큰 행사에 한인회가 유명무실했다는 비판을 받는다. 동포사회 인터넷 매체인 〈런던타임즈〉는 "한인 초청자 선발 기준이 모호해 한인사회의 대표성이 제대로 반영되지 못했다는 불만의 소리도 적지 않게 나온다. 이는 한인사회를 잘 알지 못하는 (킹스턴) 시청의 담당자가 (자신과) 친하게 지내는 소수 한인의 의견에만 의존해 선정했기 때문으로 보인다. 이는 향후 반드시 개선되어야 할 과제라고 여겨진다."고 했다.

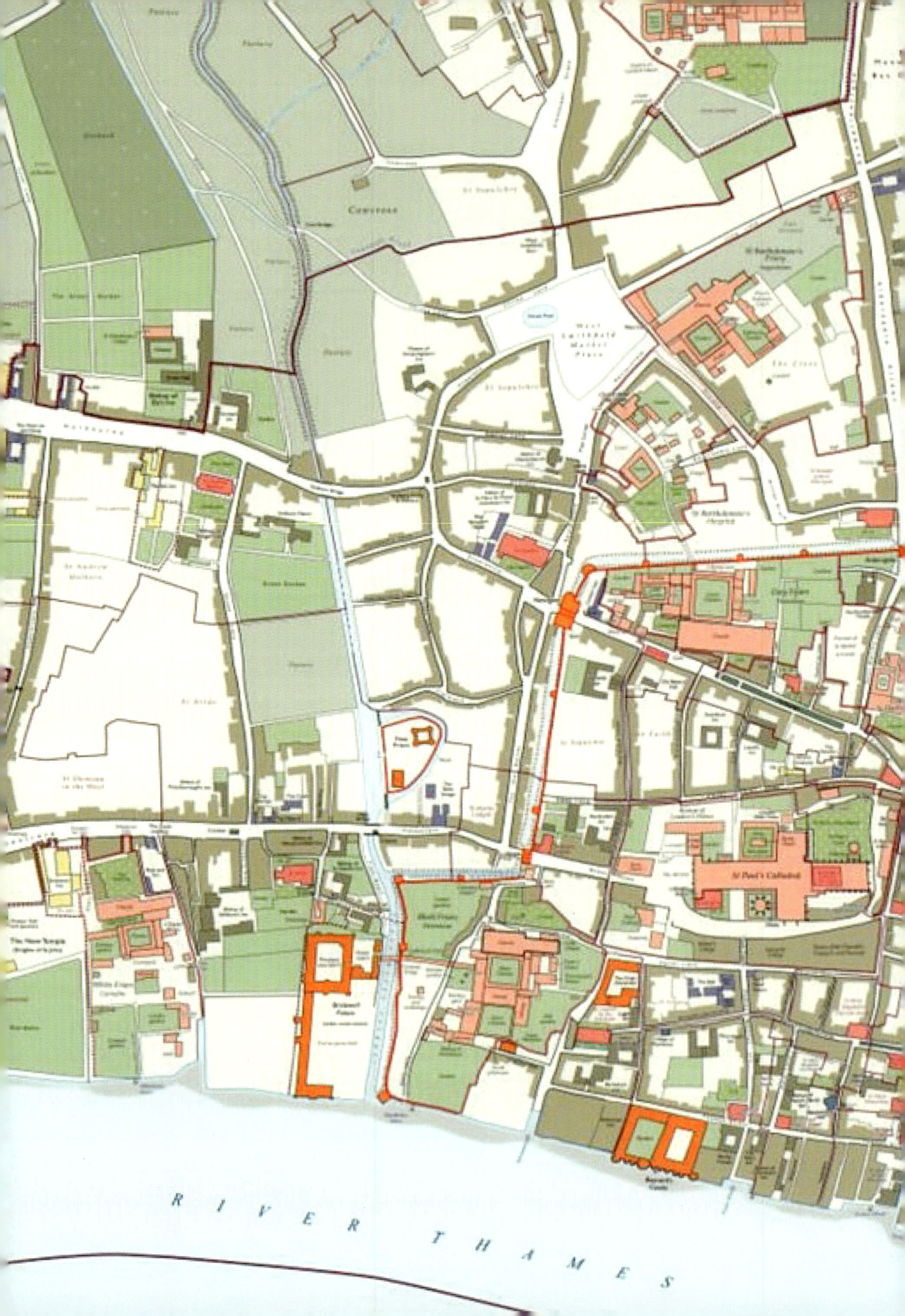
West Smithfield Market Place
St Paul's Cathedral
The New Temple
R I V E R T H A M E S

3부
거목으로 뿌리 내린
영국 속 코리안
英國韓人史
1883~2023
Mallow Field
Moor Field

# MAP OF THE TASTE OF KOREA HANSIK

## RESTAURANT

| | | | |
|---|---|---|---|
| 1 | Goguryeo 고구려 | 139 High St. Staines, Middlesex TW18 4PA | 017 8446 1223 |
| 2 | SCJ Bibimbap & Chimaek 에스씨제이 비빔밥 앤 치맥 | 160 High St, New Malden, KT3 4ES | 020 8703 5672 |
| 3 | Palace 궁 | 183-185 High St. New Malden, Surrey KT3 4BH | 020 8949 3737 |
| 4 | K타운 | 8-12 Coombe Road, New Malden, KT3 4QE | 020 8949 6249 |
| 5 | Gaya 가야 | 34 Durham Road, Raynes Park, London SW20 | 020 8947 1081 |
| 6 | Nakwon Food 낙원 떡집 | 89 Kingston Rd, New Malden, Surrey KT3 3PA | 020 8949 6474 |
| 7 | New Malden Bucher's BBQ 뉴몰든 바베큐 | 27 Coombe Rd, New Malden, Surrey KT3 4PX | 020 8949 1623 |
| 8 | Azit 아지트 | 76 Burlington Rd New Malden KT3 4NU | 07951 441152 |
| 9 | THE TREE STONE KITCHEN 더트리스톤 키친 | 71 High St, New Malden, KT3 4BT | 020 8942 5471 |
| 10 | Dolsot 돌솥 | 37 Richmond td, Kingston upon Thames KT2 | 020 3417 6690 |
| 11 | Kum Kang 금강 | 126 Malden Td, New Malden, Surrey KT3 6DD | 07826 261 716 |
| 12 | Kkachine 까치네 | 79-81 Kingston Road New Malden KT3 3PB | 020 8949 8880 |
| 13 | Kangnam 강남 | 19 High St, New Malden, Surrey KT3 4BY | 020 8942 5243 |
| 14 | Chick & Beer 치맥 1호점 | 282 Burlington Road, New Malden, KT3 4NL | 0208 942 1932 |
| 15 | Chick & Beer 치맥 2호점 | 24 Coombe Road, New Malden, KT3 4QE | 020 3457 7929 |
| 16 | The Place Cafe 더 플레이스 | 58 High St, New Malden, KT3 4EZ | 020 8241 6591 |
| 17 | Kumkang 금강 | 180 High St, New Malden, Surrey KT3 4ES | 020 8942 2334 |
| 18 | Soya Weybridge 소야 | 16/18 Church Street, Weybridge KT13 8DX | 019 3285 2711 |
| 19 | Do Shi Rak 도시락 | 127 Kingston Road, New Malden KT3 3NX | 07912 362 143 |
| 20 | Cake & Bingsoo Cafe 케익 앤 빙수 | 42A, 39 High St, New Malden KT3 4BY | |
| 21 | 63 High Street | 63 High St, New Malden, Surrey KT3 4BT | |
| 22 | Yami 야미 | 69 High St, New Malden, Surrey KT3 4BT | 078 8949 0069 |
| 23 | SingSing 씽씽 | 5A Coombe Td, New Malden, Surrey KT3 4PX | 020 8605 0506 |
| 24 | Hoshiya 호시야 | Old Woling Rd, West Byfleet, Surrey KT14 6LG | 019 3235 0962 |
| 25 | OHAIO 오하이오 | 1 Coombe Rd, New Malden, Surrey KT3 4PX | 020 8949 7266 |
| 26 | You Me 유미회관 | 96 Bulingron Rd, New Malden, Surrey KT3 4NT | 020 8715 1079 |
| 27 | Gingogae 진고개 | 272 Bulingron Rd, New Malden, Surrey KT3 4NL | 020 8949 2506 |
| 28 | Seoul Matjip 서울맛집 | 74 Bulingron Rd, New Malden, Surrey KT3 4NU | 020 8942 0682 |
| 30 | Genghis Khan 징기스칸 | 89 Kingston rd, New Malden, Surrey KT3 3PA | 020 8949 7977 |
| 31 | KJ 케이제이 | 65 High St, New Malden, Surrey KT3 4BT | 020 8942 3602 |
| 32 | Wudi 우디 | 73 Kingston Rd, New Malden Surrey KT3 3PB | 020 8336 1208 |
| 33 | Choi'ce Cafe & Coffee 초이스 카페 & 커피 | 117-119 Kingston Rd, New Malden KT3 3NX | 020 8949 6498 |
| 34 | Green Farm 푸른농원 | 43 Martinway, Morden, Surrey SM4 4AH | 020 8417 1123 |
| 35 | Haru 하루 뉴몰든 | 50-52 High St, New Malden, Surrey KT3 4EZ | 020 8949 6943 |
| 36 | Haru 하루 윔블든 | 228 Merton Rd, South Wimbledon SW19 1EQ | 020 8241 4761 |
| 37 | Hashi 하시 | 54 Durham Rd, Raynes Park, London SW20 0TW | 020 8944 1888 |
| 38 | Han 한 | 1 High St, New Malden, Surrey KT3 4DQ | 020 8949 7730 |
| 39 | 이모네 | 169 High St, New Malden, Surrey KT3 4BH | 020 8942 9588 |
| 41 | Home Bento 홈벤토 | 2 Park Road, New Malden, Surrey KT3 5AF | 020 3638 3636 |

## SUPERMARKET & MART

| | | | |
|---|---|---|---|
| 42 | Dooboo Yiyagi 두부이야기 | 26 Cambridge Rd, New Malden, Surrey KT3 3QG | |
| 43 | Seoul Plaza 1 서울프라자 1호점 | 36 High st, New Malden, Surrey KT3 4HE | 020 8949 4329 |
| 44 | Seoul Plaza 2 서울프라자 2호점 | 126 Malden Rd, New Malden, Surrey KT3 6DD | 020 8942 9552 |
| 46 | SONG Enterprise 송엔터프라이즈 | Unit 210 Kingspark Business Cent 152-178 | 020 8942 6572 |
| 47 | 1 Bunge 1번지 | 121 Kingston Rd, New Malden, KT3 3NX | 020 8949 0801 |
| 48 | KOREA FOODS LTD 코리아푸드(본점) | 4 Wyvern Industrial Estate, Beverley Way, New Malden, KT3 4PH | 020 8329 2900 |
| 49 | H Mart 해치마트 | Unit 1 Leigh Close, New Malden Surrey Kt3 3NW | 020 3274 2020 |
| 50 | Treestone Butcher 트리스톤부처 | 1-73 High St, New Malden, KT3 4BT | 020 8949 1050 |

## OTHERS

| | | | |
|---|---|---|---|
| 51 | GGM Restaurant 지지엠 레스토랑 | 121 Manor Dr N, New Malden KT3 5PD | 020 8337 7999 |
| 52 | THE CUPS 더 컵스 | 80 Egham High St, Egham TW20 9HE | 07964 022 180 |
| 53 | MASIL 마실 | 34 Surbiton Rd, kingston KT1 2HX | 020 3538 0901 |
| 54 | Bulgogi Korean Restaurant 불고기 레스토랑 | 54 Chertsey rd, Woking GU21 5BG | 014 8375 5553 |
| 55 | Soya Woking 소야 워킹 | 5 Goldsworth Rd, Woking GU21 6JY | 014 8377 0667 |

# 8
# 재영한인회 역사

한인회는 영국에 있는 모든 한인 단체 중 가장 먼저 만들어졌으며
다른 여러 한인 단체를 대표하는 곳이라고 할 수 있다.

재영한인회의 역사에 관한 기록은 1991년에 강철수 씨(9대, 17대 한인회장 역임)가 런던신보(1980년대에 발행한 영국 동포사회의 월간지 : 발행인 박중희)의 요청으로 쓴 '재영한인회 발자취를 더듬어'라는 기고문을 통해 처음 체계적으로 정리했다. 이 글이 나오기 전에는 한인회 역사에 관한 정확한 기록이 없어 한인회가 자신의 역사를 모르는 상태였다고 할 수 있다.

그래서 1980년대 후반에 한인회에서 한인회보를 발간하면서 정확한 역사를 몰라 '1960년대 중후반에 영국에 한인회가 시작됐다고 보인다'는 어림짐작 식의 표현을 사용하기도 했다.

그런데 강 회장의 노력으로 1958년 시작된 '한인 유학생회'의 창립총회 기록과 그 이후 한인회의 회의록 등을 찾아내 재영한인회의 연혁을 제대로 쓸 수 있게 됐다.

### 한인회의 뿌리는 '재영 한국 유학생회'

재영한인회의 뿌리는 1958년 만들어진 '재영 한국 유학생회在英韓國留學生會'라 할 수 있다. 1958년(단기 4291년) 3월 1일 삼일절 행사를 마치고 대사관 회의실(제4대 공관장 김용우 대사 재임 시절이다. 1957년 공사관에서 대사관으로 승격해 맞은 첫 삼일절 행사로 당시 대사관은 런던 서남쪽 카도간 스퀘어Cadogan Square에 있었다)에서 재영 한국 유학생회 창립총회를 열고 모임을 결성했는데 이는 영국에서 처음 한인들의 모임이 만들어진 것으로 한인회가 만들어지는 계기가 됐다고 할 수 있는데 실제로 이 단체가 발전해 6년 뒤에 '재영한인회'가 된다. 재영 한국 유학생회의 발기인은 여섯 사람, 이기준, 이동원, 이동열, 김진만, 전영철, 현경호 씨 등이었다.(발기인 이름에 오른 6명을 비롯해 이날 모두 16명이 참석했다)

당시 발기인들을 살펴보자.

이기준李基俊씨는 영국 옥스퍼드대에서 경제학을 전공했다. 서울대 상대·국민대 교수를 거쳐 한국개발연구원(KDI) 이사장. 동아시아경제연구원(API) 원장, 경제과학심의회의 상임위원·국제경제연구원 이사 · 산학협동재단 고문을 지냈다.

이동원李東元씨는 1958년 영국 옥스퍼드 대학교 대학원에서 정치학 박사학위를 받았다. 1962년 박정희 정권의 초대 대통령비서실장, 주태국대사, 외무부 장관, 주스위스 대사를 지냈다. 외무부 장관 재임 시 1964년에 일본으로부터 3억 달러의 차관을 차입하는 조건으로 일본군 위안부 문제를 묻어두기로 한 한일회담을 주선해 국민들의 반일감정에 불을 지른 인물로 비판받는다. 국회의원을 4번 했는데 모두 비례대표로 당선됐다.

강철수 씨의 기록에는 이동열이라고 되어 있는데 University of London 소속의 Nuclear Engineering Laboratory에서 연구 허락을 받아, 1955년 8월에 영국으로 유학 온 이동녕 포항공대 교수. 1959년 말까지 4년 8개월 동안 영국에서 수학했다. 런던 대학교 대학원 핵물리학과 이학박사인데 한국 최초로 고속중성자 발생에 성공한 핵물리학자다. 사학자 이병도의 아들이다.

김진만 성공회대 초빙교수는 영국 런던대 유니버시티칼리지에서 중세 영문학을 공부했다. 고려대 교수이며 한국의 중세 영문학 연구 선구자로 평가받는다. 국내 최초로 영국 시인 제프리 초서의 〈캔터베리 이야기〉를 번역했다. 성공회 신도로서 교회 일치 운동에 앞장서 성공회가 국내에 기반을 다지는 데도 기여했다. 충무무공훈장, 번역문학상, 국민훈장 모란장을 받았다.

초대 총무를 맡은 현경호 씨는 원자력 개발 목적으로 영국에 보낸 국비 유학생이다. 원자력연구소장을 지내며 한국 원자력 발전에 지대한 공적을 남겼다.(1957년 이승만 대통령은 원자력 개발을 위한 인재양성을 목표로 국비 유학생 제도를 도입해 많은 유학생을 영국과 미국으로 보냈다)

'재영 한인 유학생회'의 발기인이 모두 유학생이며 모임 이름도 유학생회이었기 때문에 회원 자격이 '영국에 3개월 이상 유학하는 한국인 학생'이었다. 당시 창립총회 회의록에 "전에 있던 한인 구락부와의 관계는 어떤가?"하고 묻는 기록이 있는 거로 봐서 '재영 한인 유학생회' 이전에 '한인 구락부'라는 모임이 있었던 것으로 보이나 "유명무실하고 총회에서 사업을 계속하지 못해 사실상 없는 것과 동일하다"고 답을 해 유학생회가 결성될 당시에는 한인구락부라는 모임이 활동이 없었던 상태로 보인다.

'한인 유학생회'의 연회비는 10실링Shilling(1파운드=20실링, 1실링=12펜스), 고문으로 김용우 주영대사와 앵글로 코리안 소사이어티Anglo-Korean Society(현재 영한협회 British Korean Society) 회장인 비숍 쿠퍼 Bishop Cooper 씨를 추대했다. 이후 '재영 한국 유학생회'의 활동 사항이나 회의록을 보면 앵글로 코리안 소사이어티와 밀접한 유대를 맺고 활동했던 것으로 보인다.

'재영 한국 유학생회'의 역대 총무는 다음과 같다.(유학생회는 회장이 없고 총무가 이를 대신했다) 1958년 3월 현경호 / 1958년 9월 김입삼 / 1959년 11월 신동식 / 1960년 10월 현경호 총무 / 1960년 11월 유태호 총무. 이후 1961년 5월부터 1965년 10월까지의 기록은 없다.

김입삼 씨는 런던정경대 대학원을 졸업하고 전국경제인연합회 상임부회장을 지냈다. 사업주가 보험료의 일부를 분담하도록 기업들을 독려해 한국 의료보험제도의 기반을 닦은 인물로 평가된다. 사후 평전 〈한국경제발전의 초석, 김입삼〉이 발간됐다.

신동식 한국해사기술 회장은 1956년 세계적인 조선소인 스웨덴 코쿰의 설계 기사, 1959년 영국 로이드 선급협회 국제 선박 검사관, 대한조선공사 기술 고문, 미국 ABS 선급협회 국제 선박 검사관을 지냈다. 대통령 정무 비서관과 초대 제2 경제 수석 비서관을 지낸 뒤 국내 최초의 민간 조선기술 전문용역회사인 한국해사기술을 설립했다. 1995년 은탑산업훈장, 2010년 제51회 3·1 문화상 기술상을 받았다.

## 1965년 재영한인회의 시작

'재영 한국 유학생회'는 1964년 '재영한인회在英韓人會'로 이름을 바꾸고 회원 자격도 '영국에 3개월 이상 유학 또는 체류하는 한국인'으로 확대 수정한다. 그리고 1965년 11월에 '재영한인회'가 정식으로 출범한다. 제1대 한인회장으로 대한해운공사 지사장이었던 김희석 씨(서울대 상과대 출신으로 6대 김성응 회장의 전임 지사장이었다)가 선출되어 4개월 짧은 기간 재임하고 1966년 3월 강일구 씨가 제2대 한인회장이 된다. 서울대학교 금속공학과를 나온 강 회장은 1957년 맨체스터대학, 1961년 런던대학교 임페리얼 칼리지에서 공부하고 1961년부터 1969년까지 영국 Telcon Metals Ltd.에서 연구원으로 있었다. 대한금속학회 회장과 한국자기학회 회장을 역임했다.

강일구 제2대 한인회장

1966년 12월 이현복 교수가 제3대 한인회장을 맡았다. 서울대학교 언어학과를 졸업하고 1962년 영국 문화원 장학생British Council Scholar으로 선발

이현복 제3대 한인회장

되어 런던대학 대학원 음성학과로 유학을 왔다. 비행기 타고, 배 타고, 기차 타고 런던에 도착하는 데 한 달이 걸렸다고 한다. 유학 중에 영국 문화공보성과 외무성의 한국어 통역, 번역 일을 많이 했다. 1970년 유학을 마치고 서울대학교로 돌아가 언어학과 교수가 됐다. 1999년 엘리자베스 여왕이 한국을 방문했을 때 영국 표준영어의 연구와 교육에 이바지한 공로로 대영제국 훈장Commander of the Order of the British Empire을 받았다.

1967년 12월에 제4대 한인회장으로 정현식 씨가 취임한다. 그는 LA 교포로 기록돼 있다.

1969년 8월 엄장현 씨가 제5대 한인회장이 된다. 당시 기록으로는 의사로 알려져 있는데 런던대학교에서 수학했다

김성응 제6대 한인회장

1970년 12월에 취임한 제6대 한인회장은 대한해운공사의 김성응 씨다. 1956년 해양대를 졸업한 김 회장은 영국 정부의 Colombo Plan 장학금을 받고 1966년 1년간 영국에 유학해 Institute of Insurance에서 보험, Polytechnics of London에서 해운법을 공부했다. 해공의 런던 지사장인 1대 한인회장 김희석 씨가 본사 영업 상무로 가면서 후임으로 영국에 왔다. 무역·운송 관련 분야에서는 '해운 전문성이나 인품 면에서 타의 추종을 불허할 만큼 탁월했던 해운인'이라는 좋은 평가를 받았다. 당시 대사관 관계자도 그를 평가하기를 "인품이 원만하여 많은 사람으로부터 호평을 받았다"고 했다. 김성응 회장은 지금 한국학교의 뿌리가 되는 재영어린이학교 설립추진위원회를 구성해 1972년에 유럽 최초로 영국에 한글학교를 개교했으며 초대 교장까지 역임했다. 한국 정부는 그 공로를 인정해 1972년 광복절에 국민훈장 석류장을 수여 했다.

### 한인회관 마련과 한인회의 발전

한인회는 1972년 한인회관을 마련해 개관식을 했는데 한인회관이 한국학교 교실로도 사용됐다. 6·25전쟁 이후 한국을 돕고자 영국 성공회에서 설립한 대對한국 구호사업 단체 'Korean Mission' 건물이 노팅힐 게이트Notting Hill Gate 인근에 있었다. 가정집 규모의 건물이었는데 당시 별로 활용되지 않았다. 이에 한인회와 앵글로 코리안 소사이어티Anglo-Korean Society가 함께 나서서 이 건물을 사용할 수 있게 해달라고 성공회 측에 요청해 1972년 4월 6일 '재영한인회 회관' 개관식을 가졌다. 이를 추진했던 강철수 씨에 따르면 한국에서 간행되는 책자들을 대사관에서 가져와 비치하고 외환은행 런던지점 윤학수 이사가 기증한 소파 한 세트로 꾸몄다. 잡지 몇 권과 소파 한 세트가 전부였지만 한인들이 모여 정보를 교환하고 친목을 나누는 장소로 요긴하게 이용했다. 2층에 부엌과 샤워시설이 갖춰진 침실 2개가 있

었는데 한국에서 오는 방문객들에게 염가로 숙소를 제공했다. 그해 10월 아래층 2칸을 교실로 꾸미고 한국학교를 개교했다. 이 건물은 1975년 9월에 매각되어 한인회와 한국학교 모두 이전하게 된다.

정종화 제7대 한인회장

1973년 1월 정종화 고려대학교 영문과 교수가 제7대 한인회장을 맡는다. 영문학자이면서 소설가로도 유명한 정 교수는 1965년 브리스틀대학 대학원 석사, 1971년 맨체스터대학교 대학원 문학박사를 거쳐 1971년~1974년까지 영국 런던대 연구교수로 있었다. 정 교수는 제6대 김성응 회장과 함께 재영어린이학교 설립추진위원으로도 일하며 한국학교 설립에 힘을 쏟았다. 앵글로 코리안 소사이어티에도 깊이 관여해 활동했는데 스킬랜드 박사가 회장으로 있을 때 함께 많은 일을 했다. 한국으로 귀국해 여러 차례 한국 문학상을 받았고 많은 한국 문학 작품을 영어로 번역해 알렸으며 〈로렌스 단편선〉을 비롯한 많은 번역서를 냈다. 대영제국훈장(OBE)을 받았다.

1974년 5월 제8대 한인회장이 된 정희영 씨는 정주영 현대그룹 명예회장의 사위다. 왕회장으로 불리는 정주영 씨의 외동딸 정경희 씨의 남편이다. 서울대 상대를 졸업하고 1965년 현대건설 공채로 입사했는데 이명박 전 대통령과 입사 동기다. 정 회장은 조선 수주에 뛰어난 수완을 발휘해 현대조선중공업(현 현대중공업) 런던지점 주재 상무로 영국에 왔다.

강철수 제9대 한인회장

제9대 한인회장 강철수 씨는 천우사의 주재원으로 영국에 왔는데 1974년 12월부터 3년 넘게 한인회장을 맡아 일한다. 서울대학교 공대를 나온 강 회장은 한인회장을 두 차례 역임한다. 제9대 한인회장을 한 후 1986년에 다시 제17대 한인회장이 된다. 강 회장이 한인회장으로 봉사한 기간은 2차례 모두 합하면 5년 가까이 되는데 그는 한인회 역사를 처음 체계적으로 정리한 인물이며 지금도 한인회와 관련된 많은 사실을 증언해 줄 정도로 산증인이다. 2023년 현재 영국에 거주한다.

음용기 제10대 한인회장

1978년 2월 음용기 씨가 제10대 한인회장에 취임한다. 서울대학교 상과대학을 졸업한 음 회장은 1966년 현대에 입사해 34년을 근무한 현대맨이다. 현대그룹 해외 진출의 첨병으로서 초창기 10여 년간 우리나라 선박의 해외 영업을 주도했던 인물이다.

한인회는 1978년에 회칙을 개정한다. 회원 자격을 '영국 및 아일랜드에 3개월 이상 거주한 또는 거주할 18세 이상의 한국인'으로 하며 대사관 직원과 가족을 찬조회원으로 했으며 영국을 떠났거나 한인회에 공로가 있는 사람은 명예회원이 될 수 있도록 했다. 찬조회원은 선거권, 피선거권이 없었다. 음용기 회장의 주도로 한인회 이사진을 주재원 중에서 금융, 건설, 무역 등 분야별로 나눠 골고루 배정했다. 주영대사관의 영사가 이사회에 반드시 참석해야 했으며 교민 중에 김장진 한국학교교장, 신우승 재영한인과학기술자협회 회장이 이사회 구성원이 됐다. 이때부터 재영한인회가 제대로 된 구성을 갖췄다고 많은 한인이 평가한다. 또한, 1978년 8월에 한인회지인 〈재영한인〉을 발행했다. 한인회 활동 내용을 알리고 한인 기업 소개, 한국학교 학생들의 작품, 생활 정보 등을 담았다.

1979년 1월 현대에 근무했던 이정상 씨가 제11대 한인회장으로 취임한다. 한국학교 교장을 지낸 김장진 씨에 따르면 이정상 회장은 퍼트니Putney에 있는 현대그룹 직원 숙소에 형편이 어려운 한인 학생들을 불러 숙식을 제공하는 등 도움을 줬다고 한다. 한인회가 각계 한인 단체 대표들로 운영위원회를 구성해 사업을 추진한 것도 이때부터다. 이정상 회장이 역임한 2년여 동안 함께 일을 한 운영위원을 보면 강철수(전 한인회장), 박용국(코트라 관장), 이강수(금융단 간사, 한국은행 지점장), 김장춘(유학생회장), 김장진(교민 대표), 이종인(KAL 사무소장), 김북경(한국학교 교장, 목사), 신우승(과기협 회장) 등이다.

1978년부터 1985년 제16대 한인회장까지는 해마다 1월에 한인회 정기총회를 통해 1년 임기의 한인회장이 선출된다. 역임한 이들은 다음과 같다.

◎ **제12대 한인회장 박영국(80.01) (KOTRA)**

◎ **제13대 한인회장 편도권(81.01) (대우건설 전무)**

◎ **제14대 한인회장 조중용(82.01) (조흥은행 지점장). 이때부터 감사, 고문을 선임했다.**

◎ **제15대 한인회장 김종수(83.01) (삼성 상무)**

김종수 제15대 한인회장은 서울대학교 불문학과를 졸업하고 중앙일보 기자로 시작해 삼성으로 이직했다. 삼성물산 영국 지사 상무로 런던에 왔다. 미국에서 개인회사를 운영하던 중 중국 선교여행을 통해 자신의 삶을 조선족과 북한 동포를 위해 바치기로 하고 선교사로 변신한다. 이런 경험을 담은 저서 〈국경을 넘는 사람들〉을 썼다.

◎ **제16대 한인회장 박영수(85.01) (선경)**

박영수 제16대 한인회장

박영수 제16대 한인회장은 성균관대 상학과를 졸업했다. 효성물산과 ㈜선경 종합무역 사장을 거쳐 진로그룹 회장을 지냈다. 효성그룹 고문과 성균관대 경영대학원 객원교수, 국회 과학기술정보통신위원회 정책자문위원장, 넷피아 경영총괄 회장 등을 역임했다. 영국에 살면서 아직도 한인회 관련 인사 등 한인들과 교류하고 원로로서 자문을 주고 있다. 국민포장(2005), 자랑스러운 한국인상(2013)을 수상했다.

◎ **제17대 한인회장 강철수(86.07) (천우사)**

◎ **제18대 한인회장 이영철(88.01) (삼성 전무)**

(제1대에서 제18대 한인회장까지 17명의 회장 중 2020년 현재 영국에 체류하는 전임 한인회장은 9, 17대 강철수 회장과 16대 박영수 회장이다.)

20대 한인회장까지는 대부분 런던에 주재하는 대기업, 금융기관, 정부 기관의 책임자들이 한인회장을 역임했다. 그리고 한인회를 꾸려나가는 중심은 운영위원회였다. 운영위원은 주재 상사 대표들은 물론 교민 대표, 유학생 대표, 종교계 대표 등을 망라해 구성함으로써 한인회가 한인사회 모든 구성원을 대표하는 조직으로서의 위상을 갖추려고 노력했다. 일례로 1979년 운영위원을 보면 강철수(전 재영한인회회장), 김북경(런던 한인교회 목사), 남주홍(유학생회장), 김상수(교민대표), 정성용(과기협 회장), 김명수(금융단 간사), 박용국(코트라 런던 사무소 관장) 등 각계 인사들로 구성됐음을 알 수 있다.

당시 재영한인회의 주요 사업은 첫째가 '한국학교 운영'이었다. 그 외에 친목회, 야유회, 회원을 위한 후생 사업, 강연회, 연구발표회, 토론회 등의 개최 그리고 특이하게도 한영협회와 유대하고 합동으로 추진하는 제반 사업이 강조되어 있는데 한인회의 전신인 재영한국유학생회가 설립될 때 한영협회 회장을 고문으로 했을 만큼 계속 깊은 교류를 하고 있음을 알 수 있다.

## 한인회와 교민회

1978년 겨울, 10명의 교민이 뜻을 모아 '재영한국교민회'를 만든다. 당시 유럽에서 발간하는 한인 신문에 "국적 취득 한인들(교민회원)이 일시 거주 한인(한인회원)들과 동화되지 못해 따로 만들었다"고 했듯이 한인회와는 다른 구성원들이 모여 만들었다. 이때부터 영국 한인사회에는 한인회와 교민회라는 두 단체가 약 10여 년 동안 불안한 동거를 하게 된다. 두 단체는 결국 하나의 한인회로 통합해 양 단체의 구성원들이 새로운 재영한인회를 출범하고 한인회의 중추적인 역할을 하게 되지만 처음 교민회가 만들어질 때부터 한인회로 통합하기까지 약 10년 동안 불편한 관계로 공존한 것은 사실이다.

한인회와 교민회의 통합을 두고 당시 한인회에 관여했던 인사들 사이에 견해 차이가 있는데 우선, 교민회는 한인회를 구성하는 여러 산하 조직 중 하나였기 때문에 '통합'이라 하기에 무리가 있고 교민회가 한인회에 흡수되었다는 주장이 있다. 이에 따르면 1979년 '영주교민회'가 발족하고 난 뒤에도 한인회 운영위원회가 열리면 영주교민회 회장이 한인회 운영위원의 한 사람(자격)으로 회의에 참석했다는 것이다. 그리고 영주교민회의 운영비 일부를 한인회에서 지원했다고 한다. 당시 한인회는 영국에 거주하는 모든 한인의 의견을 골고루 반영하기 위해 영주교민회는 물론 재영유학회, 재영청소년회 대표 등을 모두 운영위원으로 포함했다고 한다. 단체의 구성원을 보더라도 한인회는 체류 기간이나 목적과 관계없이 영국에 사는 모든 한인이 모이는 곳이고 영주교민회는 영국에 정착할 목적으로 온 사람들만의 모임이라 두 단체가 하나로 되었다는 것은 규모나 역사가 앞선 한인회에 교민회가 자연스레 흡수된 것이라고 주장한다.

영주교민회가 만들어지기 전 교민들 사이에는 한인회와는 별개의 교민 모임을 만들자는 움직임이 있었다. 그러자 이런 움직임을 보고 한인회에서는 주재원보다 교민의 수가 적어도 한인회 운영위원의 50%를 교민들 몫으로 배분할 만큼 배려하고 있으니 별도의 모임을 만들지 말라고 교민회 결성을 반대했다. 그러나 교민들은 한인회 운영위원을 한인회장이 지명하다 보니 교민 대표 운영위원이 한인회의 뜻에만 맞춰 활동하니 교민들의 의견은 제대로 대변하지 못한다고 불만을 표출했다. 따라서 교민 대표를 교민들의 손으로 선출해 운영위원회에 보내야 교민들의 의견이 한인회에 제대로 전달된다며 영주교민회를 따로 만든 것이다. 한인회 운영위원으로 지명된 교민대표와 다른 교민들 간에 의견이 달랐거나 모종의 마찰이 있었을 것으로 짐작되는 부분이다.

1979년에 영주교민회가 만들어지고 얼마후에 명칭을 '교민회'로 바꿔자 한국에서 온 사람들이나 외부 인사들이 눈에는 영국에 '한인회'와 '교민회'라는 두 개의 한인 단체가 있는 것으로 보이게 된다. 한국에서 온 사람들이 영국에 두 단체가 있느냐고 물으면 한인회에서 "한인회는 체류 목적이나 기간에 관계없이 영국에 사는 모든 한인이 모이는 곳이고 영주교민회는 영국에 정착할 목적으로 온 사람들만의 모임"이라고 대답하게 된다. 교민회에서 교민회 정회원의 자격을 '영국에 영주를 목적으로 거주하는 한국인'으로 했기 때문이다.

1979년 교민회 초대 회장은 김상수 씨가 맡았다. 김상수 회장은 중학생 때 영국 유학을 와서 중·고등학교 과정을 거쳐 고학으로 바스대학교 University of Bath 전기공학과를 다녔다. 35살 늦깎이 졸업을 했다. 2대 교민회장 이성진 씨의 여동생과 늦은 결혼을 했는데 콜리어스우드 Colliers Wood에 있는 이들의 신혼집 집들이를 하면서 교민회를 결성했다. 집들이 겸 창립식에는 교민 17세대가 참석했다. 초대 교민회의 총무는 박종은 씨. 이성진, 채우병, 박경복 씨 등이 적극적으로 교민회 활동을 했다. 창립 당시 한 사람당 10파운드의 회비를 받았다. 주영대사관이 현재 대사관저로 사용하는 런던 켄싱턴 Kensington 부근(4 Palace Gate, London W8 5NF)에 있었는데 교민회원인 김기환 씨가 현지 채용 대사관 관리인으로 있으면서 대사관 지하층에 살았다. 면세품인 위스키 등을 구매하기 좋아 교민회의 모임 장소로 대사관 지하층을 많이 이용했다. 이성진 씨가 머튼에 문을 연 한영식품도 교민회 모임 장소로 애용했으며 영국에 온 한인들에게 교민 소식을 알리는 본부 역할을 하기도 했다. 임원 명단을 보면 최원중(북부지역 회장), 임종근(스코틀랜드, 에딘버러 지역 회장), 정성용(남부지역 회장), 김동문(웨일스 지역 회장), 김기완(런던 지역 회장), 채우병(고문) 등이 있고 회원이 100여 명이나 됐다. 당시 교민회원들에 따르면 회원 중에 영국인과 국제결혼을 한 한인 여성이 1/3을 차지했다. 김치를 담궈 야유회를 갈 때 50여 명 정도 참석했는데 국제결혼을 한 한인 여성들은 이런 행사에 대부분 참석했다. 따라서 교민회에 등록된 100명의 회원 중 이들이 가장 적극적으로 참여하는 회원들이었다고 회상한다.

이처럼 교민회는 영국 각지에 흩어져 사는 모든 교민을 포괄하는 단체가 되고자 여러 지역 회장을 두고 런던, 웨일스, 스코틀랜드, 잉글랜드 북부, 중부, 남부 등 6개 지역 교민회로 나뉘었다. 1981년에는 맨체스터 교민회와 결합해 그해 송년회를 하면서 '참전용사를 위한 위로의 밤' 행사를 교민회가 해마다 맡게 된다. 송년회는 지역 커뮤니티센터를 빌려 해마다 12월에 열었는데 교민회의 가장 큰 행사였다.

김상수 씨가 1979년부터 1983년까지 회장을 역임한다. 김상수 회장이 3년 임기를 마치고 사퇴 의사를 밝혔는데 당시 대사관에서 한영수교 100주년인 1983년까지 회장직을 유지해달라고 부탁한다. 그래서 1년 더 회장을 맡게 되는데 당시 교민들의 생활은 소위 '먹고 살기 힘들다' 표현할 정도로 생활 전선에서 바빴다. 그래서 다들 교민회장을 하기 꺼리는 분위기였다고 한다.

그런데 1983년에는 교민 중에서 교민회 참여하지 않았거나 교민회에서 탈퇴한 이들이 모여 '영우회'를 만든다. 최만영, 이영식, 김장진, 이창희, 장민웅 씨 등이 참여했다. 대사관에 기존 교민회와 달리 별도의 교민회를 결성한 것이라고 알리며 한때 두 개의 교민회가 있는 것으로 알려지기도 했으나 '영우회'는 활동 내역이 없고 후에 주재 상사 출신 인사들까지 참여하면서 친목회 성격으로 그쳤다.

이성진 교민회장
제25대 한인회장을 역임

1984년부터 2년 동안 이성진 씨가 교민회장을 맡는다. 그해 교민회 임원 명단을 보면 박경복, 장민웅, 김기완, 이영철, 박병용, 이경우, 채우병, 최봉근, 임종근, 김동문 씨 등이 부서장과 지역 회장을 맡아 봉사했다. 1986년부터 2년 임기로 최원중 씨가 회장을 맡는다. 최원중 회장은 맨체스터에 살았는데 교민회 회의, 모임, 행사가 있으면 맨체스터에서 런던까지 자동차로 달려 참석하고 일을 처리하는 열성을 보였다고 한다. 참전용사와 한인들 간의 교류에도 큰 역할을 했다. 1988년 주낙군 씨가 마지막 교민회장을 역임한다. 주낙군 회장은 노리치 지역에서 합기도 도장을 운영했는데 1986년에 런던으로 옮겨 교민회에 가입하고 불과 2년 만에 교민회장을 맡은 경우다.

교민회는 야유회, 체육회, 망년회(송년회)를 정기적으로 열어 친목과 화합을 다졌다. '재영 교민의 밤'이라는 이름으로 열린 망년회는 교민회의 정기 총회를 겸한 최대의 잔치였다.

## 한인사회, 통합의 물꼬를 튼다

1980년대 후반, 영국에 한인이 이주 오면 교민회의 회원들이 찾아가서 교민회를 소개하고 회원으로 데려오는 등 교민사회가 화목한 분위기였고 교민회보를 별도로 만들 만큼 교민의 수가 점차 많아지자 두 개의 한인 단체를 하나로 통합하자는 분위기가 형성됐다. 1986년 제3대 교민회장에 취임한 최원중 씨가 통합의 불씨를 지폈는데 한인회에서는 후에 제20대 한인회장이 되는 김인호 씨가 당시 파트너가 되어 통합 논의를 한 것으로 알려져 있다. 두 사람은 고려대 동문이라 쉽게 논의가 진행됐다고 한다.

통합에 물꼬를 댄 사건이 1986년 전두환 대통령의 영국방문이다. 사실 교민회 회원들은 대통령의 방영 소식을 모르고 있었다. 전 대통령의 영국 방문을 교민회에 알려준 이는 주영대사관에 근무하다가 한국으로 귀임해 청와대에 파견 나간 전임 무관이었다. 영국에 살았을 때 교민과 친하게 지냈던 그는 대통령이 영국에 가는데 교민들은 간담회에 참석하지 않느냐고 정보를 줬다. 교민 대표들이 대사관에 문의하자 대사관에서 대통령의 동포간담회 참석자를 100명으로 한정하고 교민은 20명만 참가하라고 했다. 이같은 대사관의 조치에 교민회가 반발하며 그동안 한인회에 비해 상대적으로 홀대를 받았다는 불만이 한꺼번에 터져 나왔다. 교민회를 영국 교민들의 대표기구로 인정하고 정부 지원금을 한인회가 아닌 교민회로 지급하라고 대사관에 요구했다. 이는 기존에 쌓여 있던 한인회와 교민회의 갈등은 물론 대

한반도 통일연구회가 주최하고 재영한인회가 주관한 '96 조국통일에 관한 국제 학술 토론회'가 런던 원즈워스 타운홀에서 열렸다. 북한에서 대표단 3명이 참석했다.

사관과 교민회의 갈등까지 불을 지른 계기가 됐다. 갈등이 깊어지자 1987년 한국 정부에서 사람들을 보내 두 단체가 통합하라고 종용한다. 이에 교민회에서 통합에 관한 여러 안(개정된 정관 등)을 한인회에 제시하고 대화에 나섰으나 두 단체의 주장이 워낙 팽팽해 이견을 좁히지 못한 채 다음 해로 과제를 넘겼다.

교민회와 한인회의 통합이 논의되는 것을 당시 대사관 측은 반기지 않았다고 한다. 대사관 측에서는 "세월이 지나면 저절로 자연스럽게 통합될 것이니 서두르지 말자."라는 의견이었다고 하지만 교민회 관계자들은 주재 상사 중심으로 구성된 한인회가 있는 것이 대사관의 입장에서는 여러모로 일하기 편했기 때문에 교민회원들이 이끌어갈 한인회가 달갑지 않았을 것이라고 주장한다. 특히 "한국에서 고위급 인사가 오면 교민회에서 적절한 수준의 손님맞이를 할 수 있을까?"하는 식의 우려를 공공연히 표현해서 교민을 무시한다는 반발을 사기도 했다. 그래서 주영대사의 지시로 안기부 파견 공사와 영사가 수시로 교민회장을 찾아와 "통합을 미뤄달라."는 요청을 했다고 주장한다. 그리고 대사관 측에서 주재 상사 중심으로 '경제인협회'와 같은 모임을 따로 만들라고 제안하기도 했다고 한다.

1988년 제4대 교민회장이 된 주낙군 씨는 제18대 한인회장 이영철 씨와 통합을 구체화했다. 교민회 임원이었던 서병일, 채우병, 이성진 씨 등이 힘을 모았다. 영주교민회가 만들어지고 한인회와 통합하기까지 10년이 걸린다. 1988년 말 통합된 한인회의 명칭을 '재영한인회'로 하며 통합 한인회장은 장기 거주자만이 할 수 있도록 회칙을 개정하고 이영철 한인회장과 주낙군 교민회장이 한인회와 교민회의 통합에 합의, 1988년 12월 원즈워스 타운홀에서 열린 총회에서 통합을 발표한다. 그리고 새로운 한인회장을 선출해 신호철 씨가 제19대 한인회장이 된다. 신호철 씨는 주재 상사 출신이면서 교민회 임원으로도 활동했기에 한인회와 교민회 양측 모두를 아우르며 양측 모두 거부할 이유가 없는 인물로 판단돼 통합 한인회장으로 추대된 것이다. 제19대 한인회장은 제1대 통합 한인회장인 셈이다.

## 통합 한인회의 출범

- ◎ **제19대 한인회장 신호철(89.05) (선급협회)**
- ◎ **제20대 한인회장 김인호(91.01) (금호)**
- ◎ **제21대 한인회장 장민웅(93.01~93.12)**

장민웅 제21대 한인회장

제21대 한인회장 장민웅 씨는 건국훈장 애족장을 서훈한 독립운동가 장내주 선생의 손자다. 장민웅 회장은 교민 출신으로 처음 한인회장이 된 경우다. 이후 한인회장은 계속 (주재 상사 출신이나 유학생 출신이 아닌) 교민이 맡게 된다. 장 회장은 1970년대 이란에서 건설업을 했는데 일어로 된 이란어 교재를 한국어로 번역한 〈표준 페르시아어 입문〉을 발간해 나중에 외국어 대학 교재로도 사용됐다. 이란혁명으로 영국 행, 영국 중부 도시 밀톤킨즈에서 사업을 키웠다. 회장 재임 시 하이드파크 인근에 건물을 얻어 한인회 사무실을 겸한 한인회관을 개관했으며 이한응 열사 동상 건립에도 크게 기여했다. 당시 한인들을 대상으로 공모해 한인회가를 만들었다.(고 이만호 목사가 만든 노래가 한인회가로 선정됐다) 1986년부터

### 한인회가

재영한인회의 회가會歌가 있다는 사실을 아는 한인은 거의 없다. 1993년 장민웅 회장이 사재를 내 한인들을 대상으로 한인회가를 공모했는데 당시 얼마나 응모했는지 기록은 없지만 이만호 목사가 만든 곡이 선정됐다고 장 회장이 생전 인터뷰에서 알렸다. 그 후 이 노래가 공식 석상에서 불린 적이 없어 모두에게 잊혔다가 27년 만에 악보를 찾았다. '힘차고 씩씩하게' 부르라고 하는 '재영한인회'의 가사는 이렇다.

1절 조국이여 빛을 발하라 동방의 고요한 아침의 나라.
　온겨레여 한인의 얼을 세계만방에 떨처어(쳐) 보세.
　슬기 모아 우리 민족 중흥 찬란한 역사 위에 꽃을 피워
　조국 통일 이룩합시다 자랑스러운 재영한인회.
2절 정든 고국 떠나 살면서 어찌 한시인들 잊으리이요.
　서로 돕고 의지하면서 건강한 한인공동체 이루세.
　웅대한 이상과 꿈을 품고 반만년 역사 위에 우뚝 서서
　인류공영 이룩합시다 자랑스러운 재영한인회.
3절 많은 외침과 국난에도 우리 문화 지켜온 배달민족.
　아름다운 산천과 한은(?) 우리모두의 큰자랑이로세.
　각자 맡은 사명감 다하여 찬란한 새역사의 주인공되어
　세계평화 이룩합시다 자랑스러운 재영한인회.

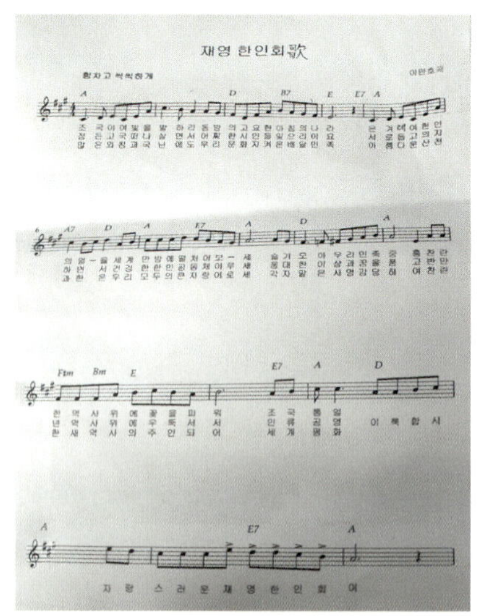

재영 한인회가 악보

10여 년 넘게 퍼모스트 골프대회(영국 PGA 소속 프로선수와 한인과 현지인 아마추어 등 3명이 한 조로 경기 진행)를 열어 수익금을 자선기금으로 지역사회에 전달했다. 2010년 교육기금위원장 재임 시 한인종합회관을 개관했다. 민주평화통일자문회의 활동도 오래 했는데 1993년 제6기(영국의 민주평통 위원은 장민웅, 강철수였고 당시 수석부의장은 이홍구로 직전 주영대사였다)부터 제9기까지 민주평통 영국분회장을 역임하며 다수의 통일 관련 강의를 했다.

### ◎ 제22대 한인회장 김정웅(94.01~95.12)

김정웅 회장은 1995년부터 1998년까지 유럽한인총연합회 회장을 역임했다. 유럽한인총연합회는 유럽 23개국 한인회가 모인 연합회로 1991년에 설립됐다.

### ◎ 제23대 한인회장 오극동(96.01~97.12)

오극동 제23대 한인회장

제23대 한인회장 오극동 씨는 한인회장 재임 후에도 한인사회에 많은 봉사와 기여를 했다. 교육기금 발기인 및 이사, 사무총장 역임하고 2004년 노무현 대통령 영국 방문 당시 민주평화통일자문회의 영국 지회장으로 많은 역할을 했다. 2013-2014년 한인회장선거 관리위원회 위원장으로 봉사했다.

### ◎ 제24대 한인회장 최만영(98.01~99.12)

### ◎ 제25대 한인회장 이성진(00.01~00.12)

### ◎ 제26대 한인회장 조성영(01.01~02.12)

최만영 제24대 한인 회장

조성영 회장 임기까지 한인회장 선출을 한인회 이사들이 했으며 대부분 단독 후보를 두고 찬반 투표를 하는 형식적인 투표였다. 그러나 27대 회장 선거에는 박영근, 정완진, 김찬준 세 후보가 출마해 이사들의 투표로 결정됐다. 당시 한인회 이사는 30명이었다. 30명의 이사에게만 투표권이 있었기에 한인회 이사가 아닌 사람이 한인회장에 출마할 경우 그는 후보자가 되어도 피선거권은 있지만, 선거권이 없는 기이한 현상을 연출했다. 30명이 사이좋게 협의해서 차기 회장을 추대하면 단독 후보가 차기 한인회장이 되는 관례가 27대부터는 사라졌다. 민주적인 절차로 한인회장을 선출하기 시작했다고 할 수도 있으나 한정된 인원이 모여 다수의 후보를 놓고 회장을 선출하니 이사회 내에서 다시 분열되고 한인회 이사라고 해도 한인들을 대표하는 상징성이 없어 한인회가 한인들에게 외면받고 한인회 회장 투표를 둘러싸고 한인들이 분열되는 양상을 보이기 시작한 건 이 선거에서 시작됐다.

### ◎ 제27대 한인회장 박영근(03.01~03.12)

제27대 한인회장 박영근 은 21대 장민웅 회장 기간 이후에 없었던 한인회 사무소를 다시 개설했

박영근 제27대 한인회장

다. 한인회장배 골프대회를 시작했다. 28대 회장 선거를 앞두고 선거권자가 대폭 늘었다. 한인회 이사가 한인 전체를 대표하지 못한다는 비난 여론이 있었고 지방에 있는 한인회 대표들의 의견도 포괄한다는 의미로 한인사회 각 단체장, 지역 한인회장, 한인회 이사 등으로 150명의 선거인단을 구성해 118명이 투표했다. 신우승, 김지호, 박영근 세 후보가 출마해 신우승 후보가 당선됐다. 회장 임기도 2년으로 늘었다.

### ◎ 제28대 한인회장 신우승(04.01~05.12)

신우승 회장은 1970년 도영, 리즈대학에서 재료공학 박사학위를 취득했다. 1974년 재영과학기술자협회를 만들어 초대회장, 1985년 한글학교 교장을 역임했다.

신우승 제28대 한인회장

회장 재임 시 킹스턴시와 협의해 한인 노인들을 위한 노인정을 개설했다. 2005년 세계한인회장대회의 공동의장으로 선출됐다. 2005년 영국인 남편에 의해 살해된 강태희 씨 토막살해 사건의 불공정성을 알리고 공정 재판을 요구하는 한인 추모집회와 촛불시위를 벌였다.

### ◎ 제29대 한인회장 석일수(06.01~07.12)

제29대 한인회장 선거는 석일수 한인회 부회장이 단독으로 등록해 투표없이 당선이 확정됐다. 석일수 회장은 삼성물산 주재원 출신이다.

2003년 12월에 열린 한인회장 선거 모습

석일수 제29대 한인회장

석일수 회장의 임기가 끝난 2007년 말 한인회장 선거에서 조태현 후보가 당선됐는데 박영근 후보가 주재상사 부재자 투표에서 조 후보 측의 부정이 있었다고 영국 법정에 선거 무효 소송을 제기해 한인회장은 공석이 되고 한인회 활동이 없는 1년을 보낸다.(일부 기록에는 조태현 씨가 회장직무대행으로 1년 재임한 것으로 나오기는 하나 이는 명백히 잘못이다. 회장직무를 대행한다는 표현도, 활동도 할 수 없었던 완전한 공백기였다. 따라서 이 기간은 한인회 '공백기'로 표현해야 옳다) 한인회 소송은 그 후 몇 년 동안 계속 이어져 한인사회 내적으로는 한인회가 한인들을 대표하는 기구로서의 위상을 전혀 갖지 못하게 만들어 한인들이 한인회를 외면하게 되고 외적으로는 영국 한인사회에 대표기구가 없고 대외창구가 없는 것으로 치부돼 한국정부나 관련 기관, 단체와의 모든 교류가 단절됐다. 결국, 선거에 관련된 소수 한인의 욕심으로 모든 한인이 피해자가 되는 상황을 만들었다. 한인회장 선거소송으로 인한 가장 큰 피해는 한인들이 한인회를 외면하게 됐다는 것이다. 더욱이 일부 소송비용을 한인회 공금에서 사용한 사실도 드러나 2007년 말 한인회장 선거소송은 한인 사이의 문제를 영국 법정에서 해결하려 했던 최초, 최악의 선례로 남게 된다.

이에 한인회장 부재, 한인회 공백기가 1년을 끈다.

### ◎ 한인회장 부재, 한인회 공백기(08.01~08.12)

### ◎ 제30대 한인회장 서병일(09.01~10.12)

서병일 제30대 한인회장

서병일 회장은 재영요식업협회 초대 회장을 역임했다. 재임 시 한인들의 50년 숙원이라는 재영한인회관을 개관한다. 재유럽 입양청소년체육회(회장 박화출)와 공동으로 재유럽한인 차세대 체육대회를 런던에서 개최했다. 1986년에 처음 영국에서 유치한 이래 24년 만에 다시 영국에서 치러졌다. 이 대회는 영국을 비롯한 스위스, 독일, 스웨덴, 이탈리아, 룩셈부르크, 노르웨이, 프랑스, 스페인 등 9개국에서 200여 명이 참석했다.

제30대 서병일 회장이 당선되면서 한인회장 선거 소송의 후유증을 잠시나마 진정시키며 1년 만에 한인 축제. 연말 행사 등을 재개하고 유럽 한인 차세대 및 입양인 체육대회를 영국에서 개최하는 등 한인회 활동이 정상적으로 돌아갔으나 이는 서 회장 재임 2년 동안의 한시적 안정에 불과했다.

2012년 런던올림픽을 앞두고 한인회장에 관심있는 후보들이 유독 많았던 가운데 치러진 제31대 한인회장 선거는 3명의 후보가 출마하고 선거운동 기간을 거치면서 점차 과열돼 한인사회의 또 다른 분규가 예상됐다. 한인회장을 역임한바 있는 두 전임회장(석일수, 박영근)이 다시 출마하면서 한인회장이 봉사직이라는 의미가 퇴색했다는 평가를 받은 선거였다. 특히 이 선거에서 처음으로 한인회비를 낸 사람에게만 투표권이 주어졌는데 선거운동 기간에 수백 명이 회비를 내고 투표권을 얻었다. 사실 한인회는 2007년 말 선거 뒤 부정선거 시비와 소송으로 한인회비를 영국 변호사 비용 등 소송비로 사용하면서 한인회가 한인들로부터 외면받고 있었기에 서병일 회장 재임 기간에 한인회비를 낸 사람은 손에 꼽을 정도였다. 그런데 2010년 11월 27일 한인종합회관에서 치러진 제31대 한인회장 선거에의 선거권자는 743명이었고 그중에 598명이 투표했다. 이 선거 후에 '부정선거', '매표' 공방이 끊이질 않았고 한인들로 구성된 '부정선거 진상조사위원회'가 활동하고 나섰으며 선거 후 얼마 지나지 않아 2010년 12월 13일에는 '회장선거 관련 부정선거 진상조사 발표문'까지 나오면서 갈등이 극에 달한다.

◎ **제31대 한인회장 박영근(11.01~12.12)**

## 공식 분규 지역이 된 영국 한인사회

제31대 한인회장 선거 후 영국 한인사회에는 '영국한인의회'라는 또 하나의 한인회가 만들어진다. 한인사회가 결국 갈라진 것이다. 두 개의 한인회가 있는 것으로 간주한 외교부와 재외동포재단에 의해 영국 한인사회는 공식적으로 '분규 지역'이 된다.

세계 여러 국가에 있는 한인회 중에 회원인 한인들 간의 불화로 분규 되는 경우가 있다. 대부분 한인회의 분규는 단체 내부에서 발생하는 불화로 시작된다. 소위 '민민갈등'이 대부분이다. 1980년대 교민회와 한인회의 갈등도 처음에는 민민갈등이었다. 그러다가 대사관에서 교민회를 홀대한다고 느껴 불만이 표출한 민관갈등으로 번진 것이다.

영국 '재영한인총연합회(한인회)'의 분규는 민민갈등이었다. 그런데 가치관의 차이에서 발생한 갈등이라기보다는 어떤 이권을 둘러싼 소수 관계자 사이의 다툼에서 발생한 것이라는 인상이 강했기에 대다수 한인이 한인회를 외면하는 계기가 됐다. 특히 이 시기에 한인회를 이끈 소수 인사가 상대 한인 모임뿐 아니라 대사관을 향해서도 자기들의 정통성을 인정하지 않는다고 비난하고 공격을 해 민민갈등을 넘어 또 다른 '민관갈등'까지 만들어 해결을 더 어렵게 했다.

분규 지역이 되면 한국으로부터의 지원이나 한국 행사에 초청되는 기회 등이 박탈된다. 이런 분규 상태는 2017년 6월 영한회와 한인회가 통합되기까지 계속된다.

재영한인회는 제31대 박영근 회장 임기가 끝난 뒤 한인회장을 선출하지 못했다. 후보가 등록했다가도 한인회 관련 소송 문제가 해결되지 않아 정상적인 회장 활동이 어려울 것으로 판단해 중도에 사퇴하기도 했다. 그러자 한인회는 2012년 12월에 정관을 개정해 비상대책위원회를 만들고 박영근 현 한인회장을 비대위원장으로 하고 다음 한인회장을 선출할 때까지 한인회를 운영하기로 했다. 이때 바뀐 정관을 보면 수석부회장을 두는 것이 신설됐고, 회장 후보 등록 시 공탁금을 5,000파운드에서 3,000파운드로 내렸으며 후보 사퇴와 관련 공탁금 반환 문제가 발생할 것을 우려해서인지 "공탁금은 절대 반환하지 않는다"는 규정을 넣었다.

2013년에는 재영한인총연합회, 재영한인연합회, 재영한인의회 등 3개의 한인 단체가 난립해 있었다. 이에 한인회를 둘러싼 한인들 간의 분열과 갈등을 봉합하고자 2013년 2월 5일 대사관에서 '한인사회 화합 방안' 모임을 했다. 3개 한인 단체 회원들, 전임 한인회장들, 대사관 관계자들, 동포신문사 사주들, 재영경제인협회 회원들이 참석했다. 이 자리에서 전임한인회장단에 전권을 위임해 소송으로부터 자유로운 새로운 한인회를 만들자는데 합의했다. 전임한인회장들로 구성된 선거관리위원회는 오극동 전임회장을 위원장으로 선관위원에 주낙균, 강철수, 이성진, 최만영, 박영수, 장민웅, 서병일, 조성영, 신우승 전임회장 등으로 구성됐다.(소송 당사자인 박영근, 석일수 조태현 전임 회장들은 제외했다) 선관위는 3개의 한인 단체를 비롯해 여느 단체의 정관에도 구애받지 않은 독자적 규정으로 선거를 준비하면서 선거권과 피선거권을 '한국 국적자 또는 한국 국적자이었던 사람 및 그 자녀로 한다, 선거권을 회비 납부와 관계없이 직능별 대표 선거인단에게 부여하기로 한다, 한인회, 한인의회, 체육회 등 각종 한인 단체나 민주평통 같은 국가 단체, 요식업협회 등 친목, 이익단체는 물론 경제인협회 소속의 주재상사나 교민 기업과 일반 기업에도 선거권을 부여, 사실상 대부분의 성인 한인이 투표할 수 있도록 한다, 등의 틀을 구성하고 선거 준비를 했으며 이에 따라 2월 15일 선거공고를 냈다.

그런데 재영한인총연합회에서 이 합의를 깨고 독자적으로 선거관리위원회를 구성하고 자신들만의 방식으로 회장 선출을 한다. 따라서 힘들게 마련된 화합의 기회가 무산된다. 모든 한인 단체와 한인들의 비난이 쇄도하고 전임한인회장단에서도 성명을 내고 재영한인총연합회의 분열 행위를 비난하며 이 단체를 한인회로 인정하지 않겠다고 했다.

재영한인총연합회 비대위는 이때 독자적으로 치러진 선거를 통해 2013년부터 제32대 권갑중 회장으로 이어졌다고 하나 2013년부터 2017년 6월까지 재영한인총연합회의 활동은 한인사회나 대사관 모두가 공식적인 한인회 활동으로 인정하지 않는 상태였기에 일부 인사들로만 운영되는 한계를 드러낸다. 특히 다른 한인회가 있었기에 외적으로도 여전히 분규지역이었다. 그래서 2017

한인사회 정상화를 위한

**공청회**

영국 한인사회 정상화를 위해 재영한인 공청회를 가집니다.

이번 공청회는 전임 한인회장, 한인 원로분 그리고
영국서 활동중인 한인 6개 단체가 함께 합니다

한인 사회 발전을 위한 의견을 나누는 이번 모임에
많은 분의 성원과 참여 부탁드립니다.

**일시 2016년 1월 23일(토) 오후 2시**

**장소 한인회관 회의실**

재영한인 노인회 회장 지석인
재영한인 외식업협회 회장 조현자
재영 입양인 후원회 회장 박화출
(사) 겨레얼 살리기 운동본부 영국지회장 박종은
영국한인경제인연합회 회장 황승하
유권자연맹 회장 하재성

한인회가 3년째 제 기능을 못하고 공백상태에 있자 2016년 1월, 한인사회의 여러 단체 대표들이 나서서 '한인사회 정상화를 위한 공청회'를 개최한다는 광고를 영국에서 발행되는 동포신문들에 게재했다.

년 6월 하재성 한인회장과 조현자 영한회 회장이 통합에 서명하기까지 4년 5개월의 기간은 한인회 역사에서 '공백기' 혹은 '분규기'로 해야 한다.

재영한인총연합회를 한인회로 인정하는 한인들이 거의 없었고 이 시기 이후에는 한인회가 아닌 다른 이름으로 구성된 한인 단체(영국한인회 등)가 기존 한인회보다 더 활발히 활동하는 시기였다.

그도 그럴 것이 기존 한인회는 이미 분규 지역으로 규정돼 대외활동을 거의 할 수 없었고 대다수 한인이 한인회를 외면하고 있는 상태라 한인들의 대표단체로서의 역할을 하지 못했다. 더욱이 2015년부터는 아예 회장을 하려는 사람이 없어 한인회 활동이 없는 공백 상태였다. 결국, 회장이 없는 상태를 메우려 다시 비상대책위원회 규정을 내세우며 비대위로 한인회를 유지했다지만 이 기간에는 비대위의 활동 내역도 전혀 없다.(일부 기록에 나오는 대로 2015년부터 비상대책운영위원회가 있었고 비대위원장이 2016년 4월부터 12월까지 있었다고 한인회에서 주장하나 이는 주장할 근거가 없는 잘못이다. 비대위는 2015년부터 있었다는데 비대위원장은 1년 뒤 4월에 나타난다. 오히려 비대위보다 한 달 먼저 2016년 3월에 영한회영국거주한인모임가 만들어지는데 이에 맞춰 급조된 것이라고 봐야 한다)

한인회가 아무런 기능을 하지 못하고 계속 한인들의 외면을 받자 2013년부터 한인사회의 새로운 구심점 역할을 하던 한인 단체의 대표들 - 영국 한인사회에서 활동 중인 6개 단체, 재영한인노인회(회장 지석인), 재영한인외식업협회(회장 조현자). 재영입양인후원회(회장 박화출), 겨레얼살리기운동본부 영국지회(회장 박종은), 영국한인경제인

2015년 재영한인 송년잔치

## 영한회 송년잔치 "많이들 오셨네"

영국한인회(영한회) 송년잔치가 2016년 12월 10일 몰든센터에서 열렸다. 재영한인, 북한동포, 중국동포 150여 명이 모두 한자리에 모여 주최 측에서 마련한 한식 뷔페를 함께 했고 한국 왕복 항공권 등 푸짐한 경품을 받아가는 행운도 맛보았다. 조현자 회장은 "지난 10개월 많은 행사를 성공적으로 치른 데는 동포들의 도움이 컸다."며 인사했다. 한편, 이날 서병일 전 한인회장은 인수인계 당시 문제가 된 효 기금으로 3,000파운드를 영한회에 기탁했다.[자료제공: 한인헤럴드]

연합회(회장 황승하), 유권자연맹(회장 하재성)이 모여 기존 두 개의 한인회(재영한인총연합회, 재영한인연합회)와 별도의 한인회를 만들기로 결의하고 2016년 3월 영한회(영국거주한인모임)를 발족한다.

영한회 회장 피선거권은 45세 이상, 5년 이상 영국 거주, 공탁금 2,000파운드를 내고, 한국에서 금고 이상의 형, 영국에서 이에 상응하는 형을 받지 않아야 하며 30명 한인 추천서, 회장 임기는 2년으로 1회에 한해서 연임, 과거 한인회의 중임(2년 쉬고 다시 출마하는 것) 폐단을 막기 위해 회장 재임 기간을 '총 4년을 초과할 수 없다'고 규정했다. 선거권은 18세 이상, 영국 1년 이상 거주 한인이어야 한다고 했다.

조현자 씨가 회장으로 선출되고 수석 부회장 1명 포함 5명의 부회장, 30인의 이사, 고문과 자문위원, 감사 2인과 사무총장 등 37명의 임원으로 구성된 영한회가 2016년 3월 3일 공식 출범한다.

출범하자마자 영한회는 각종 행사를 새로 개최하고 끊어진 행사를 부활시키며 활발히 활동에 나서는데 2016년 한해에만 3월 특례입학 설명회 개최, 4월 제1회 영한회 회장배 OPEN 배드민턴 대회, 5월 제1회 영한회 회장배 축구대회 / 어버이날 행사, 6월 제1회 영한회 회장배 골프대회, 7월 브리티시 여자 오픈 골프 응원, 8월 광복절 행사, 9월 한가위 행사, 10월-11월 문화 행사, 12월 송년잔치 및 총회 등을 진행했다.

### 갈등을 봉합한 한인회, 새 돛을 달다

2013년부터 별다른 활동이 없던 재영한인총연합회는 2015년에 들어 회원이 거의 없는 단체가 됐다. 그러자 2017년에는 영한회에서 활동했던 하재성 씨가 한인회로 옮겨 혼자 회장 후보로 등록한 뒤 제33대 한인회장에 취임했다고 발표한다. 그런데 재영한인총연합회는 비상대책위원회라는 명목으로 2년의 공백이 있었던데다 그동안 사용하던 한인회 공식 사이트조차 전임 회장과 인수인계가 되지 않아 새로 급조하는 등 많은 문제점을 드러냈다.

이에 더 이상 영국 한인사회를 분규 지역으로 둘 수 없다는 한인들의 요구를 받아들여 2017년 6월 영한회와 한인회가 통합하기로 합의한다. 2017년 6월부터 12월까지는 영한회 조현자 회장과 한인회 하재성 회장이 공동회장을 맡게 되는데 이 기간에는 주로 조현자 회장이 회장 직무를 수행한다. 8월 21일 한인종합회관에서 광복절 기념식을 열고 9월 18일에는 한인회장배 골프대회를 개최한다. 통합된 한인회를 축하하러 주영한국대사관에서 송년회를 마련했다. 오랜만에 대사관 대회의실에 한인사회 단체장들, 전임회장들, 원로들이 송년회에 초대돼 한자리에 모였다.

조현자 32대 한인회장 (공동회장)

따라서 제31대 한인회장 박영근(11.01~13.12월) 이후 한인회 분규기(13.01~17.06), 32대 한인회장 조현자(2017년 6월~2017년 12월), 제33대 한인회장 하재성(2018년 1월~2018년 12월)으로 정리

한인회 농악공연

하재성 33대 한인회장

할 수 있다. 또 하나 제32대(2017년 6월~2017년 12월) 공동회장(조현자, 하재성), 2018년에는 하재성 제33대 회장으로 기록할 수 있다. 재영한인회 분규에 따른 공백, 한인 단체의 난립, 수시로 바뀌는 한인회 정관, 이마저도 따르지 않은 비정상적인 총회, 그에 따른 비정상적인 회장 선출 등을 반복한 약 4년 반의 공백기를 제대로된 한인회의 역사로 정리하기가 어렵다.

2018년 총회에서 열린 선거에 송천수, 김미순 후보가 출마했다가 김미순 후보가 사퇴하고 송천수 한인회장이 무투표로 당선됐다.

2020년 12월에 있을 예정이던 제35대 한인회장 선거가 코로나 여파로 시행되지 못했다. 회비를

황승하 36대 한인회장

낸 회원에 한해 선거권을 주는 투표방식에 대한 비난 여론이 높은데도 이때까지 한인회는 계속 이 방식을 고집했다. 선거권을 갖기 위해 한인회비를 내면 후보자 측에서 대납 등으로 매표할 수 있다는 우려가 있지만 평소 한인회비를 내는 한인이 극소수라 선거를 기회로 한인회비를 받아 그동안 사용한 손실을 충당하려는 계산에 따라 한인회비를 내면 선거권을 주는 투표 방식의 유혹을 재임한 한인회장들은 끊지 못했다.

김숙희, 임선화, 황승하 3명의 후보가 출마했다. 일부 후보 측에서 선거 방법을 두고 선거관리위원회와 마찰을 빚어 선관위원이 전원 그만두는 사태가 벌어지고 선거가 계속 연기되면서 선관위원장이 두 번이나 바뀔 정도로 과열됐다. 2021년 9월에 선거를 했고 김숙희 후보가 당선됐다.

2023년 11월에 열린 제36대 한인회장 선거에 황승하, 송영주 두 후보가 출마해 황승하 후보가 당선됐다.

송천수 제34대 한인회장 당선자가 서병일 선거관리위원장으로부터 당선증을 받고 있다.

## 영국 내 지방 한인회 현황

**Oxford 한인회** (회장 서정민)

Manfield College, Oxford OX1 3TF

Tel : 01865 559 603

**Cambridge 한인회** (회장 김한균)

Mainsonette 6, St, Edmund's College,

Cambridge CB3 0BN

Tel : 01223 574 583

**Cardiff 한인회** (회장 조성연)

1 Elaine Close, Thomhill, Cadiff CA14 9AT

Tel : 01222 692 758

**Birmingham 한인회** (회장 이용범)

36 Barron Road, Nortfield, Birmingham

Tel : 0121 477 8423

**Sheffield 한인회** (회장 이종호)

38 Fountside, Oaskdale Road, Sheffield S7 1SN

Tel : 07756 461 023

**York 한인회** (회장 배준식)

7 Badger Court, Badger Hill, York YO10 5HQ

Tel : 01904 438 970

**Leeds 한인회** (회장 강충호)

2 Tannery Square, Green Road, Meanwood, Leeds LS6 4LT

Tel : 0113 230 6553

**Manchester 한인회** (회장 최봉근)

2 Brooklyn Ave. Umston, Manchester M41 6PF

Tel : 01706 377 777

**Edinburgh 한인회** (회장 권정현)

6-6 West Winnelstrae, Edinburgh EH5 2ES

Tel : 0131 551 6558

**Glasgow 한인회** (회장 한용석)

252 Whiteless Road, Cumbemaund, Glasgow G3 8TE

Tel : 01236 728 305

**Nottingham 한인회** (회장 한재필)

55 Eskdale Drive, Nottingham NG9 5NA

Tel : 0115 922 9053

## 한인 최초 영국 지방의원 2명 당선

2018 영국 지방선거에서 두 명의 한인 출신 지방의원이 나왔다. 하재성 씨(58)와 권보라 씨(38)가 그 주인공.

한인회장인 하재성 씨는 킹스턴 베벌리Beverley 와드ward에 자유민주당으로 출마해 1천787표를 얻어 당선됐다. 권보라 씨는 런던 해머스미스 레이번스코트 파크Ravenscourt Park에 노동당으로 출마해 1천768표로 당선됐다. 한인 출신으로 영국 지방의원에 당선되기는 이번이 처음이다. 한인 후보들은 지난 2010년부터 지방의회 문을 두드렸으며 3번의 도전 끝에 이번에 두 명의 의원을 배출하는 기쁨을 만들었다. 하재성 씨도 지난 선거에서 고배를 마셨으나 이번에 재도전, 당선의 영광을 안았다.

## 재외동포 유공자 대상, 4인 동시 수상

2020년 제14회 세계한인의 날 기념 재외동포 유공자 대상 포상 수여식이 12월 4일 주영국대사관에서 개최됐다.

조신구 전 레딩한인회장이 국민훈장 석류장, 박화출 비비드푸드 대표 겸 입양인후원회 회장이 국민포장, 임선화 대한노인회 영국지회 회장이 국무총리표창, 장정은 한·영문화교류협회 대표가 외교부장관표창을 받았다.

재외동포 유공자 대상은 해외에 사는 재외동포들을 대상으로 동포사회의 화합과 발전. 지역사회 내 한국 문화 전파 및 이미지 제고에 기여한 공로가 있는 사람들을 유공자로 선정해 상을 수여한다.

재외동포 유공자 대상 포상 수여식. 박화출 대표(왼쪽 2번째), 임선화 회장(왼쪽 3번째), 조신구 회장(오른쪽 3번째), 장정은 대표(오른쪽 2번째)

사건과 사고

# 재영한인 사건 사고의 기록

〈Korean Accidents〉

## 유학생 이승준 씨 폭행 사망 사건

1998년 10월, 케임브리지 대학 사회정치학 박사 과정에 있던 유학생 이승준 씨(당시 31세)가 흑인 청년들에게 집단폭행 당해 사망한 사건이다. 사건이 한인타운이 있는 킹스턴에서 발생했는데 사건 당시 응급조치를 한 구급대원과 영국 경찰의 늑장 대처, 특히 피해자를 인종차별적으로 대했다는 평가가 있어 한인사회에서 한인의 권익 옹호를 위한 대책이 필요하다는 여론이 일었던 사건이다.

사건은 이승준 씨와 가족들이 강변을 산책하던 중 고의로 시비를 걸어온 흑인 청년 4명에게 이승준 씨가 집단폭행을 당해 쓰러져 병원으로 옮겼으나 결국 사망한 것이다. 범인들은 쓰러진 이 씨와 그 일행을 한참 폭행하다 달아났다. 부인의 신고 전화를 받고 경찰과 구급 요원이 30분 뒤에 왔고 병원 응급조처는 3시간이나 지난 뒤에 이루어졌다. 새벽에 전문 병원으로 옮겨져 두 차례 뇌수술을 받았지만 사건 발생 닷새 만에 이승준 씨는 사망했다. 두개골 골절에 의한 뇌 손상으로 사망했다고 경찰은 발표했다.

그런데 유가족 측에서 사건 당시 경찰과 구급대원의 인종차별적 처우에 불만을 표시했다. 사건이 일어나고 현장에 온 경찰과 구급대원에게 이승준 씨가 피의자들로부터 무차별 폭행을 당해 쓰러졌다고 설명했는데도 경찰은 피해자가 술에 취한 것으로 보인다고 했고, 이승준 씨를 이송하면서 구급용 들것을 사용하지 않았고, 이 씨가 고통으로 구토를 하자 구급요원이 이를 피하려 환자의 머리를 놓아 시트에 부딪히게 하고는 오히려 세탁비를 받아야겠다는 말까지 했다고 한다. 피해자 가족이 구급차에 동승하려 했지만 못 타게 했고 이에 가족들이 경찰에게 병원까지 태워 달라 부탁했지만 거절당했다. 근처에 신호 대기 중인 경찰차를 발견하고 사건을 설명한 뒤 병원에 태워 달라고 했으나 이마저도 거절당했다.

이런 일련의 행태가 문제로 제기되자 지역 NGO 단체인 소수민족 권익보호 협회도 나서서 경찰의 인종차별적 처우를 비난했다. 당시 BBC 등 현지 언론도 이 사건에 깊은 관심을 갖고 '이 사건은 인종적 증오와 편견을 포함한 복합적 동기가 작용했을 가능성도 있다'고 보도했다.

최만영 한인회장을 비롯해 한인회를 중심으로 각계 재영한인들이 모여 '이승준 씨 사건 수습 대책 위원회'를 만들고 사건의 진상 규명과 유가족을 위한 성금 모금 운동을 벌였다. 지역 국회의원, 시장, 경찰서장 등이 위로 메시지를 보내고 케임브리지 대학교수들이 편지와 조의금을 보내는 등 많은 이가 이승준 씨 사건에 관심을 보이고 죽음을 애도했다.

이 사건은 경찰 관계자들의 인종차별적 처우에 한인사회가 단합해 대처한 첫 사례로 꼽히지만 한편으로는 한인사회가 이런 불공정한 처사에 제대로 단합된 힘을 보여주지 못한 사례라고도 할 수 있다. 영국의 인종차별이 흑인 사회는 물론 아시아인 사회에도 심각한 문제가 되고 있는데 소위 한인타운에서 발생한 문제에 한인들이 제대로 대처하지 못했다는 것을 보여준 사건이었다. 이를 계기로 한인들의 권익 보호를 위한 전문적인 단체 결성이 필요하다는 주장이 나오기 시작했으며 또 다른 관점에서는 적절한 대우를 요구하려면 지역사회의 일원으로서 지역을 위한 공헌도 필요하다는 각성의 목소리도 있었다.

## 유학생 이경운 군 의문사 사건

2000년 9월 스페인에서 영국 켄트대학으로 유학 온 이경운 군(당시 17세)이 대학 입학 열흘 만에 캔터베리 거리에서 인도를 걷다가 차도로 들어서는 순간 51인승 통학버스에 부딪히고 역과해 현장에서 사망한다. 그런데 증인도 있는 단순한 교통사고로 끝날 줄 알았으나 유가족이 병원과 경찰로부터 받은 사망 관련 서류에는 의문점이 많았다. 사망 일자가 다르고 사고 지점도 바뀌었다. 서류에 있는 서명이 위조된 느낌도 들었다. 더욱이 유가족에게 경운 군의 시신을 보여주지 않았다. 유가족을 대신해 경운 군의 명복을 빌어주기 위해 장의사를 찾아갔던 영국인 신부에게도 시신을 보여주지 않았다. 유가족은 시신 부검에 입회를 요청했지만, 거절당했다.

그리고 사망 3년 만에 영국 경찰이 시신 사진 6장을 유가족에게 보낸다. 유가족은 이 사진이 조작된 것이라는 느낌이 들어 미국인 전문가와 한국법과학연구소에 보내 감정을 의뢰한다. 모두가 '합성 또는 조작되거나 합성이나 조작이 아니라고 단정할 수 없는 사진'이라고 공식 평가한다. 경찰 발표는 현장에서 즉사했다고 하는데 시신에는 의료행위를 한 흔적이 있고 주요 사인으로 추정되는 다른 상처가 있는 거로 보인다는 등 의문이 커진다. 유가족은 이경운 군 사망 경위에 의혹을 제기하며 장례를 계속 거부한다.

이경운 군의 아버지 이영호 씨가 스페인의 생업을 전폐하고 영국에 불법체류 하면서 몇 년째 사건의 의혹을 풀려고 노력하는 과정에 한인사회의 의견도 유가족의 주장을 지지하는 측과 영국 정부의 발표를 신뢰하자는 측으로 나뉘어 자주 마찰을 빚기도 했다. 또한 유가족이 보상금을 노리고 아들 시신 장례를 막는다는 식의 비방과 루머까지 돌았다. 유가족과 교민들이 이경운 군 시신이 안치된 병원 등을 방문해 추모 시위를 몇 차례 했다. 이런 일들이 있을 때마다 이경운 군 추모 시위에 참여하느냐 마느냐로 의견이 달랐던 한인들이 첨예하게 대립하기도 했다. 시신의 장기 훼손 여부, 시신 사진 조작 여부, 시신 임의 처리 여부 등 여러 의혹이 각자의 주장과 갖가지 소문으로 덧붙여져 의문사 의혹만 증폭되자 주영대사관에서 사건 개요와 유가족의 주장 그리고 대사관의 조치 사항을 일자별로 공지해 한인사회에 알리며 이해를 돕기도 했다.

이경운 군 의문사 사건의 진상규명을 요구하는 영국 교민과 영국인들. 맨 아래 가운데가 아버지 이영호 씨

결국 대한민국 국회 교통상위 구주반의 주영대사관 국정감사에서 김문수 의원 등이 유가족을 참석시켜 입장을 듣고 해결에 나섰다. 의문사 의혹을 풀기 위해 영국과 외교 수립 이후 최초로 영국 법령에 의한 부검을 위해 시한부적 임시 부검의 자격으로 국립과학수사연구소에서 부검의가 오고 유가족이 요청한 천주교정의구현전국사제단에서 파견된 의사가 입회해서 냉동됐던 경운 군의 시신을 6년 만에 재부검했다. 한국 부검의는 교통사고로 결론지었고 시신은 사고 발생 7년 1개월여 만에 매장됐다. KBS 〈추적 60분〉, SBS 〈그것이 알고 싶다〉에 소개되는 등 한국의 언론과 시민단체 등에서 큰 관심을 가졌던 사건은 그렇게 끝이 났다.

이 사건에 관심을 가졌던 네티즌들이 이경운 군의 시신이 매장됐다는 소식에 영국 경찰의 초동 수사 미흡, 유가족에 대한 인종차별적 대우, 한국 대사관의 미온적인 대응 등을 문제점으로 제기했다. 특히 해외에서 어려운 일을 당하면 기댈 수 있는 유일한 곳이라 믿었던 대사관의 형식적인 일 처리 방식에 한인들이 많은 아쉬움을 남겼다. 또한 유가족을 돕는 재영한인들을 향해 영국 정부를 믿지 못하고 쓸데없는 일을 벌이고 다닌다는 식으로 비난을 하던 사람들도 많았지만 '유학생 이경운 군 의문사 사건'은 비슷한 일이 발생할 경우 이런 대응과 노력이 있어야 의문사의 의혹을 풀고 사건이 해결된다는 교훈을 알려줬다고 할 수 있다.

### 영국 민박집 유학생 살인사건

2001년 비슷한 시기에 한인 여자 유학생 두 명이 실종된다. 프랑스 리옹 대학에서 프랑스어 연수 중 2001년 10월 영국을 여행하기 위해 런던에 온 뒤 실종된 진효정 씨(당시 21세), 영국에 온지 한 달 뒤인 11월 18일 북요크의 도로에서 가방 안에 든 부패된 시신으로 발견된다. 피해자의 신원파악이 어려운 상황이라 경찰은 시신이 담긴 가방이 한국에서 제조됐다는 단서만 갖고 있었는데 마침 영국에서 행방불명된 동생을 찾는다는 글이 한인 사이트에 올라 피해자 신원을 파악하게 된다.

경찰은 피해자 진 씨가 머물렀던 민박집 주인 김규수 씨를 용의자로 지목하고 수사를 진행했으나 김 씨는 자신의 범행을 극구 부인한다.

그런데 비슷한 시기 실종된 또 다른 한인 유학생 송인혜 씨(당시 22세, 런던 길드홀 대학에서 호텔경영학 공부)의 시신이 김 씨의 민박집 벽장에서 발견된다. 진효정 씨와 송인혜 씨, 두 시신은 모두 얼굴에 테이프가 감겨 있고 손이 묶인 채 옷이 벗겨진 상태도 같았다.

범인 김규수 씨(당시 31세)는 2000년 영어 연수차 영국에 온 뒤, 한인 학생들을 상대로 민박을 운영해온 것으로 알려졌다. 배심원과 재판장은 김규수에게 두 유학생 살해사건 각각에 대해 1급 살인죄murder를 적용해 무기징역life imprisonments 2건을 선고했다. 영국 경찰은 이 범행이 성적 충동이나 단순한 금전적 이유로 발생한 것은 아니라고 판단했는데 범인은 경찰 체포 후 수사단계와 재판 기간 내내 묵비권을 행사해 진술 내용이 거의 없었고 종신형이 선고되어도 감정적인 변화를 보이지 않았으며 살인 동기나 의도에 대해서도 전혀 알려진 바 없다. 범인은 한국에서도 부인을 폭행하고 감금한 전과가 있었다.

그런데 이 사건이 문제가 된 것은 한국 언론의 무분별한 보도 태도에 있다. 용의자의 주장을 일방적으로 보도하면서 살해된 두 여학생이 '약물 과다복용으로 사망했을 가능성'이 있다고 하거나 '마약 복용과 모종의 관련이 있을 것이라는 추측된다'는 식으로 추측식 기사를 남발했다. 이로 인해 사건의 정확한 내막을 모르는 이들은 피해자들의 억울한 죽음을 두고 마약 복용이나 범죄단체와의 연루 등을 연상하게 만들어 피해자와 유족을 두 번 죽이는 가해를 한국 언론이 자행했다는 비판을 받았다.

BBC NEWS UK EDITION

Last Updated: Tuesday, 25 March, 2003, 12:41 GMT

Email this to a friend    Printable version

**Students' killer jailed for life**

**A landlord has been jailed for life for the murders of two young female students who died after being bound with sticky tape and entombed.**

Kim Kyu Soo dumped one victim in a suitcase in North Yorkshire.

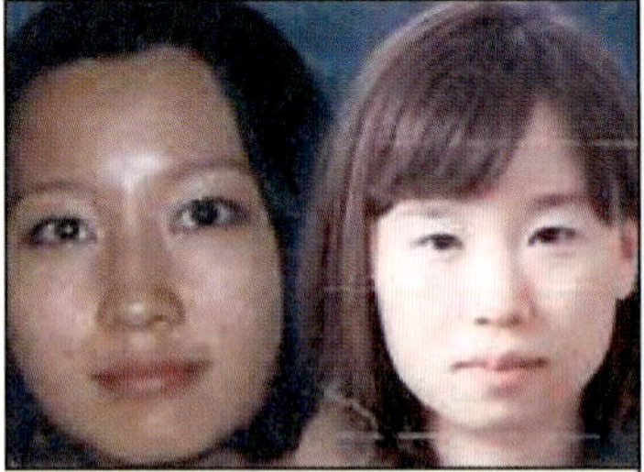

Miss Jin (left) and Miss Song were suffocated

The other was walled up in a sealed compartment in London.

Jin Hyo Jung, 21, and Song In Hea, 22, were Korean students

BBC에 보도된 영국 민박집 유학생 살인사건

### 영어학원 한인 부인 토막 살해 사건

2004년 6월 한인타운에서 '킹스턴 영어학원'을 운영하던 강 모 씨가 남편 폴 달튼과 부부싸움 중 맞아 사망한다. 달튼이 아내 강 씨의 얼굴을 주먹으로 때려 턱뼈가 깨지고 피가 기도를 막아 질식사한 것이다. 물론 당장 999에 알렸으면 강 씨는 살 수 있었다. 그러나 그는 아내를 방치하고 사건을 어떻게 덮을까 궁리했다.

둘 사이에는 딸이 있고 평소 부부싸움이 잦았다. 폴 달튼은 아내의 폭언에 격분해 한 대 때렸는데 사망했다고 줄기차게 주장했다. 도주하기 전 그의 어머니에게도 "죽일 마음은 없었는데 한번 때렸는데 일이 생겼다."고 문자를 보냈다. 그는 전기톱과 냉동고를 샀다. 강 씨 사체를 토막 내 냉동고에 숨기고 자신과 강 씨의 예금을 모두 찾아 도피자금을 마련해서 히드로 공항을 통해 일본으로 도망갔다.

강 씨의 사체는 아들 집을 방문한 범인의 아버지에 의해 발견된다. 킹스턴 경찰은 긴급 공개 수배령을 발령하고 행적을 추적해 일본으로 형사를 파견한다. 폴 달튼은 일본의 여관에 숨어 있다가 신고를 받고 체포돼 영국 형사들과 함께 돌아온다.

범인은 '말다툼하다가 한 대 때렸더니 아내가 쓰러졌고 밖에 나갔다 오니 죽어 있었다. 무서워서 시체를 토막내 냉장고에 넣고 도주했다. 죽일 의사가 없었다'고 주장한다.

현지 언론도 달튼이 곧바로 구급차를 불렀다면 강씨가 목숨을 구할 수 있었을 것이라고 보도했다. 그러나 그는 강 씨의 시신을 며칠 동안 거실에 방치했고 사건을 은폐하려 사체를 토막 냈다. 그리고 체포된 후 살인의 모든 책임을 아내에게 돌렸다. 평소 자신을 노예처럼 부렸고 학원 수익을 혼자 차지하고 폭언과 폭행을 했으며 사건 당일에는 결혼한 이유가 오직 영국 시민권 때문이었다고 해 격분했다는 것이다.

재판에서 폴 달튼의 변호사는 죽은 강 씨가 언어 폭력과 조롱으로 남편을 학대한 여성이었고 오직 비자를 얻기 위해 결혼한 매정한 여성이었다는 점을 강조했다. 변호사는 이를 뒷받침할 증인들을 모두 모았으나 피해자를 옹호해줄 증인은 한 명도 없었다. 검사 측 증인이라고는 달튼의 부모와 달튼과 불륜관계에 있던 여성뿐이었다.

범인은 아내를 죽인 뒤 전기톱으로 사체를 아홉 토막 내 유기했으며 전기톱과 냉동고를 새로 구입했기에 살인이 우발적이었다고 보기 어렵다. 달튼은 학원에 영어를 배우러 온 여성들과 종종 불륜을 저질렀으며 학원에서 일하는 여자 직원과도 불륜관계에 있었다.

영국 경찰은 한국에 있는 피해자 강 씨의 어머니를 찾아갔다. 영국 경찰은 수사를 끝내기 전에 피해자 쪽을 찾아가 수사 과정을 설명하고 그들의 의견을 묻는다. 영국 경찰이 딸을 죽인 사위가 어떤 처벌을 받길 원하느냐고 묻자 강 씨 어머니는 먼저 하늘나라에 간 딸은 하느님의 구원을 받았을 것이기에 여섯 살 외손녀를 위해서라도 용서하기로 했다고 대답한다. 영국에는 피해자 측의 진술이 판사와 배심원의 판결에 큰 영향을 미치는데 한국에 있는 피해자 가족이 '용서하기로 했다'고 대답해 어처구니없는 판결에 한몫했다.

이런 이유가 복합적으로 작용해 범인의 살인에 대한 고의가 입증되지 않았고 결국 폭행치사죄만 적용된다. 학대에 시달리던 영국인 남편이 부부싸움 중 우발적으로 한 대 친 주먹에 한국인 아내가 숨진 사건이라고 배심원들이 달튼의 손을 들어준 것이다. 과실치사죄로 2년, 사체를 유기한 죄로 3년, 고작 징역 5년의 가벼운 처벌을 받는다.

당시 한인사회는 분개했다. 아내를 토막살인한 범인에게 고작 징역 5년이라니. 더욱이 영국은 형기의 반을 채우면 석방되는 경우가 많아 재판 당시 이미 1년을 형무소에서 보낸 달튼은 이제 1년 반만 더 있으면 자유의 몸이 될 수도 있다는 말이 한인사회에 나돌아 재심을 청구해야 한다는 주장이 팽배했다. 신우승 한인회장을 비롯한 한인회가 중심이 돼 한인들이 재심을 촉구하는 촛불시위까지 벌이기도 했다. 그러나 영국 법정은 새로운 증거가 나오지 않는 이상 대체로 재심을 하지 않는데다 당시 영국 언론들도 토막살인범을 단죄하기보다 사망한 피해자가 얼마나 나쁜 여자였는지 하는 것을 피의자의 주장만 좇아 받아 쓰면서 기사를 흥미 위주로 다뤄 강 씨의 죽음은 더 억울한 사건으로 남았다.

코리아 김치 페스티벌(2022)

# 9
# 영국 한인사회의 각종 단체

재영요식업협회, 재영한인교육기금, 노인회, 재영관광협회, 영국 한인여성회, 재영한인박사연구자협회, 재영한인과학기술자협회, 재영한인의사협회등 다양한 각종 단체들이 있다.

영국 한인들은 정착 초기부터 여러 단체를 만들어 교류했다. 1970년대에 잠시 있다가 사라졌지만 '영국에서 웃으며 살자'는 뜻의 '영소회英笑會'와 같은 단순한 친목단체부터 '재영외식업협회'와 같이 무려 50년 이상의 역사를 이어 아직도 계속되는 단체가 있다.

재영요식업협회KORSA, 재영한인교육기금KEF, 노인회(대한노인회 영국지회), 재영관광협회, 영국 한인여성회KOWIN, 재영한인박사연구자협회KRUK 재영한인과학기술자협회KOEAUK, 재영한인의사협회KUMA 등 다양한 각종 단체들이 있다.

## 1. 재영요식업협회 KORSA

재영요식업협회의 발족은 2001년이지만, 영국 내 한국식당의 역사는 1975년까지 거슬러 올라간다. 따라서 영국의 한국식당과 요식업에 관련된 한인들의 이야기는 또 하나의 영국한인사를 쓰고도 남을 정도다. 이 장에서는 영국에서 문을 열었던 한국식당과 그곳에 종사했던 한인들의 이야기를 시간의 흐름에 따라 먼저 살펴보고 영국 한인사회에서 가장 활발히 활동하는 단체 중 하나로 꼽히는 재영요식업협회를 얘기하겠다.

재영요식업협회의 영문 약자 KORSA는 Korean Restaurant and Supermarket Association의 줄임말이다. 2001년 협회가 처음 만들어질 때부터 이 이름을 사용했고 바뀌지 않았다. 이름에서 보듯 외식업체인 한식당, 카페, 퓨전 레스토랑과 유통업체인 슈퍼마켓 모두 협회 회원 자격을 갖고 있다. 협회 정관에도 회원 자격을 <영국 내 한인 식당 및 식품 관련 업주 전원으로 한다>고 했다. 협회는 2020년 현재 영국에서 한인이 식당이나 슈퍼마켓 등 식품 관련업을 하는 곳이 150여 개 이상이 될 것으로 추산한다. 2020년 12월 현재 회원으로 가입해서 활동하는 업소는 10%가 채 되지 않는다. 협회가 공식적으로 결성된 2001년보다 오히려 회원 수가 줄었다. 영국 요식업 역사의 1세대들이 상부상조의 목적으로 1980년대 모여서 만들었던 친목계가 발전해 협회가 만들어졌는데 발족 당시에는 알음알음으로 요식업에 종사하는 한인들은 대부분 회원으로 가입해 활동하거나 적어도 협회에 이름을 올리고 협조를 하는 식이었다. 그러나 지금은 협회에서도 다 파악하지 못할 만큼 한식당이 많아졌고 특히 젊은 세대가 요식업에 대거 진출해 한식당이 퓨전화되면서 각자 자기만의 개성으로 요리하고 자기 방식으로 경영을 하며 각자 살길을 찾고 있다고 해야 한다. 따라서 현재의 협회 집행부는 이런 변화에 맞춰 모두를 아우르는 협회로 발전, 재탄생해야 하는 과제를 안고 있다고 설명한다.

### 런던 최초의 한식당 '고려정'과 '폴란드 아리랑'

영국 한인사회의 교민 1세대를 구성한 이들 중 많은 수가 요식업에 종사했다. 한인회와 통합된 '영주교민회'의 회원 중 상당수가 요식업에 종사하고 있었다. 요식업 종사자라고 해서 처음부터 자기 업소를 갖고 자기 간판을 걸고 오너셰프로 사업을 시작한 경우는 드물고 한인 레스토랑이 한 곳 문을 열면 셰프나 주방 인력으로 초빙되어 한국에서 오는 경우가 대부분이었다.

영국의 한인 요식업자들은 런던 최초의 한식당으로 '폴란드 아리랑'을 꼽는다. 상호가 '아리랑'인데 런던 웨스트민스터 카운슬의 소호 지구 내 폴란드 스트리트Poland Street에 있어서 폴란드 아리랑으로 불린다. 폴란드 아리랑 여사장의 여동생이 나이츠브리지에 아리랑이란 상호로 또 다른 한식당을 운영했는데 두 곳의 상호가 같은 아리랑이라서 두 곳을 구분하려고 처음에 그렇게 불렀는데 '나이츠브리지 아리랑'이 이미 문을 닫고 지금은 폴란드 아리랑 식당만 남아 있는데도 영국에 오래 거주한 이들은 그냥 아리랑 레스토랑이라 부르지 않고 여전히 '폴란드 아리랑'이라 부른다.

그런데 문을 연 시기로 보면 켄싱턴Kensington에 있는 현재 대사관저 앞에 있었던 '고려정'이 폴란드 아리랑보다 6개월 앞선다. 1975년 연말에 김기선 씨 부부가 오픈한 고려정은 외국 대사관이 밀접한 지역에 있어 한국 주재상사원은 물론 외국인 고객이 많았다. 배춘근 씨가 주방장으로 있었는데 런던에서 최초로 한식 메뉴를 만들었다고 할 수 있다. 구하기 힘든 식자재를 한국에서 공수해왔는데 급하면 일본, 중국 식품점에서 비슷한 재료를 사서 한국식으로 만들어야 했기 때문에 식자재 공급에 가장 큰 어려움이 있었다고 토로했다. 그렇지만 런던 최초 한식당으로 제법 자리를 잡을 무렵 당시 영국 실정에 어두웠던 젊은 부부는 부동산의 서브레팅Subletting의 개념을 몰랐

아리랑 레스토랑의 취업 비자로 영국에 온 한인 1세대 요리사 박금출 씨. 1970년대 런던 한인 레스토랑의 주방 모습을 엿볼 수 있다.

는데 결국 중간업자에게 속아 6개월 만에 문을 닫게 된다.

폴란드 아리랑은 '위 사장'이라는 말레이시아인 남편을 둔 한인 여성이 1976년 6월에 문을 열었다. 메뉴가 대부분 한식으로 구성된 한국레스토랑으로 당시에도 식사 시간에는 줄을 서야 할 만큼 인기가 있었고 장사가 잘됐다. 폴란드 아리랑에서 취업비자를 받아 영국에 온 요식업 1세대 인사 중에 뉴몰든에서 '이레분식'을 운영한 박금출 씨가 있다. 그리고 1978년에 '나이츠브리지 아리랑'이 문을 연다. 이 레스토랑의 요리사로 영국에 온 요식업 1세대 인물이 많다. '장원식당'의 강방원 씨, '사랑방'의 신양하 씨 등이 나이츠브리지 아리랑 출신이다.

런던 최초의 한식당 '아리랑' 전경. 1976년 문을 열어 47년째 영업 중이다.

## 영국에 온 최초의 한식 셰프는 주선옥 씨

앞서 '영국 내 한국식당의 역사는 1975년까지 거슬러 올라간다'라고 했는데 1975년에 한식 요리사 자격증을 가진 셰프가 처음 영국에 와서 한식을 만들어 영국 현지인과 다른 문화권 출신 사람들에게 판매했기 때문이다. 영국에서 처음 한식을 만든 셰프는 주선옥 씨다. 그는 1975년 노리치 Norwich에 문을 연 한식당 '내마을'의 주방장으로 영국에 왔다. '내마을'은 1973년부터 노리치에서 대형 교회를 임대해 도장을 꾸며 합기도를 영국인들에게 보급한 주낙군 사범이 1975년 역시 노리치에 문을 열었는데 한식 요리를 할 사람이 없어 한식 요리사 자격증을 가진 조카 주선옥 씨에게 노동허가서를 내주고 한국에서 데려왔다. 그러니까 '내마을'은 영국 전체로 보면 영국에서 처음으로 한식을 판매한 식당이고 주선옥 씨는 영국에서 판매용 한국 음식을 처음 만든 요리사인 것이다.

'내마을'은 주로 테이크어웨이(음식 포장 판매)로 운영했는데 영국에 한식 레스토랑이 없을 때라 주영한국대사관에서 런던시에도 개점해달라고 요청했다고 한다. '내마을'은 런던에서 멀리 떨어진 지방 도시에 문을 열었기에 동양권 음식이 생소한 지역 사람들에게 "마늘 냄새가 너무 강하다"라는 식의 평을 받아 1년 만에 문을 닫게 된다. 1년 뒤 런던 중심가에서 문을 연 '폴란드 아리랑'이 문을 열자마자 점심시간에 고객이 줄을 선 것을 보면 1970년대 당시 런던시와 지방 도시의 풍경이 많이 달랐음을 짐작게 한다.

요식업협회 회장을 역임한 '유미회관'의 허영구 씨에 따르면 1980년 초반까지 런던에 한식당이 6~7곳 있었다고 한다. 업주가 바뀌어 상호를 변경하거나 아예 문을 닫은 경우도 있지만 대체로 초기 한식당으로는 폴란드 아리랑, 나이츠브리지 아리랑, 가야(대표 박중희 씨, 후에 서병수 씨가 인수), 신라(대표 박영규 씨), 한국회관(대표 박금출 씨), 고려정(대표 최만영 씨) 등이 꼽힌다.

영국 한인 요식업사의 1세대에 속하면서 역시 교민 1세대를 구성한 이들 중 많은 사람이 영국 이민 초기에 해당하는 1970년대 후반과 1980년대 초반에 한식당의 요리사로 영국에 왔다. 영국

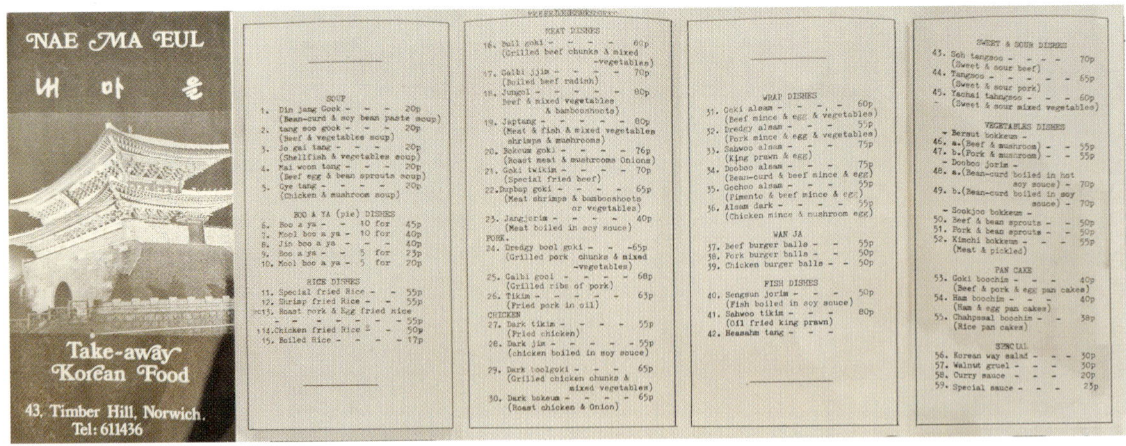
NAE MA EUL
내 마 을
Take-away Korean Food
43, Timber Hill, Norwich.
Tel: 611436

SOUP
1. Din jang Gook - - - 20p (Bean-curd & soy bean paste soup)
2. tang soo gook - - - 20p (Beef & vegetables soup)
3. Jo gai tang - - - 20p (Shellfish & vegetables soup)
4. Mai woon tang - - - 20p (Beef egg & bean sprouts soup)
5. Gye tang - - - - 20p (Chicken & mushroom soup)

BOO A YA (pie) DISHES
6. Boo a ya - - 10 for 45p
7. Mool boo a ya - 10 for 40p
8. Jin boo a ya - - - 40p
9. Boo a ya - - 5 for 23p
10. Mool boo a ya - 5 for 20p

RICE DISHES
11. Special fried Rice - - 55p
12. Shrimp fried Rice - - 55p
13. Roast pork & Egg fried Rice - - - - - - - - 55p
14. Chicken fried Rice - - 50p
15. Boiled Rice - - - - 17p

MEAT DISHES
16. Bull goki - - - - - 80p (Grilled beef chunks & mixed -vegetables)
17. Galbi jjim - - - - 70p (Boiled beef radish)
18. Jungol - - - - - 80p Beef & mixed vegetables & bambooshoots)
19. Japtang - - - - - 80p (Meat & fish & mixed vegetables shrimps & mushrooms)
20. Bokeum goki - - - - 76p (Roast meat & mushrooms Onions)
21. Goki twikim - - - - 70p (Special fried beef)
22. Dupbap goki - - - - 65p (Meat shrimps & bambooshoots or vegetables)
23. Jangjorim - - - - 40p (Meat boiled in soy souce)
PORK.
24. Dredgy bool goki - - -65p (Grilled pork chunks & mixed -vegetables)
25. Galbi gooi - - - - 68p (Grilled ribs of pork)
26. Tikim - - - - - 63p (Fried pork in oil)
CHICKEN
27. Dark tikim - - - - 55p (Fried chicken)
28. Dark jim - - - - - 55p (chicken boiled in soy souce)
29. Dark toolgoki - - - 65p (Grilled chicken chunks & mixed vegetables)
30. Dark bokeum - - - - 65p (Roast chicken & Onion)

WRAP DISHES
31. Goki alsam - - - - 60p (Beef mince & egg & vegetables)
32. Dredgy alsam - - - 55p (Pork mince & egg & vegetables)
33. Sahwoo alsam - - - 75p (King prawn & egg)
34. Dooboo alsam - - - 75p (Bean-curd & beef mince & egg)
35. Gochoo alsam - - - 55p (Pimento & beef mince & egg)
36. Alsam dark - - - - 55p (Chicken mince & mushroom egg)

WAN JA
37. Beef burger balls - - 55p
38. Pork burger balls - - 50p
39. Chicken burger balls - - 50p

FISH DISHES
40. Sengsun jorim - - - 50p (Fish boiled in soy souce)
41. Sahwoo tikim - - - 80p (Oil fried king prawn)
42. Heasahm tang - - -

SWEET & SOUR DISHES
43. Soh tangsoo - - - - 70p (Sweet & sour beef)
44. Tangsoo - - - - - 65p (Sweet & sour pork)
45. Yachai tahngsoo - - - 60p (Sweet & sour mixed vegetables)

VEGETABLES DISHES
- Bersut bokkeum -
46. a.(Beef & mushroom) - - 55p
47. b.(Pork & mushroom) - - 55p
- Dooboo jorim -
48. a.(Bean-curd boiled in hot soy souce) - 70p
49. b.(Bean-curd boiled in soy souce) - 70p
- Sookjoo bokkeum -
50. Beef & bean sprouts - - 50p
51. Pork & bean sprouts - - 50p
52. Kimchi bokkeum - - - 55p (Meat & pickled)

PAN CAKE
53. Goki boochim - - - 40p (Beef & pork & egg pan cakes)
54. Ham boochim - - - 40p (Ham & egg pan cakes)
55. Chahpssal boochim - - 38p (Rice pan cakes)

SPECIAL
56. Korean way salad - - - 30p
57. Walnut gruel - - - 30p
58. Curry sauce - - - 20p
59. Special sauce - - - 23p

1975년 노리치(Norwich)에 문을 연 한식당 '내마을'의 메뉴. 가장 비싼 요리, 불고기가 80펜스다.

에 식당을 설립하고 직접 경영하는 한국인 사장이 한국의 요리사를 (워크퍼밋을 주고) 초빙한 경우가 대부분이었지만 더러는 영국에 형제나 친척이 있어서 그들이 소개하거나 직접 불러서 들어온 요리사들도 있었다. 형제나 친척이 소개해서 쉽게 영국에 온 요리사를 업계에서는 '보결생'이라 불렀다. 고생하지 않고 영국에 쉽게 정착했다는 의미로 입학시험을 보지 않고 부모의 재력이나 신분 덕에 학교에 입학한 학생을 지칭하는 '보결생'이라고 우스갯소리로 부르곤 했다.

한국에서 온 요리사들이 모두 한식 조리사였던 것은 아니다. 영국 호텔 셰프로 온 경우도 더러 있는데 힐튼호텔 셰프로 온 채우병 씨, 요리대회에서 여왕상을 2번이나 수상해 행사 때마다 퀸 마더(엘리자베스 2세 여왕의 어머니)가 반드시 찾았다는 케이크 전문가 조성호 씨가 그런 경우다. 미미, 코리아하우스, 유미회관, 가든식당, 메이폴 등도 1980년대 전반에 문을 연 한국레스토랑들이다.

1980년대 중반에 들어서면서 오일달러를 펑펑 벌어들인다는 중동 붐이 끝난다. 중동 건설 현장에 파견됐던 한인 요리사들이 중동에서 영국으로 들어오는 경우가 더러 있었다. 중동국가에 근무하면서 알았던 정보를 갖고 영국 지사를 통해 영국에 들어오거나 한국으로 돌아갔다가 영국에서 한인 요리사를 구한다는 정보를 갖고 지원하거나 이미 영국에 진출한 동료나 지인 요리사의 소개로 오는 경우 등 다양했다.

영국 1세대 한인 요리사 중에는 영국에 오기 이전에 다른 국가에서 외국 생활을 경험한 경우가 많은데 이들은 해외 취업을 하면 비록 생활은 외롭고 힘들지만, 한국보다 돈을 많이 벌 수 있어 이를 선호했다. 특히 그들이 해외 취업 중에서도 영국을 선호한 이유는 교육, 복지 등에 있어서 선진국의 혜택을 누린다는 점, 유럽에 산다는 선망 등 다양했지만 무엇보다 영국에 가면 요리사도 큰 부자가 될 수 있다는 소위 '요리사도 대박을 터트릴 수 있다'는 꿈을 꿀 수 있었기 때문이다. 이는 한국인보다 훨씬 빨리 영국에 들어온 중국인 요리사들의 성공담에 영향을 받은 것으로 이들 중국인 요리사의 경제적 성취는 당시 영국에 온 한국인 요리사들의 롤모델이 됐다. 예를 들어 '어묵' 하나만 만들어 영국 시장을 제패한 어느 중국인의 성공담은 유명했다. 런던의 작은 중국식당에서 시작해 어묵 요리로 명성을 얻자 아예 어묵 공장을 세워 돈을 많이 벌어 런던 어느 주택가에 1번지에서 100번지까지 집을 모두 샀다는 중국인 요리사의 성공담이 한국인 요리사들 사이에서 회자하곤 했다.

### 뉴몰든 최초의 한식당 '아사달'

뉴몰든에 한식당이 생긴 것은 1990년 '아사달'이 처음이다. 그러니까 그 이전에는 모든 한식당이 런던 중심가에만 있었다. 아사달레스토랑 박화출 사장은 오너셰프다. 아사달레스토랑을 시작으로 뉴몰든에 문을 연 한식당들은 대부분이 오너셰프가 오픈을 했다. 런던 시내에 있는 한식당은 경영주와 셰프가 분리된 형태가 많았고 뉴몰든 한인타운의 한식당들은 오너셰프가 대다수를 차지

아사달 박화출 사장

했다. 그러니까 런던 시내 한식당에 고용됐던 셰프들이 독립하면서 뉴몰든에 한식당을 열고 오너셰프가 된 것이다.

한식당의 주요 메뉴는 뉴몰든 한인타운이나 런던 중심가나 비슷했는데 불고기, 잡채, 만두, 비빔밥, 육개장 등이었고 뉴몰든 어느 정육점(상호는 뉴몰든 부쳐, 주인은 스탠리 블란든)에서 주영대사관 직원 부인이 알려준 방법으로 편갈비를 만들어 내자 이를 이용한 한국식 갈비구이가 메뉴로 나와 엄청난 인기를 끌었다. 주 고객은 한인 주재원들과 현지인들이었고 런던 시내 위치한 한식당에는 관광객도 큰 비중을 차지했다.

초기 한식당에서는 한식 요리를 만들 때 필요한 한식 재료의 수급이 쉽지 않았다. 대부분 중국슈퍼, 일본슈퍼에서 한국 재료와 비슷한 것을 사다 쓰거나 배달받았다. 그러나 간장, 된장, 고추장 같은 양념은 아예 구할 수 없고 비슷한 맛을 만들어 내기가 어려워 한국에서 가져와 사용했다, 사장이든 직원이든 그 가족이든 한국에서 오는 이들의 짐 속에는 간장, 된장, 고추장 같은 양념이 가득했다.

1981년 한국인이 운영하는 슈퍼마켓 '한국식품'이 킹스턴 지역 노비톤에 문을 열고 최초로 업소용 간장, 된장, 고추장을 팔기 시작했으며 한인 레스토랑인 '고려정'에서 따로 창고를 마련해 업소용 양념을 팔기도 했다. 그렇지만 나머지 식자재 조달은 여전히 요리사들에게 난제였다.

영국 한인 요식업 역사의 초창기부터 영국에서 한식의 인기가 높았고 한식당은 런던에서 고급레스토랑 대접을 받았다. 일식 레스토랑이 현지인 마니아가 많고 특별한 날 가는 고급레스토랑 대접을 받는 만큼 한식 레스토랑도 런던에서는 당당히 고급레스토랑의 범주에 속했다.

### 초기 영국 한식당 요리사의 삶

한식당 주방장으로 오는 이들은 대부분 고용주의 주선으로 노동허가(워크퍼밋Work permit)를 받고 왔다.(워크퍼밋 제도는 2018년 스폰서쉽 제도로 바뀌었다) 노동허가 제도의 사각지대에서 발생하는 고용주와 종사자 사이의 문제점이 여럿 있는데 초기 영국 내 한인 레스토랑에서는 이런 문제점이 자주 발생한다. 현행 스폰서쉽 제도는 아무에게나 취업비자를 주고 영국 밖에서 사람을 데려오지 못하게 철저히 막고 있다. 이민국에서 정하는 일정 수준(취업자의 학력, 경력, 급여 등)을 충족한 회사만이 해외에서 인력을 데려올 수 있으며 세금 납부, 급여 명세까지 이민국의 감시하에 있게 된다. 그러나 과거 워크퍼밋제도는 영국 정부에 등록한 업소를 갖고 있으면 누구나 취업비자를 신청해 해외에서 사람을 데려올 수 있었고 이민국에서 세금 자료를 볼 수 있는 권한이 없어 과연 일선 업소의 직원 취업이 제대로 이뤄졌으며 정상적인 노동이 진행되는지 영국 정부 기관에서 감시할 권한도 여력도 필요도 없었다.

워크퍼밋을 받고 4년 동안 일하면 영국 정부에 영주권을 신청할 자격이 주어지는데 영주권을 받으려는 목적으로 영국에 온 직원의 입장에서 보면 고용주는 4년이라는 시간 동안 절대적인 '갑'의 위치에 있었다. 요식업계 1세대를 구성하는 초기 이민자들은 대부분 한식당에서 워크퍼밋을 받고 영국에 온 이들로서 4년 근무하고 영주권을 받으면 대부분 일하던 업소를 떠났다. 그래서 고용주의 입장도 워크퍼밋을 주고 데려온 요리사는 4년이 지나면 떠나는 한시적 고용이 당연하니까 (마치 워크퍼밋 4년 계약직처럼) 근무하는 4년 동안 일을 많이 하라는 식으로 초과 노동을 요구하는 경우가 많았고 영주권을 받고 떠날 때까지 종사자는 불만이 있어도 억울함을 눌렀다. 그래서 교민 1세대 중 일부는 워크퍼밋을 아직도 '노예계약'이라 부를 정도다. 물론 모든 업소가 그런 것은 아니지만 영국 정부의 힘이 미치지 않는 곳에서 이루어지는 노동은 영국 정부의 복지 규정을 벗어나는 경우가 많았다.

당시는 요리사가 취업비자를 갖고 영국의 한식당에 처음 올 때 가족과 함께 오는 경우는 거의 없었다. 업주가 요리사 한 사람만 책임지는 조건으로 고용을 하므로 가족과 함께 영국에 부임하는 주재원들과 비교가 됐다. 초창기 영국에 온 요리사들은 가족과 함께 영국에 첫발을 딛는다는 것은 꿈도 꾸지 않았다고 얘기한다. 그래서 영주권을 받는 것, 열심히 돈을 모아 가족을 영국으로 데려오는 것, 이 두 가지가 그 시절 그들이 꾸었던 꿈이었다고 한다. 영주권을 받고 난 뒤에 가족을 부르는 경우가 대부분이었지만 더러는 4년이 되기 전에 어느 정도 돈을 모아 가족을 부르는 이들도 있었다. 영주권이 나오기 전에 가족과 상봉한다는 것은 진짜 성실하게 생활한 대가였으며 부러움의 대상이 되었다.

최저임금제가 있었던 것도 아닌 만큼 임금도 고용주와 요리사 둘 사이에 구두로 적정한 선에서 책정했다. 임금에 불만이 있어도 영주권을 받을 때까지 버텨야 한다는 생각에 묵묵히 일했다. 그런데 당시 임금이 한국에서 받는 것보다는 대부분 더 많았기 때문에 임금에 대한 불만은 적었다고 한다. 무엇보다 밤늦게 일이 끝나고 다음 날 일어나면 다시 출근하는 생활의 연속이라 카지노에 가지 않는 이상 돈을 쓸 시간이 없어 경제적으로 부족하지 않았다. 레스토랑 영업시간이 정오부터 밤 11시까지인데 좀 일찍 나가서 준비하고 마치고 난 뒤 뒷정리하는 것을 포함하면 대체로 낮 11시에 일을 시작해 자정이 넘어 일을 마쳤다. 하루 13시간이 넘는 강행군이었지만 점심 영업시간 뒤 몇 시간 휴식 시간(브레이크타임)과 식사 시간도 있었다. 그렇지만 여가생활을 즐길 여유는 없었다.

1976년 아리랑에 취업한 박금출에 따르면 한식 식자재가 부족하고 한국처럼 불고기 써는 기계 같은 간단한 장비도 없어 일일이 주방장이 손으로 마련해야 했기에 아침 8시부터 밤 11시까지 쉴 틈 없이 일을 했다고 한다. 주방장의 월급이 250파운드(2021년 기준으로 약 1,630파운드 정도)였다. 사장이 숙소를 마련해줬는데 생활비로 주 30파운드가 쓰였다. 1984년 런던 어느 한식당 주방장의 월급이 600파운드(2021년 기준으로 약 1,660파운드, 대부분의 한국 레스토랑 주방장은 이 정도 수준의 월급이 책정됨)였는데 한 달 방세가 100파운드, 식사가 식당에서 해결되니 나머지는 대부분 한국으로 송금했다고 한다. 영주권을 받고, 가족을 데려오고, 자신 레스토랑을 마련하는 독립의 꿈을 향해 한발씩 내딛는 시절이었다.

### 한식 요리사가 부족하던 시절

앞서 얘기한 초기 대표적인 여러 한식당에 셰프로 왔던 이들이 영주권을 받고 독립하면서 1988년 전후로 런던에 한식당이 급속도로 불어난다. 때마침 88올림픽 이후 해외여행 자유화 조치로 한국 관광객이 늘고 주재원도 많아져 런던 한식당들은 호황기를 맞는다. 한국 레스토랑이 많아지니 한식 셰프가 더 많이 필요했다. 그런데 워크퍼밋을 신청해 한국에서 데려오면 시간이 오래 걸리니까 영국 현지에 체류하고 있는 한인을 한국에서 데려오는 것처럼 서류를 꾸며 요리사로 채용하는 경우도 많았다. 심지어 영국에 여행 온 사람이 한국에서 요식업에 일한 경험이 있으면 요리사로 채용하는 경우까지 생겼다. 그러다 보니 전혀 없거나 부족한 요리사 경력을 허위로 쓰거나 경력을 부풀린 서류가 만들어졌는데 일례로 호텔 요리사로 근무한 적이 없는 사람을 호텔 주방 경력자로 둔갑시키는 식이다. 한국에 존재하지 않는 호텔 이름을 만들어 '모모 호텔 부주방장 경력 몇 년'이라는 식의 가짜 워크퍼밋 신청서가 난무한 것이다. 한식당은 많고 일할 한인은 적어 이런 편법, 불법이 등장했다. 급기야 영국 정부가 문제를 파악하고 메스를 들었다. 한국 레스토랑의 워크퍼밋 신청서는 허위로 기재된 것이 많다는 정보를 갖고 심사를 까다롭게 했다. 그러자 이때부터 한식당 요리사의 워커퍼밋 신청이 거부당하는 사례가 나오기 시작한다. 그전에는 요리사 출신이라고 적으면 신청하는 대로 100% 찍히던 취업비자 도장이 그때부터 거부되는 사례가 많아졌다. 그제야 모든 것이 자업자득이라는 각성이 한인사회에 울렸고 무경력자를 경력자로 둔갑시키는 일은 이후 거의 사라졌다. 그러나 한국인 요리사의 경력 사항을 깐깐하게 조사하는 영국 정부의 의심의 눈초리는 한동안 계속됐다.

**1989 한인기업 명부에 기록된 한국식당**
(괄호안은 대표명)

- 아리랑하우스(배율권), 아리랑식당(이일송), 초원(조성애), 가든식당(박금출), 가야식당(서병수), 코리아하우스(이영식), 코리아나(김원곤), 고려정(박현철), 네이폴(박병용), 미미식당(서병수), 서울식당(김혜경), 신라레스토랑(박영규), 유미식당(허영구), 유나식당(장원희), 영빈관(최만영)

**그외 요식업 관련 업종**

- 한국슈퍼마켓(최유영), 한영식품(이성진), 이씨네떡집(Y H Lee), 서울식품(손선혜)

### 1989년 진로소주 1병에 20파운드

1990년까지 장사가 되지 않아 문을 닫는 한식당은 거의 없을 정도로 한식의 인기는 여전했다. 50석 규모의 한식당이 점심시간에 150명의 손님을 받을 정도였다. 통상 영국의 점심 영업시간이 정오부터 오후 3시까지 3시간, "점심 장사에만 세 테이블이 돈다"라는 말이 나왔다. 한식당의 주 고객은 한국에서 파견 온 주재원들이었는데 한국에서 온 관광객, 현지인 한식 마니아도 점차 많아졌다. IMF 한파가 몰아치기 전까지 주재원 생활은 매우 풍족해서 한식당의 음식값이 그들에게 별문제가 되지 않았다.(중국식당에서 고급 중국술인 '마오타이'를 병으로 주문하는 이들은 한국인 주재원들뿐이었다. 마오타이는 잔술로만 팔리는데 한국인이 병으로 주문하니까 식당 측에서 깜짝 놀랐다는 일화가 있다.)

런던 중심지에서 식당 등급을 분류할 때 한식당은 고급 레스토랑에 속했는데 위치나 인테리어가 당시 여느 상위급 레스토랑에 뒤지지 않은 데다 음식값도 비쌌다. 1989년 기준으로 육개장 한 그릇을 먹으려면 부가세 VAT와 봉사료Service Charge를 합쳐 15파운드를 냈다.(공깃밥과 깍두기를 따로 주문해야 한다) 소주 1병에 15파운드에서 20파운드 가격대였다. 런던의 비싼 물가를 고려하더라도 가격은 상위급 레스토랑에 속했는데 30년이 지난 현재 가격과 비교해도 비싸게 느껴질 정도다. 당시 한국 레스토랑에서 식사하려면 모든 반찬을 따로 주문해야 했는데 김치, 나물도 각각 정해진 금액이 있었다. 없어서 못 판다는 말이 나올 정도로 인기를 끌었던 한식당은 짜장면 한 그릇에도 부가세 10%와 봉사료 10%를 추가로 받았고 단무지도 1파운드를 따로 받았다. 그래서 1990년 유미회관(대표 허영구)에서 김치찌개 정식, 불고기 정식 등과 같은 '정식'이라는 세트 메뉴를 개발해 반찬이 포함된 메뉴를 처음 내놓자 선풍적인 인기를 끌었다고 한다. 이때는 한국의 해외여행 자유화 조치로 한국인 여행객이 많이 들어와 런던의 한인여행사도 호황을 누렸는데 여행사와 레스토랑이 손을 잡고 런던 여행 코스에 식사 중 하루 한 끼는 한인 식당에서 식사하도록 일정을 잡았고 여행사와 레스토랑이 윈윈 효과를 냈다.

### 초기 한국식품 유통업

뉴몰든 최초의 한식당 아사달이 문을 열기 전인 1980년대에는 뉴몰든에 한식당은 없었지만, 한국인을 위한 슈퍼마켓은 있었는데 이는 1980년대부터 뉴몰든에 한인이 모이기 시작했음을 알려준다. 뉴몰든 인근 노비튼에 '한국수퍼'라는 상호의 한국인이 운영하는 슈퍼마켓이 1981년부터 영업을 했다. 일본 쌀, 일본 라면 등 주로 일본 제품을 일본 유통업자에게 받아서 판매했는데 일부 한국에서 만든 식당용 간장, 고추장 등을 함께 판매했다. 이때는 한국 라면도 없었다. 이어서 1984년 뉴몰든 파운틴 펍 옆 지금의 서울플라자 자리에 '롯데'라는 한국슈퍼마켓이 문을 여는데 당시 뉴몰든에 살았던 교민들은 '롯데'를 제대로 된 최초의 한국 슈퍼로 기억한다. 한국 라면 등 공산품과 멸치 등 냉동식품이 있었고 젓갈까지 판매했다. 교민들이 제대로 된 최초의 한국슈퍼라고 생각하는 이유가 '롯데'에서 판매하는 제품의 비율이 한국식품 2/3, 일본식품 1/3로 한국식품이 월등히 많이 있었기 때문이다. 당시 뉴몰든에는 일본인이 많이 거주하고 있었고 구매력도 높았는데 '롯데'는 한국인을 주 고객으로 삼았다. 그리고 1986년에 버링턴로드Burling Road에 '서울식품'이 문을 연다. '롯데'는 1988년 일본 식품회사가 인수해 일본 슈퍼마켓으로 바뀌었다가 1992년 인텔이란 상호로 다시 한국 슈퍼마켓으로 재탄생한다. 1980년대 중반 한국 슈퍼마켓에서 팔던 컵라면 가격이 1파운드, 한국 제품이 귀하다 보니 2020년보다 더 비쌌다.

## 요식업계의 번성과 IMF

한인타운의 한식당은 아사달을 필두로 1990년대 초반 하나둘 생겨난다. 1985년 런던 캄든지역에 문을 열었던 유미회관이 1993년 뉴몰든 현재 위치로 옮겨와 개업한다. 레인즈 팍 역 앞에 있었던 사랑방, 뉴몰든 하이스트리트의 이레분식 등이 이 시기 문을 연 뉴몰든 코리아타운 초기 한식당들이다.

뉴몰든 한식당의 주 고객도 런던 중심가 한식당들과 마찬가지로 한국인 주재원들이었다. IMF 전까지 주재원 생활은 윤택했다. 한식당의 음식값은 비싼 편이었으나 주재원들의 씀씀이는 위축되지 않았다. 1990년대 초반 한식당의 소주 한 병값이 15파운드를 넘었다. 2020년보다 더 비싼 시절이었지만 으레 한식당에 오면 한국인은 소주를 찾았다. 현지인이 오면 테이블에 한 병 팔릴까 말까 하는 소주를 한국 주재원들은 한 사람당 한 병 이상을 마시니 대부분의 한식당이 주재원 손님에 맞춘 영업을 하는 것이 당연했다. 메뉴에 제약 없이 그들이 원하는 특별식이나 특별한 주류를 마련하는 것은 기본이었고 특정 기업의 지점장 등 책임자들의 입맛을 꿰뚫고 있는 업주들이 많았고 회사 책임자의 전출입 시 반드시 인사하는 것도 기본이었다.

그러나 주재원에 기댄 한식당의 안이한 영업전략은 1997년 IMF를 겪으면서 호된 시련을 맞는다. 한국 대기업 해외지사들이 줄줄이 철수하면서 국내에서 파견된 직원들이 한국으로 불려 들어간다. 경쟁하듯 런던에 진출한 금융기관, 종합무역 상사 등은 한 번 더 경쟁하듯 인원을 축소하거나 철수를 서둘렀다. 특히 삼성전자, LG전자의 양대 기업 파견 직원들이 대거 귀국하면서 이 두 기업에 크게 의존했던 일부 요식업소는 당장 폐업했다. 런던과 뉴몰든 한인타운의 요식업계에 가장 큰 고객이었던 주재원의 축소는 단순히 고객이 줄어든 수준 이상의 피해를 낳았다. 우선 남아있는 주재원의 씀씀이가 위축됐다. 그렇지 않아도 런던 물가가 한국에 비해 워낙 비쌌는데 원화 가치 폭락으로 물가가 더 뛴 셈이다. 담배 한 갑에 1만5천 원, 짜장면 한 그릇에 2만 원. 한국 기준으로 월급을 받는 주재원들에게 IMF 한파는 그냥 추위가 아니었다. 그들은 우선 외식을 끊고 그 뒤에 담배를 끊으려 노력했다. 그 한파는 고스란히 영국의 한인 영세상인, 특히 한인 레스토랑을 중심으로 한 요식업계에 전해졌다. IMF로 영국 한인사회의 인구는 20% 줄었는데 한인 레스토랑의 매출은 70% 이상 줄었다고들 표현했다. 문을 닫는 업소가 속출했다.

### 한인 유통업의 혁신 - 코리아푸드 설립

코리아푸드 서병수 회장

1997년 말 IMF 경제 위기로 한국 기업들이 철수하면서 주재원이 줄고 유학생도 감소해 주요 고객층이 사라진 영국 요식업계는 큰 어려움에 부닥쳤다. 그러나 그동안 거품이 있던 가격을 내리고 업소마다 특장점을 살린 세트 메뉴를 개발해 주재원 의존도를 줄이고 장기거주 한인과 현지인 고객을 끌어모으는 새로운 전략으로 돌파구를 찾았다.

유통업에서는 1999년 코리아푸드(대표 서병수)가 설립되면서 새로운 획을 그었다. 코리아푸드는 유럽 내 최대 규모의 한국 유통업체로 출발했다. 원스톱 쇼핑이 가능한 대규모 마트의 출현은 한인들의 쇼핑 스타일을 바꿔놓았다. 대형마트의 출현으로 한인은 물론 일본인, 중국인 등 한인 슈퍼마켓의 동양인 고객층과 지역 현지인들에게도 그동안 소규모 슈퍼에서 필요한 것을 수시로 구입하던 장보기 형태가 대규모 쇼핑, 원스톱 쇼핑으로 바뀐 것이다.

코리아푸드는 한국업체 중 최초로 2009년 8월 미국 월마트Wal-mart의 영국 내 자회사인 ASDA에 10여 개 상품을 정식 납품하게 된다. 2년 동안 판매 실적을 평가받은 뒤 2011년에는 35개 매장, 30여 개의 품목을 확대 납품하고 급기야 2012년부터 320개 전 매장에서 한국식품을 판매하고 있다. 영국 대표 유통업체인 테스코Tesco, 모리슨스Morrisons 코스트코Costco와 레스토랑 체인점 와가마마Wagamama 등에 한국식품을 납품, 전시, 판매한다. 코리아푸드는 현재 영국에 13개(본점 1개 포함)의 자체 매장을 운영하고 있다. 뉴몰든 코리아푸드 본사는 영국 내 직영 매장을 관리하며 영국, 아일랜드, 프랑스, 독일, 스페인 등에 산재한 1,000여 개의 소매상과 식당에 한국식품을 공급하고 있으며, 지사는 지역 시장을 커버하고 있다.

영국 내 한인 유통업은 점점 규모가 커져 또 하나의 대형마켓이 2011년에 생기는데 한아름 그룹이 운영하는 미국의 슈퍼마켓 체인점으로 유명한 H마트가 유럽 내 첫 매장을 영국 한인타운이 있는 뉴몰든에 오픈한다. 코리아푸드가 지점 '서울프라자'를 런던과 지방 도시에 열었는데 H마트도 '오세요'라는 지점을 런던에 오픈했다.

코리아푸드 로고

오세요 로고

Hmart 로고

## 재영요식업협회 KORSA의 출범

2000년 들어 영국 요식업계의 대표적 변화는 재영요식업협회가 만들어졌다는 점이다. 영국의 요식업 역사는 초기 이민사의 중요한 부분을 차지하는데 1970년대부터 요식업에 종사하는 이들이 친목계로 모이던 것이 발전해 뉴몰든에서 요식업을 하던 이들을 중심으로 재영요식업협회가 결성됐다. 2001년 결성 당시에는 대부분 뉴몰든 한인타운의 한식당과 슈퍼마켓 업주들이 모였으며 나중에 런던 시내의 한식당도 동참했으나 재영요식업협회는 아직도 한인타운을 중심으로 모이고 활동하는 한계성을 갖고 있다 하겠다.

### 재영요식업협회 역대 회장

| | |
|---|---|
| 2001~2003년 | 서병일 |
| 2004~2006년 | 허영구 |
| 2007년 | 박화출 |
| 2008년 | 정덕환 |
| 2009년 | 허영구 |
| 2010~2014년 | 오현용 |
| 2015~2016년 | 조현자 |
| 2017~2018년 | 송천수 |
| 2019~2022년 | 우옥경 |

유미회관에서 마련한 경로잔치에 참가한 할머니들이 "백 세 건강 화이팅!"을 외친다. 오른쪽 가장 젊어 보이는 사람이 유미회관 사장이자 요식업협회 회장인 우옥경 씨. 우옥경 회장은 2023년 제17회 세계한인의 날 유공 정부포상에서 <오랜 기간 한식 세계화를 위해 노력하고 동포들을 대상으로 한 봉사와 탈북민과의 교류를 통해 동포사회 발전과 통합에 기여>한 공로로 대한민국 훈장인 '국민포장'을 수상했다.

허영구 회장

재영요식업협회는 명절과 어버이날에 '효도 잔치'를 열어 노인들을 대접했는데 허영구 회장은 회장 임기를 마친 뒤에도 이 전통을 이어가고 있다. 현지 축제에도 적극적으로 참여해 한식문화 전파에 앞장섰는데 2007년(박화출 회장)에는 런던 템스강 페스티벌Totally Thames에 참가했다.

정덕환 회장

2008년(정덕환 회장)에는 뉴몰든을 시작으로 영국 초등학교 점심 식사 메뉴에 한식을 포함하는 운동을 시작했다. 2009년(허영구 회장)부터는 한식세계화사업의 일환으로 한식의 이미지를 높이고자 세계 각국의 한식당을 대상으로 하는 '해외 한식당 종사자 교육'을 해마다 런던에서 개최하는데 2012년에는 런던 한식당 종사자 교육을 런던 '르꼬르동 블루'에서 했다.

오현용 회장

2010년(오현용 회장)에는 한식세계화사업의 일환으로 한국 정부의 지원 아래 영국에 있는 100여 개 협회 소속업체 전체가 포함된 '재영요식업 사이트'를 제작했고 영국에 있는 한식당의 위치와 주소를 한눈에 볼 수 있는 '맛지도'를 전 세계 재외동포 요식업협회 중 최초로 만들었다.

2016년(조현자 회장)에는 외식업에 뛰어드는

2007년 8월 킹스턴 시청을 방문해 불우이웃돕기 성금을 전달했다.(왼쪽에서 3번째 박화출 회장)

젊은 층이 많아진 현실을 반영해 20대부터 70대까지 모두 참여하는 재영요식업협회로 모습을 새롭게 세웠다. 영국 한식당이 안고 있는 가장 큰 고민인 인력 부족 문제를 해결하려고 영국으로 오는 워킹홀리데이 인원 중에 요리사를 일정 비율 배분해 줄 것을 한국 정부에 요청했다.

2018년(송천수 회장)에는 미래 한식 애호가가 될 어린이들의 입맛을 잡는다는 장기 프로젝트 행사로 영국 초등학교에서 수업 시간에 학생들이 참가하는 비빔밥 만들기 일일 한식 요리 교실을 열었다.

2020년(우옥경 회장)에는 해외 요식업협회 중에서는 유일하게 재영요식업협회가 코로나 상황에서도 '런던 한국음식 페스티벌'을 개최했다. 한국 음식을 통해 현지 사회에 한국 문화를 알리는 '세계 코리안 푸드 페스티벌'은 세계 각지에 있는 한국외식업협회가 매년 행사를 여는데 2020년에는 코로나19 상황으로 미국, 일본 등 다른 나라에서는 계획된 행사가 대부분 취소됐으나 영국외식업협회(회장 우옥경)는 어려움 속에 이를 개최해 의미를 더했다.

2020년 코로나 상황에서도 개최된 푸드 페스티벌

비빔밥 재영요식업협회는 영국 초등학교에서 한식 시식 행사를 자주 한다. 사진은 2018년 뉴몰든 한인타운에 있는 크라이스터처치 초등학교의 주방 모습이다. 한복을 입고 등교한 한국 어린이와 현지인 어린이들에게 임형수 셰프가 비빔밥을 만들어 나눠주고 있다.

## 한국음식축제 Korean Food Festival

재영요식업협회는 2003년 서병일 회장이 처음 한국음식축제(영어명 Korean Food Festival)를 연 이래로 매년 뉴몰든에서 이 행사를 개최했다. 한식과 한국 식품의 우수성을 영국 현지인에게 널리 알린다는 취지로 시작된 이 행사는 한인타운이 있는 뉴몰든의 지역 축제인 '뉴몰든 포트나이트New Malden Fortnight' 행사의 일환으로 해마다 7월에 개최했는데 2주간에 걸쳐 진행되는 이 행사의 마지막 토요일로 시간을 배정해 전체 축제의 하이라이트 행사가 됐다. 한인타운의 가장 중심에 있는 뉴몰든 파운틴펍 가든에 한식 레스토랑들이 부스를 마련해 한국 음식을 판매하고 중앙 무대에서는 행사 진행과 태권도 시범, 문화 공연, 한국음식 만들기 체험, 국악 공연, 노래방 운영 등으로 이뤄졌다. 뉴몰든 지역축제에 완전히 동화된 하나의 프로그램으로 자리해 킹스턴 시장, 지역 국회의원, 상인조합 회장 등이 이 행사에 반드시 참여해 인사말을 했다.

해가 갈수록 코리아 푸드 페스티벌은 한국인들의 축제가 아닌 현지인들이 기대하고 참여하는 축제로 발전해 행사장 하루 방문객이 3천 명을 넘는 축제로 커졌다. 특히 1회 행사 때부터 수익금의 일부를 킹스턴시에 청소년 마약퇴치 기금으로 기부해오고 있어 지역민과 함께하는 행사로서의 의미를 더했다는 평가를 받았다.

2013년 요식업협회 킹스턴 시장 방문 청소년 마약 퇴치 기금 전달(왼쪽에서 4번째 정덕환 회장)

푸드 페스티벌 포스터

한국음식을 즐기고 있는 학생들과 참가자들

현지인 한국음식축제에는 현지인이 많이 참가해 한국 문화를 함께 즐긴다.

임성남 대사가 한국음식축전에 참여해 축사를 하고 있다. 킹스턴을 대표하는 행사로 주영대사, 킹스턴 시장, 지역 국회의원이 모두 참석했다.

한국음식축제에서는 해마다 태권도 시범 공연이 열린다.[제공 : 런던타임즈]

## 다양화하는 런던 한인 요식업

2011년에는 세계 3대 글로벌 유통기업으로 영국 내 독보적 1위를 달리는 테스코TESCO에서 한국식품 직판전이 열렸다. 뉴몰든의 테스코 매장 내 김치, 라면, 과자 등 100여 종의 한국식품을 전시 판매하고 비빔밥, 음료수 등 시식 행사도 했다.

2012 런던 올림픽을 앞두고 CJ푸드빌이 런던에 한식 레스토랑을 오픈한다. 글로벌 한식 브랜드인 '비비고' 레스토랑. 옥스퍼드 서커스 부근에 원래 한식 레스토랑이 있던 곳을 인수해 오픈했는데 한국 외식 브랜드로서는 유럽에 처음 문을 연 것이다. 붕어빵(비비고 골드피시 Gold Fish) 디저트로 유럽에 한식 알리기에 크게 기여한다느니 하면서 한국 언론들이 선심성 기사를 쏟아냈지만, 현지 반응은 그다지 뜨겁지 않았다. 그 뒤 비비고는 런던 엔젤 지역 이슬링턴Islington 지점을 내고 5년 연속 영국 미쉐린 가이드에 선정됐다고 자랑했으나 안으로는 계속 적자를 거듭하다 2018년 문을 닫았다. 한식 세계화의 가장 대표적인 실패 사례로 꼽힌다.

퓨전 스타일의 한식을 판매하는 '김치'레스토랑(320석 유럽 최대 규모 한식당)이 2012년 문을 열었고 음식 레시피를 규격 통일화한 전문 체인점인 '비빔밥' 체인점이 런던 시내에만 8군데 오픈을 한다. 2015년에는 영국 방송에도 자주 출연해 한식과 한식 재료를 이용한 퓨전요리를 알리는 셰프 쥬디주의 진주레스토랑(런던 소호 소재)이 〈The Independent UK〉에서 선정한 '런던에서 반드시 가봐야 할 레스토랑 10'에 뽑혔다.

김치 레스토랑

배달 음식 주문 전문 사이트인 헝그리하우스hungryhouse.co.uk가 2015년 영국에서 가장 빠르게 성장하고 있는 요리로 한식을 꼽았다. 김밥과 불고기가 인기 있는 음식으로 떠오르고 인도식 음식 주문이 크게 하락했다고 보도했다.

## 한식 ready meal 개발 필요

영국은 유럽에서 가장 큰 가정 간편식, 반조리 식품ready meal 시장을 갖고 있다. 세계에서 새롭게 선보이는 반조리 제품의 24%가 영국에서 출시된다. 2015년 영국 일간지 데일리메일은 '영국 중산층 사이에선 직접 재료를 사서 만들어 먹는 한식이 '고품격 요리'로 받아들여지고 있다'며 한국 ready meal에 대한 영국인의 관심이 높아진 현상을 보도했다. 그런데 영국에서 많이 팔리는 ready meal은 이탈리아식, 영국식, 인도식, 중식, 스페인식, 프랑스식 순이다. 인도, 중국 ready meal이 스페인, 프랑스 제품을 앞서는 것은 ready meal 시장에서 소비자들이 다양한 음식에 많이 도전한다는 의미로 해석된다. 영국인에게 건강식으로 인식되는 한식이 영국 음식문화에 성공적으로 정착하려면 건강과 맛은 물론 고객이 쉽고 다양하게 접할 수 있는 기회도 제공해야 할 것이라고 전문가들은 조언한다.

## 한국 정부 기관과의 화합과 협조가 필요

2020년 12월 현재 재영요식업협회는 런던과 한인타운 일대에 한인이 운영하는 요식 관련 업소가 약 150여 곳 이상 있을 것으로 추산한다. 최근 몇 년 사이 젊은이들이 배달음식 전문 형태의 소규모 한식당을 많이 오픈한 데다 문을 닫는 곳도 많고 프렌차이즈로 운영되는 곳이나 일식 위주로 메뉴를 갖춰 한국인이 운영하지만, 한식당이라 규정하기 어려운 곳도 있어 협회에서도 정확한 한식당 수를 모른다. 그런데 2015년 약 100여 곳(2015년 기준으로 일식 레스토랑이나 태국 레스토랑은 350개가 넘었다)으로 추산했는데 현재는 150여 곳 이상으로 많아졌을 것이라고 추산한다. 또한 버밍엄, 레스터, 에딘버러, 사우샘턴, 맨체스터 등 영국 전역 일정 규모 이상의 도시에는 모두 한식당이 있는데 브라이턴에만 3곳, 에딘버러에는 8곳 이상이 있을 정도로 영국 전역에 한식당이 많다.

런던 일대에 있는 150여 곳의 한식 레스토랑 중 협회에 소속된 곳은 10% 정도이고 적극적으로 활동을 하는 곳은 몇 개 업소에 불과하다. 협회가 처음 만들어진 2001년의 절반에도 미치지 못한다. 새롭게 요식업에 진출한 젊은 세대를 끌어안지 못한 것이 협회 회원이 확장되지 못하는 첫 번째 이유라고 스스로 밝힌다. 또한 조선족으로 불리는 중국 동포와 탈북민 출신으로 영국 체류자격을 받은 이들 가운데 요식업소를 인수해 운영하는 경우도 점차 많아지는데 이들은 주로 조선족협회나 탈북민협회에 가입해 활동하며 요

2022년 2월 현재 뉴몰든과 런던시내에 있는 한인 업소들. 영국에서 한글 간판을 볼 수 있는 곳인데 영어로 된 간판도 한국어를 살린 것이 많다.

식업협회를 한인 출신들만의 모임으로 판단해 거리를 두고 있는 실정이다.

회장단의 노력만으로 협회의 발전을 기대하기 어렵다는 요식업의 특성을 고려하면 회원들의 협조와 참여가 반드시 필요한데 세대별 출신별 거리가 생기면서 소속감이 약해지고 이에 따른 협회의 활동도 점차 부진해졌다. 요식업의 특성상 협회 회원 간의 경쟁도 피할 수 없는 요인인데 간혹 이런 마찰로 탈퇴하는 경우도 있었다.

그러나 무엇보다 재영요식업협회가 영국의 한식문화 전파에서는 당연히 최선봉에 서 있음에도 불구하고 실질적으로 구심점이 되지 못한 것은 한국 정부에서 요란하게 한식세계화를 외치면서도 정작 영국 현지에서 세계화를 추진할 때 재영요식업협회가 배제되어 있었다는 점이다. 한국 정부에서 한식과 한국문화 관련 행사를 할 때 재영요식업협회를 파트너로 해서 진행한 경우가 거의 없고 현지 외국인 업체와 손을 잡거나 한국에서 모두 준비한 자체 행사로 치르곤 하니 협회가 하고 싶어도 할 수 있는 역할이 없었다. 협회에 따르면 영국에서 열리는 규모가 큰 한국 관련 행사에 협회가 참여한 경우는 극히 적고 영국 사정을 고려해 재영요식업협회에 자문을 구하는 경우조차 거의 없다고 한다.

한국 정부 기관(문화체육관광부, 관광공사, 문화원 등)에서 마련한 대규모 행사가 '코리안 페스티벌'이라는 이름으로 간혹 열린다. 이런 행사는 공연, 전시를 병행해 내용이 알차고 규모가 크다. 한국문화를 경험할 수 있는 체험공간을 마련해 현지인과 관광객에게 한식을 보고 느끼고 맛보고 즐기도록 준비를 한다지만 내용을 보면 정작 영국 내 한식 요식업계의 현실과 동떨어진 전시성 보여주기 행사로 그치는 경우가 대부분이다. '2017-2018 한영 상호 교류의 해'를 맞아 열린 '런던 코리아 페스티벌', 2016년 영국박물관에서 한국의 추석맞이 행사, 2014년 영국 최대의 음식 축제 '테이스트오브 런던' 에 설치된 한국홍보관 등이 그렇다. 한국 정부 기관의 행사가 대부분 그렇듯 월드컵이나 동계올림픽 등 한국에서 열리는 국제대회 앞두고 이런 행사를 개최하다 보니 이를 홍보할 목적에 치중해 모든 내용이 대회 홍보에 맞춰져 있다.

또한 한식을 알리기 위해 한국에서 온 요리사는 영국 일선 한식 레스토랑에서는 만날 수 없는 신선로 같은 음식을 선보이곤 하니 행사가 끝난 뒤 영국 어느 한국 레스토랑에 가도 그런 음식을 다시 경험할 수 없다. 한국에서 왔다는 한식 전도사는 현실과 동떨어진 한식 홍보를 하고 영국을 떠나는 것이다. 한국 정부 기관에서 마련한 한식 홍보관에서 한식을 소개하는 요리사는 대부분 영국의 유명 요리사인 데다 자신이 개발한 퓨전 한식을 홍보하기 일쑤다. 말하자면 소개하는 음식이 사실은 한식이라고 말하기 어려울 정도이거나 아예 영국에 있는 한국 레스토랑에는 그런 음식이 없는 경우가 대부분이다. 지금 영국 요식업계에 일하는 한인들이 만드는 한식이 영국 내 한식의 현주소인 만큼 이들과 연계하고 협업한 한식 세계화의 작품이 나와야 현지에서 받아들여지고 진짜 세계화될 수 있을 것이다.

## 2. 재영한인 교육기금 KEF

재영한인 교육기금은 2004년에 만들어진 단체다. 처음에 '한인회관건립준비위원회'라는 가칭으로 시작했는데 이름에서 보듯이 한인회관 건립을 위해 만들어진 단체였다. 발기인은 위원장 박영수(전 한인회장), 부위원장 신우승(당시 한인회장), 위원 주낙균(전 교민회장), 서기 장민웅(전 한인회장), 사무총장 오극동(전 한인회장) 등 5인으로 구성했다. 처음에는 '회장, '부회장' 등으로 불리다 '한인회관건립준비위원회'가 '재영한인교육기금위원회'로 바뀌자 '회장'은 '이사장'이 됐다.

당시 대사관, 한인회, 런던한국학교 등 3곳에는 회비, 행사로 모은 기금, 한국에서 온 이들이 준 기부금 등을 각기 갖고 있었는데 이를 모아 한인회관을 건립하자고 이태식 대사(재임 기간 2003년 6월~2005년 1월)가 전임 한인회장들을 대상으로 교육기금의 결성을 독려했다. 영국 한인사회에는 한인회관을 건립하자는 움직임이 이미 오래전부터 있었지만, 성격이 다른 기금을 한곳에 모으는 것은 힘든 일이었다. 이에 '재영한인 교육기금'이란 이름으로 새로운 단체를 결성해 이 단체가 주체가 되어 3곳의 기금을 모아 한인회관을 건립하고 건립 후에도 이 단체가 관련 기금을 계속 관리하도록 하자는데 의견을 모았다.

그런데 한인회와 한국학교는 기금을 모은 목적이 달랐다. 한인회는 오래전부터 한인회관 건립을 목적으로 기금을 모았지만, 한국학교는 학교 건립을 목적으로 돈을 모아왔다. 한인회조차 이 기금을 내놓는데 많은 이가 반대했는데 런던한국학교는 기금을 내놓기 더 꺼렸다. 학교 세우려고 모은 돈을 회관 사는데 내놓으라고 하니 교사와 학부모들이 반대하는 것이 당연했다. 이에 '한인회관'에서 '교육기금'으로 단체의 타이틀을 바꾸고 교육기금 설립 목적란에 '영국 지역 한인 교육을 지원하고, 한국어와 한국학 관련 교육을 지원한다'고 명시해 한국학교가 추구하는 목적에 맞췄다. 한인회관을 마련하면 런던한국학교가 상설 교육장으로 사용하도록 한다는 내용도 있었다. 어느 한 곳의 기금만으로 한인회관을 사기에는 부족해 한국학교의 참여가 반드시 필요했다. 한국학교의 돈이 꼭 있어야 했다는 뜻이다.

2004년 12월 6일 교육기금을 설립하고 2005년 10월 1일에 영국 정부에 자선단체로 등록했으나 기금이 모두 모인 것은 2006년 2월 10일이다. 한인회 25만3,485파운드, 런던한국학교 17만8,903파운드, 재외동포재단의 지원금 11만1,731파운드 등 54만4,121파운드로 한인들이 다목적으로 사용할 한인종합회관을 구입하기로 결정했다.(2006년 2월 10일 교육기금 회의록을 보면 재외동포재단에서 온 지원금을 한인회 기금에 포함하기로 결정한다. 따라서 한인회 기금 36만5,216파운드, 런던한국학교 기금 17만8,903파운드로 해야 한다. 그리고 이날 이후 계속 기금 모금을 했는데 이때부터 모금의 성격을 '한국학교 건립 기금'으로 하기로 했다. 따라서 이후 모금된 내역은 런던한국학교 기금에 포함되어야 한다. 이날 회의 참석자는 박영수, 장민웅, 신우승, 석일수, 김병용, 이화성, 이준호, 오극동 등이다.)

## 한국학교, 한인회, 정부 지원금을 한곳에

기금이 모인 뒤에도 진통이 있었다. 돈을 모은 주체도 많고 여러 단체의 돈이 모인 까닭에 돈의 사용에 대한 각자의 의견이 달라 불협화음이 한동안 계속됐다. 한인학교 측에서는 학교 건립을 위해 모금한 기금을 용도에 맞지 않게 사용했다는 지적이 끊이지 않아 교장이 교육기금 이사장을 찾아가 기금 반환을 요구하기도 했다. 런던한국학교는 1975년 김준명 목사가 교장으로 재임하던 시절 영국 성공회에서 제공해 무상으로 사용하던 Korean Mission 건물이 매각됨에 따라 새로운 학교 건물이 필요해 당시 학교 건물을 빌릴 기금을 모금한 바 있는데 이때부터 학교 건립을 위한 기금 마련을 시작했다고 할 수 있다. 한국학교는 초기에 통학버스 운영, 교사 급여 등 대부분의 지출을 한인회가 지원했고(1970년대 한인회 운영비 지출의 70%가 한국학교 지원이었다) 학비도 받지 않았지만 1980년대 들어 한국학교 자체에서 해결하는 부분이 늘어났고 자급하는 체계를 갖추기 시작했다. 특히 1987년 정화 교장이 취임하면서 한인학교 건립을 위한 음악회 등을 열어 본격적으로 모금 활동을 했다. 1989년에는 기존 이사회를 해체하고 학부모 중심으로 이사진을 재구성하면서 한국학교가 한인회나 대사관으로부터 완전히 독립하기 때문에 학교가 모은 기금은 순수하게 학교에서 모은 돈이었다. 돈을 모은 한국학교의 이사진은 한인회관 건립을 위한 용도로 이 돈을 사용한다는 것에 불만이 있었다.

한인회의 문제는 달랐다. 한국학교와 달리 한인회가 내놓은 25만 파운드가 넘는 돈을 누가 모았느냐 하는 공적의 문제로 시끄러웠다. 일부 한인회장은 자기 혼자의 노력으로 자신의 재임 기간에 큰돈을 모았기에 지금 한인회관 건립의 공로가 자기에게 있다고 주장했고 대부분의 원로는 초기 한인회부터 한인회의 공금이 이어져 왔고 이 돈이 조금씩 늘어서 한인회가 교육기금에 출자한 금액이 됐다고 했다.

재영한인회의 뿌리는 1958년 만들어진 '재영한국유학생회라고 할 수 있는데 이때도 10실링의 연회비가 있었다. 1964년 재영한인회로 이름을 바꾸고 1965년 11월에 한인회가 출범하는데 재영한국유학생회에서 재영한인회로 이어진 기록상의 인수인계 내용은 없다.

그런데 강철수 씨의 기록에 따르면 1970년 말에 주영한국대사관에서 당시 배의환 대사와 함께 연석회의를 열어 한인회관 설립 기금 설치에 합의하고 모금을 시작했는데 이것이 한인회관 건립 기금을 모금한 시초라는 것이다. 특히 기금 명칭을 영국에서 순국한 이한응 열사를 기려 '이한응 홀 펀드Hall Fund'로 하고 당시 한국계 은행으로 유일한 외환은행에 계좌를 열었다고 한다. 이후 이 계좌를 '재영한인회관 건립 기금'이라 바꾸고 다시 '한인회 Deposit 계좌'로 바뀌어 관리하다가 이후 한인회관 건립을 위한 기금으로 통합 관리되어 한인종합회관 구매로 이어졌다고 한다. 지금의 한인종합회관이 1970년에 벌써 '이한웅홀'이라는 이름을 갖고 있었다는 것이다.

1970년대에는 한인회가 일정액의 기금을 갖고 있었고 1년 살림살이 후에 이를 다음 회장에게 인수인계했다는 기록이 보인다. 1978년도 '재영한인회 결산 보고서'를 예로 들면 수입이 1만 2,631파운드(전년도 이월 잔액 2,036, 재영 상사 모금 6,100, 유명인사 기부금 3,559, 정부 보조금 936)로 모든 경비를 지출한 후 1978년도 연말 이월액 5,270파운드를 다음 한인회장단에 인수인계한 내용이 있다.

대사관이 보관 중인 재외동포재단의 지원금은 한인회에서 처음 5만 달러를 요청했는데 이태식 대사가 20만 달러로 올려 부탁을 했다고 한다. 박영수, 장민웅 회장 등에 따르면 이태식 대사가 재외동포재단에 도움을 요청하라고 조언했고 당시 한인회에서 처음 재단에 요청한 지원금이 5만 달러였는데 이태식 대사가 20만 달러로 올려 신청했다. 2004년 이광규 재외동포재단 이사장이 영국을 방문해 현지 한인들로부터 한인회관 건립 필요성을 듣고 이후 재단 실사팀이 방문해 현지 조사를 통해 지원을 결정했다. 재영한인사회의 전반적인 상황과 당시 한인회관 건립의 필요성을 충분히 설명해 재단 측 인사들을 이해시킨 결과 지원금을 확보할 수 있었다고 한다. 재외동포재단의 지원금을 받는데 이태식 대사를 비롯해 박영수, 장민웅, 신우승 회장 등이 큰 역할을 했다.

### 한인종합회관Korean Community Centre 건립

1970년대 한국학교가 생긴 초창기에는 한국학교 운영이 한인회의 큰 사업이었고 실제로 한인회가 한국학교를 운영했다. 그러나 1988년부터 한인회의 재정 지원이 중단되자 한국학교는 1989년 학부모 중심으로 이사진을 재구성하고 한인회나 대사관으로부터 완전히 독립 운영한다. 한인회의 지원이 부족해 문을 닫은 경험이 있기에 재정난으로 학교 문을 닫는 일이 없게 하려고 이때부터 한국학교 건축기금 마련 운동이 본격화됐다. 한인학교의 기금은 음악회, 바자회 등을 열어 학생과 교사와 학부모들이 모은 돈이었다.

한인회는 1970년에 이미 목적과 이름을 정해 놓고 한인회관 건립 운동을 시작했고 어느 한 시점에 큰돈이 모인 것이 아니라 역대 한인회장들을 거치면서 액수가 꾸준히 증가했다고 전임 한인회장들은 설명한다.

이처럼 한국학교의 기금과 한인회의 기금은 처음부터 모금한 목적이 달라 어떻게든 이 돈을 한곳으로 모으려면 명분이 필요했다. 또한 모인 기금의 관리 주체를 한국학교와 한인회 중 어느 한 쪽으로 하지 않기 위해서는 제3의 단체를 만들어야 했다. 단체의 이름을 '한인회관건립준비위원회'라고 해서는 한국학교를 만들기 위해 돈을 모은 학교 측을 설득할 수 없었다. 이에 '한인회관건립준비위원회'가 '재영한인교육기금위원회'로 이름을 바꾸었다. 앞서 말한대로 '교육기금'이란 이름을 넣어 한국학교의 불만을 누그러뜨렸고 설립 목적에 '영국 지역 한인 교육을 지원하고, 한국어와 한국학 관련 교육을 지원한다'고 명시해 한국학교가 기금을 내놓게 만들려는 목적이었다. 동시에 한인회로부터도 자유로워지는 효과가 있었다.

한인회나 한국학교나 기금을 내놓는데 대한 내부 반대가 많았다. 성격이 다른 두 단체의 돈을 모아 회관을 구입한다는 사실에 어느 한 쪽도 제 기능을 하는 회관이나 학교를 갖지 못한다는 이유에서다. 그리고 왜 급하게 회관을 사야 하느냐는 의문이 많았는데 대사가 회관 구입을 위한 모금 운동에 깊이 관여하니까 한인사회 전체가 부화뇌동한다는 비판의 목소리였다. 대사가 깊은 관심을 보이니 총영사는 한인회를 대상으로, 교육원장은 한국학교를 대상으로 돈을 내놓으라고 설득하러 다니는 것이 일과라는 비아냥도 있었다. 교육기금에서 한인종합회관을 구입하는 것이 한인들을 위한 사업이 아니라 대사 재임 중 치적 쌓기라는 비난이 많았다. 한인회나 한국학교나 내부 반대 속에 우여곡절 끝에 기금을 교육기금에 전달한 뒤에도 한인회장이나 교장이 위원들을 찾아와 다시 돌려달라고 할 정도로 한인회나 한국학교가 원해서 돈을 내놓는 것이 아니라는 분위기였다.

기금이 모이자 교육기금위원회는 한인들이 다목적으로 사용할 한인종합회관을 구입하기로 했으며 향후 이 회관은 대사관 순회 영사 서비스, 한인 자녀 및 영국인 대상의 한글 교육, 각종 강좌, 최신 한국 영화 상영, 교민 휴게실, 회의실, 각종 무료상담 등의 용도로 활용될 예정이라고 설명했다.

한인종합회관 개관식 모습

2006년 11월 14일 박영수 이사장이 사임하고 장민웅 씨가 새 이사장이 된다. 장민웅 이사장은 한인종합회관을 개관할 때까지 이사장을 맡아 봉사하기로 약속하고 실제로 한인종합회관 개관식을 한 2010년 7월 5일 이사장직을 사임한다. 이 와중에 2009년까지 한인회가 한인회장 선거 소송에 얽히면서 제 역할을 못하자 교육기금의 활동도 지지부진했는데 재외동포재단으로부터 미화 20만 달러를 지원받고 3년이 지나자 한인회관을 구입하지 않으려면 지원금을 반납하라는 압력을 받기도 했다. 2009년 서병일 한인회장이 취임하면서 한인회가 다시 정상적으로 활동하고 천영우 대사를 비롯한 대사관 관계자들과 교육기금 위원들이 힘을 모아 회관 건립에 박차를 가했다. 한인종합회관 구입을 위한 범재영한인 모금 운동을 벌여 LG전자, 삼성전자 등 영국 주재 한국기업의 기부금과 장민웅, 김상록(Cass Maritime 대표), 오택희(센터포인트 대표), Lady Rothermere 등이 개인 기부를 했고 재영경제인협회를 비롯한 각종 단체, 로빈후드모임과 같은 재영한인사회의 봉사단체에서의 기부가 이어졌다.

2010년 4월, 108-110 Coombe Lane, Raynes Park, London SW20 0AY에 있는 전체면적 3,265ft²(303㎡)의 건물을 51만5천 파운드에 샀다. 장민웅 회장에 따르면 53만 파운드에 사기로 했으나 돈을 주기 전날 "너무 비싸다는 여론이 있다"며 1만5천 파운드를 깎았다고 한다.

한인종합회관을 구입한 것은 2010년 4월인데 개관식을 그해 7월 5일에 했으니 약 3개월 동안 내부 공사를 했다. 당시 인테리어 공사업체 선정 과정과 15만 파운드의 수리비 세부 지출 명세를 밝히지 않는 등 내부 공사를 하는 데도 잡음이 있었다. 교육기금 이사진은 임기를 마치면 떠나는 주재 상사 직원(코참 회장), 대사관 공사, 교육원장, 임기가 제한된 한글학교 교장, 한인회장 등으로 구성돼 제대로 된 협의체가 없었다. 따라서 내부 공사를 하는 데도 실무진에 대한 관리 감독 기능을 하지 못했다. 사실 교육기금 이사들은 구성원 간의 연대감이 없었고 이사로서의 책임감을 발휘할 수 있는 구조도 아니었다. 따라서 의혹이 가득했던 한인회관 공사업체 선정 문제는 한인회관이 문을 여는 순간까지 비난을 받았다.

2010년 7월 5일 개관식에는 추규호 대사, 서병일 한인회장, 신상홍 삼성전자 구주총괄 부사장, 켄 스미스 킹스턴 부시장 등 교민과 주재원 100여 명이 참석했다. 전임 주영대사였던 천영우 외교통상부 2차관도 왔다.

한인종합회관Korean Community Centre 구매 후에도 교육기금에 대한 기부금이 이어진다. 박종범 재유럽한인총연합회 회장을 비롯한 개인 명의의 기부에서부터 각종 단체 명의의 기부까지 누구나 영국 한인사회에 기부금을 내려고 할 때 교육기금이 첫 고려 대상이 됐다.

교육기금위원회는 당연직 이사와 일반직 이사로 구성됐다. 일반직 이사는 한인 중 추천 인사로 구성하고 재영한인총연합회 회장, 런던한국학교 교장, 주영대사관 총영사, 주영한국교육원 원장, 재영경제인협회(코참) 회장 등 5인은 당연직 이사로 했다. 당연직 이사는 영국 체류가 끝나거나 임기가 끝나면 후임자가 이사직을 승계했다.

## 누구를 위한 한인회관인가?

영국에 한인회관을 마련하기 전에는 한인종합회관을 건립하는 것이 재영동포들의 숙원이라고 30년 넘게 얘기를 했지만 정작 한인회관이 생기자 개관식을 하는 날만 반짝 한인들이 모였을 뿐 한인들의 발길은 좀처럼 한인회관을 향하지 않았다. 한인회관을 마련하기 전에 교육기금위원회가 제시한 한인회관 활용 방안은 다음과 같다.

1. 한인 2세 및 다문화가족 한글 교육을 비롯한 각종 교육 시설
2. 한글학교 교사 연수, 교재 연구 및 각종 회의 장소
3. 경로잔치, 회갑연, 망년회 등 동포 사회 행사장으로 활용
4. 서예, 영어 회화, 미술 교육, 요리, 꽃꽂이 등 교양 강좌
5. 재영 한인 예술인들의 작품을 전시하는 전시장
6. 일부 시설을 장단기 임대하는 수익사업
7. 대사관 순회 영사 업무 사무실

그런데 한인회관을 마련한 뒤 실제 꾸준히 이뤄진 사항은 6항과 7항뿐이었다. 그것도 6항의 수익사업은 건물 위층의 주거시설을 세입자에게 임대한 것이며 7항의 순회 영사 업무는 2주에 한 차례 2~3시간만 진행됐다.

무엇보다 한인종합회관 내에 노인정을 마련하지 못한 것이 가장 큰 문제였다. 한인 노인들이 노인정에 오는 가장 큰 이유가 점심식사를 함께 하는 것(함께 식사 준비를 하고 식사를 하며 담소를 나

종합회관 개관식의 테이프 커팅. 왼쪽부터 켄 스미스 킹스턴 부시장, 서병일 한인회장, 이정선 로더미어 자작 부인, 천영우 외교부 차관, 장민웅 교육기금 이사장, 추규호 주영대사

누는 것)인데 한인회관 건물 아래층에서는 취사할 수 없었다. 뉴몰든에 노인정이 있다가 없어진 터라 당시 한인 노인들의 사랑방 구실을 할 노인정이 반드시 필요했는데 한인회관을 노인정으로 사용할 수 없다는 사실이 알려지자 한인들로부터 불만이 표출됐다. "한인들을 위해 한인회관을 마련한 것이지 수익사업을 하려고 건립한 것이 아니다."라며 세를 주고 세입자를 받으면서 노인정을 마련하지 않는 것을 비난했다.

또한, 위치도 문제였다. 한인회관은 레인즈파크에 있어 영국의 한인타운인 뉴몰든에서 떨어져 있었다. 차로 오는 이들은 주차할 곳이 마땅치 않았고 특히 노인들은 대중교통을 이용해 오는 데 무척 불편했다.(지금도 레인즈파크에 있어 활용도가 높지 않다며 이를 팔아서 한인타운이 있는 뉴몰든에 한인회관을 건립해야 한다고 주장하는 이들이 많다)

한인회관을 마련하고도 제대로 활용하지 못한 것은 이를 관리하는 교육기금 이사들이 적절한 방안을 내놓지 못한 데도 기인한다. 우선 이사 구성에 문제가 있었다. 한인회장을 역임했고 한인사회를 잘 아는 장민웅 이사장이 한인회관 개관식 이후 사임하자 공석이 된 이사장을 당연직 이사 중 한 사람인 재영경제인협회 회장이 맡게 된다. 그런데 재영경제인협회 회장은 주재 상사 소속 직원이라 발령이 나면 한국으로 돌아가야 하니까 영국에 진출한 어느 회사의 인사 이동에 따라 영국 한인사회의 교육기금 이사장이 바뀌는 형태였다. 재영경제인협회에서 회장을 다시 선출하면 교육기금 이사장도 당연히 바뀐다. 이렇게 바뀐 새 이사장이 오면 교육기금과 한인회관에 대한 이해가 부족해 이사장이 주도해서 이사진과 함께 어떤 계획을 마련하고 수행하기 불가능한 구조였다. 처음 교육기금이 만들어질 때와 달리 돈을 출연한 단체와 기관 소속 인물들로 적절히 나눠서 이사진을 구성한 것에 지나지 않았다. 따라서 이 시기 교육기금 이사장은 허울만 있을 뿐 교민 출신의 일반 이사 한두 사람과 교민 출신의 사무총장이 한인회관과 교육기금의 모든 것을 관리했다.

2015년 1월 9일 박종범 재유럽한인총연합회장(맨 오른쪽)이 재영한인교육기금에 후원금 1만5,000유로를 기부했다.

2016년 12월 21일 이종구 민주평통 영국협의회장(사진 왼쪽)이 교육기금에 1만 파운드를 전달했다. 옆은 황준국 대사

### 횡령 사건과 교육기금의 탈바꿈

KEF 교육기금의 바뀐 로고

결국 2018년에는 교육기금위원회 사무총장 이 모 씨가 7만 파운드 넘는 공금을 횡령하는 사건이 발생한다. 2013년도부터 사무총장으로 근무했던 이 모 씨는 수표 사인과 서류를 조작해 몇 년에 걸쳐 공금 7만 파운드 이상을 횡령했다. 본인이 위탁 관리하던 교육기금 거래은행(HSBC, KEB 하나은행)의 수표에 본인 이외의 공동 서명권자의 서명을 위조하는 방법으로 공금을 인출하여 사적으로 사용하고, 교육기금 이사회에는 잔액이 남아 있는 것처럼 서류를 조작하여 보고하는 방법으로 횡령했다. 교육기금 측은 횡령 사실을 알고 즉시 이사회를 소집해 이 모 씨를 이사직과 사무총장직에서 해임하고 공금횡령, 사문서위조 및 동행사 혐의로 형사 고소했다. 이 모 씨는 이 돈을 갚지 않았고 합당한 처벌을 받지 않은 것으로 알려졌다. 교육기금은 5년 동안 한 차례만 결산보고를 할 정도로 제대로 관리되지 않고 있었다. 더욱이 2007년에 한인회 소송 관련 변호사 비용 3만 5천 파운드를 교육기금에서 한인회로 빌려주고 한 푼도 돌려받지 못하는 상황에서 이런 횡령 사건이 발생해 재영한인사회의 공금은 '눈먼 돈', '보

재영한인회 임원들의 주영대사관 앞 피켓시위(2022.03.29)

는 사람이 임자'라는 비아냥을 듣게 됐다.

2018년 2월, 교육기금대책위원회(위원장 김성수, 간사 조은영, 위원 김동수, 배채환, 전현경, 전승섭, 허준영)가 구성돼 2개월여 횡령 사건에 대한 조사를 마치고 교육기금의 비전과 발전 방향에 대한 의견을 수렴해 4월에 〈교육기금의 안전한 자금 운용과 발전 방안〉이라는 제안서를 새로 구성할 교육기금에 제출하고 해산한다.

2018년 5월 10일, 새 이사진이 출범한다. 일반 이사 6명(김성수, 류아네스, 박성진, 연재훈, 전현경, 정승섭) 당연직 이사 4명(교육원장, 런던한국학교장, 재영한인총연합회장, 코참 회장이 지정한 임원) 등 총 10명으로 구성됐다. 5월 21일, 박성진 변호사가 이사장에 선임된다.

새로 구성된 재영한인교육기금은 활발한 활동을 보인다. 한글학교 장학생을 선발하고, 주영국대사관과 공동으로 영국 사회 내 다양한 분야에서 활동 중인 차세대 재외 동포들을 초청하여, 차세대 인재 간 네트워크를 구축하도록 돕는 '차세대 재외 동포 네트워킹의 밤'을 여는 등 새로운 활동을 여러 차례 선보였다.

2021년 7월 재영한인교육기금은 KEF 교육기금으로 이름을 변경한다. 그런데 이렇게 이름이 변경되자 교육기금을 낸 주체가 이름에서 사라졌다는 비난을 받게 된다. 원래 이름인 '재영한인교육기금'은 돈을 낸 주체인 '재영한인'이 명시돼 있으나 KEF 교육기금은 이 내용을 찾을 수 없다. 따라서 새로 구성된 재영한인교육기금에서 과거 돈을 낸 주체인 한인회와 한국학교를 도외시했다는 지적을 피할 수 없게 됐다. KEF 교육기금이 상임이사보다 많은 수의 활동이사를 선별해 상임이사와 같은 의결권을 부여함으로써 상임이사의 권한을 애써 축소한 데서도 같은 비난을 받고 있다. 이사장의 권한이 비대해지는 결과를 낳아 과거 횡령 사건과 같은 문제를 낳을 수 있다는 지적을 받고 있다. 결국 한인회와 한국학교가 나서서 한인회관의 효율적 운영(한인들이 사용하는 회관이 아니라 교육기금의 임대 수익에만 이용된다는 지적)과 한인과 한국학교 학생에게 혜택이 돌아가는 교육기금의 기본 취지를 살리고 효과적으로 운영할 것을 요구하고 있다.

한편, KEF 교육기금은 영국 내 한인 커뮤니티의 한국어 교육과 한국문화 보급 및 차세대 지도자 육성을 목적으로 설립된 비영리 단체(Charity Registration No. 1154679 / Company Registration No. 07409314)로서 다음과 같은 활동을 하고 있다.

교육기금의 밤 행사 안내 포스터

- 한국어 교육 및 한국문화 보급을 위해 영국 내 한글학교를 후원
- 한글을 배울 기회가 없는 아이들을 위해 장학생을 선발하여 수업료를 지원
- 한인 차세대 지도자 양성을 위해 멘토링 행사 개최 및 후원
- 재영한인 커뮤니티를 위한 한인종합회관 운영 및 관리

## 3. 노인회 - 대한노인회 영국지회

영국에 사는 한인 노인들이 모여 처음 단체를 만든 것은 1990년대 중반(할머니들의 기억으로는 1995~6년)으로 당시 만나슈퍼마켓(71~73 High Street. New Malden KT3 4BT) 2층에 있던 전재임 씨의 방에서 노인회 관련 첫 모임을 했다. 그런데 이곳은 노인회를 결성하기 전부터 한인 노인들의 사랑방이었다. 전재임 씨의 아들이 슈퍼마켓을 운영해 남는 한식 재료로 매일 점심을 만들어 먹는 재미가 있어 노인들이 이곳에 곧잘 모였다. 그러다가 누군가의 제안으로 노인회를 만들기로 해 전재임 씨가 초대 회장을 맡았다. 전재임 노인회장은 2004년 뉴몰든 센터 인근에 노인정이 만들어질 때까지 자신의 방을 노인들의 사랑방으로 개방해 계속 모임을 했다.

### 만나슈퍼마켓 2층에서 시작된 노인회

뉴몰든에 처음 공식적으로 한인노인정이 문을 연 것은 2004년 10월 11일. 뉴몰든 노인복지회관이라 할 수 있는 Hobkirk House(109 Blagdon Road) 안에 있는 6~7평 규모의 방을 24시간 사용했다. 이곳과 연결된 20여 평의 홀은 오후 4시부터 이용할 수 있었다. 재영한인회가 킹스턴카운슬에 6개월 동안 요청해 어렵게 얻어낸 것이다. 신우승 한인회장은 노인정을 개설한 뒤 노인정 후원회를 결성하겠다고 약속했다. 노인정이 생기자 텔레비전 등 필요한 각종 전자제품을 기부하겠다는 곳이 많이 나서서 노인정의 집기, 비품 등이 금방 갖추어졌다. 노인들은 아침이면 노인정으로 모

"할머니 할아버지 세배받으세요" 런던장로교회 어린이들이 2018년 설날, 뉴몰든 노인회관에서 할머니 할아버지께 세배를 하고 있다. 어린이들은 노래와 춤으로 재롱잔치를 했고 할머니, 할아버지들은 직접 빚은 만두로 어린이 손님을 대접했다. 김치마을에서 음식을 푸짐하게 보태 더 풍성한 명절 풍경이 만들어졌다

였다. 한국 연속극을 보고, 화투를 치고, 장기를 두고, 담소를 나누고, 쌀밥과 된장찌개와 김치로 꾸려진 점심을 함께하고 오후에 헤어졌다. 노인정이 문을 열고 한동안 한인회를 비롯한 여러 한인 단체와 교회, 성당 등 종교 단체에서 경쟁하듯 자원봉사자를 보내 노인정 운영을 도왔다. 설, 추석 등 한국 명절에는 주영한국대사가 직접 노인정을 방문해 노인들을 위로했고 어버이날과 같은 기념일에는 재영외식업협회, 재영가이드협회 등 한인 단체에서 잔칫상을 준비하거나 특별한 효도 관광을 마련했다.

그런데 한인회가 소송에 휩싸이고 정상적으로 활동하지 못하면서 한인회가 노인정을 돌보지 않게 되자 한인사회 전체가 노인정에 관한 관심이 줄어들고 각종 후원도 끊어지게 된다. 노인정은 일정의 임대료를 내고 있었는데 이마저도 노인정에 나오는 노인회원들이 얼마씩 갹출해 내는 형편에 이르렀다. 명절에 노인정을 방문한 대사에게 노인들이 "한인회가 정상으로 돌아가 노인정에 다시 도움을 줬으면 좋겠다."고 하소연을 했다.

그런데 같은 건물에 입주해 있던 다른 문화권 사람들이 한국인들이 노인정에서 요리하고 점심을 먹기 때문에 건물 전체에 음식 냄새가 심하다는 불평을 계속 쏟아냈다. 그러던 어느 날 요리를 하다가 실수로 작은 화재가 발생한다. 이미 킹스턴 카운슬에서 노인정이 입주해 있던 건물을 재건축한다는 발표가 있었고 함께 입주한 현지인들의 불만이 많이 접수된 상태에서 화재 사건까지 발생하자 카운슬에서 한인노인정을 폐쇄한다. 이때부터 한인 노인들은 갈 곳이 없어진다. 매일 만나던 노인들이 모일 곳이 없어지자 집안에 꼭꼭 숨어버리고 어쩌다 한인 레스토랑에서 노인들을 위한 식사 자리를 마련하면 한 번씩 모여 그동안 안부를 묻곤 했다.

노인정이 폐쇄될 때 한인사회에서 나서서 적극적으로 대응하지 않은 것이 잘못이다. 뒤늦은 반성이 나왔지만 되돌릴 수 없는 일이었다. 카운슬에서 지역사회 내 어떤 단체에 공간을 제공하면 건물을 폐쇄하는 특별한 경우에도 계속 유사한 공간을 제공하는 것이 통례라고 한다. 그런데 당시 한인회가 분규 상태에 있어 소송하고 싸움을 하느라 정신이 없었다. 노인들의 형편을 돌봐야 할 이들이 집안 소송과 싸움으로 노인들을 방치한 것이다.

### 갈 곳 없는 한인 노인들

노인정을 다시 마련해야 한다는 목소리는 한인사회에서 계속 나왔는데 말만 무성했지 구체적으로 노력하는 곳은 어디에도 없었다. 그런 와중에 한인사회에 있는 각종 기금을 한데 모아 한인종합회관을 개관한다는 소식이 들리자 자연히 회관 내에 노인정을 개설하는 방향으로 의견이 모였고 한인사회에서는 대부분 그렇게 되는 것으로 알고 있었다.

그런데 2010년 7월 한인종합회관을 개관했으나 회관 내에 노인들을 위한 공간은 없었다. 한인종합회관이 영국의 한인타운인 뉴몰든New Malden이 아니라 레인즈팍Raynes Park에 위치해 노인들에게는 거리가 멀고 대중교통을 이용하기에도 불편했다.

무엇보다 주방시설이 갖춰지지 않아 요리를 할 수 없어 함께 모여 점심을 먹는 즐거움이 사라진 것이다. 노인들이 불편을 호소했는데도 회관을 운영하는 측(교육기금위원회)에서 리모델링 공사를 하면서 특별히 노인들을 위한 공간이나 시설을 마련하지 않았다. 심지어 "김치 냄새" 운운하며 한인종합회관 내에 주방시설이 갖춰진 노인정을 만드는 건 불가능하다고 주장하는 인사까지 있었다. 노인을 외면하고 마련한 공간을 노인들이 외면한 건 당연한 결과였는데 '왜 영국 한인사회에는 노인정이 없는가'라고 물으면 노인들이 공간을 마련해 줘도 불편하다고 오지 않았다고 설명하곤 했다. 그래서 한인종합회관을 개관하고도 몇 해 동안 영국의 한인 노인들은 또다시 갈 곳이 없었다.

2012년에 재영한인노인회가 제1회 정기총회를 연다. 제1회 정기총회에서 마련한 정관을 보면 영국에 거주하는 60세 이상 한인 노인을 회원으로 하고 노인회는 재영한인노인회관 내에 둔다고 했다. 2013년 2월에는 제2회 정기총회를 갖고 회장 조남웅, 총무 지석인, 서기 지순희, 섭외부장 이영숙 등 임원진을 구성한다.

그런데 정관에만 있을 뿐 당시 영국 내에 한인노인회관이 없었다. 노인들이 모이는 곳은 한인이 운영하는 뉴몰든의 레스토랑으로 매번 노인들이 식사비를 마련해, 한 달에 두 번 정도씩 모였다. 노인들이 식사비를 내기는 했으나 한인 레스토랑에서 서비스로 제공하는 부분이 더 많았다. 하지만 점심값마저도 노인들에게 부담이 되고 레스토랑에서 노인들을 배려하는 것도 매번 받기에 미안해 모임은 한 달에 한 번, 두 달에 한 번으

코라아타운의 한국문화예술원 OPEN : 노인회원들이 한국문예원 출범식에서 테이프 커팅을 하고 있다. 코리아타운 중심가에 문을 연 한국문예원은 노인회원들은 물론 한인들의 문화 예술 활동의 구심점 역할을 하고 있다.(왼쪽에서 두 번째 임형수 한국문예원장)

로 줄었다가 더 뜸해졌다. 모일 곳이 없으니 만나기 어려웠다.

2014년 9월에 '런던한인 노인대학'이 개교한다. London Korean Community Academy라는 이름으로 한인종합회관에서 20여 명의 한인 노인을 대상으로 매주 금요일 문화 및 교양 프로그램을 교육해왔는데 6개월 실험 운영을 마치고 '런던한인 노인대학'이란 이름으로 개교했다. 서예, 가야금 강습 등 4년 전부터 한인종합회관에서 계속 진행해온 '예술문화 아카데미'가 발전한 것이라고 할 수 있다. 이는 한인 노인정이 없어진 뒤 마땅히 모일 곳이 없었던 노인들이 모여 강좌를 듣고 식사를 하며 소식을 나누는 사랑방 구실을 해왔다. 특히 이곳에는 탈북민 출신 노인들도 많이 참여했다. 런던한인 노인대학은 자원봉사자들로 운영됐는데 노인들의 식사를 제공하고 영국에 대한 전문 강의도 맡았던 박종민 씨가 자원봉사자들을 대표해 학장을 맡았다. 노인대학은 보다 많은 사람이 참여하고 다양한 세대가 어울릴 수 있는 곳으로 만들겠다는 계획으로 야심 차게 출발하며 바둑 교실, 볼룸 댄스 강좌 등을 추가하고 새롭게 영국에 정착하려는 이들을 위해 영국에 관한 전반적인 지식과 영어교육까지 진행했다.

그런데 한국에서 온 노인들과 탈북민 노인들의 화합이 쉽지 않아 '런던한인 노인대학' 내에서 작은 마찰이 몇 차례 있었던 뒤 대부분의 한인 노인들이 대학을 떠나버렸다. 런던에 사는 한인 노인들이 없어진 '런던한인 노인대학'은 이름을 '평생 대학'이라고 바꾸고 소수의 인원으로 명맥을 이어갔다.

노인회의 합창활동

### 대한노인회 영국지회의 출범과 임선화 회장

2016년, 이스트 석세스East Sussex에서 치매 노인을 대상으로 봉사활동을 하던 임선화 씨가 평생 대학에 시조 강연을 하러 오면서 노인회 역사에 새로운 핵을 긋게 되었다고 노인회원들은 입을 모은다. 대부분 탈북민 출신 노인 6명이 남아있는 평생대학에 주 1회 노인을 위한 봉사활동을 하던 임선화 씨가 프로그램을 늘리고 싶어 한인회관을 주 2회 사용하도록 해달라고 부탁했지만, 한인회관 운영 측에서 거절했다고 한다. 이에 언제라도 사용할 수 있는 노인회관이 필요하다고 생각하던 중 카운슬로부터 한 통의 전화를 받게 된다. '한인 독거노인이 사망했는데 연고자가 없어 카운슬에서 장례를 치를 것이다'라는 내용이었다. 킹스턴 카운슬에서 연고자가 없어 그냥 한인회관으로 전화했는데 그 전화를 우연히 임선화 씨가 받은 것이다. 그렇지만 연고자가 아니라 아무것도 할 수 없었다. 외로운 노인의 장례식에 임선화 씨를 포함해 3명의 노인만이 참석했다.

2017년 6월 30일 (사)대한노인회의 18번째 해외 지회로 (사)대한노인회 영국지회가 설립되고 임선화 씨가 초대 회장으로 취임한다. 이때부터 회원들이 각 지역의 벼룩시장을 돌면서 장사를 하는 등 노인회관 마련을 위한 본격적인 활동이 시작된다.

2018년 1월, 뉴몰든 하이스트리트에 있는 건물 2층에 노인회관을 연다. 매일 모일 수 있는 노인들의 사랑방이 생긴 것이다. 개관식에는 대한노인회 가입을 이끌었던 서병일 전 한인회장과 주영대사관 관계자를 비롯해 한인, 탈북민, 영국인, 중국 동

2012년 6월 30일 대한노인회 영국지회 창립기념식이 런던 레인즈팍에 있는 한인종합회관에서 열렸다. 행사를 마치고 한국에서 온 대한노인회 임원단과 영국지회 회원들이 한자리에 모였다. 앞줄 가운데 한복 입은 사람이 임선화 영국지회장

포 등이 참석했다. 노인회관은 2층을 임대했는데 2층이어도 뉴몰든 하이스트리트에 있는 건물이라 월세가 비싸 생활용품을 모아 팔고 김치를 만들어 팔아 경비를 충당하고 노인들의 주머니에서 십시일반 모아 운영된다. 대한노인회 영국지회로 있지만 노인회관 임대료 등을 한국에서 지원받을 방법은 없다.

노인회관은 요리, 문예, 서예 등 각종 문화강좌, 점심 식사와 노인들을 위한 여흥, 영어교육, 합창연습 등의 공간으로 활용되고 외부인에게 전시회, 모임, 비즈니스 회의 등의 장소로 대여하기도 했다. 함께 모여 즐길 수 있는 공간이 있어 즐거운 노인들이 모여들어 1년 만에 회원이 140명으로 늘었다.

회원이 늘자 공간이 비좁고 안전 문제가 걱정거리였다. 회관이 2층에 있어서 다리가 아픈 노인들이 다니기에 몹시 불편했다. 다리가 불편한 노인이 2층 계단을 기어서 올라오는 모습을 보고 임선화 회장은 1층에 노인회관을 마련해야겠다 마음먹었다고 한다. 마침 회관에서 나는 음식 냄새가 심하다는 건물 내 다른 임대인들의 불평을 받아들인 건물주가 회관을 비우라고 했다. 울고 싶은데 뺨 맞은 격이랄까. 결국, 2019년 1월 1일, 뉴몰든 하이스트리트 143번지로 이사한다.

### 재영 한국문화예술원Korean Culture and Arts Centre

영국 내 코리안 커뮤니티 허브의 역할을 하는 한국문화예술원(이사장 임선화, 원장 임형수)은 2016년 대한노인회 영국지회 산하의 작은 전통무용단으로 시작했다. 무용단 외에 가야금반, 장구반 등 국악부가 점차 늘면서 2020년 7월 영국 법인설립 등록을 했다. 그러나 당시는 팬데믹 기간이라 정식으로 문을 활짝 열지 못 하다가 2021년 7월 19일 영국 한인사회의 심장부인 뉴몰든 하이스트리트에서 개원했다. 문예원은 서예, 한문 강좌, 뜨개질, 인문학 강좌, 역사 강좌 등을 정기적으로 하고 있으며 전통무용반, 장구반, 가야금반, 기타반, 한식문화반, 뜨개질반, 우리 옷 연구반, 성인 한글반, 어린이 한글반, 어린이 독서 교실, 한 땀 한 땀반, 독서반, 전통 시조반, 진도북춤반 등이 있다. 특히 문예원은 영국 최대의 민간 주도 정기 예술공연인 Korean Arts Festival을 해마다 가을에 개최해 교민들과 영국 현지인들에게 깊은 감동의 무대를 선사하고 있다. 또한 크고 작은 행사와 공연을 수시로 열어 영국에서 한국 문화전도사의 역할을 톡톡히 하고 있다.

한국문화예술원은 영국 사회의 일원으로서 각종 지역 봉사활동에 적극 참여하고 지원한다. 문예원의 지역 봉사활동은 코로나 시기 킹스턴병원 자원봉사자들을 위한 도시락 만들기를 시작으로 꾸준히 킹스턴병원 자선기금 마련 행사를 진행해 오고 있으며, 지역 사회의 소외된 계층을 위한 식사 봉사, 공연 봉사 등을 진행하고 있다. 또한 한국전 참전용사들을 위한 공연과 봉사, 한국전 전몰자 추모식 등에 적극 참여하고 있다.

문예원의 예술공연

## 한국 문화전파, 봉사활동의 중심에 섰다

계단이 없어 노인들이 편리하게 드나들 수 있는 뉴몰든 중심가의 새 노인회관은 1년 임대료가 4만 파운드 정도여서 비싼 임대료를 감당하기 어렵다고 이전을 반대하는 목소리가 높았다. 그런데 노인회원들은 하이스트리트에 있다는 장점을 살려 회관의 입구 쪽을 채리티 숍charity shop처럼 꾸며 각종 물건을 팔아 임대료에 보태면 운영이 가능하다고 판단했다. 회원들의 집에서 가져온 각종 물건을 진열하고 팔았다.

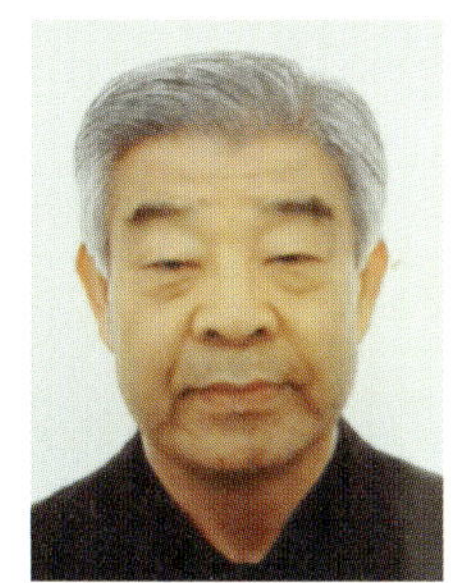
2대 노인회장 권오득 회장

노인회관에서는 테임즈필하모니아의 지휘자인 유병윤 씨가 지도하는 런던한인합창단, 권오득 씨가 이끄는 70세 이상 노인들로 구성된 런던시니어합창단, 하점순 씨를 단장으로 한 런던한국무용단이 있고 장고반, 가야금반, 플루트반 등이 있어 각종 문화 예술 분야를 평소 배우고 연습하기 때문에 공연도 가능했다. 따라서 Korean Art Festival과 같은 정기 발표회를 갖는 한편 중증장애인 요양보호소 등 병원과 복지시설을 방문해 자선공연을 하기도 한다. 이런 공연이 있을 때면 노인회관 내에 있는 서예반, 공예반, 취미반 등이 동참해 붓글씨 전시, 전통 공예품 전시, 한복 입어보기 체험 등을 함께 진행한다.

특히 대한노인회 영국지부는 코로나로 기간에 영국 사회와 고통 분담 차원에서 NHS 자원봉사자와 노숙자를 위한 음식을 제공하기도 했다. 현재 한국문예원 원장에 임명된 임형수 셰프가 주도해서 킹스턴 병원Kingston Hospital의 NHS 자원봉사자 50명에게 매주 한 번씩 따뜻한 한식 도시락을 제공했다. 노인회는 한인 목회자들이 중심이 되어 토요일마다 주변의 어려운 주민을 위해 노인회관에서 40인분 이상의 점심 도시락을 제공하고 있다.

3대 노인회장 김지호 회장

노인회는 2021년 6월 킹스턴 카운슬의 지원으로 뉴몰든에 있는 King's Oak Nursery 건물로 이전했다. 주소는 Dickerage Lane New Malden KT3 3RZ.(노인회관이 있던 자리는 한국문예원으로 바뀌고 임형수 씨가 원장을 맡았다. 문화강좌를 주로 여는데 이익금으로 노인회를 후원한다.)

킹스턴 시에서 노인회로 먼저 찾아와 체러티 단체로 활동하는 것을 인정하고 정기적인 지원을 약속했다. 킹스턴 시청 내 체러티 지원 부서에서 노인회로 먼저 찾아왔고 임선화 회장을 비롯한 노인회원들의 적극적인 요청에 킹스턴 카운슬이 새로운 노인회관 자리를 좋은 조건으로 제공한 것이다. 노인회관 이전 후 노인회는 코로나로 미뤄진 총회를 하고 제2대 회장으로 권오덕 씨를 선출했다.

현재 노인회관에는 한국인, 탈북민, 영국인 노인이 함께 모인다. 임선화 전 회장은 인종, 출신 국가, 종교, 학력의 벽이 없는 곳이라고 했다. 노인회의 꿈은 언젠가 영국 한인타운에 '한국 양로원'을 세우는 것이다.

민간외교의 일선에 선 사람들을 찾아서

## 한복, 한식, 한글 그리고 한·영의 화음

〈Korean Art Festival 2018〉

**글, 사진 : 한인헤럴드 / 후원 : 한국 언론진흥재단** **2018년 7월 9일**

영국 남동부 해안에 있는 휴양도시, 영국의 은퇴 연령대가 가장 선호하며 또한 가장 많이 산다는 이스트본Eastbourne. 이 도시의 타운홀에서 2018년 7월 7일 특별한 행사가 열린다는 소식을 들은 것은 오래전이다. 기대 이상의 결과를 만들어내 가끔 깜짝 놀라게 만드는 노인회로부터 〈2018 한국 문화 예술 축전〉을 런던도, 킹스턴도, 뉴몰든도 아닌, 이스트본에서 현지인과 함께 준비한다는 소식이었다. 장소도 낯설거니와 현지인에게 보여주는 축전이 아니라 현지인과 함께 만드는 한국 축전이라니, 어떻게 준비하는지, 어떤 모양으로 나올지 궁금했다. 이스트본시市의 공식 사이트에서도 이 행사를 〈Korean Art Festival 2018〉로 홍보하고 있었다.

영국의 한인타운, 런던의 뉴몰든에서 차로 약 한 시간 30분 남짓 달려 도착한 이스트본. 타운홀은 벌써 한인과 현지인들로 북적거렸다. 올해 들어 가장 더운 날씨였을 것으로 느껴지는 폭염 속에도 행사를 준비한 이들은 모두가 분주했다.

이날 행사의 전체 기획자이면서 합창, 무용, 사회까지 맡은 임선화 노인회 회장은 "Korean Art Festival 2018은 한국의 문화를 현지인에게 알리고 일부는 직접 체험하게 하는 기존 한인 축제의 틀에서 한 걸음 더 나아가 한국 문화를 현지인에게 알리고 체험하게 하면서 한국 문화의 퍼포먼스를 현지인과 함께 만들어 알린다는 데 특징을 뒀다."고 설명했다.

행사장인 타운홀을 둘러보니 전체가 하나의 한국 문화 전시장으로 꾸몄다. 한쪽에 놓인 수십 벌의 한복은 현지인을 대상으로 '한복 입어보기 체험'을 할 수 있도록 했고 또 한쪽에 전시된 병풍, 초롱, 부채, 방짜, 도자기 등 전통 공예품은 우리 문화에 호기심이 많은 현지인의 시선을 빼앗고 있었다.

### 현지인의 감탄사를 부른 재영요식업협회의 '한식'

6시부터 재영요식업협회가 마련한 한식 뷔페가 제공됐다. 현지인과 한인이 섞여 길게 줄을 선 채 불고기, 보쌈, 김치. 김밥, 삼색 나물, 닭강정, 만두 등 한식을 연신 그릇에 담았다. 줄을 서서 음식을 그릇에 담는 현지인과 한인 사이에 어떤 음식이며 어떤 재료가 들어갔는지를 묻는 대화가 오가니 자연스레 한식 홍보가 되는 효과도 있었다. 요식업협회 회원들은 작은 그릇에 소량의 비빔밥을 만들어 사람들에 제공해 비빔밥 홍보에도 힘썼다. 250여 명 이상을 예상해 준비한 타운홀에 자리가 없을 만큼 사람들이 곧 꽉 찼다.

재영요식업협회 송천수 회장은 "지금까지 해외에서 한 어떤 한식 홍보 행사보다 더 확실한 지역 현지인 밀착 행사가 아닐까 판단한다. 대부분 한식을 한 번도 먹어본 적이 없는 이들이 사는 지역에서 한식을 맛보게 하면서 다른 한국 문화도 즐기고 체험할 수 있도록 하니 효과가 배가 될 것이다. 오늘 이 행사에 참석한 현지인들에게는 한국 문화가 좀처럼 잊히지 않는 아름다운 기억이 되고 한식이 다시 먹고 싶은 음식으로 남을 것이다."라고 했다.

식사를 하던 그로리아 미첼 씨(69)는 "태어나서 한국 음식을 처음 먹어본다. 참 많은 종류의 음식이 있어 놀랐고 모두 맛이 있어 더 놀랐다. 제대로 차려진 한식을 먹을 기회가 있다면 꼭 먹어보고 싶다."고 했다. 이날 공연 전에 식사를 해 냄새가 남을 것을 염두에 두고 봉사자들은 빈 그릇을 그때그때 치우는 등 발 빠르게 움직여 매우 깨끗한 뒷모습을 남겼다.

### 감동을 선물하는 공연과 전시 그리고 하나의 목소리

공연 사회자로 임선화 노인회장과 남편 피터 씨가 무대에 올랐다. 누군가가 한인사회 역사에서 행사 사회자 중 가장 연장자 부부가 아닐까 한다며 작은 소리로 농담을 했다. 남편은 영어로, 아내는 한국말로 부드럽게 진행해 역시 나이는 숫자에 불과. 임선화 회장은 "오늘 행사는 영국에 사는 한인과 이스트본 지역 현지인들과 만남이 한국과 영국의 만남으로 커지고 유럽과 아시아의 만남으로 확대되는 시작에 있다."고 의미를 두며 "행사를 도와준 많은 개인과 단체에 감사하며 특히 재영요식업협회가 없었다면 이 행사를 생각할 수 없었을 것이라며 함께 한국 문화를 알린다는 뜻으로 동참해 준 데 대해 감사한다."고 했다.

공연은 부채춤으로 시작됐다. 남성 1명, 여성 8명으로 구성된 런던한인무용단은 아마추어가 흘린 땀으로 아름다운 부채춤을 선보였다. 최정현 씨의 장구와 소리, 송해인 씨의 춤으로 어울린 '사랑가'는 우리 소리와 춤의 아름다움을 확실하게 보여줬다. 남성 1인 여성 3인으로 구성된 가야금 산조팀은 외국 민요와 우리 민요 아리랑을 연주했다.

사물놀이는 한바탕 신바람을 불러일으켜 경쾌한 리듬에 현지인들도 어깨를 들썩였다. 사물놀이의 세계화답게 징을 맡은 다미로라 씨도 흥에 흠뻑 빠졌다. 이어 등장한 '인스탄트 오페라'팀은 유병윤 씨의 지휘에 맞춰 전문 성악가의 멋스러움을 선사했다. 모차르트 곡을 4명의 성악가가 차례로 들려준 뒤 4인 중창으로 '그리운 금강산'을 우리말로 불러 한인들에게 기립박수를 받는 감동을 선물했다. 임선화 회장이 현지인들을 위해 노랫 속 금강산의 아름다움에 대한 설명을 부연했다.

잠시의 휴식 시간에도 현지인들은 한식, 한복, 한국의 음악 얘기를 했고 한쪽에 마련된 미니 전시장에서 한국 전통 공예품에 깊은 관심을 보였다. 교직에서 은퇴해 이스트본으로 이사 온 지 15년 됐다는 리즈 크락 씨(73)는 "음식과 공연, 의복과 생활용품까지 한국의 문화에 감동을 받았다. 계속 교류할 기회가 있었으면 좋겠다."고 했다.

2부 공연은 권희진 씨의 바이올린 연주로 시작됐다. 이어진 헤일샴 합창단의 등장. 빨간 옷을 갖춰 입은 할머니들과 빨간 나비넥타이를 맨 할아버지 약 40명으로 구성된 이들은 앞서 1부에서 있었던 한국 공연에 답례하듯 스코틀랜드 민요로 들려줬다.

이스트본 타운홀을 공연장으로 하니 또 하나 좋은 점이 있다면 가끔 교회 종소리와 갈매기 울음이 화음처럼 간간히 들려온다는 것이다.

마지막으로 이날 공연의 정점을 찍는 한영합창단의 한목소리가 울렸다. 50여 명이 넘는 헤일샴 합창단과 런던 한인합창단은 한 무대에서 하나의 목소리가 됐다. 우리말로 부른 첫 곡은 김동환의 시 '산 너머 남촌에는'. 현지인 합창단의 입 모양이 "산 너머 남촌에는 누가 살길래"를 발음하자 피부색, 언어, 문화와 관계없이 누군가 정겹고 가까운 내 이웃이 그 남촌에 살고 있는 듯한 착각에 빠졌다. 결국 이 한목소리에는 관객의 목소리도 합쳐졌다. 마지막 곡 '아리랑'에 이르자 유병윤 지휘자가 관객을 향해 지휘하며 타운홀에 모인 모든 이의 목소리를 하나로 만들었다. "아리랑 아리랑 아라리요-" 프로그램에 우리말 가사를 영어로 써놓아 현지인 관객들도 큰소리로 따라 불렀다. 그렇게 아리랑 고개에서 이날 공연은 한 목소리의 정점을 찍었다.

**막이 내려도 여운이 긴 행사가 됐다**

갈매기 울음이 들리는 영국 남쪽 소도시에서 열린 〈Korean Art Festival 2018〉은 이렇게 막을 내렸다.

이날 함께한 신우승 전 한인회장은 "임선화 노인회장과 송천수 요식업회장에게 큰일을 하셨다는 큰 박수를 보낸다. 한국 문화를 알리는 공연이 이처럼 한 걸음 더 나아가 지역사회와 협연하는 공연이 됐다는 것은 놀랄만한 일이다. 오늘 이스트본에서의 공연이 밑거름돼서 한국 문화행사를 영국의 다른 도시와도 손잡고 같이 하는 현지 밀착형 한국 문화 알리기가 계속됐으면 한다."고 했다.

이 공연을 위해 헤일샴 합창단을 훈련한 조지크 콜츠 감독은 "공연이 너무 성공적이라 해마다 함께하고 싶은 욕심이 생긴다."고 했다. 이 공연을 위해 한국말로 연습을 하는 데 어려움이 없었느냐고 묻자 "하루 2시간씩 여러 차례 한국 가곡을 연습했다. 영어로 발음을 적어두고 보면서 하니 크게 어려움이 없었고 임선화 회장이 여러 차례 찾아와 발음 교정 도움을 줬다. 재미있게 연습했고 단원들 모두 즐거운 경험이었다"라고 했다.

공연에 감동해 마지막에 울었다는 주선영 런던한국학교 교사는 "마지막 곡 아리랑을 부르는 영국 합창단의 입 모양을 보니 제대로 발음하려 노력하는 모습이 보여 가슴이 뭉클했다. 이런 만남을 가지고 이렇게 한국 문화를 경험한다면 누가 친한파가 되지 않을까 하는 생각이 들 만큼 감동적인 행사였다."고 했다. 많은 이의 기억에 막이 내려도 여운이 긴 행사가 됐다는 평이다.

후기 : 이 행사를 위해 영국노인회 임선화 회장은 백방으로 지원을 호소했으나 어느 기업, 어느 단체, 어느 기관에서도 답변이 없었다고 한다. 우리는 너무 남이 알아주기 쉬운 곳에만 집중한다. 우리 문화를 알리자고 하면서 매번 보여주기만 하고 인사치레만 받는다. 과연 우리 문화가 알려졌을까. 굳이 꼬집자면 지금도 런던의 한식 알리기를 보면 몇 해 전 시연한 궁중음식이 나온다. 구절판, 너비아니, 신선로… 당시는 현지인 참가자들이 감탄했겠지만, 런던 어느 한국 레스토랑에서도 이 메뉴를 다시 만날 수 없다. 보여주기만 제대로 한 셈이다. 그래도 이런 행사는 제대로 지원받아 번듯하게 치른다. 보여주기에는 좋으니까. 노인들의 푼돈을 모으고 재활용품을 팔아 근근이 유지하는 노인회의 문화센터가 외면받는 것은 보여주는 재주가 없기 때문이다.

## 민간외교의 일선에 선 사람들을 찾아서 한복, 한식, 한글 그리고 한 · 영의 화음 〈Korean Art Festival 2018〉

영국 남동부 해안에 있는 휴양도시, 영국의 은퇴 연령대가 가장 선호하며 또한 가장 많이 산다는 이스트본 Eastbourne, 이 도시의 타운홀에서 2018년 7월 7일 특별한 행사가 열린다는 소식을 들은 것은 오래전이다. 기대 이상의 결과를 만들어내 가끔 깜짝 놀라게 만드는 노인회로부터 〈2018 한국 문화 예술 축전〉을 런던도, 킹스톤도, 뉴몰든도 아닌, 이스트본에서 현지인과 함께 준비한다는 소식이었다. 장소도 낯설거니와 현지인에게 보여주는 축전이 아니라 현지인과 함께 만드는 한국 축전이라니, 어떻게 준비하는지, 어떤 모양으로 나올지 궁금했다. 이스트본시市의 공식 사이트에서도 이 행사를 〈Korean Art Festival 2018〉로 홍보하고 있었다.

첫 무대를 장식한 부채춤. 아마추어 무용가들이 흘린 땀이 이런 아름다운 모습을 만들어냈다.

영국의 한인타운, 런던의 뉴몰든에서 차로 약 한 시간 30분 남짓 달려 도착한 이스트본. 예정된 6시보다 20분 일찍 도착했는데 타운홀은 벌써 한인과 현지인들로 북적거렸다. 올해 들어 가장 더운 날씨였을 것으로 느껴지는 폭염 속에도 행사를 준비한 이들은 모두가 분주했다.

이날 행사의 전체 기획자이면서 합창, 무용, 사회까지 맡은 임선화 노인회 회장은 "Korean Art Festival 2018은 한국의 문화를 현지인에게 알리고 일부는 직접 체험하게 하는 기존 한인 축제의 틀에서 한 걸음 더 나아가 한국 문화를 현지인에게 알리고 체험하게 하면서 한국 문화의 퍼포먼스를 현지인과 함께 만들어 알린다는 데 특징을 뒀다."고 설명했다. 행사장인 타운홀을 둘러보니 전체가 하나의 한국 문화 전시장으로 꾸몄다. 한쪽에 놓인 수십 벌의 한복은 현지인을 대상으로 '한복 입어보기 체험'을 할 수 있도록 했고 또 한쪽에 전시된 병풍, 초롱, 부채, 방짜, 도자기 등 전통 공예품은 우리 문화에 호기심이 많은 현지인의 시선을 빼앗고 있었다.

### 현지인의 감탄사를 부른 재영요식업협회의 '한식'

6시부터 재영요식업협회가 마련한 한식 뷔페가 제공됐다. 현지인과 한인이 섞여 길게 줄을 선 채 불고기, 보쌈, 김치, 김밥, 삼색 나물, 닭강정, 만두 등 한식을 연신 그릇에 담았다. 줄을 서서 음식을 그릇에 담는 현지인과 한인 사이에 어떤 음식이며 어떤 재료가 들어갔는지를 묻는 대화가 오가니 자연스레 한식 홍보가 되는 효과도 있었다. 요식업협회 회원들은 작은 그릇에 소량의 비빔밥을 만들어 사람들에 제공해 비빔밥 홍보에도 힘썼다. 250여 명 이상을 예상해 준비한 타운홀에 자리가 없을 만큼 사람들이 곧 꽉찼다.

재영요식업협회 송천수 회장은 "지금까지 해외에서 한 어떤 한식 홍보 행사보다 더 확실한 지역 현지인 밀착 행사가 아닐까 판단한다. 대부분 한식을 한 번도 먹어본 적이 없는 이들이 사는 지역에서 한식을 맛보게 하면서 다른 한국 문화도 즐기고 체험할 수 있도록 하니 효과가 배가 될 것이다. 오늘 이 행사에 참석한 현지인들에게는 한국 문화가 좀처럼 잊혀지지 않는 아름다운 기억이 되고 한식이 다시 먹고 싶은 음식으로 남을 것이다."라고 했다.

식사를 하던 그로리아 미첼 씨(69)는 "태어나서 한국 음식을 처음 먹어본다. 참 많은 종류의 음식이 있는 데 놀랐고 모두 맛이 있어 더 놀랐다. 제대로 차려진 한식을 먹을 기회가 있다면 꼭 먹어보고 싶다."고 했다. 이날 공연 전에 식사를 해 냄새가 남을 것을 염두에 두고 봉사자들은 빈그릇을 그때 그때 치우는 등 발 빠르게 움직여 매우 깨끗한 뒷모습을 남겼다.

### 감동을 선물하는 공연과 전시 그리고 하나의 목소리

공연 사회자로 임선화 노인회장과 남편 피터 씨가 무대에 올랐다. 누군가가 한인사회 역사에서 행사 사회자 중 가장 연장자 부부가 아닐까 한다며 작은 소리로 농담을 했다. 남편은 영어로, 아내는 한국말로 부드럽게 진행해 역시 나이는 숫자에 불과.

임선화 회장은 "오늘 행사는 영국에 사는 한인과 이스트본 지역 현지인들과의 만남이 한국과 영국의 만남으로 커지고 유럽과 아시아의 만남으로 확대되는 시작에 있다."고 의미를 두며 "행사를 도와준 많은 개인과 단체에 감사하며 특히 재영요식업협회가 없었다면 이 행사를 생각할 수 없었을 것이라며 함께 한국 문화를 알린다는 뜻으로 동참해 준 데 대해 감사한다."고 했다.

공연은 부채춤으로 시작됐다. 남성 1명, 여성 8명으로 구성된 런던한인무용단은 아마추어가 흘린 땀으로 아름다운 부채춤을 선보였다. 최정현 씨의 장구와 소리, 송해인 씨의 춤으로 어울린 '사랑가'는 우리 소리와 춤의 아름다움을 확실하게 보여줬다. 남성 1인 여성 3인으로 구성된 가야금 산조팀은 외국 민요와 우리 민요 아리랑을 연주했다. 사물놀이는 한바탕 신바람을 불러일으켜 경쾌한 리듬에 현지인들도 어깨를 들썩였다. 사물놀이의 세계화답게 징을 맡은 다

한국과 영국 연합 합창단이 이스트본 타운홀 무대에 섰다. 영국 한인사에 처음 있는 일이며 이스트본 역사에도 처음 있는 일이다.

권희진 씨의 바이올린 'Svendsen Romance for violin and orchestra' 이날 공연에서 유일한 독주를 한 권희진 씨는 지휘자 유병윤 씨의 집안 손녀로 소개됐다.

40명으로 구성된 헤일샴 합창단이 한국 전통 공연에 대한 답례처럼 스코틀랜드 민요를 들려준다. 빨간 재킷은 합창단 할머니들의 상징, 빨간 나비 넥타이는 할아버지 합창단원의 상징이라 했다.

"산 너머 남촌에는 누가 살길래-" 한국과 영국 합창단이 김동환의 시 〈산 너머 남촌에는〉 가곡을 부르고 있다.

유병윤 씨의 지휘에 따라 한영합창단, 오케스트라, 관객이 모두 아리랑을 부르고 있다. "아리랑 아리랑 아라리요-" 프로그램에 우리말 가사를 영어로 써놓아 현지인 관객들도 큰소리로 따라 불렀다.

헤일샴 합창단을 훈련한 조지크 콜츠 감독은 "공연이 너무 성공적이라 해마다 함께하고 싶은 욕심이 생긴다."며 "하루 2시간씩 수 차례 한국 가곡을 연습했다. 임선화 회장이 수차례 찾아와 발음 교정 도움을 줬다. 단원들 모두 즐거운 경험이었다"라고 했다.

미로라 씨도 흥에 흠뻑 빠졌다. 이어 등장한 '인스탄트 오페라'팀은 유병윤 씨의 지휘에 맞춰 전문 성악가의 멋스러움을 선사했다. 모차르트 곡을 4명의 성악가가 차례로 들려준 뒤 4인 중창으로 '그리운 금강산'을 우리말로 불러 한인들에게 기립박수를 받는 감동을 선물했다. 임선화 회장이 현지인들을 위해 노랫 속 금강산의 아름다움에 대한 설명을 부연했다.

잠시의 휴식시간에도 현지인들은 한식, 한복, 한국의 음악 얘기를 했고 한쪽에 마련된 미니 전시장에서 한국 전통 공예품에 깊은 관심을 보였다. 교직에서 은퇴해 이스트본으로 이사 온 지 15년 됐다는 리즈 크락 씨(73)는 "음식과 공연, 의복과 생활용품까지 한국의 문화에 감동을 받았다. 계속 교류할 기회가 있었으면 좋겠다."고 했다.

2부 공연은 권희진 씨의 바이올린 연주로 시작됐다. 이날 공연에서 유일하게 독주를 한 권희진 씨는 지휘자 유병윤 씨의 집안 손녀로 소개됐다. 이어진 헤일샴Hailsham 합창단의 등장. 빨간 옷을 갖춰 입은 할머니들과 빨간 나비넥타이를 맨 할아버지 약 40명으로 구성된 이들은 앞서 1부에서 있었던 한국 공연에 답례하듯 스코틀랜드 민요로 들려줬다.

이스트본 타운홀을 공연장으로 하니 또 하나 좋은 점이 있다면 가끔 교회 종소리와 갈매기 울음이 화음처럼 간간히 들려온다는 것이다.

마지막으로 이날 공연의 정점을 찍는 한영합창단의 한목소리가 울렸다. 50여 명이 넘는 헤일샴 합창단과 런던 한인합창단은 한 무대에서 하나의 목소리가 됐다. 우리말로 부른 첫 곡은 김동환의 시 '산 너머 남촌에는'. 현지인 합창단의 입 모양이 "산 너머 남촌에는 누가 살길래"를 발음하자 피부색, 언어, 문화와 관계없이 누군가 정겹고 가까운 내 이웃이 그 남촌에 살고 있는 듯한 착각에 빠졌다. 결국 이 한목소리에는 관객의 목소리도 합쳐졌다. 마지막 곡 '아리랑' 에 이르자 유병윤 지휘자가 관객을 향해 지휘하며 타운홀에 모인 모든 이의 목소리를 하나로 만들었다. "아리랑 아리랑 아라리요–" 프로그램에 우리말 가사를 영어로 써놓아 현지인 관객들도 큰소리로 따라 불렀다. 그렇게 아리랑 고개에서 이날 공연은 한 목소리의 정점을 찍었다.

현지인과 한인이 섞여 불고기, 보쌈, 김치. 김밥, 삼색 나물, 닭강정, 만두 등 재영요식업협회가 마련한 한식을 그릇에 담고 있다. 송천수 회장은 "지금까지 해외에서 한 어떤 한식 홍보 행사보다 더 확실한 지역 현지인 밀착 행사가 아닐까 판단한다."고 했다

### 막이 내려도 여운이 긴 행사가 됐다

갈매기 울음이 들리는 영국 남쪽 소도시에서 열린 〈Korean Art Festival 2018〉은 이렇게 막을 내렸다. 이날 함께한 신우승 전 한인회장은 "임선화 노인회장과 송천수 요식업회장에게 큰일을 하셨다는 큰 박수를 보낸다. 한국 문화를 알리는 공연이 이처럼 한걸음 더 나아가 지역사회와 협연하는 공연이 됐다는 것은 놀랄만한 일이다. 얼마나 힘든 일일까 짐작은 하겠지만 오늘 이스트본에서의 공연이 밑거름돼서 한국 문화행사를 영국의 다른 도시와도 손잡고 같이 하는 현지 밀착형 한국 문화 알리기가 계속됐으면 한다."고 했다. 이 공연을 위해 헤일샴 합창단을 훈련한 조지크 콜츠 감독은 "공연이 너무 성공적이라 해마다 함께하고 싶은 욕심이 생긴다."고 했다. 이 공연을 위해 한국말로 연습을 하는 데 어려움이 없었느냐고 묻자 "하루 2시간씩 수 차례 한국 가곡을 연습했다. 영어로 발음을 적어두고 보면서 하니 크게 어려움이 없었고 임선화 회장이 수차례 찾아와 발음 교정 도움을 줬다. 재미있게 연습했고 단원들 모두 즐거운 경험이었다"라고 했다.

공연에 감동해 마지막에 울었다는 주선영 런던 한국학교 교사는 "마지막 곡 아리랑을 부르는 영국 합창단의 입 모양을 보니 제대로 발음하려 노력하는 모습이 보여 가슴이 뭉클했다. 이런 만남을 가지고 이렇게 한국 문화를 경험한다면 누가 친한파가 되지 않을까 하는 생각이 들만큼 감동적인 행사였다."고 했다. 많은 이의 기억에 막이 내려도 여운이 긴 행사가 됐다는 평이다.

한인헤럴드

후기 : 이 행사를 위해 영국노인회 임선화 회장은 백방으로 지원을 호소했으나 어느 기업, 어느 단체, 어느 기관에서도 답변이 없었다고 한다. 우리는 너무 남이 알아주기 쉬운 곳에만 집중한다. 우리 문화를 알리자고 하면서 매번 보여주기만 하고 인사치레만 받는다. 과연 우리 문화가 알려졌을까. 굳이 꼬집자면 지금도 런던의 한식 알리기를 보면 몇 해 전 시연한 궁중음식이 나온다. 구절판, 너비아니, 신선로... 당시는 현지인 참가자들이 감탄했겠지만 런던 어느 한식레스토랑에서도 이 메뉴를 다시 만날 수 없다. 보여주기만 제대로 한 셈이다. 그래도 이런 행사는 제대로 지원받아 번듯하게 치른다. 보여주기에는 좋으니까. 노인들의 푼돈을 모으고 재활용품을 팔아 근근히 유지하는 노인회의 문화센터가 외면받는 것은 보여주는 재주가 없기 때문이다.

글, 사진 : 한인헤럴드 후원 : 한국 언론진흥재단

흥겨운 사물놀이 장단. 징을 맡은 다미로라 씨도 흥에 흠뻑 빠졌다.

최정현 씨(장구)와 송혜인 씨(춤)가 우리 전통 음악과 춤의 아름다움을 보여줬다.

'인스탄트 오페라' 팀의 4인의 성악가가 우리말 가사로 〈그리운 금강산〉을 불렀다. 임선화 노인회장이 현지인들을 위해 노랫 속 금강산의 아름다움에 대한 설명을 부연했다.

손자 손녀들의 이름이 적힌 켈리그라피와 함께 식사하는 합창단원은 이날 처음 한국음식을 경험한다고 했다.

'한복 입어보기 체험'을 하는 현지인들이 "내가 제일 예쁘다"며 카메라 앞에 모였다.

서예가 이길찬 씨가 현지인의 이름을 한글로 써주는 켈리그라피 앞에선 이스트본 주민 가족. 아이리스란 이름의 어린이가 제 이름이 써지는 것을 신기한듯 쳐다보고 있다.

공연장 한 켠에 마련된 한국 전통공예 미니 전시관. 병풍, 초롱 도자기, 방짜 등을 전시해 눈길을 끌었다.

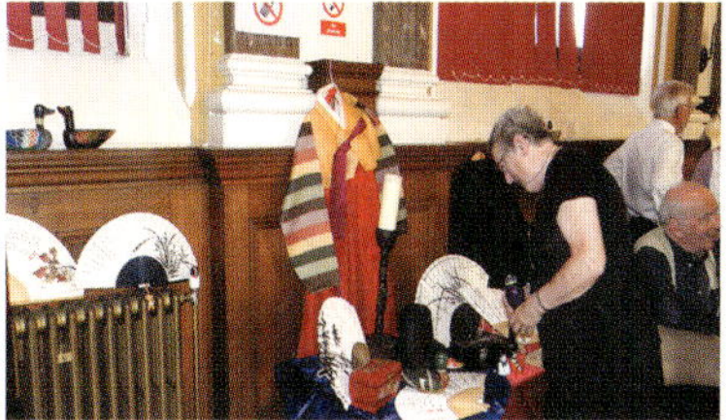

공연장 한 켠에 마련된 한국 전통공예 미니 전시관을 관심 있게 지켜보는 현지 관람객. 더운 날씨 때문인지 1부 공연에 있었던 부채춤에 매료됐는지 한국 부채에 유독 관심.

## 4. 재영관광협회

옥스퍼드 대학 정미령 교수의 솔직한 경험담이다. 1972년 런던대학 대학원 입학시험을 치는 데 문제를 보니 막막했다. 문제와 관계없이 자신이 아는 얘기로만 답지를 메우고 제출했다. 불합격할 것이 분명해 울적한 마음에 유럽 여행이라도 다녀오자는 생각에 전 재산 200불 중 100불을 들여 유럽 7개국 버스 여행을 떠났다. 당시에도 싸고 실속있게 즐길 수 있다고 홍보하는 코스모스 버스 여행이었다. 1928년부터 있었던 이 여행사의 '유럽 7개국 버스 여행 상품'인데 버스가 국경을 넘을 때마다 정미령 교수의 한국 여권을 본 여러 나라의 이민국 직원 모두 정교수가 어느 나라에서 왔는지 의아해했다. 정교수의 표현을 빌리면 모두가 어디에 있는 나라인지도 모르는 눈치였다고. 유럽 여행을 하는 한국인이 드문 시절이었다. 영국은 그렇다 치고 벨기에, 네덜란드 등지로 한국인이 버스 투어를 하는 경우가 극히 드물었기 때문이다. 여행에서 돌아오니 대학원 합격통지서가 집에 와있었다고 한다. 그렇게 대학원 공부하면서 정 교수에게 큰 도움이 된 것은 자의 반 타의 반으로 하게 된 가이드 활동이었다. 당시 영국에 전문 여행사도, 전문 가이드도 없던 시절이라 한국에서 정치인, 기업가, 언론인들이 단체로 영국에 올 때 그에게 통역을 부탁했다. 통역하면서 자연스레 가이드 역할도 하게 됐는데 그 수입으로 힘들지 않게 영국에서 학교생활을 할 수 있었다고 한다. 정 교수가 아직도 갖고 있는 당시 통역 서비스 청구서를 보니 통역 서비스를 매일 시간 단위로 계산하고 옥스퍼드에서 런던까지의 기찻삯, 호텔비 등이 포함돼 있다.

학창시절 정미령 교수

### 1976년 '박여행사', 1978년 '한영여행사'

영국에 처음 설립한 한인 여행사는 1976년에 문을 연 '박여행사Park Travel'. 실비아 박이 대표였다. 박 씨는 한국에서 대한여행사(1912년 우리나라에서 처음 설립된 여행사)에서 근무하다가 영국에 와서 BAOC(British Airways 전신)에 근무하면서 영국에 사는 한인들의 한국행 비행기표 발권을 도와주는 일로 시작해 동생 박종은 씨가 합류하면서 규모를 키워 여행사로 발전했다. 당시 영국에서 한국으로 가는 비행편은 '런던-홍콩-서울' 노선의 캐세이퍼시픽 항공Cathay Pacific Airlines뿐이었다.

한국인 대상 투어를 처음 한 여행사는 1978년 박영규, 김기선 씨가 만든 '한영여행사'다. 간혹 그전에도 여행업을 하는 한국인이 있었지만, 여행사를 설립해 여행업을 한 것이 아니라 지인들의 소개로 파리에서 영국으로 건너온 소수의 관광객에게 영국 내 관광 가이드를 하는 업무에 그쳤다.(이를 여행업계에서는 인바운드inbound라고 하는데 관광객을 받아들이는 쪽을 말한다. 영국 내 한인 인바운드 관광은 1975년부터 시작됐다) 그러니까 영국에서 한국인을 대상으로 그룹투어를 한 것은 한영여행사가 처음이다.

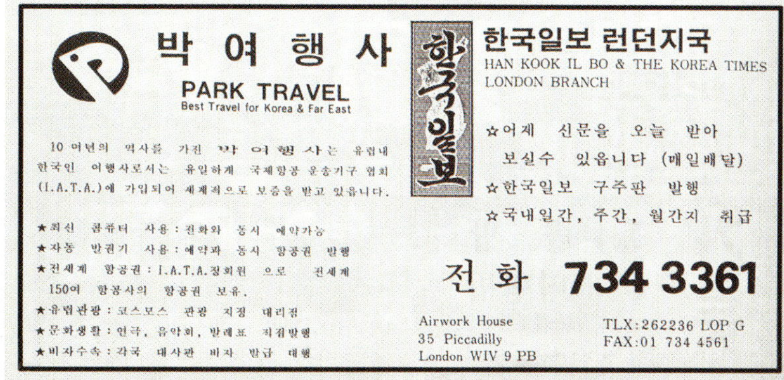

영국에 처음 설립한 한인 여행사는 1976년에 문을 연 '박여행사'. 1988년 광고에 한국인 여행사로서 유일하게 IATA(국제 항공 운송 협회)에 가입되었다고 알렸다. 각국 대사관 비자 발급 대행 서비스도 한다고 홍보한다.

한국은 1982년까지 순수 관광 목적의 해외여행을 금지했다. 해외 관광을 위한 여권은 아예 발급되지 않았다. 왜냐하면 해외에 나가 돈을 쓸 만큼 나라 사정이 좋지 않았기에 해외여행을 무조건 금지했다. 또 하나는 해외에서 공산권 국가 사람을 만나 포섭될 우려가 있다는 이유를 댔는데 사실 정권이 국민을 쉽게 통제하려는 의도에서 외국에 나가 다른 사실을 보고 듣는 것이 불편했다고 봐야 한다.

여행객이 없으니 해외에 나가는 사람은 해외 파견 근로자, 출장 공무원, 유학생, 해외 공연하는 예술인, 교수, 국제대회에 출전하는 운동선수 등이었다. 그런데 1970년대 말에 유럽으로 단체여행을 올 수 있는 사람들이 있었는데 바로 통일주체국민회의 대의원들이다. 통일주체국민회의 대의원의 가장 큰 임무이자 기능은 유신헌법의 핵심인 대통령 간접 선거를 담당하는 것이다. 따라서 국민을 대표해서 대통령을 선출하는 이들의 여행을 돕는 가이드의 사상도 중요했다. 가이드의 사상이 불순(?)하면 안 된다는 것이 당시 가이드의 첫째 조건이었다. 가이드가 통일주체국민회의 대의원의 사상에 영향을 미치면 안 되니까.

1970년대 유럽 여행지는 로마, 파리, 런던 등 세 도시에 집중됐다. 이 세 도시 외에 유럽 다른 국가의 도시 등을 관광하는 경우는 거의 없었다. 관광객들은 한진관광(1961년에 설립된 대한항공 계열사)을 통해서 왔는데 대부분 세 도시를 거쳤다가 한국으로 돌아가는 일정이니까 자연스레 세 도시의 한국인 관광가이드가 비교되고 뒷말이 생겼다. 로마, 파리에 비해 런던에 일하는 가이드의 실력이 떨어진다는 지적이 많았는데 그도 그럴 것이 파리, 로마는 박사학위를 취득한 사람이 가이드를 할 정도였지만 영국은 이 두 도시에 비해 가이드의 전문성이 부족했다. 평소 레스토랑에서 일하다가 고객이 오면 가이드로 나갈 만큼 전문 가이드가 없었다고 봐야 한다. 여기에는 이유가 있었다. 김창규 재영관광협회 회장의 설명에 따르면 런던은 당시에도 파리, 로마보다 입국 절차가 까다롭고 심사도 엄격해 관광을 목적으로 오기 쉬운 곳이 아니었다. 게다가 물가가 비싸고 유럽 관광 상품에 따라 영국에 오려면 네덜란드 암스테르담이나 프랑스 칼레에서 배로 와야 하는데 그것도 밤에만 운항해 무척 불편했다. 따라서 한국인 대상 관광사업이 발달하기 힘든 상황이라 전문 가이드도 필요 없었다고 할 수 있다.

## 블루배지 가이드

영국에서 공인 관광가이드로 활동하기 위해서는 ITG(Institute of Tourist Guiding)가 인증한 교육과정을 이수하고 시험을 통과해야 한다. 영국의 공인 관광가이드는 크게 블루배지, 그린 배지, 화이트 배지의 3개 레벨로 구분되는데 블루 배지 관광가이드는 3개 레벨의 관광가이드 중에서 가장 많은 교육 시간을 이수한 최고 등급의 가이드다. 일례로 2019~2021 런던지역 블루배지 관광가이드 양성 교육 프로그램의 경우 430시간의 실습, 130시간의 주제별 강의 등을 포함, 총 700시간의 교육을 이수해야 한다. 매년 30여 명을 모집해 2년 반 동안 교육한다. 영국 현지에 약 2,000여 명의 블루배지 가이드가 활동한다.

블루배지는 영국관광청의 공인 가이드 자격증으로 영국에서는 가이드가 특정 장소에 대한 역사, 문화, 예술 등 지식을 갖고 관광객을 안내하도록 하는데 대영박물관을 제외한 모든 장소에 일반 관광가이드는 입장하지 못하고 오직 블루배지를 취득한 가이드만이 입장할 수 있다. 한국인이 블루배지를 소유하거나 이를 취득해 가이드로 활동하는 경우는 극히 일부다.

### 한국인 블루배지 1호 김장진 씨

영국에 전문성을 갖춘 투어가이드가 필요하다는 요구에 따라 영국 국가 공인 투어가이드 중에서 가장 높은 수준인 블루배지를 취득한 한국인 가이드가 연이어 등장한다. 영국 내 한국인 블루배지 1호는 런던한국학교 교장을 역임한 김장진 씨다. 케임브리지대학 출신이나 현직 소아스대학 교수가 블루배지를 취득하던 시절인데 김복수, 목홍균, 김상수 씨 등이 초기 블루배지 투어가이드였다.

한국은 1983년부터 50세 이상 국민에 한해 200만 원을 1년간 은행에 예치하는 조건으로 연 1회 유효한 관광 여권을 발급하기 시작했다. 1981년 서독 바덴바덴에서 1988년 제28회 올림픽 개최지를 서울로 결정했고 같은 해 1986년 제19회 아시안게임 개최지도 서울로 결정되자 외국 관광객이 한국에 몰려올 것에 대한 대책이 필요하다는 인식을 하게 됐다. 한국 정부는 해외 관광을 무조건 금지하던 것에서 한발 물러서 1983년 1월 1일부터 '50세 이상, 200만 원 1년 은행 예치' 조건으로 연 1회만 사용하는 관광 여권을 발급했다.

런던한국학교 교장을 역임한 김장진 씨가 한국인으로는 처음 블루배지를 취득했다. 한영문화원을 운영했고 영국 코리아타운 내 국립병원인 킹스턴 병원의 유일한 한국인 운영 위원으로 봉사한다.

그런데 아무리 관광 여권이 있어도 유럽 여행을 하려면 유럽에서 보낸 초청장이 있어야 했다. 예를 들어 '옥스퍼드 대학 세미나 참석' 등의 명목으로 유럽에서 보낸 초청장을 갖고 있어야 실질적으로 유럽 여행이 가능한 여권을 발급했다. 일반인이 뚜렷한 이유 없이 유럽에서 초청장을 받는다는 것은 불가능했다. 따라서 영국을 비롯해 유럽에 있는 한인여행사에서 이런 초청장을 만들어 한국으로 보냈다. 앞서 예를 든 옥스퍼드 대학 세미나 참석 초청장의 경우 한인 여행사에서 친분이 있는 옥스퍼드 대학교수에게 사례를 하고 '영어 연수 출장' 초청장을 만들어 한국의 관광객들에 팔았다.(교수 사례비로 1,000파운드를 주고 초청장 한 장에 3~400파운드에 판매했다) 그 초청장으로 유럽 여행 여권을 만든 한국 관광객들은 영국에 도착하면 옥스퍼드로 가서 1시간 정도 세미나 흉내를 내고 나머지 3~4일동안 관광했다. 한국 정부는 1987년 9월부터는 관광 여권 대상 연령을 45세로 낮춰 발급했다.

1988년까지 해외에 나가려면 만 30세 이상이거나 공무, 출장, 유학 등 목적이 분명해야 했다. 그래서 문교부에서 인정한 유학 자격증을 갖고 영국에 오는 유학생 중 많은 수가 '영어학원 입학 허가서'로 문교부의 자격을 통과해 왔다. 정규 학교가 아닌 영어학원에서 발급한 서류로 유학생들이 단체 연수를 오기도 했는데 이렇게 편법으로 영국에 와서 눌러앉은 교민들도 있다. 한편으로 이스라엘 '키부츠 볼런티어Volunteer' 프로그램에 지원해 생활하다가 한국으로 돌아가지 않고 영국으로 건너와 교민이 된 사례도 여럿 있다.

## 1989년 1월 1일, 해외여행 자유화

1988년 9월 2일 서울올림픽에 맞춰 서울 - 런던 직항로가 개설된다. 대한항공이 김포공항에서 개트윅 공항으로 한걸음에 날아왔다. 런던 노선은 파리, 취리히, 프랑크푸르트 다음으로 대한항공이 유럽에서 4번째로 취항한 여객 노선이다. 처음 주 1회 운행되다가 같은 해 10월 19일부터 주 2회로 증편한다. 대한항공 취항에 따라 대한항공 비행기표를 판매 대행하는 전문 여행사가 생기는데 대영여행사, 유니마스터여행사, 한영여행사, 코리안서비스 등이었다.(2002년 아시아나항공이 영국에 취항하면서 아시아나항공 비행기표만을 판매 대행하는 전문 여행사도 따로 생기는데 후에 두 항공사 표를 여행사에서 모두 판매할 수 있는 시스템으로 바뀐다.)

1987년 코리안서비스의 광고. 88올림픽과 대한항공의 영국 취항을 앞두고 재영한인들의 기대에 부응하는 서비스를 제공하겠다며 정완진 대표가 인사하는 내용이다.

영국항공British Airways도 1988년 9월 1일 대한항공의 런던 취항에 발맞추어 김포 - 런던 노선을 최초로 취항한다. 보잉 747기로 주 2회로 운항했다. 당시 두 편의 운행 편이 각각 경유지를 달리해 운행됐는데, 하나는 런던 - 앵커리지 - 도쿄 - 서울, 다른 하나는 런던 - 앵커리지 - 오사카 - 서울로 운항했다. 도쿄와 오사카를 각각 경유하는 노선이었다.

1988년 런던에 있던 대표적인 한인 여행사는 박여행사(코스모스 투어 지정 대리점), 한영여행사를 비롯해 LCM 여행사(나중에 Tour Universe로 이름을 바꿈. 서울, 미국, 유럽 등지에 여러 지사가 있었다), JB TRAVEL(JB 여행사), RS TRAVEL SERVICE, 코리안서비스KOREAN SERVICE, 써드웨이브 여행사3rd WAVE TRAVEL, Ko-World TRAVEL, AWL TRAVEL 등이 있었다. 한인 여행사들은 전 세계 항공권 판매, 유럽 관광, 개인 관광, 성지 순례, 호텔 예약, 관광버스 페리 표 예약, 연극 음악회 입장권 예약 등의 업무를 했다. 코리안서비스의 경우 '이스라엘, 이집트 성지순례'와 같은 특화된 상품을 판매하기도 했다. 독일, 영국, 프랑스, 이탈리아 등 유럽 여러 나라를 묶어서 관광하는 상품은 영국 외의 유럽 국가에 있는 한인 여행사에서 영국 내 여행사와 연계해 관광객을 모았다. 독일에 있는 구주관광여행사가 1988년 유럽 11개국 관광 상품을 판매하면서 영국에서 발행하는 교민 잡지에 낸 광고를 보면 '유럽에도 소매치기가 많으니 한국에서 허리에 차는 전대를 준비해 오세요. 폐물은 휴대 삼가, 운동화 준비'라는 내용이 있다.

1989년 1월 1일을 우리나라 여행업계는 광복절과 같은 날로 인정할 정도다. 해외여행 자유화가 전격 시행된 날이다. 이웃 일본은 1967년에 해외여행 자유화를 시행했다. 1966년 동경올림픽 다음 해다. 우리나라가 1988년 서울올림픽 다음 해에 해외여행 자유화를 시행한 것과 일본이 1966년 동경올림픽 다음 해 해외여행 자유화를 시행한 것을 두고 두 나라를 비교하며 '한국이 일본에 약 20년 뒤진다'고 비약해서 말하곤 하는데 여행업계에서는 이를 말장난으로 치부한다.

해외여행 자유화에 가장 열광한 부류는 신혼부부와 대학생이었다. 신혼부부는 일본, 괌, 동남아로 떠났고 대학생들은 유럽으로 떠났다. 영국 여행업계에서는 단체 관광객을 위한 상품을 개발하는 한편 유럽으로 배낭여행을 온 대학생들을 위한 프로그램도 개발했다. 1990년대 초반 대학생들의 로망은 유럽 배낭여행이었다. 여행동호회를 결성해 정보를 공유하고 실제 유럽 여행에 나섰다. 영국을 비롯해 유럽에 있는 여행사에서는 여름방학 기간, 꿈에 그리던 유럽으로 오는 한국 대학생들을 위한 각종 상품을 개발했다. 예를 들어 버스 한 대에 수용 가능한 30명을 기준으로 배낭여행 상품을 만들어 호텔 등 숙소를 알선하고 개인 관광 코스를 주선해주는 것이다.

1994년 11월 유로스타의 개통으로 런던과 파리가 연결되면서 영국으로 오는 한국인 관광객이 더 많아진다. 이런 특수에 따라 영국에 한인이 세운 인바운드 여행사가 많아지고 영국에서 한인 가이드 수요가 폭발적으로 증가했다.

## 1995년 재영가이드협회 결성

1995년 재영가이드협회가 만들어진다. 처음 공식 명칭은 '런던 한인 가이드 협회LKGA'. 영국에 여행사협회나 관광협회 등도 없는데 재영가이드협회가 먼저 만들어진다. 이는 가이드로 종사하던 이들이 대부분 서로 아는 사이였으며 친분을 갖고 있어 처음 친목회의 성격으로 결성된 것이다. 가이드협회가 결성될 당시 가이드들은 대부분 여행사에 소속된 신분이었다. 이후 많은 가이드가 독립해 여행사를 설립하고 대표가 되어도 여전히 가이드협회 회원으로 있었다. 가이드협회 외에 다른 여행업종 관련 협회가 없었고 가이드협회가 원래 친목 단체의 성격이 강했기 때문이다.

재영가이드협회는 영국 한인사회에 많은 봉

재영가이드협회가 마련한 2010년 효도 관광 안내 광고 [제공 : 코리안위클리]

사활동을 한다. 특히 2001년부터 한국의 어버이날인 5월 8일을 전후로 해마다 '한인 동포 노인 초청 일일 효도 관광 행사'를 열었다. 영국에 사는 한인 노인들을 모시고 협회에서 준비한 관광버스로 근교 관광지에 가서 점심과 관광을 하고 돌아와서 한인타운에서 저녁 만찬을 하는 프

재영가이드협회는 영국 한인사회에 많은 봉사활동을 한다. 특히 노인들을 위한 각종 행사를 준비해 위로하며 기부금을 전달하기도 한다.

로그램이었다. 가이드협회 회원들이 평소 회비를 모아 효도 관광에 필요한 버스 대여비, 입장료, 식사료 등 비용 전부를 책임지자 나중에 한인사회가 함께 도왔는데 뉴몰든에 있는 여러 한인 레스토랑들이 협조해 행사 내용이 매우 풍성해졌다.

재영한인들을 위한 문화행사도 여러 차례 마련했다. 이탈리아에서 활동하는 한인 성악가들을 초빙해 뉴몰든 한인타운에서 공연하는 '아리아에 젖는 가을밤'을 몇 해에 걸쳐 개최한 Anglo Korean Culture Club은 재영가이드협회의 멤버들이 이런 문화행사를 하기 위해 따로 만든 단체로 협회와 성격을 같이 한다.

## IMF의 시련과 극복, 영국 관광업계의 재도약

관광 관련 업계에 종사하는 모든 한인이 같은 심정이겠지만, 영국 여행업계 종사자들이 꼽는 최악의 시련은 IMF다. 1997년 12월 외환위기가 찾아오면서 해외여행 열기가 꺾이고 여행사들이 줄지어 도산했다. 한국 여행사의 도산에 김포공항에 취항했던 외국계 항공사들도 철수했는데 한국에서 영국으로 오는 승객이 급감해 영국항공British Airways도 1998년에 철수했다.

1989년 여행 자유화 시행 이후 한국 여행사들은 패키지 해외여행 상품을 많이 개발했다. 대부분의 해외여행은 이미 짜여진 패키지 상품 프로그램에 따라 진행됐다. 영국에 있는 한인여행사의 90% 이상이 한국에서 오는 고객을 받아야만 운영이 가능한 형편이었으며 한국에서 만든 여행 프로그램에 따라 한국인 관광객들의 영국 내 일정을 맡아서 서비스하는 것에 그쳤다. 한국의 패키지 상품만 있었지 영국 내 자체 개발한 패키지 상품은 없었다. 패키지 해외여행이 붐을 이루던 정점이 1997년이었고 그때 IMF가 왔다.

IMF로 한국의 대규모 여행사가 무너지자 영국 관광이 포함된 패키지 상품이 사라지고 영국으로 오는 관광객이 끊어진 것이다. 관광객의 수가 IMF 전과 비교해 5% 수준으로 떨어졌다. 95%의 관광객이 줄었으니 여행업계의 체감으로는 아예 관광객이 없는 것과 같았다고 한다. 여행업계에 종사하는 한인들의 시련이 컸다. 인원을 줄이고, 월급을 깎고, 사무실을 줄여도 살아남기 힘든 소규모 여행사 일부는 도산했고 전업하는 경우도 많았다. 가이드협회를 만들 만큼 수요가 많았던 영국의 한인 가이드들이 외식업이나 운송업 아르바이트로 생활을 이어가야 했다.

다행히 우리에게 닥친 IMF가 길지 않았다. 예상보다 IMF 체제를 일찍 털어냈고 여행업계의 회복도 빨랐다. 해외여행 시장도 빨리 회복했다. 1999년부터 한국에는 하루에 여행사가 몇 개씩 생긴다는 말이 돌 정도였는데 영국 여행업도 그에 맞춰 빠르게 회복하고 다시 활기를 찾았다. 2001년 미국에서 발생한 9·11 테러는 미국으로 향하던 관광객을 유럽으로 향하게 하는 요인이 됐다.

항공사가 늘어나는 것이 여행업계로서는 천군만마를 얻는 것이다. 당연히 동반 성장한다.

2001년 인천공항이 개항하자 한국 항공사들이 장거리 노선을 적극적으로 개척했는데 아시아나 항공이 2002년 5월부터 런던에 신규 취항을 하면서 인천~런던 노선을 주 3회 운항한다.(아시아나 항공은 1998년 12월부터 런던 스탠스테드 공항에 화물 전용기를 취항하고 있었다).

대한항공은 2004년부터 런던과 서울을 매일 오갔다. 2012년 런던올림픽 기간에는 런던 개트윅 공항에 주 3회 취항하면서 대한항공의 인천~런던 스케줄이 주 10회로 늘어나 영국 여행의 편리함이 정점을 찍는다. 2012년 12월에는 IMF 당시 철수한 British Airways가 런던에서 인천으로 다시 날았다.

## 2021년 재영관광협회의 결성

코로나로 IMF 이후 제2의 시련을 겪은 영국 여행업계에서 재영관광협회를 출범했다. 여행사 대표나 가이드만이 아니라 숙박, 요식 등을 포함해 여행 관광 관련 업종에서 일하는 모든 한인을 다 포괄하는 것을 목표로 한다. 김창규 씨가 초대회장을, 염태호 씨가 초대 사무총장을 맡았다. 재영가이드협회는 별도 단체로 상호 협조 관계로 여전히 있고 회원 중에는 두 단체에 함께 가입한 경우가 많다.

재영관광협회 김창규 초대회장

재영관광협회는 협회 회원 간의 유대와 협력을 꾀하고 여행업 관련 후진 양성에 주력한다는 목표를 세웠다. 현재 30명의 회원이 가입했다. 염태호 사무총장의 설명에 따르면 여행업계는 10년도 길다는 말이 있는데 영국은 5년 단위로 여행 환경이 바뀐다고 한다. 화산 폭발과 같은 자연재해, 사스, 코로나 같은 전염병 발생, 브렉시트에 따른 경기 침체 등 악재는 2년마다 발생한다고 했다.

협회는 코로나 이후 여행이 더욱 세분화, 전문화될 것으로 예상한다. 유럽 여행을 동유럽, 서유럽, 북유럽으로 나누어 고객의 선택을 기다리는 단순한 형태의 패키지 상품이 시장을 주도하던 시대에서 우수여행, 특별여행과 같은 세분화, 전문화된 상품을 찾는 경우가 많아질 것으로 예상한다. 따라서 새로운 세대와 새로운 요구에 맞춘 다양하고 변화된 여행 형태와 프로그램으로 이에 대처해야 한다고 설명한다. 1841년 설립된 세계 최초의 여행사 영국 '토머스 쿡'이 2019년 9월 파산한 사례에 비춰 경쟁과 외부 요인에 대비하지 못하면 영국 내 한인 관광업계도 언제나 위험에 처할 수 있어 회원 간 유대와 협력 속 정보와 경험을 나눠 이런 어려움을 극복해 나간다는 목표로 모였다는 것이 협회의 설명이다.

## 영국 내 대표 여행사들

### 보라여행사 Bora Travel

91 Burlington Rd, New Malden KT3 4LR

020 8241 7987

### 유로 여행사 Euro Travel

020 8942 0782 , 0794 9187 236, 0794 9187 245

eurotravel@hanmail.net

### 모두투어 영국지사

Highland House, 165-167 The Broadway, London SW19 1NE

020 7096 0272

### 하나투어 영국지사

38 High St, Kingston upon Thames, New Malden KT3 4HE

020 8942 5706

### 한인을 위한 콘서트 "아리아에 젖는 가을밤"

영국 한인들을 위해 이탈리아에서 활동하는 한인 성악가들이 뉴몰든으로 총출동해 아리아에 젖는 가을밤을 선물한다.

Anglo Korean Culture Club이 주관하고 밀라노 한인교회와 Coopera가 주최하는 재영한인들을 위한 가을 콘서트가 21일 오후 5시 30분부터 뉴몰든 메소디스트교회에서 열렸다.

2017 Autumn Concert는 이탈리아에서 활동 중인 12명의 한국인 음악가가 약 2시간의 공연을 통해 오페라 아리아와 한국의 가곡을 선사한다.

여행 관광업계 종사하는 뜻있는 한인들의 정성으로 마련된 이번 공연은 무료이며 재영한인총연합회, 런던가이드협회 등이 협찬했다.

관광업계 종사들이 마련한 한인 위문 콘서트

## 5. 영국 한인여성회 KOWIN

영국 한인여성회는 2015년 3월 23일 창립총회를 하고 정식 발족했다. 홈페이지 연혁을 보면 2014년 10월에 재외동포단체에 등록하고 발족한 것으로 되어 있는데 창립총회를 한 것은 다음 해다.

여성회 설립 목적을 〈재영한인 여성들의 자기 계발과 정보교류 및 연대를 강화하고, 영국 내 한인 여성으로서의 정체성과 긍정적인 인격을 수양하여 행복한 가정과 건강한 사회를 만드는 데 앞장서며 가족 구성원들 및 자신의 역량을 높여 국가의 경쟁력을 국제 사회 속에 키워나가는 것〉이라고 밝힌다. 이와 함께 〈재영 한인여성들의 친목과 화합, 권익을 증진하고 2세 자녀들의 한글 및 우리 문화교육과 한국인으로서의 정체성 확립에 기여하고 나아가 한국의 우수한 문화와 전통을 현지 사회에 전달하도록 다양한 프로그램을 운영하고 있다〉며 활동 방향을 알린다.

코윈영국여성회는 2017년부터 매년 정기적으로 영국 초등학교를 대상으로 한국문화 알리기 수업을 진행한다. 사진은 2017년 세인트 아가타 스쿨에서 열린 '한국 문화 체험 1일 교실'의 모습

영국 한인여성회는 2016년 한국 정부 여성가족부가 운영하는 세계한민족여성네트워크KOWIN코윈: Korean Woman's International Network)의 영국지역본부 Korean Women's Association in UK로 인정받아 여성회 회장이 코윈 영국지역본부 지역담당관을 함께 맡게 된다. 세계한민족여성네트워크는 해외 한민족 여성의 연대강화와 여성 리더 발굴 등을 위하여 2001년 여성부 출범과 함께 출범했으며 2007년에 재단법인 세계한민족여성네트워크(약칭 KOWIN재단)가 만들어졌다.

영국 한인여성회가 발족하기 전까지 영국 한인 사회에 여성들의 모임은 거의 없었다. 대사관 직원 부인들의 모임인 부인회가 있었지만, 활동은 극히 제한적이었고 재영한인회에서 여성분과를 따로 두기는 했으나 여성들이 독자적으로 사업이나 행사를 진행하지 않았다. 한인회로 통합되기 전 교민회에 국제결혼을 한 한인여성들을 비롯해 여성 회원들이 많이 참여했는데 교민회 활동을 지원하는 수준이었다. 특히 2015년 영국한인여성회가 정식으로 발족하기 이전에 몇몇 사람들이 영국의 '한인여성회'라는 단체 이름과 '여성회 회장'이라는 직함을 사용하는 경우가 있었지만, 공식적으로 활동하는 구체적인 단체가 있었던 것이 아니라 개인적으로 이런 이름을 사용했다고 봐야 한다.

2011년에 영한협회British Korean Society에서 활동하는 실비아 박 씨가 영국과 한국 여성들을 모아 영한여성협회(BKWS)를 만들어 동포 여성들의 네트워크를 강화하고 법률 및 행정 서비스를 제공하는 역할을 했으나 한인들로 구성된 여성회와는 성격이 달랐다.

코윈 영국지역본부 설립 움직임은 2012년 정미령 옥스퍼드대학 명예교수가 추진한 바 있으나 결실은 영국한인여성회가 발족하고 1년 후 이루어진다. 영국한인여성회는 2015년 2월에 여성회 창립을 위한 준비위원회를 구성할 때 이미 많은 한인 여성이 가입한 상태라 출발이 순조로웠으며 1년 뒤 코윈 영국지역본부로 승인될 당시 등록 회원이 40명을 넘어섰다. 영한회 조현자 회장 등이 고문으로 있어 회원 구성이 쉬웠고 위상 정립에 크게 도움이 됐다.

박우민 초대회장

2016년 영국한인여성회 초대회장인 박우민 씨가 코윈 영국지역담당관(제8기 지역담당관)이 된다. 여성가족부가 2018년 제18회 세계한민족여성네트워크 대회에서 국내외 한인 여성의 협력을 강화하고 국제사회에서 대한민국 위상을 높이는데 기여한 개인과 단체에 표창을 수여할 때 박우민 회장은 '코윈 영국지부를 설립해 한국문화를 현지사회에 알리는 문화 행사를 개최하고 남북한 한인들을 위한 봉사활동을 실시한 공로'로 수상했다.

2019년 권혜숙 씨가 영국한인여성회 2대 회장으로 취임하면서 코윈 제9기 영국지역담당관을 겸한다. 권혜숙 회장은 영국한인여성회의 활동 영역을 확장해 발전시킨 인물로 평가한다.

### 여성회와 한국문화 알리기 활동

영국 한인여성회는 영국에 사는 한인 여성들을 위한 인문학 강좌, 문학 산책, 장학금 모금 바자회, 음악회, 영국 초등학교에서 한국 문화 알리기 등 다양한 이벤트를 통해 영국 내 한인 여성들 간의 소통을 꾀하고 네트워크를 강화하며 현지 사회와 다른 민족 출신의 이웃들에게 우리 문화 알리기에 힘쓴다.

코윈영국여성회는 2017년부터 매년 정기적으로 영국 초등학교를 대상으로 한국문화 알리기 수업을 진행해 왔는데 기대 이상의 호응으로 해마다 그 규모를 키워왔다. 2019년에는 '영국 초등학생 한류 1일 체험 학교'라는 프로그램으로 10월 22일 뉴몰든에 있는 Corpus Christ Primary School에서 1일 한국학교 수업을 했다. 한국 어린이뿐 아니라 영국 학교에 다니는 모든 문화권의 어린이들이 한국 문화를 재미있게 즐기면서 배우고 이해하는 프로그램으로 만들어졌다. 회원 모두가 여성이며 어머니이기에 모성애적 사랑을 바탕으로 준비를 해 회원들이 큰 보람을 느끼는 중요한 사업이다.

한국 어린이가 재학 중인 영국학교를 선정해 20여 명의 회원이 교사와 봉사자로 참여, 한국 문화 수업을 하는 동안 다른 문화권의 어린이에게는 한국 문화를 알리고 한국 어린이는 한국인으로서 자부심과 정체성을 느끼게 되니 일거양득의 효과로 모두에게 선물과 같은 행사로 자리했다.

2020년에는 코로나 19로 방문 수업을 할 수 없는 상황에서도 화상 프로그램으로 수업을 진

2020년 김치 만들기 체험 행사. 현지인들이 많이 참여했다.

행했다. 10월 15일 대본[Devon]에 있는 Kingsley School Bideford 학교 4, 5학년 3개 반 학생 대상 '한국문화 알리기 수업'을 했다. 권혜숙 회장이 여성회를 소개하며 Kingsley School 교사들과 학교 측에 감사 인사를 하고 주영대사관에서 유지성 영사, 김수경 교육원장이 나와 한국 정부의 홍보정책과 해외 한국어 교육에 관해 설명했다. 한국을 소개하는 'About Korea' 수업이 전체 학생을 대상으로 진행됐으며 이어 3개 반으로 나뉘어 각반마다 담당 교사의 계정에 접속해 태권도, 한복 종이접기, 부채에 사군자 그리기 등을 배웠다. 마지막 수업은 '한글 배우기'였는데 전체 학생을 대상으로 한글의 역사, 특성, 우수성 등을 알리고 현지 학생들이 간단한 한국어 인사말을 배워 말해보는 것으로 수업이 채워졌다.

### 대표적인 여성회 활동 내용

**인문학 교실**: 매주 월요일 열리는 인문학 교실은 누구에게나 열려 있는데 참여 회원들은 각자 본인의 관심 분야에 관해 토론하며 지식을 공유한다. 문학, 철학, 미술, 역사 등 서로 공부하고 토론하며 자기계발을 도모하는 작은 스터디그룹이다.

**생활 법률 강연**: 재영 한인들을 대상으로 영국에 살면서 실생활과 밀접한 법률을 알아보는 '재영한인여성들을 위한 생활 법률' 강연을 연다. 여성가족부, 주영한국대사관 등이 후원하는 이 강연에서 부동산, 유언장, 상속, 증여 등에 대해 한국인 변호사가 법률 설명을 하고 질의응답을 한다. 2020년 강연은 Zoom으로 진행됐다. 참가자들은 배우자, 자녀에 대한 증여, 상속 등에 대해 이해하고 유언장 작성의 중요성을 알게 되었으며 나이나 재산 유무에 상관없이 은행 통장 등 재산 목록을 정리해 두거나 유언장을 작성해 놓는 것이 꼭 필요하다는 것을 깨달았다고 느낌을 피력했다. 또한 변호사를 만나지 않으면 알 수 없는 문제와 궁금증을 쉽고 편하게 해결할 수 있었다고 했다.

**"I CAN MAKE A KIMCHI"**: 영국 현지인과 한인들이 함께 김치 만들기 체험을 하는 '내가 만든 김치! 내 손맛의 김치![I CAN MAKE A KIMCHI]' 행사는 현지인들이 직접 김치 담그는 방법을 배우고, 경험하며, 손수 만든 김치를 갖고 갈 수 있도록 해 한국의 김치 문화를 현지인에게 알리려 기획된 것이다.

## 6. 재영한인과학기술지협회 KOEAUK

재영한인과학기술자협회The Korean Scientists and Engineers Association in the UK(재영과협, KSEAUK)는 1974년 11월 창립했다. 영국에서 유학하던 한국 이공계 유학생 10여 명이 임페리얼 대학에 모여 유사한 성격의 단체 설립을 논의했던 것이 토대가 됐다. 초대 회장 신우승 씨는 당시 영국에 있는 한인 유학생들과 과학 기술자들 사이의 정보, 인적 교류를 꾀하고 한국 정부, 과학기술 단체와의 교류를 목적으로 결성됐다고 설명한다. 그러나 당시 이런 유학생들의 모임에 관해 정부 차원의 지원이 전혀 없었기에 정기적인 모임이 이루어지지 않았고 대외적 활동도 거의 없었다.

KSEAUK
재영한인과학기술자협회
THE KOREAN SCIENTISTS AND ENGINEERS ASSOCIATION IN THE U.K

1978년경부터 '과협회보'를 발행했다. 회원이 발표한 논문 등을 싣고 연구 내용을 게재했다. 일년에 2~3회 발행하고 한국에 보고했으며 독일과 회보를 교환하기도 했다.

재영한인과학기술자협회 신우승 초대 회장

초대 재영과협 회장을 맡아 단체를 이끈 신우승 씨는 1978년 유럽과학기술자협회 회장을 역임하는데 독일(1973년 결성), 프랑스(1976년 결성) 과협과 교류가 있었다고 한다. 과협회보의 발행은 정기적이지 않아 재영과협 회장의 의지에 따라 발행과 중단을 거듭한다. 협회 차원에서 기존에 발행된 회보를 제대로 보관하지 않아 초기 발행본을 찾기 어려운데 1980년대 후반에는 연 1회 200부 발행해 영국 전역에 배포한 것으로 되어 있다.

대외적 활동의 하나로 재영한국유학생회와의 교류가 있었는데 회장이 한국의 어느 대학 출신인지, 영국 어느 대학 소속인지 등에 따라 친선 교류가 있다가 끊어지기를 반복해 초기 영국 유학생 사회의 풍경을 그대로 연출했다. 지방에 있는 유학생회는 지방의 한인회 역할을 했는데 런던의 회장과 지방의 회장이 학연, 지연에 얽히지 않으면 교류가 뜸해지는 모습을 연출한 것이다. 그러나 한편으로 재영과협 회원 90% 이상이 유학생이기에 3-4년 동안 영국에서 공부하고 한국으로 돌아가는 경우가 대부분이라 오래 머물며 꾸준히 활동할 사람이 없어 이런 문제가 있었다고 봐야 한다.

1980년에는 영국에 진출한 한국 기업을 특별회원으로 초빙하자 삼성과 현대 계열사 기업의 지상사가 특별회원으로 가입하기도 했다.

재영과협은 여행 자유화의 물결을 탄 1990년대와 미국으로 주로 향하던 유학생들이 9·11 테러의 영향으로 미국에서 영국으로 방향을 돌린 2000년대에 들어 회원과 활동이 모두 비약적으로 발전한다. 1974년 10여 명이 모여 창립해 1978년 44명, 1981년 70명, 1985년에는 150명, 2000년 300명, 2007년 600명, 현재 1,500명의 회원이 있는 단체로 발전했다.

재영과협은 자체 사이트를 통해 영국 내 과학기술자들의 정보 교류를 통하여 고국의 과학기술 발전에 이바지하겠다는 취지로 만들어졌다고 밝힌다. 따라서 영국 내 한인 유학생들과 과학기술 분야 종사자들의 친목과 정보 교류 및 문화, 기술적인 어려움을 상호 보완해 주고 있으며, 더 나아가서 한국의 과학기술 발전에 영향력에 있는 재원을 만들어 내는 밑거름의 역할을 하고 있다고 밝힌다.

재영과협은 미국(1972년)과 독일(1973년)에 이어 세계에서 세 번째 과협으로 창립되었으며 유럽에는 9개 한인과학기술자협회(영국, 독일, 프랑스, 오스트리아, 핀란드, 스칸디나비아, 스위스, 네덜란드, 벨기에)가 있다.

## 조직과 구성

정기총회에서 회원들이 직접선거로 임기 2년의 회장과 감사를 선출한다. 중앙 임원단은 회장, 부회장, 간사장, 학술 간사, 재무 간사, 대내/외 홍보 간사, 인력관리 간사, 편집 간사, 정보관리 간사, 감사 및 7개의 전문 분과 리더로 구성된다. 자문위원단은 과협의 활동에 대한 전반적인 자문과 협의를 위해 영국 내 산업체, 학계, 연구소 등 각 분야에서 활동하고 있는 중진 인사들로 구성되어 있다.

영국 전역 6개 지역(Scotland, Wales, London, 남부 England, 중부 England, 북부 England)에 있는 각 대학 중심으로 20여 명의 지역 대표자들이 지역 회원 관리를 한다.

전공별 소그룹(SIG)Special Interest Group을 8개 분과로 나누어 운영, 지원한다.

임성남 대사, 재영한인과학기술자협회 창립 40주년 기념식 참석. 2014년 10월 임성남 대사가 글래스고에서 열린 재영과협 창립 40주년 기념식 참석해 회원들을 격려했다.[사진 제공: 주영한국대사관]

각 분과는 SIG-Professional, SIG-Environment & Energy, SIG-Bio, SIG-Innovation, SIG-Mechatronics, SIG -Women, SIG-Youth, SIG-Medical & Dental로 구성되어 있다.

회원은 일반회원, 학생회원, 단체회원으로 나누는데 일반회원은 학위와 관계없이 과학기술 분야에 종사하고 있거나 재영과협에 이바지하였거나 이바지할 것으로 예상되는 사람으로 규정해 가입 폭이 넓다. 학부생들은 학생회원으로 가입할 수 있고, 단체회원에는 한국의 대기업 대부분이 가입되어 있다. 실제 활동하는 회원은 석·박사 과정에 있는 유학생이 대다수를 차지하고 영국 내에서 연구 활동을 하거나 직장인으로 있는 시니어 회원들이 지원하는 형태다.

단체회원들의 연회비가 협회 운영의 중요한 재원이며 한국과학기술단체총연합회(과총)에서 매년 정기적으로 지원금이 나오고 기업 소개 설명회 등의 행사를 통해 기부금을 받고 있다.

## 활동사업

매년 정기 학술대회(평균 연 2회)를 열고 유럽 공동 학술대회Europe-Korea Conference (EKC)를 개최한다. EKC는 우리나라와 유럽 간 첨단 과학기술 교류를 통해 우리나라 과학기술 발전과 국제경쟁력을 높이고 글로벌 인적 네트워크 구축에 이바지하고자 과총이 지난 2008년부터 매년 재유럽한인과학기술자협회와 함께 개최하고 있는 대규모 국제 학술대회이다.

Young Generation Forum은 영국에 사는 동포 대학생 자녀들을 한국에 데려다 연수시키는 프로그램이다. 영국에서 공부하는 젊은 한국인 과학도에게 지식기반사회를 선도하는 세계 지도자의 자질을 심어주고 국내 전문가들과의 교류를 통해 민족 유대감을 높이고자 마련된 것이다.

수학경시대회는 2005년부터 재영과협이 영국학제 Year 4~Year 11의 학생들을 대상으로 한국인의 뛰어난 수학능력을 2세들에게 고취하고자 매년 실시하고 있다.

- 전문종합 학술대회 및 정기총회 1회, 관련 학술지 발간
- Europe Korea Conference(EKC2009) 개최(윤번제) 및 관련 논문집 발간
- 7개 전문분과 모임을 통한 전공별 소규모 워크샵을 영국 전역에서 비정기적으로 개최 및 전체분과 워크샵 연 1회 개최
- 매년 1회의 전국 수학 경시대회 개최를 통해 한인 영재 발굴 및 영국 교민사회에 기여
- 회원 및 협찬 기업체를 대상으로 국내외 학술정보 배포
- 영국 내 과학기술 전문 인력 정보 파악: Web DB 구축 및 지역대표자 연락망 가동으로 인력 유치 및 양국 간 협력 요청 지원
- Young Generation Forum(YGF) 등을 통한 젊은 과학인들에 대한 고국 기술 홍보
- 매년 의치대/공대 진학 설명회를 통한 영국 대학 한인 입시생들에게 실질적인 정보를 제공
- KSEAUK Conference Travel award - 학위 과정 중에 있는 한인 학생들의 활발한 학회 참여 독려

## 7. 재영한인박사연구자협회 KRUK

재영한인박사연구자협회Korean Phd Students And Researchers In The UK(KRUK)는 줄여서 '재영박협'이라 한다.

재영박협은 영국에서 박사과정에 재학 중이거나 박사 졸업 후 연구 커리어를 이어가는 한국인들을 위한 네트워크 모임으로 인문, 사회, 자연, 예술문화 분과의 다양한 박사과정생, 포닥 연구자, 교수 등이 학술 및 소셜네트워크를 구축하고 있다.

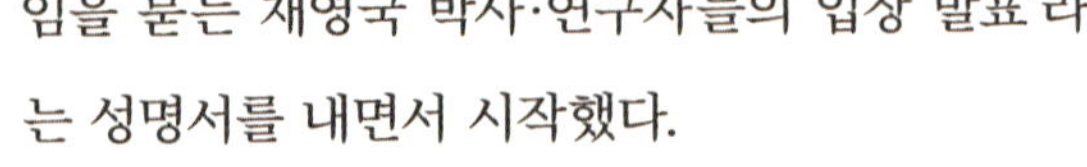


2015년 3월 12일 런던에 있는 8개 대학 25명이 참석해 런던 한국사회과학자 창립모임을 시작으로 2016년 11월 11일 공식 설립했다. 한국의 국정농단 사건(박근혜-최순실 게이트) 당시 25개 대학 98명이 참가해 '헌정질서 파괴, 국정농단의 책임을 묻는 재영국 박사·연구자들의 입장 발표'라는 성명서를 내면서 시작했다.

창립부터 왕성한 활동을 했는데 2017년 1월 '2017 한국 사회, 과제와 전망'워크샵을 갖고 4월에는 협회가 재외동포재단 지원사업으로 선정됐다.

같은 4월에 재영한인박사연구자협회 정식 창립총회를 하고 운영진을 선출하고 9월에 제1회 재영한인박사연구자협회(협회장 장영욱) 학술대회를 런던 UCL에서 열었다. 영국 전역에서 약 100여 명의 박사 회원 및 유학생들이 참석한 가운데 케임브리지 대학 장하석 교수의 '인본주의와 자연과학' 주제의 기조 강연과 회원들의 주제발표가 있었다.

2021년 11월 20일 런던 워크샵 모습

제2회 학술대회(구교선 협회장)도 2018년 9월 런던 UCL에서 열려 김민형 교수가 '우주는 수인가 모양인가?'라는 주제의 기조 강연을 했다. 2019년에 제3차 학술대회가 열려 매년 9월에 대회가 열리고 이어진다.

2019년 3월에는 민주평화통일자문회의 영국협의회와 공동으로 통일 세미나를 주최했다.

2018년 10월 UCL 대학에서 열린 재영박협의 제2회 학술대회 모습

코로나 상황에 놓인 2020년에는 웹 세미나를 진행했다. 5월에는 'Covid 19, 자가항체와 백신', 6월에는 '방법론의 이해', 7월에는 '영국에서의 한국 연구: 제주 4·3 생존자의 정신건강', 8월에는 '문화예술 세미나: 그 공연을 보여줘'를 여는 등 매월 활동을 이어가고 있다. 특히 지난해 10월부터 시작한 온라인 세미나 시리즈 '공감으로 이어지는 우리'는 〈국내 기후 위기의 현재와 미래〉, 〈세계 시민들이 바라본 '위안부' 문제와 해결방안〉, 〈코로나 사태(위기) 속 숨 막히는 노동의 현장: '콜센터 상담사' 사례를 중심으로〉 등의 주제를 다뤄 주목과 호응을 받고 있다.

더 주목받은 것은 2021년 4월 제주 4·3사건 73주년을 맞아 제주 4·3을 영국에 알리고 글로벌 공동체 연대 의식을 고취하기 위한 국제 온라인 세미나를 3회에 걸쳐 개최한 것이다. 재영박협(김지민 협회장)은 제주 4·3기념사업위원회와 공동으로 4월 3일부터 3회에서 걸쳐 '우리 사회에 새겨진 트라우마들: 제주 4·3, 세월호, 힐즈버러 스타디움 참사'를 주제로 국제 온라인 세미나를 개최했다. 4월 3일에는 김종민 전 4·3중앙위원회 전문위원이 4·3에 대한 전반적인 이해를 다루는 강연을 했고, 4월 4일에는 강춘희 제주4·3희생자유족회 부회장과 양성주 유족회 사무처장이 각각 유족 증언을 했다.

9일에는 4·3사건과 세월호, 힐즈버러 스타디움 참사와 관련해 트라우마 생존자와 유가족들을 위한 국가권력의 책임과 역할에 대한 주제로 세미나가 열렸다. 앤드류 잭슨Andrew Jackson의 진행으로 앤 아이어Anne Eyre 박사와 김지민 재영박협 회장의 대담으로 진행했으며 온라인 참가자들도 토론에 참여했다. 김지민은 "과거의 아픈 기억만이 아닌 기억의 공유와 연대를 통해 함께 문제를 풀어나가는 계기가 됐으면 한다"라고 했다.

연락처 phds.uk@gmail.com

## 8. 재영한인의사협회 KUMA

재영한인의사협회Korean UK Medical Association : KUMA는 2013년 6월 영국에 있는 동포 의료인 약 50명을 회원으로 출범했다. 영국 내 한인 의사들의 정보 교류와 권익 증진을 위해 설립했다.

2013년에 재영한인의사협회가 생기면서 협회는 의사 중심으로 모임과 활동을 하게 되며 기존 영국에 사는 한인 의료인과 의대·치대 학생들의 친목 단체인 재영의치학협회Korean Medical and Dental Association : KMDA는 의대 및 치대에 재학 중인 학생 중심으로 재편된다. KMDA 회원 대부분은 의사 면허증(자격증) 취득과 동시에 KUMA 회원으로 가입하게 된다. 2013년 협회가 출범할 때 영국에서 의대·치대에서 공부하는 한인 학생이 약 100명이나 있었다.

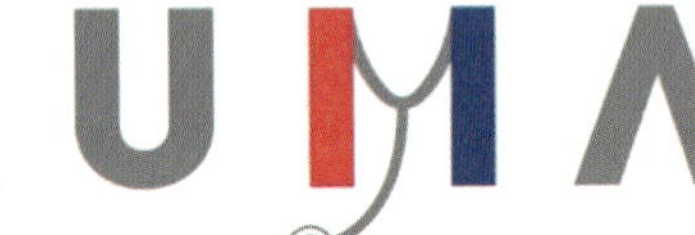

KUMA는 유럽 최초의 한인의사협회다. 창립 후 세계한인의사협회(WKMO), 한미의사협회(KAMA) 등 세계 각국의 한인 의사단체와 긴밀하게 연계해 활동하고 있다. 창립 당시 초대 회장단 명단은 다음과 같다.

**회장 : 김현익, 부회장 : 최창호**

Professional development : 박현미, Secretary : 강민규, Membership lead : 문은주, Treasurer : 조준석, Events : 조영석, Business development : 하준수

재영한인의사협회의 현 멤버들. 2023년 제17회 세계한인의 날 유공 정부포상에서 <매년 교육과 멘토링, 네트워킹 행사를 진행하여 한국계 의료인의 영국 의료분야 진출 및 한인 정체성 유지를 지원하였으며, 의치대 학부생의 진로 안내 등을 통해 차세대 한인 의사들의 성장을 견인하는 데 기여>한 공로로 대통령상을 수상했다.

## 활동 사항

협회의 주요 활동을 보면 두 가지 큰 줄기가 있다. 후배 양성과 한인사회에 대한 봉사. 협회 소속 한인 의사들은 의대·치대에 다니는 후배들에게 전공 선택과 경력 관리 등 조언을 해주는 콘퍼런스(의사 경력관리 콘퍼런스)를 매년 개최한다. 또한 의대·치대 진학을 희망하는 고등학생과 학부모를 대상으로 진학 상담(의대 진학 상담회)를 매년 열고 있다.

협회 창립 후 매년 '재영한인 건강의 날' 행사를 열고 한인들을 대상으로 혈압·맥박·당·비만 등 병리 검사를 진행하며 대장암·유방암·자궁암·전립선암 등의 건강 검진 정보를 제공한다. 현지인보다 상대적으로 정보에 취약해 의료 혜택을 못 보는 한인(특히 노인이나 초기 이주자들)의 건강

재영한인의사협회 주최 건강의 날 행사 안내 포스터(2023년)

김현익 초대회장

향상을 위해 해마다 행사를 열고 있다. 이날 한인 의시들은 건강 검사와 상담을 하면서 향후 영국 의료제도인 NHS를 이용할 수 있도록 안내하는 역할도 한다.

2014년 11월 런던 임페리얼대학에서 KUMA 창립 기념 국제 콘퍼런스가 한국보건산업진흥원과 협력으로 열렸다. 행사에는 임성남 주영대사, 현철수 세계한인의사협회장을 비롯해 의료기관·대학·연구기관 및 보건의료 기업 등 다양한 관계자 100여 명이 참석했다. 영국 및 유럽 주요국의 헬스케어 시스템 전반에 대한 소개 및 석학들의 다양한 주제발표가 이어지고 유럽지역과의 보건의료협력 방안을 논의했다.

2016년 6월에 열린 '재영한인 건강의 날' 행사는 한인종합회관에서 열렸다. 2017년 건강의 날 행사는 한인들이 많이 다니는 윔블던 교회에서 진행했으며 2018년 건강의 날은 대한노인회 영국지회와 함께했다. 2023년에는 한국 문예원에서 열렸다. 재영한인의사협회와 의대생협회가 연합하여 한인 노인들을 상대로 환자 병력, 병리 검사, 건강 상담과 진료 안내를 했다. 건강의 날 행사에는 분야별 전문의 특강도 열린다.(2023년 프로그램: 다양한 분야의 한인 전문의들과 함께하는 건강세미나, 건강한 노후를 위한 치매 및 각종 질병 예방 교육, 건강상태 측정 및 처방전 함께 살펴 보기 등)

영국 최초의 한인교회 런던한인교회

# 10
# 영국 한인들의 종교 활동

한인 교회는 1970년대 말 영국 교회에 참석해 예배를 보던 한인 주재원들이 한인 교회의 필요성을 느끼던 차 당시 영국에서 신학교를 졸업한 한국인 전도사가 나오면서 처음 개척의 주춧돌을 놓게 된다.

신앙인들에게 신앙생활은 무엇보다도 중요한 것이었다. 말도 잘 통하지 않고 문화도 다른 이국땅에서 신앙생활을 지속하고자 하는 욕구는 무엇보다도 큰 것이었다. 왜냐하면 그것을 통해 일상생활의 스트레스를 풀고 외로움을 달래며, 정신적 안정을 얻을 수 있었기 때문이다. 영국에 한국인이 몇 명 되지 않을 때는 어쩔 수 없이 영국인 교회나 성당에 참석했다. 하지만 한국인의 숫자가 늘어나면서 자연스럽게 한국인들끼리의 종교 생활을 추구하게 되었다.

영국에서 한국인들이 처음으로 신앙공동체를 형성하기 시작한 것은 1973년부터라고 할 수 있다. 런던한인천주교회 홈페이지에는 설문 조사를 근거로 "1973년부터 골롬반회 소속 신부님들과 당시 해외 유학 중이던 수녀님, 교포 몇 가족이 모여 신앙생활을 하기 시작했다"고 적고 있다. 당시 주영 한국 대사관에 근무하던 박경숙이 한국에서 오래도록 사목을 했던 골롬반 소속 게리 프렌치Gerry French 신부와 존 홀라한John Houlahan 신부, 그리고 당시 유학 중이던 김혜숙 헤레나 수녀를 수소문하여 신자 몇 사람과 함께 미사를 드리며 친교와 더불어 정보를 교환했다고 한다

찰스3세 대관식에 사용된 웨일스의 십자가

## 한인교회의 출발

한인 교회는 1970년대 말 영국 교회에 참석해 예배를 보던 한인 주재원들이 한인 교회의 필요성을 느끼던 차 당시 영국에서 신학교를 졸업한 한국인 전도사가 나오면서 처음 개척의 주춧돌을 놓게 된다. 코트라 박용국 관장과 대한중석 지점장 등 기독교인이었던 한인 주재원들이 런던 바이블 칼리지를 졸업한 김북경 전도사를 만나 한인 교회 개척의 꿈을 실현할 수 있었던 것이다. 이렇게 탄생한 '런던한인교회'는 IPC 국제장로교단International Presbyterian Church 영국 총회로부터 한인 교회 사역과 목사 안수 문제를 모두 허락받아서 만들어졌다. 1978년 9월 16일 윔블던 임마누엘 교회(Emmanuel Church, Ridgway, Wimbledon, London, SW19)에서 창립 예배를 했는데 당시 한표욱 주영대사를 비롯해 60여 명의 한인 가족이 모였다. 김북경 목사의 부인(신시아 김)이 영국인인데 사모師母가 친구에게 부탁해 성공회 신부인 친구 시아버지의 도움으로 임마누엘교회를 빌릴 수 있었다고 한다. 김북경 목사는 윔블던 교회에서 목회하면서 이곳 교회에 오지 못하는 다른 지역의 한인들을 위해 킹스크로스, 일링 지역을 순회하며 하루 3차례 예배를 인도하기도 했다. 킹스크로스에는 김북경 목사의 동생인 김장춘 등 유학생 위주의 예배 모임이 있었고 일링, 하로우 지역은 대우조선 등에 근무하는 주재원들이 모여 살았다.

### 김북경 목사(1938~2019년)

영국 최초 한인 목회자로 불린다. 1978년 영국에 최초 설립된 런던한인교회 담임목사를 비롯해 영국에 5곳의 교회를 개척했다. 65세에 조기 은퇴하고 2003년 한국의 에스라성경대학원대학교 총장으로 취임해 4년간 봉직했다. 영국 한인 교회의 발전만이 아니라 초기 영국 한인사회의 형성과 발전에도 큰 역할을 했다. 중국에서 독립운동을 한 아버지의 영향으로 북경에서 태어나 아름이 '북경'이 되었다. 동생은 중국 장춘에서 태어나 김장춘(명지전문대 영어과 교수)이다. 김장춘 교수는 영국에서 수학하며 초기 재영유학생회를 이끌고 봉사했다.

김북경 목사와 신시아 사모

## 새로운 한인교회의 개척

**킹스크로스교회**: 최초의 한인 교회인 런던한인교회가 생기고 2년 만에 '킹스크로스교회'가 생긴다. 이승장 전도사가 초대 담임자가 되고 킹스크로스역 근처(German Mission and Methodist Church)에서 1980년 12월 21일 첫 예배를 한다. 1983년 2대 담임으로 박득훈 전도사가, 1986년 1월 이승장 담임목사가 다시 부임한다. 그 후에 담임목사와 예배 장소가 여러 번 바뀌어 현재 노팅힐에 있는 St. Peter's Church에서 회집하고 있다.

**일링 한인교회**: 김북경 목사가 돌보며 지도했던 일링과 하로우 지역의 기독교인을 위해 일링한인교회가 개척된다. 당시 안식년 겸 휴양 차 영국에 온 하용수 목사를 담임으로 West Earling Church에서 1982년 9월 19일 출발하게 된다. 담임목사가 한도수 목사(1984년 9월), 류영기 목사(1986년 2월), 고무송 목사(1987년 6월) 등으로 이어져 현재 김도윤 목사가 담임자다.

**옥스퍼드 한인교회**: 옥스퍼드 한인교회의 뿌리는 공식적으로 교회가 세워지기 전에 한도수 목사가 옥스퍼드Oxford 근교 Heyford 지역의 공군기지에서 영국 군인들의 한국인 부인들과 1986년 7월부터 예배 모임을 가지면서 시작됐다. 그러나 한 달 만에 한도수 목사가 필리핀 선교를 떠나게 되자 양영전 목사가 초대 사역자로 와서 그해 12월 첫 주일에 교회가 세워진다. 1988년 비스트Bicester로 교회를 옮겨 '비스트 한인교회'로 개명한다. 1989년 양영전 목사가 한국으로 돌아가고 박득훈 목사가 담임이 된다. 1991년 박 목사 후임으로 있던 방인성 전도사가 부임하고 1992년 IPC 목사로 임직되자 옥스퍼드 한인교회로 이름을 바꾼다. 2020년 현재는 '옥스퍼드 선교한인교회'로 전계상 목사가 담임하고 있다.

**런던선교교회**: 1983년 11월 천정웅 목사가 런던에 사는 교우들과 함께 퍼트니Putney 지역에서 출발했다. 1984년 천 목사가 총신대 교수로 귀국하고 국제선교기관 WEC에 있던 김호근 목사가 교회를 맡아 1984년 7월 윔블던으로 교회를 옮긴다. 1997년에는 웨이브리지에 있던 교회를 구입해 옮기고 '웨이브리지교회'로 개명한다. 김호근 목사는 2016년 목회 사역을 마감하고 현재는 '말씀과 기도의 집'을 같은 자리(77 Heath Road Weybridge)에 개원해 섬기고 있다.

## 한인 소유의 한인교회 탄생

영국에 세워진 최초의 한인교회는 '런던한인교회'다. 이 교회는 영국 한인 교회의 교인들이 힘을 모아 자기 교회를 마련한 최초의 교회다. 런던한인교회의 담임인 김북경 목사는 처음 윔블던에서 한인 교회를 열었는데 영국 교회 건물을 빌려 사용했다. 5년쯤 지나 교세가 커지고 교인이 많아지자 영국 교회 측과 갖가지 문제가 발생했다. 영국 교회 측에서는 교회당 사용 연장이 어렵다고 했고 새로운 교회를 찾아야 했던 한인 교회 식구들은 윔블던의 집값이 가파르게 오르던 시기에 상대적으로 저렴한 킹스턴 지역으로 눈을 돌려 교인이 적어 문을 닫을 형편에 놓인 영국 교회 건물(37 Grove Crescent Kingston)을 1984년에 구입했다. 이 건물이 한인 교회가 소유한 최초의 한인 예배당이 됐다. 흔히 '런던한인교회'를 '킹스턴 한인교회'라 부르기도 하는데 킹스턴에 있는 교회를 구입했다고 지명을 따서 부른 이름이다.

## 영국 내 한인 교회의 성장

1980년 이후 영국 내 한인 교회가 점차 많이 생긴다. 한국에 있는 교회나 교단의 도움으로 영국에 세워진 교회들이 많아진 것이다. 80년대에 세워진 대표적인 교회로는 런던순복음교회(1980년 3월에 창립해 런던에서 두 번째 오래된 한인교회로 기록된다), 런던좋은교회, 런던청지기교회, 런던한인침례교회 등이 있다. 1980년대 영국에 한인교회가 많아진 또 하나의 이유는 한인 목사나 신학생이 영국에 많이 진출했기 때문이다.

영국 최초의 한인교회인 '런던한인교회'

목사나 신학생이 반드시 영국을 선택해 많이 진출한 것은 아니고 이 시기에 목사나 신학생들의 외국 진출 붐이 유독 거세게 일었다.

이유를 '재영한인교회연합회'는 신앙적 측면과 사회적 측면으로 나눠서 찾을 수 있다고 설명한다. 우선 신앙적 혹은 영적인 측면에서 한국에 소개된 외국의 전도 운동이 이들의 해외 진출을 자극했다는 것. 한국에서 열린 1973년 빌리그래함 전도대회와 1974년 엑스폴로 전도대회 등으로 전도 열정이 고조되고 성령 운동의 뜨거움이 잠재되어 있던 터에 1974년과 1978년 OM^Operation Mobilization^ 소속 선교사 LOGOS 호의 한국 방문 등으로 세계선교 정보와 도전이 한국 교회의 사역자와 신학생들에게 새롭게 다가오고 이들의 해외 진출을 자극했다는 것이다.

사회적 측면으로는 사역이나 공부를 이유로 목사나 신학도들이 그들의 행보를 세계로 돌렸고 그 가운데 영국행이 유독 많아진 것이다. 여기에다 한국의 산업화 시기에 맞물려 중동 건설 붐이 일자 영국 런던이 중동 진출의 거점 도시가 되어 많은 기업이 지상사를 세우자 런던에 한인이 많아지게 됐다. 많아진 한인 중에 당연히 기독교인들이 있고 이들에게 한인교회가 필요하게 됐다. 기독교인들이 한국에 목회자를 요청하는 경우도 많아지자 교인들의 요청에 따라 목사나 신학도들이 영국행 비행기에 몸을 실었다. 자녀가 있는 목회자들은 자녀 교육까지 해결하고 신학도는 나머지 학업을 병행할 수 있는 매력적인 도시가 런던이었다.

그렇다 해도 1990년대 초반까지 영국에서 한인교회의 사역이 마냥 쉬운 일만은 아니었다. 우선 절대적으로 한인들의 수가 적었다, 1990년대 초반에 영국 전역에 기독교 신자가 3천여 명 정도인데 한인교회는 13개가 있었다. 현대 선교의 기초가 된 영국에는 우수한 선교 기관도 많아 훈련과 교육을 목적으로 영국으로 오는 목회자는 점점 많아지는데 한인의 수는 적어 한인교회를 유지할 교인 확보가 어려웠다.

그러다가 1990년대 말부터 영국의 한인사회가 성장함에 따라 한인 교회도 급성장한다. 영국 한인 교회의 중흥기는 2000년대 중반까지 이어진다. 이 시기에는 영국 정부가 외국 학생들에게 영어 교육의 문을 활짝 열었기에 어학연수를 오는 단기 유학생 수가 급격히 많아졌다.(같은 영어권 국가인 미국이 9·11테러의 여파로 이 시기 학생비자를 쉽게 주지 않아 많은 어학연수생이 영국으로 몰렸다)

학생 비자가 쉽게 나오니까 1년짜리 학생 비자를 받은 어학연수생이 많아지고 학생들을 주 대상으로 한 한인교회까지 생겨난다. 학생들은 IMF를 거치며 줄어든 주재원 수를 메워주었다. 이 시기에는 영국으로 오는 목회자와 신학생도 계속 증가한다. 신학도가 해외 진출 시 우선 대상으로 고려하는 국가가 영국과 미국인데 영국 정부가 목회자에게 관대해 비자 발급이 쉬웠던 것이 큰 이유다, 또한 당시 중동이나 아프리카로 갈 계획에 있는 선교사나 예비 목회자들은 선교지에 가기 전에 영국에서 영어 공부를 하고 현지에 가는 것이 마치 공식적인 절차처럼 이어졌다.

영국에 있는 한인교회 목회자들은 브렉시트Brexit 얘기가 나오던 2015년경부터 영국의 이민 정책이 엄해지면서 다시 교인 확보가 어려운 시

런던순복음교회 전경

절이 됐다고 한다. 우선 한인교회가 너무 많은데 학생비자는 다시 까다로워 지면서 유학생이 줄었다. 더욱이 과거에는 영국에 처음 오면 정보 수집을 위해서도 한인교회를 찾아오는데 이제는 영국에 오기 전에 각종 정보망을 이용해 모든 정보를 갖고 오는 데다 불필요한 인연을 맺고 싶어 하지 않는 요즘 젊은이들의 특성으로 교회를 멀리하니 지금은 교인들이 교회로 모여드는 시대가 아니라고 한다. 성직자 비자도 영어시험 성적을 요구하는 등 깐깐해지니 힘들게 영국으로 오겠다는 신학도가 적어 젊은 목회자가 많이 줄었다. 한마디로 목회 환경이 매우 어렵다고 한다.

### 재영한인교회연합회

현재 영국에는 기독교 목회자들의 모임인 '재영한인교회연합회KCAUK - Korean Churches Association in the UK'가 있는데 1991년에 발족한 '재영한인목회자협의회'에 뿌리를 둔다. 7. 80년대에 설립된 한인 교회의 목사들이 모여서 영국에 있는 모든 한인 교회와 한인 목회자가 연합해 협력하는 것이 교회와 한인사회를 위해 필요하다고 판단해 발족했다. 발기인은 김북경 목사, 차수장 목사, 김호근 목사, 서진원 목사, 오종권 목사, 문문찬 목사 등이며 이승장 목사가 나중에 합류한다. 출범 당시 회원 교회는 7곳으로 런던한인교회, 뉴몰든한인교회, 소망교회, 뉴몰든감리교회, 갈보리교회, 영국선교교회, 벧엘교회 등이다. 2000년 3월 임시총회를 열어 명칭을 재영한인교회연합회로 변경한다.

영국에 있는 모든 한인 교회가 재영한인교회연합회에 가입한 것은 아니다. 그러나 연합회에 가입하는 한인 교회가 해마다 늘어났는데 1995년에 15개 교회, 2006년 43개 교회, 2017년 51개 교회와 6개 협동회원에 이르렀다.

### 영국 한인교회의 특징

영국의 한인교회는 런던한인교회에서 시작됐는데 IPC 국제장로교단 소속으로 기존 한국의 교단과는 다른 특성을 갖고 있었다. 목사, 장로 등 교회 내 직급에 관한 이해가 달랐는데 한국에 비해 권위적인 부분이 많이 빠지고 개방적 요소가 많았다. 이런 특성이 영국 한인사회에 국제장로교단 소속 교회가 많이 생기는 계기가 되기도 했다.

해외 한인교회 목회자들은 대부분 비슷한 고민을 하겠지만 해외 목회를 '터미널 목회'라고 표현한다. 교인들이 일정 기간 신앙생활을 하다가 한국으로 돌아가기 때문이다. 한편으로 영국에서 처음 기독교를 접하는 신자가 많아서 한인교회에서 기독교 신자를 만들어 한국으로 보낸다는 뜻으로 '모내기 목회'라고도 한다. 영국 한인 목회자들에 따르면 영국에 와서 교회를 처음 다니게 되는 신자들이 많은데 거의 3년 기한으로 오는 주재원이나 대학 3년을 마치면 돌아가는 유학생의 경우 한인교회 '적응에 반년, 이별에 반년'이 걸린

2021년 11월 22일 런던순복음교회에서 열린 정기 총회

2015년 7월 런던에서 열린 '구세군 150주년 기념 국제대회'에 참가한 한국구세군이 버킹엄 궁전 앞 거리행진에 참여해 시민과 관광객들에게 태극선을 흔들며 인사하고 있다. 한국구세군은 박종덕 사령관 부부와 서울후생원 사물놀이팀 등 48명이 한국에서 왔으며 구세군 런던한인교회(담임사관 김태열) 교인들과 함께 행진했다.

다고 한다. 그래서 제대로 신앙생활을 하는 기간은 2년인데 짧은 기간에 좋은 신앙인으로 키워 보내는 것이 해외 목회자의 사명이라고 한다.

한인교회 목사들은 영국에 처음 온 교인 자녀의 학교등록, 은행 구좌개설 등 영국 생활 적응을 돕는 일로 목회자의 본업보다 더 바쁜 경우가 많다. 첫 영국 생활의 정보나 도움을 얻으러 교회 문을 두드리는 것이 기독교에 발을 들이는 계기가 되는 경우가 많아 목회자들은 이런 일을 마다할 수 없다. 그러나 지금은 그런 도움을 베풀면서라도 데려올 교인이 많지 않다고 한다. 영국은 비자 받기가 어려운데 같은 영어권 국가인 호주, 뉴질랜드, 캐나다 등은 비자가 쉬워 그쪽으로 유학생이 몰려 새로 영국으로 오는 한인은 적고 한인 수에 비해 교회가 많아 사목 환경이 점점 더 어렵다고 한다.

한인교회가 생긴 초기에는 정부 기관이나 각급 단체와의 관계가 밀접했는데 지금은 소원해진 것도 아쉽다고 한다. 원로 목사들이 기억하기를 1978년 한표욱 대사부터 강영훈 대사, 김영주 대사, 오재희 대사를 거쳐 1993년 이홍구 대사까지 정기적으로 한인사회의 의견을 듣고자 목사들을 초청했다고 한다. 대사관 측에서 사회 지도층이며 오피니언 리더로서 목회자를 대우하며 대사관과 목회자의 교류가 활발했는데 그 후 점차 줄어들다가 2000년대 들어 한인회가 회장 선거 소송에 휘말리자 이런 관계가 완전히 사라졌다는 것이다. 지금은 대사관에서 주최하는 국경일 행사 등 모임에 성직자들이 초청장을 받는 경우가 거의 없다고 했다. 과거 대사관과 종교단체의 교류와 협력으로 한인사회의 많은 부분에 힘을 보탠 경험이 있는 만큼 재영한인교회연합회는 이런 우호 관계가 회복되기를 바라고 있다.

### 재영한인교회연합회 역대회장

| 연도 | 회장 | 연도 | 회장 | 연도 | 회장 |
|---|---|---|---|---|---|
| 1992년 | 서진원 목사 | 2003년 | 김용복 목사 | 2014년 | 박상도 목사 |
| 1993년 | 김북경 목사 | 2004년 | 황선엽 사관 | 2015년 | 김은혁 목사 |
| 1994년 | 차수장 목사 | 2005년 | 황선엽 사관 | 2016년 | 송우석 목사 |
| 1995년 | 김호근 목사 | 2006년 | 임헌삼 목사 | 2017년 | 권순신 목사 |
| 1996년 | 이승장 목사 | 2007년 | 김태규 목사 | 2018년 | 전공수 목사 |
| 1997년 | 임정석 목사 | 2008년 | 이희영 목사 | 2019년 | 양성호 목사 |
| 1998년 | 김영길 목사 | 2009년 | 조광진 목사 | 2020년 | 황형식 목사 |
| 1999년 | 오종권 목사 | 2010년 | 조우형 목사 | 2021년 | 김석천 목사 |
| 2000년 | 김순영 목사 | 2011년 | 이만호 목사 | 2022년 | 노인구 목사 |
| 2001년 | 오종권 목사 | 2012년 | 임재영 목사 | 2023년 | 박종범 목사 |
| 2002년 | 안병기 목사 | 2013년 | 하두형 목사 | | |

## 영국에 있는 한인교회 주소록

구세군런던한인교회 109 Kingston Road, Merton Park, London SW19 1LT

그레이스교회 143 High Street, New Malden, England, KT3 4BH

글라스고 한인교회 259 Dumbarton Rd, Partick, Glasgow G11 6AB

글로리아교회 39 Ewell road, surbiton, surrey, KT6 6AF

꿈이있는교회 Welsh Baptist Church. 30 Eastcastle street. London W1W 8DJ

노팅험한인교회 Methodist Church Chilwell Road, Beeston, Nottingham, NG9 1EH

뉴몰든한인교회 United Reformed Church Cavendish Road New Malden KT3 6DE

뉴캐슬 드림의교회 8 College Ln, Newcastle upon Tyne NE1 8JJ

다윗의교회 Marion Hill House 13 Tadworth Avenue New Malden Surrey KT3 6DJ

더럼한인교회 North Road Methodist Church, 28 North Rd, Durham DH1 4SG,

런던감리교회 M.P.B.C. Lower Morden Lane, Morden, Surrey SM4 4SP

런던 갈보리 교회 32 Kingston Rd, New Malden KT3 3ND

런던교회 160 Green Lane, Morden, Surrey SM4 6SR

런던늘푸른교회 Balaclava Road, Surbiton, Surrey KT6 5PN

런던둘로스교회 St. Peter's Church. London Road. Kingston. Upon Thames. KT2 6QL

런던레인즈파크한인교회 St. Mathew's Church Durham Road, Raynes Park, London SW20 0DE

런던 말씀과 기도의 집 77 Heath Road, Weybridge, Surrey KT13 8TN

런던바킹평안교회 Elim Pentecostal Church Axe Street Barking, Essex IG11 7LZ

런던벧엘교회 167 A High Street. New Malden. Surrey. KT3 4BH

런던비전교회 4 Camrose Close, Morden Surrey, SM4 5DQ

런던새로운교회 Emmauel Church, Dudley Drive, Morden, Surrey SM4 4RJ

런던새중앙교회 St. John Church, Kingston Road, New Malden, Surrey, KT3 3RX

런던생명나무교회 Haverstock School, 24 Haverstock Hill, Chalk Farm, London NW3 2BQ

런던 생수교회 61 Ruxley Lane, Ewell, Epsom, Surrey, KG19 0JG

런던순복음교회 37 WEST BARNES LANE, RAYNES PARK SW20 0BL

런던순복음 핀칠리교회 O2 Centre 1F, The Venue, 255 FInchley Road, London, NW3 6L

런던시내한인교회 St Cyprian's, Clarence Gate, Glentworth St, Marylebone, London NW1 6AX,

런던안디옥교회 Cheam Common Road. Worcester Park. Surrey. KT4 8QW

런던엘림장로교회 90 Queens Road. New Malden. Surrey. KT3 6BX

런던열린문교회 United Reformed Church, Cavendish Road New MaldeN KT3 6DE

런던열방교회 St. John's Church. Station Approach. Stoneleigh. Surrey KT19 0QZ

런던영광교회 Worcester Park Baptist Church. The Avenue. Worcester Park. Surrey. KT4 7EW

런던예수비전교회 C/O LUMEN URC. 88 Tavistook Place. LONDON. WC1H 9RS

런던윔블던한인교회 St James church and hall, Beaford Grove, Merton, London. SW20 9LB

런던은혜교회 1 Coral St, South Bank, London SE1 7BE

런던장로교회 Raynespark High School. Bushey Road. London, SW20 0JL

런던좋은교회 2 Grant Road, London, SW11 2HB

런던청지기교회 Pre-School 1 The Manor Drive, Worcester Park. KT4 7LG

런던한인교회 37 Grove Cres, Kingston upon Thames KT1 2DG

런던한인일링교회 Haven Green Baptist Church 2 Castlebar Rd, Ealing, London W5 2UP

런던한인침례교회 Eastlondon Baptist Church, Burdett Road, Mile End, London E3 4TU

런던함께하는교회 Holy Trinity Church. 234 The Broadway. Wimbledon. London. SW19 1SB

런던 햄스테드 한인교회 Heath Street Baptist Church, 84 Heath Street, Hampstead, London, NW3 1DN

런던 행복한 교회 37 Worple Road, London SW19 4JZ

래스터 한인 교회 28 Guilford Drive, Wigston, Leicester LE18 1HF

로뎀교회 159 Malden Road. New malden. KT3 6AA

리버풀 예닮 한인교회 Liverpool Life Science UTC, 41 Greenland Street (287.02 km) L1 0BS

맨체스터 예닮교회 Nazarene Theological College, Dene Rd, Didsbury, Manchester M20 2GU

맨체스터 한인교회 Palatine Road Didsbury Manchester M20 6DA

버밍엄사랑의교회 Birmingham SaRang Korean Church/ Northfield Baptist Church 789 Bristol Road South, Northfield, Birmingham, B31 2NQ

버밍엄 예수비전교회 Birmingham Jesus Vision Church (Selly Park Baptist Church) 1041 Pershore road, Birmingham (B29 7PS)

버밍엄한인교회 Weoley Hill united reformed church, Green Meadow Road, Birmingham, B29 4DE

본머스 한인교회 Bournemouth Korea Church (in St Augustins Church) St. Augustins's Road, Bournemouth BH2 6NU

본머스 푸른나무 교회 Bournemouth Green Tree Korean Church. BGTKC 43 Westway, Bournemouth, Dorset, BH9 1AZ.

브라이튼한인교회 Hove Methodist Church. Portland Road, East Sussex, BN3 5DR

브리스톨선교교회 West Bury-On-Trym Baptist Church. Bristol. BS9 3TD

브리스톨 한인교회 1 Redland Park, Bristol. BS6 6SA

사우스햄프턴 한인 교회 The life center, Duke road, Southampton SO14 0SQ

새마음교회 Everyday Church Kingston, 46 Union St, Kingston upon Thames KT1 1RP

서머나교회 273 Garratt Lane. Wandsworth. London. SW18 4DU

세필드한인교회 The Wesley Hall Methodist Church, Crookes, Sheffield, S10 1UD

센트럴런던순복음교회 Indian YMCA 41 Fitzroy square Fitzrovia W1t 6aq

아름다운교회 ST. JOHN'S CHURCH Spencer Hill, Wimbledon SW19 4NZ

애버딘 한인교회 168-174 Union Grove, Aberdeen AB10 6SR

열방선교교회 St. Saviours Church, Grand Drive, London, SW20 9DG

예드림커뮤니티교회 St John the Baptist Church. Robin Hood Lane. Kingston Vale London. SW15 3PY

에딘버러 은혜교회 Holyrood Evangelical Church, 121 Montgomery St, Edinburgh EH7 5EP

에딘버러 한인교회 2 Marchhall Pl, Edinburgh EH16 5HW

옥스포드선교한인교회 9 NavigationWay, Oxford, OX2 6XW

옥스포드 한인교회 United Reformed Church Oxford, 103 Collinwood Rd, Headington, Oxford OX3 8HW

옥스포드 한인미션교회 1A New Inn Hall St, Oxford OX1 2DH

올투게더교회 30 Rodney Road, New Malden, Surrey, KT3 5AB

요크한인교회 Haslington Church, School Lane, Haslington, York, YO10 5EE

워릭한인교회 Westwood Church, 45 Westwood Heath Rd, Coventry CV4 8GN

월드비전교회 22 Ryfold Road , Wimbledon Park, London SW19 8BZ

웨일즈 한인 교회 23 Bedavere Close, Cardiff, CF14 9AR

윔블든 코너스톤교회 St. Mark's Place Wimbledon SW19 7ND

이스트본 한인교회 Eastbourne International Church 2 Belmore road, Eastbourne, East Sussex. BN22 8AU

체싱턴한인교회 2 Church Ln, Chessington KT9 2DJ

카디프 한인교회 Heath Evangelical Church, Whichurch Road, Cardiff, Wales, United Kingdom CF14 3YL

케임브리지열림교회 Emmanuel United Reformed Church, Trumpington Street, Cambridge,CB2 1RR

캠브리지 한인 교회 Cambridge Korean Church, 43 St Andrew's St, Cambridge CB2 3AR

크로스미션교회 Ringland Presbyterian Church, 5 Beatty Road, Newport NP19 9GG

킹스크로스 한인교회 St.Peter's Church 90 Kensington Park Road, Nottinghill, London W11 2PN

킹스턴중앙교회 Fairfield South, Kingston-upon-Thames KT1 2UL

한빛교회 ST.PAUL'S CHURCH, QUEEN'S ROAD, KINGSTON, SURREY. KT2 7SF

행복한교회 37 Worple Road, Wimbledon, London, SW19 4JZ

## 영국의 한인 천주교 공동체

영국의 한인 성당, 런던한인천주교회 로고를 보면 'since 1991'이라고 되어 있다. 1991년은 초대 주임신부인 정일 가브리엘 신부가 부임한 해다. 런던 한인성당은 2016년에 <런던 본당 25주년사>를 편찬했는데 25년의 역사라고 한 것을 보면 마찬가지로 초대 신부가 부임한 해를 본당 역사의 시작으로 계산한 것이다.

그러나 초기 천주교 공동체를 이끌었던 한인들에 따르면 영국에서 한인 천주교 공동체의 시작이 1973년으로 거슬러 올라간다. 영국인 신부와 유학 중이던 한국인 수녀, 한국인 교민 신자들이 모여서 영국에서 처음으로 미사를 봉헌한 해가 1973년이다. 한인 기독교 신자들이 창립 예배를 한 1978년보다 5년 이상 앞선다. 그렇다면 1973년은 모든 종교를 망라해 영국에서 처음으로 한인들의 신앙공동체가 생겨난 해로 봐야 한다.(《런던 본당 25주년사》에서는 1973년부터 초대 신부가 부임하기 직전인 1991년까지를 '태동기'라고 부른다)

런던한인천주교회 로고

박석희 주교 영국 방문

### 1973년 공동체의 탄생

1973년 1월 당시 주영대사관에 근무한 박경숙(세례명 수산나) 씨가 처음 천주교 신앙공동체를 만들었다. 박경숙(박근혜 전 대통령과 고등학교 동창이라고 알려져 있으니 1952년생으로 추측, 당시 스물한 두 살의 젊은 여성이 영국에서 처음 신앙공동체를 만들었다는 뜻이다)은 주영대사관에 근무했는데 당시는 복수여권이 없고 모두 단수여권이라 영국에 거주하는 한국인이라면 누구나 매년 여권을 갱신하러 대사관에 와야 했다. 박 씨는 여권 신청인의 서류에 적힌 종교란을 보고 천주교 신자들에게 모임을 하고 미사를 봉헌하자고 권유했다. 마침 런던 소아스대학School of Oriental and African Studies(SOAS)에 한국에서 오래 사목했던 아일랜드 신부가 수학하고 있다는 소식을 듣고 찾아가 부탁해서 미사를 봉헌하게 됐다. 골롬반회 소속 게리 프렌치Gerry French 신부, 존 훌라한John Houlahan 신부, 영국에 유학 중이던 마리아의 전교자 프란치스코 수녀원 소속의 김혜숙 헬레나 수녀, 신자 몇 가족이 모여 런던 서쪽 메이다힐Maida Hill에 있는 Our lady of Lourdes & St. Vincent de Paul 성당에서 첫 미사를 봉헌했다. 그 후 박경숙의 집과 성당을 오가며 부정기적으로 월 1회 미사를 했다. 존 훌라한 신부가 한국으로 돌아간 뒤에는 게리 프렌치 신부 혼자서 주로 가정 미사를 집전했다.

영국은 한국과 로마를 오가는 성직자들이 반드시 들리는 곳이어서 영국에 천주교 공동체가 있다는 소식을 들은 많은 성직자가 방문해서 미사를 집전하고 고해성사를 주었다. 정기적으로 미사를 할 수 있는 성당이 없어 교민 김장진 씨 집에서 자주 모였다. 신자들이 스스로 사목회를 만들었는데 현대미포 지점장으로 왔던 이중근(세례명 토마스) 씨가 초대 사목회장이 됐다. 이후 사목회장 직은 김기선(세례명 베드로), 김장국(세례명 도마), 서병수(세례명 베드로), 남학우(세례명 요셉 산업은행 지점장) 씨 등으로 이어졌는데 사목회장은 가정 미사를 주선하거나 미사 봉헌할 성당을 찾아야 하는 일이 가장 큰 부담이었다고 한다. 신학생 출신인 김기선 회장의 경우 주임신부 파견을 요청하러 안동교구를 방문하기도 했다. 남학우 회장은 정기적으로 월 1회 성당에서 미사를 할 수 있도록 해 성당이 기틀을 잡는 데 기여했다고 평가받는다.

1979년 1월부터 윔블던힐Wimbledon Hill에 있는 Sacred Heart Church에서 월 1회 정기 미사를 봉헌했다. 강영훈 대사(재임 기간 1981년 2월~1984년 12월)가 부임한 후 대사와 대사관 직원들이 열심히 미사 참여를 했다. 1984년 4월 명동성당 소속 레지오가 창단되고 10월에 킹스턴힐Kingston Hill에 있는 St. Ann Roman Catholic Church를 장기 임대계약해 안정적이고 정기적인 미사 참례가 가능하여지도록 했다. 이는 신부가 파견되지 않은 상태에서 신자들이 스스로 본당을 준비했다는 의미 있는 일로 평가된다.

1985년 레지오를 부인회로 개명하는데 주로 대사관 직원의 부인들로 구성된 '성당부인회'의

런던천주교회 초기 신자들. John Houlhan 신부, 박경숙씨(파란색 한복)등 초창기 교우들

활동은 후에 런던한인성당이 개최하는 '불우이웃돕기 바자회'의 초석이 된다.

신부보다 수녀가 먼저 파견되는데 1987년 9월 동정성모회 소속 이정순 아녜스 수녀가 파견근무를 시작한다. 유학 중인 한국인 사제들과 한국에서 사목한 경험이 있는 영국인 사제들이 번갈아 미사 집전과 영세식을 거행했다. 신부가 없는데도 주임 수녀의 주도로 1989년 첫 바자회를 여는 등 공동체는 날로 번창해져 갔는데 1989년 7월 박석희 아냐시오 신부가 유학 중에 영국에 들렀다가 온종일 신자들에게 고해성사를 주었다. 박 신부는 신자들과 대화에서 런던한인성당에 신부가 오기를 간절히 바라는 것을 알고 후일 안동교구의 주교가 되자 1991년 초대 신부를 영국 천주교 공동체에 파견하게 된다.

## 주임신부 파견과 공동체의 발전

정일 가브리엘 초대 신부

1991년 10월 정일 가브리엘 신부가 초대 주임신부로 부임한다. 이에 12월부터는 매주 미사가 봉헌되고 '런던 주보'도 매주 발행한다. 1992년 3월 현효순 로즈마리 수녀 부임. 6월 중앙아프리카공화국 어린이 돕기 바자회를 개최해 수익금 8천 파운드를 중앙아프리카 난민 돕기 기금으로 전달했다.

1994년 6월 김수환 추기경이 로마 바티칸에서 열린 세계추기경회의에 참석 후 귀국길에 런던을 방문했다. 런던한인성당을 찾아 신자들은 물론 많은 비신자와도 만남을 가졌다. 당시 보도에 따르면 김 추기경이 어느 수녀원을 숙소로 하고 낡은 군용침대에서 잠을 자는 청빈함을 보였다고 했다. 김 추기경은 런던 방문 마지막 날 모던 파크 Morden Park에서 야외미사를 집전했다.

## 공동체 신자 수의 변화

초대 주임신부인 정일 가브리엘 신부가 부임하고 1년이 지난 1992년 등록 신자 수가 350명, 그중 미사 참석자는 평균 230명에 달했다. 1994년에 등록된 신자 수는 4백 명, 주일미사에 참례하는 신자는 2백50여 명이었다. 1996년에는 등록된 신자가 500명이 넘어 가장 많았던 시절로 기록됐다. 2008년 주일미사에 참례하는 신자는 400명이었다.

김수환 추기경이 런던한인성당을 찾아 신자들은 물론 많은 비신자와도 만남을 가졌다. 김 추기경은 모던 파크에서 야외미사를 집전했다.

## 런던한인천주교회 연혁

- **1995년 1월** 킹스턴에 사제관을 구입한다.
  **2월** 이때부터 사제관에서 금요일 특전미사 봉헌.
  **7월** 정효경 젬마 수녀 부임.
- **1996년 5월** 제2대 안상기 미카엘 신부 부임.
- **1998년 8월** 안미연 세실리아 수녀 부임.
- **1999년 1월** 제3대 황재모 안셀모 신부 부임.
- **2000년** 탈북민의 초기 런던 생활 정착을 돕기 위한 '북한 동포 돕기 바자회'를 열었다.
- **2002년 1월** 제4대 차호철 세례자요한 신부 부임.
  **7월** 구순일 마르가리따 수녀 부임. 런던에서 처음으로 ME(Marriage Encounter)를 실시했고
  **8월** 이때부터 사제관에서 평일 미사를 봉헌했다.
- **2003년~2004년** 새벽 미사가 있었다.
- **2005년 1월** 제5대 이재학 레오비노 신부 부임.
  **10월** 우경순 델피나 수녀 부임. 성전건립위원회 공식 발족.
- **2006년** 성당 레지오에서 주 1회 노인정을 방문해 점심 제공 봉사활동.
  청년회 매주 월요일 홈리스들을 위한 봉사활동.
  **5월** 런던시내공소에서 첫 미사 봉헌.

2016년에 발행된 <런던 본당 25주년사>

- **2007년 7월** 제6대 황영하 마티아 신부 부임.
- **2008년 8월** 최은숙 세실리아 수녀 부임.
  자선 바자회에서 한국 농촌 돕기 일환으로 영양군 고춧가루를 공수해 판매했다.
- **2010년 9월 16~19일** 교황 베네딕토 16세가 국빈 자격으로는 처음으로 영국을 방문했는데 하이드 파크에서 열린 촛불 기도회에 'Korean Catholic Church' 이름으로 참석.
  **10월** 제7대 임준기 다미아노 신부 부임.
- **2011년 1월** 본당 주보 성인 정하상 바오로 선정.
  **7월** 조현자 카타리나 수녀 부임.
  **10월** 새 성전 구입.
  **12월** 써튼 새 성당(104-106 Benhill Wood Rd, Sutton SM1 3SR)으로 이주, 공식 첫 미사 봉헌.
- **2012년 8월** 바자회 수익금을 한국의 소년 소녀 가장과 필리핀 난지도 공소 어린이 시설에 기부.
  **2013년 7월** 유미미 마리아 수녀 부임
  **9월** 제8대 권상목 세례자요한 신부 부임.
  **11월** 필리핀 태풍피해 돕기 기부금 전달.
- **2014년 5월** 세월호 참사 추모 미사 봉헌.
- **2015년 5월** 네팔 지진피해돕기 모금운동.
  **8월** 제9대 권중희 베드로 신부 부임.
  **9월** 자선 바자회-국경없는의사회 병원 텐트 기증.
- **2020년 1월** 제10대 류한빈 안드레아 신부 부임.

**런던한인천주교회** Korean Catholic Church in London

**주소** : 104-106 Benhill Wood Rd, Sutton SM1 3SR

**연락처** : 020 8644 1223

## 영국 내 불교도들의 모임

영국에 한국 불법佛法이 처음 소개된 것은 1983년(불기 2527년)이다. 정광 스님이 런던 시내 영국인 가정집에서 참선 모임을 했는데 이곳을 정광선원이라 불렀다. 미국 로드아일랜드주의 컴벌랜드에 본부를 둔 홍법원의 숭산행원스님이 정광 스님과 함께 런던에 세운 것이다. 1983년 7월 초 정각선원에서 개최된 한국 불교 수련 법회를 계기로 그해 겨울부터 비정기적이지만 토요일에 참선 모임이 열린 것이다. 영국에서 발간되는 한인 신문에 정광 스님이 글을 기고하자 이를 본 한국 불자들이 스님을 찾아왔다. 당시 한국 불자들의 신도회장이었던 박경복 씨가 정각선원의 참선 모임에 참석했는데 이 시기에 이미 런던에 사는 불자 7가족이 가정 법회를 하고 있었다.(유럽 최초 한국불교 포교당인 연화사 설립의 뿌리가 이 모임에서 시작된 것이라고 여기고 있다.)

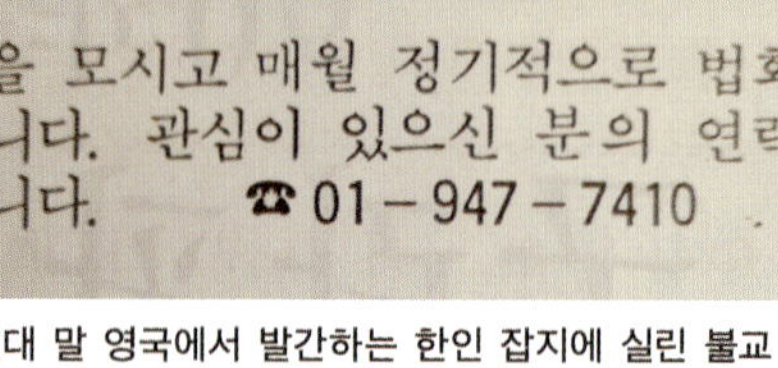


1980년대 말 영국에서 발간하는 한인 잡지에 실린 불교 신자를 찾는 광고

1984년 7월 칠석을 맞아 한인 불교 신자들이 법문을 의뢰했다. 그러나 비정기적인 모임, 영국인 위주의 운영 등 여러 요인이 겹쳐 이 행사를 끝으로 참선 모임은 열리지 않게 된다. 1985년 런던 이슬링턴에 있는 신도 가정에서 초파일 행사를 열고 연화사 창립 준비모임에 대해 논의한다.

약 1년간 불자들의 모임은 공백기를 가진다. 1986년 구경수 씨가 한국의 송광사에 갔다가 프랑스 태생의 성일 보살이 송광사에서 10여 년간 비구니 생활을 하고 환속해 영국의 Devon, Sharpham에서 있음을 알고 그를 찾아가 부탁, 성일 보살을 중심으로 불사를 다시 일으켰다. 성일 보살은 기차로 3시간 30여 분이 걸리는 거리를 마다하지 않고 런던에 와서 법회를 주관했다. 1986년 10월 11일부터 매달 정기적으로 신도들의 집을 옮겨가면서 법회를

송광사 스님 시절의 성일 보살(왼쪽 첫 번째)

하면서 원력이 척박했던 영국 내 한인사회에 불법을 심는 큰 계기가 되었다고 평가한다. 주낙균, 조성애, 박경복 가족을 중심으로 모였는데 법회가 계속되자 런던에 거주하면서 불자들과 같이 호흡할 스님을 모셔야 한다는 기대가 점차 높아졌다.

런던에 거주하는 불교 신자를 찾는 활동도 계속했는데 당시 런던에서 발간하는 한인 잡지에 '스님을 모시고 매월 정기적인 법회를 갖고 있으니 불자들은 연락하라'는 광고를 꾸준히 게재했다.

지수 스님[제공 : 런던타임스]

## 영국 내 한국 사찰 '연화사'

1986년 10월 세계 여러 나라를 다니며 수행하던 지수 스님이 런던에 오게 되는데 성일 보살•이 스님을 만나 한국인 불자들을 위해 한국 스님이 필요하다고 요청한다. 이에 지수 스님은 영국에 체류하는 8개월 동안 법회를 주관하기로 하고, 다음 해 2월부터 박경복 집에서 매달 법회를 연다. 지수 스님이 홍콩으로 떠나고 성일 보살이 다시 법회를 주관했으나 개인 사정으로 1988년 가을에 중단된다.

1989년 4월에 지수 스님이 런던에 다시 온다.(한인 불자들은 '소명처럼' 다시 왔다고 표현한다) 그해 초파일 행사를 윔블던에 있는 박경복 집에서 하고 연화사 설립에 박차를 가한다. 6월 22일 연화사가 개원한다. 지수 스님이 사찰명을 '연화사蓮華寺'로 지정하고 킹스턴 Rosebery Road 18번지(곽기연 씨 집)에 입주, 6월 25일 신도 20여 명이 참여(50여 가족 등재)한 가운데 개원 법회를 열었다. 박경복 씨를 초대회장으로 회장단을 선임하고 법회보 '연화'를 월간으로 발간하며 매월 첫째, 셋째 주 일요 정기법회, 관음재일법회를 개설한다. 11월에는 스위스 불승사에서 모셔온 현재의 본존불인 부처님을 봉안한다.

1991년에는 현재 위치(5 Water Road, Kingston Upon Thames)에 새 법당을 마련한다.

• 성일性日보살: 프랑스 이름은 마틴 파아제. 구산 스님의 통역 비서를 역임하는 등 송광사에서 1975년부터 10여 년간 스님으로 있었다. 송광사를 찾아온 영국인 남편을 만나 환속하고 스위스를 거쳐 영국에 정착했다. 데본에서 윔블던까지 불교도 공동체를 찾아와 월례 법회를 했고 한국 스님이 자리를 비우면 매번 그 자리를 대신했다. 초기 영국 내 불교도들의 모임을 일으키는 데 큰 역할을 했다.

### 영국 한인사회와 연화사

연화사는 교민과 유학생을 중심으로 영국 런던에 창건한 한국 사찰이다. 약 40년 전 몇몇 신도들이 모여 신앙심을 키우는 가운데 이민 생활의 어려움과 경험을 공유하는 공동체였다. 영국의 한인 불자들은 연화사에서 위안을 얻고 공동체 안에서 어려움을 극복하고 문제를 해결하는 지혜와 경험을 배우기도 했다.

영국의 불교 신자들이 십시일반으로 힘을 모아 설립한 사찰인 만큼 애착이 강하다. 어떤 일이든 대부분의 신도가 스스로 참여해 힘을 보태기로 유명한데 이런 공동체의 화합된 모습을 주지를 역임한 일대스님 은 "살림은 빠듯하지만, 신도들이 신심을 내어 살기에는 부족함이 없다"고 표현했다.

처음 연화사를 창건할 때 큰 역할을 한 교민들은 영국 한인사회를 구성한 1세대들로서 한인사회의 형성과 발전에도 크게 기여했다.

연화사의 설립과 발전에는 지수 스님을 빼놓을 수 없는데 연화사를 창건하고 주지 스님을 역임하고 귀국한 뒤에도 연화사와 한국 간의 연락을 책임지고 연화사에 계속 관심을 쏟고 지원을 했다.

연화사 전경

1995년 6월에 서울에서 '런던 연화사의 법당 건립을 위한 영국 고(ANTIQUE) 명품전'이 열렸는데 지수 스님이 주관한 행사다. 그는 "연화사가 영국 유일의 한국 사찰로써 적극적인 활동을 위해 제대로 된 법당과 선방을 세울 필요가 있어 이를 돕기 위한 것"이라고 했다.

영국의 한인들은 연화사를 단순히 영국 한인 불자들의 종교 시설이라고 생각하지 않는다. 연화사는 한인사회의 오래된 상징이며 한인공동체의 한 부분이라 생각하는 경향이 강하다. 이는 영국의 한인 불자들이 보여준 열린 자세에서 비롯된 것이다. 영국 유일의 한국사찰인 연화사는 참석 대상에 제한을 두지 않고 현지인과 교민을 상대로 다양한 모임과 프로그램을 마련한 열린 공간이기 때문이다. 그동안 재임한 주지 스님들마다 독특한 프로그램을 개설해 현지인과 교민을 대상으로 문을 활짝 열어 매번 인기 아이템이 되었다. 범우 스님이 개설한 요가, 설곡 스님이 개설한 태극권 강좌(Tai-Chi) 등이 좋은 본보기다.

연화사는 정부 기관과 힘을 합쳐 한국 불교와 한국 문화 알리기에도 앞장섰다. 관광공사·연화사와 함께하는 한국 템플 스테이 안내, 전통 다례 시연, 한글학교 학생과 함께하는 불교 워크숍, 전통 문양 관련 워크숍 및 한국문화 체험, 불교 관련 영화 상영회 등의 행사에 참여했다.

## 런던 연화사 건립 후 연혁

- **1993년 8월** 보윤 스님 오심(주지 진산식)
- **1994년 10월** '연화사 건립을 위한 영국 명품전' (서울 삼성동)
- **1995년 4월** 영국 현 지 법인설립 등록 (Registered Charity No. 1047554)
- **1995년 8월** 지성 스님 오심
- **1995년 12월** 조계종 중앙종회 의장 설정 스님 방문
- **1996년 1월** 현광(미산) 스님 법사로 옴
  **5월** 연화 청소년 음악회
  **12월** 설곡 스님 오심
- **1997년 12월** 어린이 법회 창립
- **1998년 6월** 국제 불교행사 참가(런던불교협회 주최)
  **7월** 청년 법회 창립
  **9월** 자선 바자회 개최
- **1999년 4월** 종단 등록(대한불교 조계종)
  주지:재문(설곡) 스님(종단등록 초대 주지)
- **2000년 6월** 중등부 법회 창립
- **2001년 10월** 범우 스님 오심
- **2003년 4월** 어버이날 기념음악회 (런던한인학교 공동 주최)
- **2004년 9월** 일대 스님 주지로 오심 (종단등록 2대 주지)
- **2005년 1월** 인터넷 공식 홈페이지 개설
  **10월** 본공 스님 오심
- **2006년 9월** 본공 스님 주지 임명 (종단등록 3대 주지)
- **2008년 4월** 지수 스님 오심
- **2010년 10월** 연화사 영문 홈페이지 개설
- **2020년 4월** 지수 스님 천수경과 법문 녹음 파일 (역병으로 인하여)
- **2021년 2월** Zoom 동영상 정기 법회 시작 (매주 토, 매월 1, 3주 일요일)

### 연화사 안내

**정기 일요 법회**

매월 1, 3주 일요일(한국어) 11:00~12:30

(등록된 신자는 약 150여 가족)

매주 토요일(영어) 11:00~12:30(한시적 운영)

**보현 법회(경전 공부)**

매주 목요일 11:00~13:00(한국어)

**좌선 법회**

매주 목요일 19:00~20:00

(현지인 10여 명 참석, 영어)

**연화사**

**주소** 5 Waters Road, Kingston-upon-Thames, KT1 3LW

**웹사이트** www.younhwasa.org.uk

**연락처** info.younhwasa@gmail.com

CAMDEN TOWN
PENTONVILLE
SOMERS TOWN
PADDINGTON
GREEN PARK
CHELSEA REACH
THE RIVER
TOTHILL FIELDS
NEAT HOUSES GARDENS
BATTERSEA
NINE ELMS
COMMON FIELD
BROMPTON

Surrounding Villages
ENTIRE NEW PLAN
4부
한인 2세와 참전용사,
모두 더불어 삽니다
英國韓人史
1883~2023

한인학교생들과 참전용사들의 헌화행진

# 11
# 영국의 한국 학교, 한글 교육

영국의 한글학교는 1972년에 시작했다.
따라서 '런던한국학교'는 유럽에서 가장 먼저 세워진, 가장 오랜 전통을 가진 한글학교다.

유럽에는 26개국에 걸쳐 모두 115개(2020년 12월 현재)의 한글학교가 있다. 각 나라마다 한글학교 수는 체류 한인 수에 따라 다른데 26개 국가 중 대다수 국가에 1, 2곳, 많게는 3, 4곳에 불과하고 영국, 독일, 프랑스등 3개 나라에 68곳이 있어 대부분을 차지한다.

1970년대 유럽 초기 한글학교들이 세워진 곳도 이들 국가다. 독일 초기 한글학교로 꼽히는 아헨한글학교는 1973년, 마인츠 무궁화한글학교는 1975년에 설립됐다. 프랑스에는 파리시 14구에 위치한 파리한글학교가 1974년 가장 먼저 설립됐다.

**유럽에서 가장 오랜 전통의 런던한국학교**

영국의 한글학교는 1972년에 시작했다. 따라서 '런던한국학교'는 유럽에서 가장 먼저 세워진, 가장 오랜 전통을 가진 한글학교다.

재외국민의 교육지원 등에 관한 법률에 따르면 〈한글학교란 재외국민에게 한국어·한국 역사 및 한국 문화 등을 교육하기 위하여 재외국민단체 등이 자체적으로 설립하여 당해 지역을 관할하는 재외공관의 장에게 등록한 비정규학교〉를 말한다. '한글학교'는 '한국학교'와 다르다. 〈한국학교란 재외국민에게 '초·

중등교육법'의 규정에 따른 학교 교육을 실시하기 위하여 교육부 장관의 승인을 얻어 외국에 설립된 교육기관〉을 말한다. 따라서 외국에 한국학교나 한글학교 모두 세울 수 있으나 한국의 초·중등교육법에 따라 교육하는, 그러니까 한국 교과목으로 전일제 수업하는 '한국학교'는 유럽에 없다. 유럽에 있는 모든 한국인 관련 학교는 모두 '한글학교'다. 이름을 한국학교라고 했을 뿐 우리나라 교육법에 따르면 한글학교라고 해야 한다.

현재 영국에 있는 한글학교들은 그 지역에 거주하는 한국 학생들의 한국어 교육기관이면서 다른 문화권 출신이나 현지인들이 한국어를 배우러 오는 외국어 교육기관으로서의 역할도 톡톡히 하고 있다.

강영훈 대사 한국학교 방문. 홍문표 교육관 등이 동행했다.

50년 가까운 세월을 거슬러 그때 영국에 사는 한인들이 한글학교를 세운 것은 이민 1세대의 자녀에 대한 꿈과 희망 때문이었다. 처음 한국학교를 만들 당시 주역들은 자녀들이 한국의 문화와 언어를 잊지 않았으면 하는 꿈과 희망이 한글학교를 세워야겠다는 열정으로 이어졌다고 설명한다.

| 나이 | 한국 | | 영국 | | | |
|---|---|---|---|---|---|---|
| | 학교급 | 한국학년 | 학교급 | 영국학년 | Key Stage | National Test |
| 3 | 유치원 | | Nursery | Nursery | Early Years | |
| 4 | | | Reception | Reception | | |
| 5 | | | Primary (6년) | Year 1 | KS1 | Phonics screening check |
| 6 | 초등 (6년) | 1학년 | | Year 2 | | National tests and teacher assessments in English, Maths and Science |
| 7 | | 2학년 | | Year 3 | KS2 | |
| 8 | | 3학년 | | Year 4 | | |
| 9 | | 4학년 | | Year 5 | | |
| 10 | | 5학년 | | Year 6 | | National tests and teacher assessments in English, Maths, and teacher assessments in Science |
| 11 | | 6학년 | Secondary (5년) | Year 7 | KS3 | |
| 12 | 중등 (3년) | 1학년 | | Year 8 | | |
| 13 | | 2학년 | | Year 9 | | |
| 14 | | 3학년 | | Year 10 | KS4 | Some children take GCSEs |
| 15 | 고등 (3년) | 1학년 | | Year 11 | | Most children take GCSEs or other national qualifications |
| 16 | | 2학년 | Sixth Form (2년) | Year 12 | Sixth Form | |
| 17 | | 3학년 | | Year 13 | | A-Level |

한국과 영국의 학제 비교표

## 1972년 방 2칸의 교실로 시작

영국 한글학교의 역사는 1972년부터 시작됐다. 지금 '런던한국학교'와 '강북런던한국학교'로 불리는 두 학교의 뿌리가 1972년 10월 26일 문을 연 '재영어린이학교'에 있다.

재영어린이학교가 세워진 곳은 한국전쟁 후 영국 성공회에서 한국 구호사업을 위해 노팅힐게이트 근처에 설립한 코리안 미션Korean Mission이란 건물 1층이다. 일반 가정집 크기의 이 건물이 당시 별로 활용되지 않고 있었기에 한인회와 대사관에서 성공회 측에 의뢰해 1972년 4월부터 한인회관으로 사용할 수 있었다. 2층 건물의 위층은 부엌과 욕실이 갖춰져 있어 침실 2개를 한국에서 온 방문객에게 싸게 숙소로 대여하고 아래층은 한국에서 발행된 간행물을 비치하고 한인들의 만남의 장소로 사용했다.

그러던 중 한인 수가 많아지고 한국 아이들이 점차 늘어나 아이들에게 한국어 교육이 필요하다는 인식이 한인사회에 퍼져 한인회와 대사관이 한국학교를 설립하는데 뜻을 모아 그해 6월 설립추진위원회를 구성했다. 김성응 한인회장, 정종화 교수, 강철수 한인회장, 권인혁 영사 등이 위원이 됐으며 김성열 동아일보 영국 특파원도 한국학교 설립에 관심을 갖고 참여했다. 당시 아동심리학을 전공하는 유학생으로 한국학교 설립 초기 교사로 봉사했던 정미령 교수에 따르면 대사관저가 있는 윔블든 인근에 살던 대사관 직원과 주재원 자녀를 대상으로 연구 조사를 하면서 만남을 가졌는데 부모들이 한결같이 "아이에게 친구가 있었으면 좋겠다. 한글학교가 있으면 공부도 하고 친구도 사귀게 되니 좋겠다"고 하면서 한국학교를 만들자는 분위기가 한인사회에 형성됐다고 한다. 초기 6년간 교장으로 봉사한 김장진 씨에 따르면 이런 한인들의 바램에 대사관의 협조가 구체화된 것은 훗날 프랑스 대사를 지낸 권인혁 영사가 부임하면서 대사관이 적극적으로 나서서 협조하고 학교 설립이 빠르게 진척됐다고 한다.

한국학교 설립 초기 교사로 봉사했던 정미령 교수

코리안 미션의 아래층에 있던 2개의 방에 중고 책상과 식당용 긴의자(당시 영국에 있던 일본 우동집에서 사용하던 나무로 된 긴 의자)를 놓고 교실을 만들었다. 주영대사관의 재무관으로 근무한 정인용 부총리가 개교 기념으로 전축 한 세트를 기증했다. 초대 교장은 김성응 한인회장, 고문은 배의환 대사, 감사는 권인혁 영사, 교사는 정미령 교수(옥스포드대학)을 비롯해 유학생이었던 장명희 씨와 주모 씨가 무급으로 봉사했다. 정미령 교수는 9월 첫 토요일에 9명의 학생을 데리고 첫 수업을 했다고 기억한다. 강철수 한인회장에 따르면 10월 26일 개교식에 24명의 학생이 참가했다고 한다. 격주로 토요일마다 열려 '런던토요한글학교' 또는 '토요학교'라고도 불렸다. 9시에 시작해 12시에 마치는데 주로 윔블던에 사는 학부모들이 노팅엄 게이트까지 자녀와 함께 등하교를 했다. 학년의 구분이 없었고 초등, 중등 구분도 없이 한 교실에서 공부를 했다. 1968년 간행된 한국 음악 교과서를 보고 교사들이 음악(노래와 율동 시간) 교재를 만들었고 한글 교육도 교사들이 직접 만든 교재를 사용했다. 이 시절 영국에서 한글을 가르치는 학교는 '재영어린이학교'뿐이었다. 수업료는 없었다.

그러나 아쉽게도 개교한 지 불과 4개월 만에 1973년 2월, 학년말 수업을 마지막으로 하고 재정적으로 어려워 문을 닫는다. 이때 학교가 문을 닫은 경험으로 이런 사례를 다시 반복하지 않기 위한 방안으로 한인회가 한국학교 운영에 관한 모든 것을 책임지는 시스템으로 바뀌게 되며 한인회의 첫째 업무 사항에 '한국학교 지원(운영)●'이 자리하게 된다.

## 한글학교의 발전

1973년 8월 강철수 한인회장을 비롯해 많은 한인이 힘을 모아 한글학교가 다시 개교한다. 김준명 목사가 교장으로 부임하고 주재상사는 물론 교민들까지 학교에 많은 지원을 해서 재개교 후에도 수업료 없이 학교를 운영한다. 1975년 9월 Korean Mission 건물이 매각됨에 따라 해머스미스Hammersmith의 리버코트 감리교회River Court Church로 학교를 이전한다. 교장이었던 김준명 목사가 학교 건물을 빌리려고 모금 운동을 벌이는 등 노력했고 해머스미스 지역에 당시 현대그룹 계열사들을 비롯한 한국 기업에서 파견된 주재원들이 많이 거주하고 있어 이곳에 한글학교가 세워지기 되었다. 김준명 목사의 귀국으로 강철수 한인회장이 교장 직무대리를 맡는다.

1977년 1월부터 그동안 격주로 운영되던 학교가 매주 수업이 열리는 현재의 모습으로 바뀐다. 8월에 원즈워스Wansworth의 Josheph Tritton School로 옮기고 11월에 학교 명칭을 '런던한국학교'로 바꾼다. 이 학교는 런던의 초대 민선시장인 켄 리빙스턴이 런던 시의회 의원으로 있을 때 김병모, 김장진 씨 등이 찾아가 학교 건물을 부탁

● 1978년도 재영한인회의 결산 보고를 보면 지출 총액이 1만2,631파운드인데 한글학교에 대한 지출이 5,105파운드로 40% 이상을 차지한다. 5,105파운드 중 교사 수당이 59%, 통학버스 임대료가 33%로 대부분을 차지했다. 이때까지 학교 운영을 한인회가 맡아 운영비 전체를 한인회에서 조달했다. 한국학교 통학버스는 처음 1대로 시작했는데 나중에 런던 북부, 동부, 서부 3지역에서 운행했다. 당시를 '서쿨버스 전성시대'라고 말하는데 한국 대기업에서 통학버스 운영에 많은 도움을 줬다. 영국 통학버스에는 반드시 성인 보호자가 동승하게 되어 있어 회사 임원, 대사관 직원 등이 보호자로 봉사했다. 한인들의 첫번째 관심사가 '한글학교를 살리자', 한인들의 첫번째 할 일이 '한글학교 지원'이었던 시절이다.

해 지원받은 것이다.

1977년 11월, 런던한국학교의 초대 교장으로 당시 옥스포드대학 박사과정을 수학하던 김병모 씨가 취임한다. 5학급에 30명이 다녔다. 1978년 6월 김북경 목사가 제2대 교장이 된다. 당시 교사진을 보면 김북경(런던신학대 졸), 문옥표(옥스포드대학 인류사회학 전공), 김장춘(버밍엄대학 외교사 전공), 김형덕(런던 임페리얼대학 물리학 전공) 등 교사 출신이 아닌 이들이 열정으로 봉사했다. 1년 사이에 학생이 100명으로 3배 이상 늘어난다. 1979년 2월 풀햄Fulham에 있는 Halford Primary School로 학교를 이전한다. 이 학교는 런던교육청이 주선해준 것으로 한국대사관과 한인들이 많이 거주하는 지역에서 가깝고 이전 학교보다 규모가 커서 한국학교 학생들이 사용하기 편리했다.

1979년 9월 제3대 김장진 교장이 취임한다. 한글학교 교사에게는 약간의 급여를 지급했지만, 교장은 순수 봉사직이었다. 김장진 교장은 6년 동안 봉사하게 된다. 1979년부터는 학교에서 교사 수당과 통학버스 임대료를 충당하려고 '기부금'이란 명목으로 수업료를 받았다. 1자녀는 6파운드, 2자녀는 8파운드, 3자녀는 10파운드였다.(지금도 형제가 함께 한글학교에 다니면 수업료 감면 혜택이 있다)

1979년부터 교사진에 초등학교 교사 경력자들이 들어와 교재를 새롭게 편찬하고 컬리큘럼을 학교에 걸맞게 만들기 시작했다. 김광억, 김영서, 김형덕, 문옥표, 정구선 등이 교사로 재직했다. 해외에서 한글학교 교사로 재직하다가 한국에 돌아가면 교사로 복직할 수 있고 외국에서의 재직 기간이 교사 경력에도 포함되는 규정이 생겨 한글학교 교사가 되려는 사람이 많아졌다. 교사 출신 한인들이 한국학교 교사로 대거 등장하게 된 이유다. 이 당시에도 교사가 되려고 지인을 통해 채용을 부탁하는 경우가 있었다고 한다. 1979년에는 5학급 100여 명의 학생이 있었는데 1981년이 되자 7학급 147명으로 증가한다. 과목은 국어, 국사, 사회, 음악 등이었다. 이처럼 학생이 점차 많아지고 학생들이 사는 곳도 런던 각 지역에 산재해 학생들의 통학이 문제였다. 이에 학교 측에서 한국 대기업에 부탁해 통학 버스를 운영하게 된다. 우스터팍과 리치몬드에서 각각 출발하는 두 대의 통학 버스가 매주 토요일 운영됐다. 나중에 3대로 증편된다.

1981년 7월 영국에 한국교육원이 설립된다. 문교부에서 온 홍문표 교육원장이 부임했는데 교육원장이 학교를 감독하는 위치가 아니라 학교에 봉사하는 사람이라는 의미로 3년 재임 기간 동안 한글학교 교사로서 이름을 올린다. 홍 교육원장이 오면서 한글학교에 한국 교과서가 제공된다.

1982년 2월 맨체스터 한인학교가 개교한다. 영국에 설립된 두 번째 한글학교다. 맨체스터에 지사를 설립한 한국기업이 많아 당시 이 학교에는 20명 정도의 교민자녀가 다녔다. 이 학교도 한인회에서 재정 지원을 했는데 한인회 형편이 어려워 재정 지원을 중단한 1985년 학교가 문을 닫는다. 1993년이 되어서야 재개교한다.

런던한국학교는 1982년 3월 초등학교 정규과정으로 학급을 재편성한다. 당시 학생 수 178명. 1983년 3월 초등 7학급, 중등 2학급 운영, 이해에 교가를 만든다. 작사 김정, 작곡 최병철. 두 사람은 부부이며 같이 성심여대 교수로 재직했다.

작곡가 최병철 교수는 가톨릭 성가를 많이 작곡했는데 김수환 추기경이 그를 영국과 아일랜드로 파견해 성가를 연구하던 중이었는데 김장진 교장의 부탁을 받아 교가를 만들었다.

1985년 3월 제4대 신우승 교장이 취임하고 런던 반스Barnes에 있는 St. Paul Junior school로 학교를 이전한다. 1985년 9월 체싱턴Chessington의 Lovelace Primary School로 학교 이전. 1985년에는 런던한국학교 학부모회가 처음 만들어진다. 같은 해 11월 교민 자녀를 위한 특수반을 만든다. 교민 자녀와 주재원 자녀의 한국어 학습 능력이 달라서 교민 자녀에게는 국어를 중심으로 가르치고 주재원 자녀들에게는 한국 교과과정 전체를 가르치는 학습 이원화 정책을 편 것이다. 1986년에는 10학급에 248명의 재학생이 있는 학교로 성장한다. 1987년 7월에 특수반이 잠시 문을 닫았다가 1989년 3월에 다시 개설한다.

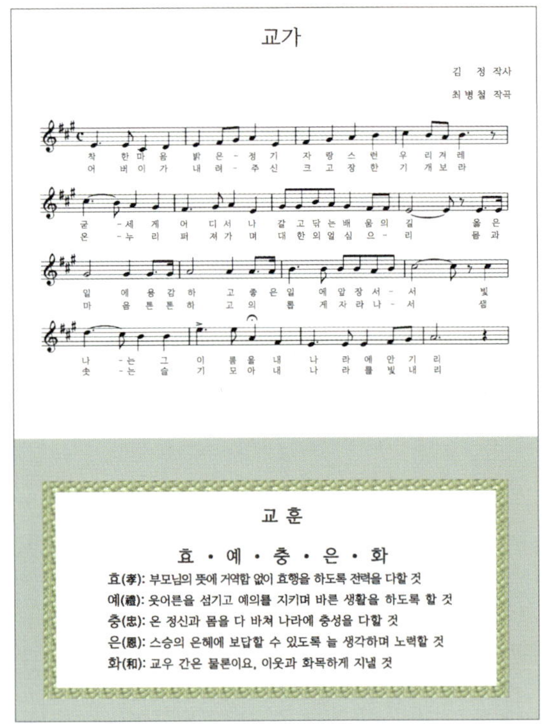


교 훈

효 · 예 · 충 · 은 · 화

효(孝): 부모님의 뜻에 거역함 없이 효행을 하도록 전력을 다할 것
예(禮): 웃어른을 섬기고 예의를 지키며 바른 생활을 하도록 할 것
충(忠): 온 정신과 몸을 다 바쳐 나라에 충성을 다할 것
은(恩): 스승의 은혜에 보답할 수 있도록 늘 생각하며 노력할 것
화(和): 교우 간은 물론이요, 이웃과 화목하게 지낼 것

런던한국학교 교가와 교훈

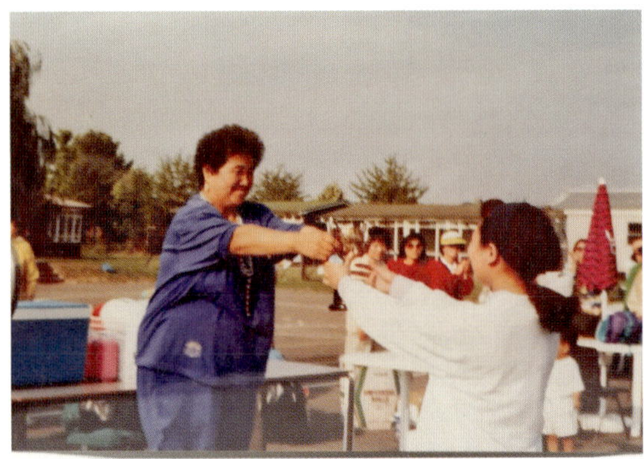

런던한국학교 정화 제6대 교장

한글학교의 교재로 사용되는 교과서가 한국에서 부분적으로 오기 시작한 것이 1987년부터다. 부분적이라는 말은 모든 교과서가 한 번에 지원된 것이 아니라 국어 교과서가 처음 오고 그다음 해에 산수 교과서가 오는 식으로 지원됐기 때문이다. 1987년 7월 학교 운영의 독립성을 위해 한인회가 주관하던 이사회를 한인회 임원과 대사관의 공사, 교육관, 영사가 포함된 이사회로 재구성한다.

1987년 9월 런던한국학교 교사였던 정화 씨가 제6대 교장으로 취임한다. 교사출신으로 교장이 된 첫 사례다. 학생 수 341명에 13개 학급. 1989년 8월 현재까지의 이사회를 해체하고 학부모 중심으로 이사진을 재구성한다. 초대 이명순 이사장이 취임하고 학교는 한인회나 대사관으로부터 완전히 독립 운영된다. 정화 교장 취임 후 한국학교 건립을 위한 기금을 마련하기 시작했다. 영국 학교를 빌려 사용하다 보니 아이들이 뛰어노는 것도 규제를 받는 형편이라 당시 관계자들의 표현을 빌리면 '셋방 살이'를 벗어나 '우리 학교'를 갖자는 꿈을 실현하려는 노력이 시작됐다고 하겠다.

## 강북한글학교의 신설

1989년 9월 강북한국학교가 개교한다. 강북한국학교의 개설은 1988년부터 준비됐다. 강북한국학교의 출범은 영국 한인사회 교육 부문에 있어 여러 가지 의미를 갖는다. 1972년 한글학교가 문을 열고 몇 해 동안 토요일마다 열리는 학교로 각 지역에서 학생을 실어 나르는 통학버스가 4대, 5대 운영됐다. 버스 운영비는 모두 한인회가 부담했고 그 시절 한인회의 첫 번째 할 일이 한국학교 지원이었다. 그런데 1988년 한인회가 어려움을 겪으면서 통학버스 운행 지원을 중단했다. 그러자 런던 북부 지역에 사는 학생들은 멀리 남쪽에 있는 학교까지 통학하기가 힘들었다. 북부 지역, 일링 Ealing을 중심으로 대우 그룹의 주재원이 많이 살았다. 마침 이 사정을 들은 김우중 회장의 지시로 대우 그룹 직원들을 중심으로 학교 설립 움직임이 일었고 1989년 9월 강북한국학교가 North Ealing Primary School에 개교한다. 강북한국학교 초대 정구선 교장(초등학교 교사 출신으로 1979년부터 한글학교 교사로 봉사했다. 교사 경험이 없는 유학생들이 학생을 가르치다가 교사 경험이 있는 이들이 교재를 새로 만들고 학교 교육 커리큘럼을 새로 짜는 등 한글학교로서의 토대를 만들었다.)은 한국에서 교사자격증을 취득한 이들로 교사를 모집했다. 주재원 부인 중에 교사자격증을 가진 사람이 많다는 데 착안해 이들로 교사를 구성했다. 정규 수업 후에 전교 학생을 모아 20분 정도 한국 동요를 가르쳤다. 강북한국학교는 현재 '강북런던 한국학교'로 개칭했다.

강북한국학교 초대 정구선 교장

한글학교의 교육 이원화 문제는 항상 뜨거운 감자였다. 주재원 자녀들은 한국으로 돌아가서 한국학교의 학습 과정에 적응하기 위해 영국에서도 한국의 교과 커리큘럼에 맞는 교육이 필요했지만, 교민 자녀들에게 한국 교과서 심화 학습은 어렵고도 불필요한 공부였다. 그래서 교육 이원화, 즉 주재원 자녀들과 교민 자녀들을 따로 모아 각각 반을 편성해 각 반에 맞는 학습 과목으로 수업하자는 요구가 끊이지 않았다. 주재원 자녀들에게는 한국 교과 과정의 수업을 하고 교민 자녀들에게는 국어, 국사 등 우리말과 문화를 가르치는 수업을 하자는 것이다.

그러나 한정된 교실과 재정 규모, 교사 부족 등으로 실현하기가 쉽지 않았다. 1991년 당시 동포사회에 발행하는 잡지에 어느 주재원이 〈해외 주재원의 자녀교육 문제〉라는 제목으로 이 문제를 고민하고 해결 방안을 제안하는 투고를 한 거로 봐서 '한글학교의 교육 이원화'는 오래 전부터 영국 한인사회의 큰 숙제였다.

## 런던한국학교의 간추린 연혁

1990년부터 현재까지 런던한국학교의 간략한 연혁은 다음과 같다.

- **1990년 4월** Chessington Community College에서 런던한국중고등학교가 개교한다. 학생 수 99명. 개교식에 오재희 주영대사가 참석하는데 이때부터 주영대사로 부임하면 한국학교를 방문하는 것이 정례화되었다.
- **1991년 4월** 런던한국학교의 초등 중등 고등학교가 Tolworth Girl's School로 통합 이전한다. 학생 수 413명.
- **1992년 10월** 1987년 9월에 취임한 정화 교장이 별세해 학교장으로 엄수한다. 정화 교장에게 사후 대통령장이 수여 되고 부군 주낙군 씨(제9대 교장)가 받게 된다.
- **1992년 10월** 제7대 이정순 교장이 취임한다.
- **1993년 6월** Chessington Community College로 학교를 이전해 2020년 현재에 이른다. **6월** 제8대 장영희 교장 취임.
- **1999년 9월** 제9대 주낙군 교장 취임. 처음으로 정규 과정 교육과 별도로 한글 교육을 중점으로 하는 '우리말 특수반'을 만든다. 교민회장을 역임한 바 있는 주낙군 교장은 한국학교 건립에 열의를 갖고 기금 모금을 위한 각종 음악회를 많이 열어 한국학교 기금으로 적립했다. 한국학교 건립 기금은 주낙군 교장의 부인인 정화 제6대 교장 때부터 모금이 시작됐다. 교육기금으로 내놓은 한국학교의 모금액 가운데 상당 부분이 주낙군, 정화 교장 부부의 공로임을 학교 관계자들은 인정한다. 정화 교장 1주기에 시작된 아들 주형기의 추모음악회를 비롯해 수 차례 음악회를 열어 수익금을 학교 건립기금으로 했다.

주낙군제9대런던한국학교 교장

- **2002년 3월** 교훈에 따라 학급 명칭을 효도, 예의, 충성, 은혜, 화합반으로 개칭
- **2002년 6월** 25일 런던한국학교 학생들이 엘리지베스 여왕 금혼식 기념행사로 킹스턴 축제에 참석해 고전무용 공연.
- **2004년 3월** 제10대 최선애 교장 취임. 같은해 런던한국학교 학부회(초대회장 김종백)가 만들어지고 이때부터 해마다 정기 총회를 하고 총회에서 학부모회장단을 선출한다. 학부모회에서 알뜰시장 개최 등을 통해 기금을 마련해 학교를 지원하는 사업을 벌이는데 한국학교 학부모회에서 알뜰시장을 열어 수익금을 학교발전기금으로 기탁하는 전통은 이때부터 시작됐으며 2004년 시작된 학부모회는 2022년 현재까지 계속된다. 2004년부터 주영교육원이 주최하는 영국 한국학교 연합 교사 연수회가 해마다 열리게 된다.

- **2004년 9월** 킹스턴 카운슬 주최 교통안전 포스터 경연대회 전교생 참가. 여기서 입상한 작품들이 킹스턴 경찰서의 교통안전 포스터로 만들어져 거리에 게시됨.
  이때 한국 학생들이 그린 '음주운전 금지' 같은 포스터가 인쇄돼 킹스턴 곳곳에 전시되자 영국에 한글로 된 음주운전 금지 포스터가 나왔다는 뉴스가 한국까지 알려지기도 했다.
- **2005년 7월** 영국 한인타운인 뉴몰든의 축제 'New Malden Fortnight' 행사에 한복 퍼레이드 참가.
- **2006년 3월** 제11대 김경미 교장 취임
  이때부터 교장의 임기(2년, 1회 연임 가능)가 4년으로 정례화되다시피 한다.
  교민 자녀와 국제결혼 다문화 가정 자녀 대상 우리말반을 개설한다.
- **2010년 3월** 제12대 김현옥 교장 취임
- **2014년 3월** 제13대 이정순 교장 취임
- **2016년** 한글학교 교사 인증제를 시행.
  '한글학교 교사 인증제'란 현직 재외한글학교 교사와 예비 교사들이 재단에서 제공하는 온라인 교육 연수 과정을 이수하면 인증서를 받게 되는 것이다.
  재외동포재단은 이 제도의 시행으로 한글학교 교사들이 기본 소양과 전문 지식을 체계적으로 학습하고 개발함으로써 한글학교 교사로서의 자긍심을 높이고, 한글학교 수업 및 운영에도 실질적인 도움이 된다고 했다.
- **2016년 7월**에 '나의꿈국제재단'이 주최하고 재영한글학교협의회가 주관하는 '제2회 영국 청소년 꿈발표 제전'이 런던한국학교에서 열렸다. '내 꿈을 키워요' 라는 주제로 런던한국학교를 비롯 영국 북동부, 노팅험 , 레딩, 카디프, 본머스 등지의 한글학교에서 17명이 참가했고 한국교육원의 한국어반 학생인 클로이 사이몬스 씨가 '나의 꿈, 지금까지'를 한국어로 발표했다.
  대상은 당뇨병으로 고생한 친구 사샤와 마음의 병이 생긴 친구 제시카를 보면서 정신과 의사로서의 꿈을 키우는 이야기를 차분하게 전달한 한서영(런던한국학교) 학생이 차지했다.
- **2018년 4월** 제14대 배동진 교장 취임,
  영국한국교육원은 해마다 '재영 한글학교 연합 글쓰기 대회'를 개최한다.
  영국에 있는 한굴학교 재학생을 대상으로 한글에 대한 관심과 한국어 실력 향상을 위해 매년 실시해 오고 있는데 2021년에는 30년 역사를 갖는다. 주어진 주제를 두고 학생들이 자유롭게 쓴 글을 심사위원들이 심사해 유년부, 초등부, 중등부, 다문화부로 나눠 부문별 당선작을 발표한다. 주영대사관에서 시상식을 갖는데 주영대사가 시상하고 학생, 학부모들과 다과회를 하는 것이 전통처럼 됐다.
- **2022년 3월** 제15대 김지혜 교장 취임.
- **2022년 12월** 개교 50주년 기념 콘서트를 뉴몰든 크라이스트처치[Christ Church]에서 개최.
  50년간 발자취를 담은 〈사진으로 보는 런던한국학교 50년사〉 출판 기념식을 뉴몰든 더플레이스에서 가졌다.

2004년 뉴몰든 하이스트리트에 걸린 한글로 된 음주운전 금지와 운전 중 핸드폰 사용 금지 포스터. 런던한국학교 학생들의 미술 작품 중에서 선정했다.

2016년 재영한글학교협의회의 교사연수

배동진 런던한국학교 교장이 한국에서 열린 '세계 한국어 교육자 교류의 밤'에 참가해 영국 한국학교에 대해 궁금해 하는 참가자들에 답하고 있다.

민주평화통일자문회의가 주최하는 '통일 골든벨' 대회가 런던한국학교 강당에서 열렸다. 영국에서 학생을 대상으로 하는 행사는 대부분이 런던한국학교에서 열리고 이 학교 재학생들은 행사의 단골손님이 된다.

## 북한 출신 동포들이 설립한 런던한겨레학교

2000년 중반부터, 영국에는 새로 정착한 탈북민이 한민족 공동체 속에서 함께 살게 되었다. 북한출신 부모들은 자녀의 한글교육을 위해 2014년 5월부터 학교를 시범 운영하다가, 2016년 1월에 영국 최대 한인 밀집 거주지역인 뉴몰든 URC(United Reformed Church) 교회에 런던한겨레학교를 정식 개교했다. 개교 당시 50여 명의 학생이 있었다.

남한 출신 독지가 박종민 SMI(Social Mission Institute) 대표가 이사장으로 선임되었고, 최승철 재영한민족협회 회장이 운영이사를 맡았다. 박종민 이사장은 지금까지 학교 재정의 많은 부분을 후원하고 있고, 최승철 이사는 개교이후 현재(2021년)까지 운영이사로 학교운영을 책임진다. 초대교장으로는 고선영 재영한민족협회 교육부장이 선임되었다. 고선영교장은 남북한 출신 교사와 자원교사를 조직하여 학교를 운영하였다.

런던에 한글학교가 이미 두개 있는 상황이어서, 영국에 있는 한국 정부기관과 한인사회는 탈북민 중심으로 별도의 학교를 만드는 것을 처음에는 반기지 않았다. 그런데 탈북민들의 입장에서는 자녀들이 기존 한글학교에 가서 수업하기 어려운 여러 이유가 있었다. 대한민국 교과서를 중심으로 이루어지는 학교 수업은 난이도나 교육 방향의 측면에서 이들의 필요와 요구에 꼭 맞지는 않았다. 또한 북한출신 재외동포 2세는 대부분 영국에 정착해서 살 아이들이므로, 주재원의 자녀처럼 한국으로 돌아갈 학생들과는 처지가 달랐다. 주말에 대부분 일을 해야 하는 부모가 인근 학교에 통학시키는 것도 어려움이 많았다. 그래서 북한출신 부모들이 자녀에게 필요한 교육을 제공하고자 집 가까운 곳에 '마을 학교' '공동체 학교'를 개설한 것이다. 재영 한국대사관과 한국교육원은 런던한겨레학교를 직접 지원하는 대신, 인근에 있는 런던한글학교에 학생 입학을 권유하였고, 다양한 혜택도 마련하였다. 탈북민 가정의 자녀들에게 수업료를 면제해주거나 인하하는 혜택을 주고 그들을 위한 특별반을 만들어 커리큘럼도 조정했으며 등하교 시 교통편도 제공하고자 하였다. 현재 탈북민 가정의 자녀들 중에는 런던한글학교에 다니는 학생도 있고, 런던한겨레학교에 다니는 학생들도 있다.

처음에는 탈북민 공동체 간의 갈등으로 인해, 런던한글학교에 보내는 부모와 런던한겨레학교를 보내는 부모가 나눠진 면이 있었던 것으로 보이나, 현재는 교육과정, 통학거리, 학비 등을 고려해서 학교를 선택하는 경향이 더 크다. 런던한겨레학교에서는 개교 이후 한국 대사관에 교과서 지원을 요청했으나 잘 이뤄지지 않다가, 이 학교의 이야기가 언론에 알려진 후 (YTN 특별기획 "하나의 동포사회, 두개의 한글학교" 2017년 11월) 2018년 1월에 교과서와 한글교재가 한차례 지원되었다.

개교 이래 런던한겨레학교는 '학비 무료'를 원칙으로 정하고, 독지가들의 후원, 학부모의 기금모금활동을 적극적으로 전개하여 학교를 운영하였다. 수업료 등 안정적인 재원이 없어 어려움이 많았지만, 교사와 자원봉사자들의 도움이 컸다. 학부모들도 간식지원, 청소 등 궂은일을 자원했다. 이 과정에서 이수연 2대 교장, 박은영 학부모회장. 최일 학교운영위원장 등의 노력이 컸다.

2020년 3월 코로나 팬데믹으로 학교 교육이 중단되었다. 록다운이 해제된 후에도, 학교가 사용 중인 URC 교회 건물이 킹스턴카운슬의 백신센터로 사용됨에 따라 2021년 9월까지 학교는 등교수업을 재개할 수 없었다. 2021년 4월, 남한출신 교육학자 이향규 박사(서울대학교 교육학과 졸업)가 제3대 교장으로 선임되었다. 학교는 2021년 5월부터 학생들과 1:1 온라인 수업을 하면서 1년 만에 다시 문을 열었고, 2021년 9월에 등교수업을 전격 재개하였다. 재영한국교육원은 런던한겨레학교가 요청한 교과서와 교재를 적극적으로 지원해 주었고, 향후에도 교재 지원이 지속적으로 이루어질 수 있도록 돕기로 했다. 런던한겨레학교는 현재(2021년 9월) 주영한국대사관에 한글학교 등록을 준비하고 있다. 한편 학부모들의 건의로, 2021년 9월부터, 학비무료 원칙을 폐기하고 1년에 90파운드 학비를 받고 있다.

런던한겨레학교는 탈북민 자녀를 위한 교육기관이라는 이미지를 벗고, 한반도 남과 북에서 성장한 어른들이 분단으로부터 자유로운 새로운 세대를 키워낸다는 비전을 가지고 남북출신과 상관없이 학생들을 교육하고 있다.

한겨레학교 주소는 London Korean Hankyoreh School, Malden Road, New Malden, KT3 6DN, 교장 이향규, 교사 6명, 현재 학급구성은 5개반, 40명의 학생들이 있다.

홈페이지 : www.onekoreanschool.org

## 영국에서 운영 중인 한글학교들

### 1 런던 한글학교
**London Korean School**

**주소** Chessinton Community College, Garrison Lane, Chessington, Kt9 2JS

**연락처** 07958 599 153

**이메일** headteacher@londonkoreanschool.com

**홈페이지** www.londonkoreanschool.com

**설립일** 1972년 10월

**학교장** 배동진

**수업시간** 매주 토요일 8시 40분~13시 30분

**운영과정** 유치부(3년), 초등부(6년), 중등부(3년), 고등반(3년), 우리말반(3 levels), 성인반(2 levels)

**소개글** 한인 공동체의 중심 지역인 New Malden 근교에 위치하여, London, Surrey, Kent 및 Brighton 지역에 거주하는 교민 2~3세와 일시 거주자 등 재외국민에게 한국어, 한국 역사와 문화 등을 교육하기 위해 설립된 재외국민 교육기관입니다. 본국의 교육과정(국어, 수학, 사회, 국사, 한문 등)에 준한 교육 과정, 교민 2~3세, 다문화 가정 자녀를 위한 한국어 교육과정과 Korean as a Foreign Language for Adults Curriculum 이 있으며, 중등부 GCSE Maths 수업 및 다양한 방과 후 활동이 제공됩니다. 또한 영국 Company House 및 Charity Commission에 등록된 Charity 기관입니다.

### 2 강북 런던 한글학교
**North London Korean School**

**주소** St. James' Catholic High School, Great Strand, Barnet, London, NW9 5PE

**연락처** 07944 878 683

**이메일** harmonykim@gmail.com

**홈페이지** www.n-londonkoreanschool.com

**설립일** 1988년 9월 10일

**학교장** 유창화

**수업시간** 매주 토요일 9시 30분~13시 30분

**운영과정** 준비반, 초등반, 중등반, 성인반(총 90명)

**소개글** 매주 토요일 한국어를 배우며 어린이날, 어버이날, 추석, 설, 운동회, 졸업식 등의 각종 행사를 통하여 한국의 전통과 문화를 배우고 매해 작품을 모아 교지를 발간합니다. 학부모를 위한 공간이 제공되어 많은 학부모가 학교에 머물며 정보를 공유하고 친목을 도모하며 때때로 학부모들에게 유익한 강좌도 제공됩니다.

### 3 영국 북동부 한글학교
**The North of England Korean School**

**주소** Owton Rossmere Community Centre, Wynyard Road, Hartlepool, TS25 3LB

**연락처** 07769 181383

**이메일** tpeg1029@gmail.com

**설립일** 1991년 3월 2일

학교장 박은령

수업시간 매주 토요일 10시~15시 30분

운영과정 유치부(한글반, 세종반) 초등부(훈민정음, 집현전, 용비어천가반), 중등부

소개글 영국 북동부 한글학교는 소규모의 학교이지만, 배움의 열정으로 가득한 학생들과 교사들이 함께 하는 학교입니다. 북동부 도시 뉴캐슬에서 차로 한 시간 정도 떨어져 있는 곳에 있습니다.

## 4 맨체스터 한글학교
### Manchester Korean School

주소 c/o Grosvenor St. Aidans Church, Palatine Road, Didsbury, Manchester, M20 6DA

연락처 07462 070075

이메일 manchester.ks@mail.com

홈페이지 manchesterks.wixsite.com/mcrkoreanschool/

설립일 1993년 (기록에 따르면 맨체스터 한인학교의 설립일은 1982년 2월 6일로 기록되어 있다. 런던한국학교 다음으로 빨리 설립됐다. 1985년 한인회의 재정 지원 중단으로 문을 닫았다.)

학교장 노미아

수업시간 매주 토요일 9시 30분~12시 30분

운영과정 씨앗반, 뿌리반, 새싹반, 열매반

소개글 영국에 사는 한국인 또는 한국의 뿌리가 있는 가정의 아이들과, 한국에 관심 있는 모든 사람에게 열려 있는 공간입니다.

## 5 에딘버러 한글학교
### Edinburgh Korean School

주소 5 East Adam St, Edinburgh, EH8 9TF

연락처 07557 674963

이메일 nhlee_0928@hanmail.net

설립일 1993년

학교장 이난희

수업시간 매주 금요일 14시~18시

운영과정 유아반, 초등반, 외국인반

소개글 스코틀랜드 에딘버러에 위치한 에딘버러 한글학교는 유아반부터 초등 그리고 외국인반을 운영하고 있으며, 한글학교를 통해 한글뿐만 아니라 한국의 전통, 문화 등을 다양하게 배우고 체험하는, 자라나는 세대들에게 우리의 뿌리를 알게 해주는 중요한 역할을 하고 있습니다.

## 6 버밍엄 한글학교
### Birmingham Korean School

주소 Weoley Hill Church, Green Meadow Rd, Birmingham, B29 4DE

연락처 07467 029930

이메일 Bhamkoreanschool2017@gmail.com

홈페이지 bkschooluk.org

설립일 1994년

학교장 손은미

수업시간 매주 토요일 9시~12시 30분

운영과정 유치반, 초등반, 중등반, 어린이한글반, 성인한글반

소개글 버밍엄 한글학교는 대다수 재외국민이

Sellyoak 중심에 1994년에 설립되어 지금까지 이어져 오고 있는 한글 교육기관으로서 최근 영국 Charity Commission에 등록되었습니다. 학년별, 수준별로 수업을 진행하며 현 교육과정에 따른 국어, 수학을 기본으로 하고 그 외에 특별활동으로서 각 분야 전문 강사분들을 모시고 역사 서예 음악 미술 체육(태권도) 등 다양한 수업을 통해 한국문화를 익히고 계승하고 있습니다.

## 7 본머스 한글학교
**Bournemouth Korean school**

**주소** Moordown St.Johns Church of England Primary school, Vicarage Road, Moordown, Bournemouth, BH9 2SA

**연락처** 01202 527 434, 07825 157 857

**이메일** bkschool19@gmail.com

**페이스북** Bournemouth Korean School(본머스 한글학교)

**설립일** 2011년 9월 4일

**학교장** 정혜숙

**수업시간** 영국 학교 학기 중 매주 토요일 9시 30분 ~12시 30분(3교시 수업)

**운영과정** 준비반, 초등반, 중고등반, 다문화가정반, 한국능력시험반, 외국인반

**소개글** 영국 공립 초등학교를 임대하여 매주 토요일에 현지에 거주하는 한국인 또는 다문화 가정 2세들에게 모국어인 한국어와 한국의 역사 문화 및 전통을 가르치며 더 나아가 다중 언어를 자유롭게 구사하며 세계무대를 향해 도전하는 일꾼으로 양성하는 데 힘쓰고 있습니다. 그 외에도 한국어를 배우기 원하는 모든 이들을 위한 한국어반 등 다양한 수업을 하고 있습니다.

## 8 옥스포드 한글학교
**Oxford Korean School**

**주소** 378 London Road, Oxford, Ox3 8HW

**연락처** 07860 789 033

**이메일** ejy1229@naver.com

**설립일** 1995년

**학교장** 고현실

**수업시간** 매주 토요일 9시 30분~12시 30분

**운영과정** 준비반, 초등반, 중등반

**소개글** 옥스포드 한글학교는 만 4세 이상 아이들을 대상으로 한글과 역사교육에 중점을 두고 매주 토요일 수업을 하고 있으며, 분기별로 외부 강사를 초청하여 학생 및 학부모를 대상으로 유익한 세미나를 개최하고 있습니다.

## 9 케임브리지 한글학교
**Cambridge Korean School**

**주소** St Augustine Church, 95 Richmond Road, Cambridge CB4 3PS

**이메일** home.cambridgekoreanschool@gmail.com

**홈페이지** www.cambridgekoreanschool.org

**설립일** 1996.1.13

**학교장** 김도원

**수업시간** 토요일 10시~13시, 수요일 19시~21시

**운영과정** 토요일 - 유치반, 초등반, 중등반, 성인반
수요일 - 수요성인반 (총 60명 내외)

**소개글** 케임브리지 한글학교는 Company House 및 Charity Commission에 등록된 Charity 기관으로서, 케임브리지를 중심으로 East Anglia 지역에 거주하며 한국어를 배우고자 하는 분들이 주말에 모여 한국어와 한국문화를 공부하는 곳입니다.

## 10 글라스고 한글학교

### Glasgow Korean School

**주소** 259 Dumbarton Rd. Glasgow, G11 6AB, United Kingdom

**연락처** 07955 685 079

**이메일** isaacmom0810@gmail.com

**설립일** 1996년

**학교장** 김성훈

**수업시간** 매주 토요일 10시~12시 30분

**운영과정** 기초반, 초등반, 중등반

**소개글** 스코틀랜드의 글라스고와 인근 도시에 거주하는 한인 어린이들을 위한 한글학교로서 교민 수가 적고 한글을 배우기 위해 한글학교를 찾는 어린이들도 적지만 개교 이래 20년간 학생들의 한글 교육을 위해 꾸준히 노력하고 있습니다.

## 11 리즈 한글학교

### Leeds Korean School

**주소** Temple Moor High School, Field End Grove, Selby Road, Leeds, LS15 0PT

**연락처** 07999 132 845

**이메일** krs.leeds@gmail.com

**홈페이지** www.lkrs.co.uk

**설립일** 1997년 9월

**학교장** 김지헌

**수업시간** 매주 토요일 9시~14시(어린이반),
수요일 18시~20시(성인반)

**운영과정** 어린이반 3반(하늘반, 도담반, 해마루반),
성인반 3반(초급, 중급, 고급)

**소개글** 리즈한글학교는 West Yorkshire 전역에 거주하고 있는 한인 동포 가정과 다문화 가정의 자녀들이 매주 토요일에 모여 한글과 한국문화를 배우는 뜻깊은 공간입니다. 2013에 시작한 성인반도 지역민들에게 매주 수요일에 한글을 가르치고 있습니다.

## 12 카디프 한글학교

### Cardiff Korean School

**주소** 11-13 Cemaes Cres, Rumney, Cardiff, CF3 1TA ( Trowbridge Scout Hall)

**연락처** 07944 258 423

**이메일** hanji34@hotmail.com

**설립일** 1997년 5월 17일

**학교장** 이영애

**수업시간** 매주 토요일 9시~12시

**운영과정** 유치반, 초등반, 중등반(총 9명)

**소개글** 한국의 역사와 문화 그리고 한글을 배우며 학생, 교사, 학부모 모두가 힘을 모아 긍지를 가진 한국인으로 자랄 수 있도록 최선을 다하는 행복한 학교입니다.

## 13 브리젠드 한글학교
### Bridgend Korean School

**주소** Hope Baptist Church, Station Hill, Bridgend, CF31 1EA

**이메일** yunheechoi67@hotmail.com

**설립일** 1999년 4월 3일

**학교장** 최윤희

**수업시간** 매주 토요일 9시~14시

**운영과정** 초등학교, 중학교, 고등학교, 다문화 가정반

**소개글** 웨일스 남부에 위치한 브리젠드는 20여 년 전부터 한인들이 들어와 살면서, 특히 자녀들에게 한글을 가르치고자 하는 부모님들의 열의로 인해 1997년부터 자발적으로 학교를 운영하다가 1999년부터 허가를 받아서 운영하고 있습니다. 인원은 많지 않지만, 학생들이 한국의 초, 중, 고등학교의 국어 과정에서 사용하는 교과서를 한 번 정도는 대하고, 읽고, 한국에서 같은 나이의 학생들이 무엇을 배우는지는 인식할 수 있도록 돕고 있습니다. 한글 어휘에 대한 이해를 위해서 한문을 가르치며, 소학도 겸하여 가르침으로 한국의 전통과 문화에 대해서도 이해할 수 있도록 돕고 있습니다.

## 14 브리스톨 한글학교
### Bristol Korean School

**주소** 117-119 Long cross, Bristol, BS11 0LT

**연락처** 07583 937240

**이메일** yjhong0725@gmail.com

**설립일** 2009년 9월 1일

**학교장** 홍윤주

**수업시간** 매주 토요일 10시~13시

**운영과정** 유치부, 초등부, 다문화반

**소개글** 브리스톨 한글학교는 매년 1학기는 16주, 2학기는 15주의 과정으로 매주 10시부터 오후 1시까지 모이고 있습니다. 특별히 영국에 영구 거주할 가정, 한국에 돌아갈 목적으로 3~4년 영국에 체류하는 가정, 다문화 가정의 아이들로 구성되어 있습니다. 선생님과 부모님을 통해 한국의 문화를 배우고 익히며 또한 한국의 교과과정에도 적극적으로 참여하고 있습니다.

## 15 코벤트리 한글학교
### Coventry Korean School

**주소** Canley Community Church, Charter Avenue, Coventry, CV4 8DA

**연락처** 07748 766 987

**이메일** ojcheong@gmail.com

**홈페이지** http://coventry.korean.net

**설립일** 2000년 1월 1일

**학교장** 오재청

**수업시간** 매주 토요일 10시~12시

**운영과정** 유치반, 유년반, 초등반, 중등반(총 29명)

**소개글** Coventry와 Warwickshire 지역의 한인 2세들에 한국인의 정체성과 자긍심을 심어주는 것을 목표로 하고 있으며, 아이들이 한국어로 자유롭게 글을 읽고 쓸 수 있도록 하는 데 초점을 맞추어 지도하고 있습니다.

## 16 싸우스햄튼 한글학교
### Southampton Korean School

주소 27 Kingsland house, North front, Southampton, SO14 1LJ

연락처 07412 656 453

이메일 moon-hyunin@hanmail.net

설립일 2003년

학교장 문현인

수업시간 매주 일요일 10시~11시 30분

운영과정 유치반, 초등반

## 17 쉐필드 한글학교
### Sheffield Korean School

주소 King Edward VII Lower School, Darwin Lane, Sheffield S10 5RG

연락처 07952 901 248

이메일 kwpaullee777@msn.com

페이스북 Sheffield Korean School(쉐필드한글학교)

설립일 2003년 11월 1일

학교장 이규원

수업시간 매주 토요일 10시~13시

운영과정 유치반, 준비반, 초등반, 중등반, 성인반

소개글 2003년 개교하여 오늘에 이르렀고 대학도시라는 지역상 특성으로 인해 유학생 가정, 다문화가정 그리고 시민권 소유 가정의 자녀들의 한국인의 뿌리 역사 교육과 한글 교육, 지역사회에 한국의 문화를 전하는 민간대사로서의 역할을 감당해가고 있는 학교입니다. 우리 쉐필드한글학교는 비록 작지만 모두 배우고자 하는 대단한 열정을 지니고 모국을 사랑하는 마음을 가슴 가득 담으며 세계를 품은 세계인이 되고자 꾸준히 노력하며 성장하고 있습니다.

## 18 스완지 한글학교
### Swansea Korean School

주소 3 Parcy Felin, Sketty, Swansea, SA2 8BN

연락처 07920 044 520

이메일 mm00774@hotmail.com

설립일 2004년

학교장 조정혜

수업시간 매주 토요일 9시 30분~13시

운영과정 유아반, 초등반

## 19 노팅험 한글학교
### Nottingham Korean School

주소 Beeston Methodist Church, Queens Rd, Beeston, Nottingham NG9 2FE

연락처 07864 015 332

이메일 yoonjo0704@hanmail.net

설립일 2006년 3월

학교장 정윤조

수업시간 매주 토요일 13시~17:00

운영과정 유아반, 초등반

소개글 Nottingham과 인근 도시에 거주하고 있는 재외국민 및 동포의 자녀들을 대상으로 한 우리말과 문화 교육을 통해 한국인으로서의 정체성과 자긍심을 배양하기 위해 열심을 다하여 교사, 학생, 학부모가 함께 만들어 가는 작은 한인 교육 공동체입니다.

## 20 영국 북동부 한글학교
**York Full light Korean School**

주소 Fulford social hall, School Lane, York, YO10 4LS

이메일 educentre@mofa.go.kr

설립일 2006년 10월 28일

수업시간 매주 토요일 9시 30분~12시

운영과정 초등반 총 -명

소개글 요크 한빛 한글학교는 유서 깊은 도시 요크에서 재외동포 자녀의 교육지원을 위해 열정적인 교사들과 함께 작지만 내실 있게 운영되고 있는 10년의 역사를 가진 자랑스러운 한글학교입니다. 재개교 시 교육원 홈페이지를 통해 공지하겠습니다.

## 21 레딩 한글학교
**Reading Korean School**

주소 17 Kendrick Rd, Reading, RG1 5DZ

연락처 07984 187 087

이메일 puco74@naver.com

설립일 2014년 9월 20일

학교장 정경선

수업시간 토요일 10시~13시

운영과정 초등 3개 반, 중등 2개 반, 총 22 명

소개글 영국에 거주하는 한인 가정과 다문화 가정을 대상으로 모어로써의 한국어/한글과 한국의 문화와 역사를 가르칩니다. 이를 통해 한국어 능력을 향상하고 한국을 이해하여 다문화 속에서의 '나'의 정체성을 확립하도록 돕습니다.

## 22 엑시터 한글학교
**Exeter Korean School**

주소 Fore street, Exeter, Devon. EX4 3AT

연락처 07767 146673

이메일 mikyoungleeinengland@gmail.com

홈페이지 http://ks-exeter.org.uk

설립일 2015년 7월 23일

학교장 이미경

수업시간 매주 일요일 오후 12시 30분~15시 30분

운영과정 유치부(3년), 초등부(6년), 중등부(3년), 고등부(3년)

소개글 영국의 남서부 Devon county의 수도인 Exeter와 그 외 Plymouth에 거주해서 사는 교민 2~3세와 일시 거주자 등 재외국민에게 한국어, 한국 역사와 문화 등을 교육하기 위해 설립된 재외국민 교육 기관입니다. 교육과정은 다문화 가정자녀와 재외동포 자녀들을 대상으로 국어, 역사, 한국문화 학습(창작활동)으로 이루어져 있습니다. 한글학교의 설립 목적은 우리 한글을 지역사회에 알림과 동시에 교민 2~3세와 재외국민 자녀들에게 한글과 한국문화를 바로 알고 배움으로써 한국인의 올바른 정체성을 키우는 데 중점을 두고 있습니다.

## 23 아버딘 한글학교
**Aberdeen Korean School**

주소 Multi-Faith Chaplaincy, University of Aberdeen, 25 High Street, Aberdeen, AB24 3EE

**연락처** 07849 799971

**이메일** deuxjaes@gmail.com

**설립일** 1989년 3월 18일

**학교장** 남정희

**수업시간** 매주 토요일 오전 9시 30분~12시

**운영과정** 새싹반(유아반), 겨레반(다문화반), 슬기반(초등반)

**소개글** 1989년 스코틀랜드 최초의 한글학교로 시작했던 아버딘한글학교가 2019년 11월 재개교하였습니다. 한국어 및 한국의 역사, 문화, 음악, 한문 등의 교육을 통해 아버딘과 아버딘셔에 거주하는 재외동포 어린이들이 한민족으로서의 정체성을 잃지 않고 자긍심을 늘 가질 수 있도록 학교 구성원 모두 최선을 다하겠습니다.

## 방과 후 한국어 과정 운영하는 영국 초.중등학교 (2020/21학년도 기준)

### 초등(17개교)

**London** : Berkeley Primary School / Cheam Park Farm Primary School / Corpus Christi RC Primary School / Westbourne Primary School

**Bristol** : Bishop Sutton Primary School / Blagdon Primary School / East Harptree CofE Primary School / Sandford Primary School / Ubley Primary School / Wells Cathedral Junior School / Winscombe Primary School

**Swansea** : Gendros Primary School

**Bath** - Newbridge Primary School

**Bridgend** - Nottage Primary School / Tremains Primary School

**Oxford** - St Ebbe's C.E. Primary School / St Michael's C.E. Primary School

### 중등 (22개교)

**Birmingham** : Ark St Alban's Academy / Holy Trinity School

**Oxford** : Bartholomew School / Cheney School / The Oxford Academy

**London** : Bolder Academy / Chelsea Academy / Cranford Community College / Harlington School / Harris Academy Morden / Kennet School / Sir John Cass Red Coat School / St Mark's C of E Academy School / The Holy Cross School / The Whitgift School

**Yorkshire** : Cathedral Academy

**Leeds** : Elliott Hudson College

**Felixstowe** : Felixstowe International College

**Cardiff** : St John's College

**Reading** : The Abbey School

**Bristol** : The Blue School

**Northeast** : The English Matyrs School & Sixth Form College

한국전 참전 기념비 Korean War Memorial

# 12
# 재영 한인과 한국전 참전용사

**런던 템스강변, 영국 국방성 청사 앞에는 한국전 참전 기념비가 있다.**
**6·25전쟁 16개 참전국마다 차례대로 참전비를 건립했는데 영국의 참전 기념비가 가장 늦게 세워졌다.**

런던 템스강변, 영국 국방성MOD, Ministry of Defence 청사 앞에는 한국전 참전 기념비Korean War Memorial, London가 있다. 6·25전쟁 16개 참전국(UN군)마다 차례대로 참전비를 건립했는데 영국의 참전 기념비가 가장 늦게 세워졌다. 재영한국전참전용사협회BKVA와 로더미어 재단Lady R Foundation•이 함께 추진하고 주영한국대사관이 후원해 2014년 12월 3일에 건립했다. 5.8m 높이의 첨탑 앞에 3.1m 높이의 영국군인 청동상이 서 있다. 겨울 군복 차림이다. 첨탑의 각 면에는 한반도 지형, 대한민국 국기, 유엔기, 영국 국기가 있고 청동으로 만든 영국 군인 발아래 "대한민국의 자유와 민주주의 수호를 위한 영국군 장병들의 희생에 감사드립니다"라고 새겨져 있다. 영국의 유명 조각가 필립 잭슨이 제작했다.

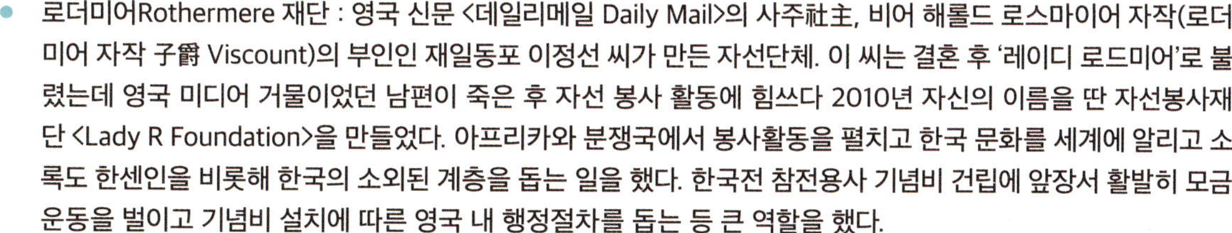

• 로더미어Rothermere 재단 : 영국 신문 <데일리메일 Daily Mail>의 사주社主, 비어 해롤드 로스마이어 자작(로더미어 자작 子爵 Viscount)의 부인인 재일동포 이정선 씨가 만든 자선단체. 이 씨는 결혼 후 '레이디 로드미어'로 불렸는데 영국 미디어 거물이었던 남편이 죽은 후 자선 봉사 활동에 힘쓰다 2010년 자신의 이름을 딴 자선봉사재단 <Lady R Foundation>을 만들었다. 아프리카와 분쟁국에서 봉사활동을 펼치고 한국 문화를 세계에 알리고 소록도 한센인을 비롯해 한국의 소외된 계층을 돕는 일을 했다. 한국전 참전용사 기념비 건립에 앞장서 활발히 모금운동을 벌이고 기념비 설치에 따른 영국 내 행정절차를 돕는 등 큰 역할을 했다.

로더미어 자작부인 이정선 씨

런던에 참전 기념비를 건립하자는 움직임은 1995년부터 있었는데 기념비 설치와 관련해 영국의 행정절차가 워낙 까다로워 지지부진하다가 2011년 BKVA가 사업 주체가 되고 2012년 로더미어 재단이 참여하면서 급물살을 탔다. 이에 주영대사관과 함께 본격적으로 추진해 2013년, 마침내 웨스트민스터 시청으로부터 건립 승인이 났다. 삼성을 비롯한 한국 기업들과 영국에 사는 많은 한인이 성금을 내고 힘을 보탰다. 한국전쟁 정전 60주년이었던 2013년, 영국을 국빈 방문한 박근혜 대통령이 11월 5일에 열린 기공식에 참석했는데 윌리엄 왕세손과 한국전 참전용사협회 마이크 스윈들 회장을 비롯해 참전용사들이 참석했다. 이듬해 2014년 12월 3일 준공식에는 윤병세 외교부 장관, 영국 여왕 사촌인 글로스터 공작, 임성남 주영대사, 마이클 팰런 영국 국방성 장관과 참전용사 300명이 참석했다.

한국전 참전 기념비는 건립된 후 오늘까지 영국을 방문하는 한국 고위급 인사들의 필수 방문 코스가 됐다. 대통령, 국무총리, 자치단체장, 국회의원 등이 런던에 오면 기념비에 들러 6·25전쟁 당시 어디에 있는지도 몰랐던 동양의 어느 나라에 파병 와서 20살 안팎의 파릇한 젊음을 한국땅에 바친 영국 군인들의 희생에 고마움을 표시한다. 한국 고위급 인사들이 참전 기념비에 헌화하고 묵례하는 모습, 당시 참전한 영국군의 모습을 새긴 조각상을 보며 생각에 잠긴 모습이 한국 언론에 자주 나온다. 죽은 동료를 애도해 모자를 벗고 서 있는 영국군의 조상彫像은 두꺼운 외투를 입고 있는데 그들이 처음 체험한 한국의 혹독한 겨울을 표현한 것이라고 한다. 애잔한 시선의 조각상과 마주한 한국 고위급 인사의 애잔한 눈빛을 한국 언론은 영국발 소식으로 자주 전한다. 그런데 한국의 고위급 인사들이 정작 그 조각상의 주인공인 참전용사들을 영국에서 직접 만나 고마움을 전하고 위로하는 모습은 보기 힘들다. 주인공을 대신해 만든 기념비에 들러 헌화하는 기념사진만 방문 기록으로 쌓인다.

### 세인트폴 대성당의 한국전 전몰 용사 위령패

한국전 참전 기념비가 세워지기 전에는 세인트폴 대성당 지하에 있는 '한국전 참전 추모패(한국전 전몰 용사 위령패)'를 찾아 추모하고 헌화했다. 너비 150㎝ 높이 70㎝의 추모패에는 영국군에 대한 추모의 글과 유엔기, 태극기, 영국군 각 부대의 상징 마크가 새겨져 있다. 영국에 생존해 있는 한국전 참전 용사들이 동료 전사자를 위해 위령패를 만들려고 기금을 모아 총 예산 5만 파운드 중 2만 7천 파운드는 영국의 참전용사들이 마련한 것이다.

많은 영국인과 한국인은 모두 '참전 기념비'로 잘못 알고 있는데 참전 기념이 아니라 죽은 동료들을 위로하는 '한국전 전몰용사 위령패'가 맞다. 2012년 런던올림픽 때 한국선수단이 찾아와 참배하고 헌화한 곳이 여기다.

1980년대 들어 '한국전 참전 추모패' 건립에 공감한 대사관과 교민회가 모금 운동을 시작했는데 강영훈 대사와 최원중 교민회장이 현대자동차 정세영 회장을 찾아가 도움을 요청해 정 회장이 스텔라 자동차 한 대를 기증, 5만 파운드 소요 경비 중 1만3천 파운드를 충당했다. 추모패의 돌은 경기도 파주군 적설면 설마리 가막산에서 가져왔는데 이곳은 한국전쟁 당시 작전명 Gloster Hill로 불렸는데 영국군 Gloucestershire 연대의 1개 대대가 중공군에게 포위당해 1백여 명이 전사한 슬픈 전사戰史가 있는 곳이다. 영국 전몰 용사들의 영혼이 깃든 곳에서 돌을 가져와 그들을 위한 위령패를 영국에 세우는 것이 의미가 있다고 판단해 한국 국방부에서 영국까지 운송을 맡았다. 1987년 8월 11일 열린 제막식에 엘리자베스

세인트폴 성당 지하에 있는 한국전 전몰 용사 위령패

## 영국군의 한국파병

영국은 유엔 참전국 중에서 두 번째로 많은 전투부대를 한국에 파병한 국가이며, 미국 다음으로 큰 규모의 지상군과 해군을 6·25전쟁에 파견하였다. 영국 육군은 먼저 홍콩에 주둔 중인 2개 대대와 지원부대로 제27여단(이후 제28여단으로 개칭)을 구성해 곧바로 낙동강 방어작전에 뛰어들었다. 제27여단은 압록강으로의 북진 작전에 일익을 담당하기도 했다. 이후 영국은 추가로 제29여단을 편성해 참전했다. 1950년 9월 초부터 6·25전쟁에 참전한 영국 해군 해병 1개 특공대가 있었으며, 이들을 포함한 지상군의 총병력은 1만 4,198명이었다. 이후 영국은 영연방국가의 부대들이 도착하자 모두 통합해 1951년 7월 28일 영연방 제1사단을 창설했다. 영연방 제1사단은 영국을 비롯해 호주·캐나다·뉴질랜드·벨기에·룩셈부르크 등 모두 6개국 군인들로 구성되었다.

영국 해군은 1950년 6월 29일 항공모함 1척, 순양함 2척, 구축함 2척, 프리깃함 3척을 파견해 미 극동해군 사령부의 작전 지휘하에 미 해군 함정과 함께 동서 해상의 작전에 동참했다. 이후 연인원 약 1만 7천 명의 해군이 한국작전에 참여했으며, 50여 척의 함정이 종전 때까지 교대로 해상작전을 수행했다.

휴전 후, 영국해군은 1955년 3월에 철수를 완료하고, 지상군은 1954~57년 사이에 철수하였다. 주요 전투로는 정주전투(1950.10.29~30), 박천전투(1950.11.4~6), 고양전투(1951.1.2~3), 적성전투(1951.4.22~25), 가평전투(1951.4.23~25) 등이 대표적이다. 인명피해는 총 4,908명으로 전사 1,078명, 부상2,674명, 실종179명, 포로977명 등이다. 영국 내 참전 기념비는 전역에 걸쳐 300여 개가 있다.

[인용 : 6·25전쟁 60주년 UN 참전 기념시설물 도감]

2세 여왕이 남편 필립공과 함께 직접 참석했는데 영국 참전용사 회원들, 영국 정부 요인들, 김영주 대사, 한인 교민들이 참여했다.

### 영국에 있는 한국전 참전 기념비들

6·25 전쟁 당시 대한민국을 지원해 준 국가 중 전투 병력을 파병한 국가는 16개국이다. 유럽 국가는 영국을 비롯해 터키, 네덜란드, 그리스, 벨기에, 룩셈부르크, 프랑스 등이다. 영국은 미국에 이어 두 번째로 큰 규모인 8만 1,084명(전투부대 5만 6천 명과 지원부대를 포함)의 병력을 파견했고 1,106명의 영국 젊은이가 이 전쟁에서 산화했다. 그래서 영국 스코틀랜드 바스게이트Bathgate에 있는 한국전쟁기념관(스코틀랜드 한국전쟁 기념관The Scottish Korean War Memorial)에는 전사한 군인을 대신하는 1,106그루의 스코틀랜드 나무와 110그루의 한국산 전나무가 함께 심겨 있다. 스코틀랜드에 사는 참전용사들의 힘으로 건립된 바스게이트 한국전쟁기념관에서는 해마다 한국전 참전 기념행사가 열리는데 2019년에는 박은하 주영대사가 참석해 헌화하고 스코틀랜드에 있는 참전용사들을 초청, 오찬 행사를 열고 그들의 희생에 감사하며 위로했다.

이처럼 영국 각지에는 한국전 참전 기념비를 비롯해 각종 조형물, 시설 등이 있는데 대부분 영국군 참전용사들이 힘들 모아 직접 만든 것이다. 주변에 있는데 모르고 있었거나 근처 갈 일이 있으면 한 번 들러서 위로하고 고마움을 전하자고 UN 참전 기념시설물 도감에 나오는 대표적인 몇 곳을 소개한다.

이 가운데 7번 벨파스트 한국전 참전비Belfast Korean War Memorial는 현재 벨파스트 시청 앞에 있는데 처음 한국에 세워졌다가 영국으로 옮겨온 것이다. 영국군 얼스터 연대 1대대의 한국전 참전 기념비로 1·4후퇴 당시 157명이 전사한 임진강 지구 전투 현장에 건립됐으나 도시개발로 이전이 불가피해지자 주한영국대사의 건의로 1964년 영국 벨파스트시 얼스터 연대 기념관으로 이전했다. 한국전 참전용사회 소속 얼스터 연대 유적관리회에서 관리하다 2008년 벨파스트 시청 앞 광장에 다시 세워졌다. [인용: 6·25전쟁 60주년 UN 참전 기념시설물 도감]

벨파스트 한국전 참전비

박은하 대사와 참전 용사들(바스게이트 한국전쟁기념관 앞에서)

## 영국군의 참전비

| | |
|---|---|
| 1. | **영국 국립묘지 한국전 참전비**<br>Memorial Garden at National Memorial Arboretum (Croxhall Rd. Alrewas, Burton on Trent, Staffordshire DE13 7AR) |
| 2. | **콜체스터 한국전 참전비**<br>Colchester Korean War Memorial (Castle Park and Gardens, Lower Castle Park, Colchester, Essex CO1 1DN) |
| 3. | **더비 한국전 참전비**<br>The Derby and Burton Branch Korean War Memorial (Sir Peter Hilton Memorial Gardens, Corporation St., Derby, Derbyshire DE1 3AS) |
| 4. | **입스위치 한국전 참전비**<br>Korean War Memorial, Millennium Cemetery (Millenium Cemetery, Tuddenham Rd. Ipswich, Suffolk IP4 2TQ) |
| 5. | **노스웨스트 웨일스 한국전 참전비**<br>The North West Wales Branch Korean War Memorial (North Parade, Llandudno, North Wales LL30 2LN) |
| 6. | **맨체스터 한국전 참전비**<br>Manchester Korean War Memorial (St. Peter's Square, Manchester, Lancashire M2 3LR) |
| 7. | **벨파스트 한국전 참전비**<br>Belfast Korean War Memorial (Donegall Square, Belfast, County Antrim BT1 6JA) |

## 영국 참전용사들과 재영한인들의 만남

1980년 맨체스터에서의 한국인과 참전용사의 우연한 만남이 시초로 보인다. 당시 맨체스터에서 무역업을 하던 최원중 씨와 권오득 씨가 어느 영국인에게 길을 묻자 그 영국인은 동양인이 낯설지 않은 듯 혹시 하는 마음으로 '어느 나라에서 왔느냐'고 물었고 한국이라고 하자 자신이 한국전 참전용사라고 반갑게 소개했다. 당시 맨체스터에는 한인 교민이 3가구만 살고 있었고 나머지는 유학생이었다. 이날 참전용사와의 만남을 계기로 맨체스터에 사는 교민들이 그들의 희생에 보답하고 고마움을 전하는 무언가를 하자고 뜻을 모아 1981년 맨체스터 Free Trade Hall을 빌려 처음 참전용사 위문 행사를 했다. 주영대사관에서 공군무관이 대표로 참석했다. 맨체스터시 관계자들이 행사 내용을 듣고는 매우 의미 있다고 판단했는지 대여료를 받지 않았다고 한다. 1982년부터는 맨체스터 인근 도시에 사는 참전용사들도 참석하는 행사로 발전했다. 1982년 9월 25일에 맨체스터에서 재영한국전참전용사협회 총회가 열렸고 그날 저녁 주영대사관과 '맨체스터 재영 한인 커뮤니티'(최원중, 곽영수, 권오덕 씨 등이 봉사)가 함께 '한영 친선의 밤'이란 이름으로 시청 본관에서 참전용사 위문 행사를 열었다. 권오득 씨의 사회로 진행했는데 한국관광공사에서 한국의 발전된 모습을 소개하는 영상을 보여주고 교민 자녀들은 태권도 시범 공연을 했다. 한인들은 김밥과 전을 부지런히 만들어 맥주, 위스키를 곁들여 대접했다.

1982년 9월 맨체스터 시청에서 열린 재영한국전참전용사를 위한 '한영 친선의 밤' 행사에 참여한 한인들이 무대에 올라 아리랑을 합창하고 있다. 가운데 마이크를 든 사람이 권오덕 재영노인회장이다.

1983년에는 강영훈 대사가 적극적으로 나서서 참전용사를 위한 기금을 마련하자는 취지로 규모를 확대해 현대자동차에서 차량 1대를 경품으로 내놓기도 했다. 예상보다 기금이 많이 모이지 않자 강영훈 대사가 "훌륭한 군인이 곧 좋은 비지니스맨은 아니다."라고 머쓱해 했다고. 당시 맨체스터 한인회장으로 행사를 주관한 권오득 씨는 "참전용사들이 한국의 발전된 모습을 보며 기뻐했고 한국음식이 맛있다고 칭찬했다."고 했다. 그런데 행사 후 쓰레기통에서 김밥이 많이 발견됐는데 해초의 비린내와 김의 찐득한 식감이 아직 영국인의 입맛에 익숙하기 전의 일이었다고 회상했다.

최원중 씨는 1981년부터 참전용사와 가족이 한국을 방문할 수 있도록 주선해 7년간 약 천여 명의 참전용사가 한국의 발전된 모습을 직접 보고 한국 국민의 따뜻한 환대를 받았다. 참전용사 한국 방문은 대한항공과 재향군인회가 협찬했다. 참전용사와 한인들의 만남은 해마다 계속됐고

우리가 참전용사들을 위로하는 행사를 하면 참전용사들에게는 오랜만에 옛 전우를 만나는 기회가 된다. 만나서 안부를 묻고 보이지 않는 전우의 안타까운 소식을 듣게 되는 자리가 된다. 사진은 '6·25 68주년 참전용사의 날' 행사 전 모습

2018년 킹스턴 시청에서 열린 '6·25 68주년 참전용사의 날'에 참석한 참전용사들이 기념 촬영을 했다. 이 행사부터 재향군인회 영국지회(회장 장희관)에서 참전용사를 위한 각종 행사의 전면에 등장해 여러 봉사활동을 하고 있다.

1986년부터는 맨체스터에서 런던(Wandsworth Town Hall)으로 장소를 옮겨 '한영 친선의 밤' 행사를 이어갔다.

뉴몰든 한인타운과 런던을 중심으로 결성된 한인회인 재영한인회는 8·15 광복절 전후로 킹스턴에서 해마다 한인 축제를 열었는데 프로그램에 참전용사들의 열병식이 있었다. 2010년 한인 축제 행사까지는 참전용사의 열병식이 진행됐는데 80세가 넘은 노병들이 8월 더운 날씨에 깃발을 들고 행진하는 모습은 힘이 들어 보였어도 참전용사들은 이 행사를 무척 좋아했다. 마치 영원한 군인으로 살듯한 씩씩한 모습이었는데 세월 따라 이 열병식도 없어진 지 오래다. 참전용사들은 자신이 한국전에 참전했다는 사실을 무척 자랑스럽게 생각한다고 그들과 가까이 지내는 이들은 한결같이 말한다. 한국 정부에서 그들을 초청하고 한국의 발전된 모습을 보여주며 이런 발전이 여러분의 희생 덕분이라고 하는 말을 들을 때마다 무척 기뻐한다. 더욱이 한국의 발전된 모습을 직접 본 참전용사들은 자기 일처럼 기뻐하는데 자신의 한국전 참전이 한국 발전의 밑거름이 됐다고 믿기 때문에 젊은 날의 희생을 아까워하지 않는다는 것이다. 그래서 영국에 사는 한인들은 어떤 행사든 한국과 관련된 행사에 참전용사 초청하기를 즐겨한다.

그래서 이런 초청 행사를 정례화하고 단체가 힘을 모아 함께 진행해 규모를 키운 사례도 있다. 레딩한인회(회장 조신구)와 재향군인회 영국지회(회장 장희관)는 2018년부터 해마다 레딩과 킹스턴을 오가며 참전용사 위문 잔치를 열기로 했다.

에버딘에서 열린 2017년 한국전 참전용사 위문 행사

두 단체가 힘을 합쳐 행사를 진행하니 일할 사람이 많아 행사 규모가 커지고 프로그램이 알차고 풍성해지는 것은 물론 여러 지역에서 참전용사들이 오다 보니 그들끼리도 새로운 얼굴을 만나는 교류의 장이 됐다. 이 행사는 참전용사와 그 가족을 함께 초청하는데 참전용사와 가족들이 일 년 중 가장 기다리는 행사가 됐다고 한다.

2018년 재향군인회 영국지회에서 마련한 한국전 68주년 기념식에는 참전용사 한 분이 자신의 참전기를 소개하는 프로그램이 있었다. 그 참전용사는 오랜만에 만나는 옛 전우들, 다정한 이웃들, 그를 초대한 영국의 한인들, 자신의 손자 손녀 앞에서 자랑스러운 이야기를 들려주려 이날 발표할 참전기를 수도 없이 반복해 연습했다고 한다. 그러나 그 노병은 결국 이날 행사에 오지 못했고 그의 참전기를 들을 수 없었다. 영국의 한국전 참전용사 모임에는 해가 갈수록 이런 일이 더 흔한 일이 되었다. 자기 원피스에 남편의 훈장을 달고 남편을 대신해 참가하는 미망인이 참전용사보다 점점 더 많아지고 있으며 그 자녀가 대신 참석하는 경우도 많다. 잊힌 전쟁, 잊힌 인물들이 되지 않을까 하는 우려가 현실이 되고 있다.

에버딘 한인회가 마련한 한국전쟁 참전용사 위문 행사가 스코틀랜드 애버딘 타운하우스에서 열렸다.

### 재영한인과 참전용사들의 교류

영국 지역마다 한국전 참전용사회가 있고 이들과 개인적으로 교류하는 한인들이 있고 정기적으로 만남을 갖는 한인 단체들도 있다. 스코틀랜드 애버딘 Aberdeen 한인회(회장 남정희)는 20년 넘게 참전용사 위로 행사를 열었다. 처음에는 에버딘 중고등학교 교사였던 남 회장이 개인적으로 참전용사들에게 음식 대접을 하다가 2011년부터 에버딘 한인회의 공식행사가 됐다. 민주평통영국협의회에서 이 행사 응원차 애버딘을 방문해 참석한 바도 있다.

레딩한인회(회장 조신구)는 2001년부터 매년 6월 25일을 전후해 기념행사를 하고 한인들이 준비한 음식을 나누고 한인들이 마련한 공연을 보며 함께 흥겨운 잔치를 연다. 레딩한인회와 참전용사의 모임은 2001년 우연한 인연으로 시작됐다. 그해 레딩 한인교회가 설립됐다. 한인교회를 중심으로 레딩 지역의 한인들이 모이는 공동체가 만들어지자 지역을 위해 좋은 일을 해보고자 교회에서 바자회를 개최했다. 당시 수익금 800파운드를 '북한 어린이 돕기' 기금으로 쓰자는데 한인들의 의견이 모이자 이 돈을 레딩 지역 카운슬에 전달했고 이 소식을 들은 레딩 지역 신문에서 미담으로 보도했다. 마침 레딩에 영국 한국전참전용사회 레딩지부가 있었는데 소속 참전용사들이 신문 기사를 보고 레딩교회에 먼저 연락한 것이다. 참전용사들은 "아. 레딩에도 한국인이 있었구나" 했고 한인들은 "아, 레딩에 참전용사회가 있었구나"하는 놀라움과 반가움을 갖고 서로 처음 만났다. 조신구 회장은 17년간 참전용사들을 위로한 공로로 2020년 제14회 세계한인의 날 유공자 포상 선정 결과 국민훈장 석류장을 받았다,

이밖에 노팅엄 한인교회도 10여 년 전부터 참전용사를 위한 행사를 시작해 계속 이어져 오고 있으며 케임브리지의 한인들과 한인교회에서도 2017년부터 지역 참전용사회와 교류를 갖고 그들을 초청해 잔치를 열고 고마움을 표시한다.

다음은 2018년 9월 17일 자 한인헤럴드에 게재된 '참전용사들을 돕는 사람들'에 관한 기사다.

#### 에버딘에서 열린 2017년 한국전 참전용사 위문 행사

에버딘 한인회(회장 남정희)가 마련한 한국전쟁 참전용사 위문 행사British Korean war Veterans Ceremony가 3월 18일 스코틀랜드 애버딘 타운하우스에서 열렸다. 한국전 참전용사들의 희생과 노고에 보답하고자 마련된 이 행사에 참석한 참전용사들은 자신과 동료들이 희생한 발판 위에 발전한 대한민국의 위상에 기뻐했고 직접 백파이프로 아리랑을 연주하는 등 한국에 대한 각별한 사랑을 나타내고 함께 어울리며 행사를 즐겼다.

2018년 레딩한인회가 마련한 참전용사 위로의 밤. 두 단체는 지역에서 우연히 만나 20년 넘게 인연을 이어가고 있다.

레딩한인들과 참전용사들의 단체 사진 촬영

민간외교의 일선에 선 사람들을 찾아서

# 잊을 수 없는 얼굴들, 참전용사들의 친구가 된 한인들

글, 사진 : 한인헤럴드 / 후원 : 한국 언론진흥재단 2018년 9월 17일

영국 템스강변에는 한국전 참전 기념비가 있다. 2014년에 세워진 이 기념비는 영국을 방문하는 한국 고위급 인사들의 필수 방문 코스다. 대통령, 총리, 자치단체장, 국회의원 등 런던에 온 고위급 인사들은 한국전 당시 20세 전후의 젊음을 어디에 있는지도 몰랐던 나라에다 바친 그 희생에 고마움을 표시한다. 그들이 참전 기념비에 헌화하고 묵례하는 모습, 당시 참전한 영국군의 모습을 담은 조각상을 보며 감회에 잠긴 모습이 한국 언론에도 자주 나온다. 죽은 동료를 애도해 모자를 벗고 서 있는 영국군을 표현한 조상은 그들이 처음 체험한 한국의 혹독한 겨울을 두꺼운 외투를 입은 모습으로 표현했다. 애잔한 시선의 조각상과 나란히 선 한국 고위급 인사의 모습을 한국 언론은 영국발 소식으로 자주 전한다. 아쉽게도 정작 그 조각상의 주인공을 직접 만난 모습은 드물고 매번 기념비만 등장한다.

올해 재향군인회 영국지회에서 마련한 한국전 68주년 기념식에는 참전용사 한 분이 자신의 참전기를 소개하는 프로그램이 있었다. 오랜만에 만나는 옛 전우들과 다정한 이웃들과 그를 초대한 영국의 한인들과 자기 손자 손녀 앞에서 자랑스러운 이야기를 들려주려 여러 차례 연습도 했다고 한다. 그러나 그 노병은 결국 이날 행사에 오지 못했고 그의 참전기를 들을 수 없었다. 영국의 한국전 참전용사 모임에는 해가 갈수록 이런 일이 더 흔한 일이 되었다. 잊혀진 전쟁, 잊혀진 인물들이 될까 우려하던 것이 이제는 뚜렷한 현실이 되고 있다.

다행히 영국에는 이들 참전용사를 잊지 않고 이웃으로 지내며 늘 교류를 가지는 한인들이 있다. 숨어있는 민간외교관이라 할 이들로 인해 한국과 영국이 혈맹이라는 뜨거운 기억을 참전용사들은 다시 상기하는지도 모른다. 참전용사들과 모임을 정례화한 한인들과 한인 단체 중 첫 주자로 꼽을 곳이 레딩한인회이며 그 중심에 조신구 레딩한인회장이 있다. 런던에서 약 한 시간 거리에 있는 레딩은 런던보다 아주 적은 수의 한인이 사는 작은 도시다. 그러나 런던 코리아타운에서도 하지 못할 큰일을 레딩한인회 사람들은 똘똘 뭉쳐 매년 끊이지 않고 치러낸

다. 참전용사와 레딩한인회는 2001년부터 매년 6월 25일을 전후해 기념행사를 하고 한인들이 마련한 음식을 나누고 한인들이 마련한 공연을 보며 함께 흥겨운 잔치를 연다.

**레딩한인회와 참전용사의 모임은 2001년 우연한 인연으로 시작됐다**

그해 레딩 한인교회가 설립됐다. 한인교회를 중심으로 한인들이 모이는 공동체가 만들어지자 지역을 위해 좋은 일을 해보고자 교회에서 바자회를 개최했다. 당시 수익금 800파운드를 '북한 어린이 돕기' 기금으로 쓰자는데 한인들의 의견이 모이자 이 돈을 레딩 지역 카운슬에 전달했고 이 소식을 들은 레딩 지역 신문에서 미담을 보도했다. 마침 레딩에 영국 한국전 참전용사회(British Korean Veterans Association : BKVA) 레딩지부가 있었는데 소속 참전용사들이 이 신문 기사를 보고 먼저 레딩교회에 연락한 것이다. 참전용사들은 "아. 레딩에도 한국인이 있었구나" 했고 한인들은 "아, 레딩에 참전용사회가 있었구나"하는 놀라움과 반가움을 갖고 서로 처음 만났다.

처음 레딩교회에서 시작된 만남은 이후 레딩한인회를 만들어 한인 전체의 사업으로 확장됐다. 교회 행사의 차원을 넘어 한인들의 행사로, 레딩에 사는 한인들은 모두 참여하는 뜻있는 만남으로 발전시키려는 계획이었다. 참전용사와 레딩에 사는 한인들은 만남을 정례화했는데 6월 25일 전후로 기념식을 하고 한국 음식을 함께 먹고 소규모 공연을 하는 함께 즐기는 잔치를 갖기로 했다. 2001년부터 참전용사와 그 부인이 약 40명 정도 참가

보훈처장, 英 보훈병원에서 6·25참전용사 위문

했다. 참전용사가 죽으면 그 부인이 나오고 이제는 그 자녀가 대신 참석하는 가정이 많아졌다. 이 행사는 참전용사들과 한인들이 만나는 자리지만 참전용사들이 일 년에 한 번 지역에 사는 옛 전우를 모두 만나는 자리가 되기도 했다. 2015년 전국 단위로 있던 BKWA가 해체되자 지역 단위로 BKWVA라는 참전용사 단체가 새롭게 만들어졌는데 레딩한인회의 조신구 회장은 참전용사들로부터 공로를 인정받아 한국인으로 최초로 임원으로 임명되는 영예를 안았다. 임원이 되면 어떤 혜택이 있냐고 물었더니 연회비 5파운드(7,500원)를 내지 않는 특혜가 있다고 했다. 참전용사들을 위해 더 특별한 봉사를 해야 하는 책임이 주어지는데 그는 해마다 행사를 힘겹게 치르지만, 한편으로 즐겁게 치른다고 했다.

**올해 참전용사들과 한인들 만남의 날에는 예년과 달리 특별한 행사가 하나 더 있었다**

참전용사들과 한인 목사들의 채플린 결성식이 있었다. 영국 전역 각 도시에서 사역하고 있는 목사 17명이 올해 행사에 직접 참석하거나 오지 못한 이들도 취지에 동의하고 향후 함께 활동하겠다는 의사를 표시했다. 영국 각지에 있는 한인 목사들은 참전용사들의 요청이 있으면 아플 때 방문해 기도해주고 장례식에서 예배도 집전해주는 채플린 결성식을 한 것이다. 참전용사들은 대부분 신앙을 갖고 있다고 한다. 이날 결성된 공식 목사단은 참전용사들이 필요로 하는 곳에는 어디라도 찾아가 함께하고 도움을 주기로 했다. 레딩을 비롯해 인근에 BKWVA가 있는 도시 옥스퍼드, 스윈든, 왓퍼드 등은 물론 버밍엄, 맨체스터 멀리 스코틀랜드까지 참전용사들의 마지막 여정을 편안히 지켜줄 목사들을 선임했다. 이 일도 조신구 회장이 각 지역에 있는 한인교회를 직접 찾아가거나 연락해 사업의 뜻을 알리고 목사들의 동참을 호소해 얻어낸 결과다.

런던한인회는 영국의 코리아타운이 있는 킹스턴에서 8·15 광복절 전후로 해마다 한인 축제를 열었는데

참전용사들이 보훈병원에서 부산 엑스포를 응원하는 장면

프로그램에 참전용사들의 열병식이 있었다. 80세가 넘은 노병들이 8월 더운 날씨에 깃발을 들고 행진하는 모습은 힘이 들어 보였지만 참전용사들은 이 행사를 무척 좋아했다. 마치 영원한 군인으로 살듯한 모습이었지만 이 열병식도 없어진 지 오래다. 참전용사들은 자신이 한국전에 참전했다는 사실을 무척 자랑스럽게 생각한다고 그들과 가까이 지내는 이들은 한결같이 말한다. 한국 정부에서 그들을 초청하고 한국의 발전된 모습을 보여주며 이런 발전이 여러분의 희생 덕분이라고 하는 말을 듣기 좋아한다. 더욱이 한국의 발전된 모습을 직접 본 참전용사들은 자기 일처럼 기뻐한다. 자신의 한국전 참전이 한국 발전의 밑거름이 됐다고 믿기 때문에 젊은 날의 희생을 아까워하지 않는다는 것이다. 그래서 우리가 이들을 잊지 않았다고 생각하게 만드는 레딩한인회나 조신구 회장 같은 사람의 봉사와 활동이 사람의 관계는 물론 지역사회와의 관계나 나아가 국가 간의 관계에도 얼마나 중요한 역할을 하는지 모른다.

영국에는 레딩한인회나 조신구 회장처럼 참전용사를 잊지 않고 매년 초청해 음식을 대접하고 만남을 갖는 한인들과 한인 단체가 여럿 있다. 스코틀랜드 에버딘 한인회 남정희 회장은 10년 넘게 '참전용사 위로의 날' 행사를 열고 있는데 공식적인 행사는 10년이지만 개인적으로 스코틀랜드 지역에 사는 참전용사들과 교류를 갖고 그들을 초대해 대접한 것이 약 20년 전부터다. 노팅엄 한인교회도 10여 년 전부터 참전용사를 위한 행사를 시작해 계속 이어져 오고 있으며 케임브리지의 한인들과 한인교회에서도 지난해부터 지역 참전용사회와 교류를 갖고 그들을 초청해 잔치를 열고 고마움을 표시한다.

영국에서 한인들의 행사에 초대되어 오는 이들 중 영국인은 물론 다른 문화권의 인사들이 단골로 하는 인사말이 한국전쟁에 영국은 미국 다음으로 많은 군인을 파병했고 한국의 자유와 평화를 위해 싸운 혈맹이란 얘기를 첫 화두로 꺼낸다. 한국에서 온 이들도 공식적인 자리의 첫인사는 그런 고마움의 표현이다. 그러나 정작 살아있는 참전용사에게 직접 고마움을 전하고 참전용사들이 고마움의 보답을 피부로 느끼게 전해주는 이들은 이처럼 가장 평범한 사람들이다. 자기가 하는 일이 좋아서 하든 나만이라도 해야 한다는 책임감에서 하든 그들이 하는 일은 분명 누군가가 놓치고 있는 일을 기꺼이 떠안은 것이다. 그것도 즐거운 마음으로.

참전용사들을 해마다 초청해 잔치를 연 이들의 특징은 한결같이 기록이 없다는 것이다. 누군가가 하던 일을 이어받았다고 하는 이들도 있는 등 처음 행사가 시작된 연도를 정확히 모르는 경우가 많다. 몇 년 되지도 않은 것을 기억 못 하는 것이 아니라 처음 언제가 공식적인 행사였다고 규정할 기준이 다르기 때문이다. 개인적으로 몇이 만나다가 전체 모임으로 발전했을 경우 조금씩 규모가 커지고 해마다 달랐기 때문에 언제부터 공식적인 기록으로 할지를 모르는 식이다. 그것이 중요하지도 않다는 투다. 레딩한인회 조신구 회장도 2001년 첫 만남이 있었고 2002년부터 행사를 했지만 거른 적도 있어서 20년 역사라고 얘기하기가 부끄럽다고 했다. 해마다 행사를 한 것은

## 재영한인 예술인들, 영국 참전용사들의 이야기를 영상에 담아

영국에서 활동하는 문화예술인들의 모임인 'Theatre For All'은 영국군 6·25 참전 용사들의 이야기를 담은 영화 두 편을 제작해 한인이 많이 사는 런던 킹스턴에 있는 로즈 극장(Rose Theatre)에서 2015년 6월 상영한 바 있다. 6·25 참전 영국 군인들의 전쟁 당시와 전쟁 이후의 삶을 담은 <Korea Undertaken>, <Not One of the Forgotten> 다큐멘터리 두 편을 제작, 상영했다.

<Korea Undertaken>는 19살에 입대해 한국전쟁에서 전사자의 시신을 수습하는 Undertaking Team에 있었던 제임스 그룬디(James Grundy)의 이야기로 아픈 몸을 이끌고 매년 한국을 찾는 그의 마지막 소원을 담았다.

<Not One of the Forgotten>은 잊힌 전쟁이 되어가는 한국전쟁을 기억하는 참전용사 짐 테이트(Jim Tait)와 빌 엘드리지(Bill Eldrige)가 옛 전우들을 만나 전쟁 당시를 기억하며 추모하는 시간을 가지는데 점점 사라지는 옛 전우와 함께 모임도 사라질까, 한국전쟁도 잊힌 전쟁이 될까 하는 안타까움을 그렸다. 영화 시사회에는 할아버지가 된 참전용사와 그의 가족들이 참가했다.

'Theatre For All'의 신보나 대표는 "1981년 창설된 영국 한국전쟁 참전 용사 모임(British Korean Veteran Association)이 2015년 해체돼 우리 기억에서 사라질 위기에 놓였다. 이 다큐멘터리는 3년 전 참전 용사 모임 해체가 논의될 무렵 시작, 우리 역사를 되돌아보며 그들의 희생에 경의를 표하려 제작되었다."고 설명했다.

맞지만 사진조차 남아 있지 않다. 여기에 실린 사진도 지역 신문에서 소식을 듣고 찾아와 취재한 것이다. 참전용사들이 '참 고마운 한국인들이 있는데 소개 좀 해달라'고 신문사에 먼저 요청했던 것이다.

### 참전용사들과 만남을 마련하는 이들은 한결같이 어려움이 있다

영국의 전국적 규모 참전용사회가 없어지면서 관리가 되지 않아 행사를 하려 해도 초청 대상인 참전용사들의 명단을 구하기가 어려워졌다. 초청장을 보낼 대상을 찾는 것이 아는 참전용사를 통해서 다른 이의 주소를 묻곤 하는 식으로 이뤄진다. 또 하나, 지인들의 도움으로 음식을 장만하고 장소를 빌리고 공연을 준비하지만, 그 도움을 언제까지나 장담할 수 없어 해마다 행사를 앞두고 걱정이 앞선다고 한다. 혼자 할 수 없는 일이지만 공식적인 행사가 아니라 기관이나 업체에 도움을 청하기도 어렵다. 도움을 청하려고 생각했다가 간혹 참전용사를 핑계로 사적 이익을 챙긴다는 오해를 살까 두려워 매번 그만둔다고 한다. 조신구 회장도 "음식 장만은 한인들이 모여서 즐겁게 하는데 참전용사를 위한 작은 공연이라도 기관에서 지원해 줬으면 한다."고 했다.

템스강변에 선 참전용사의 기념비는 물론 의미가 깊다. 기념비의 건립은 참전용사들의 숙원사업이었다. 그런데 정작 그 기념비의 산증인인 참전용사들이 기념비만큼의 대우조차 못 받는다면 그것이 우리가 걱정하던 바로 그 '잊혀진 전쟁, 잊혀진 인물'이 되는 게 아닐까. 참전용사의 곁에서 그들을 잊지 않는 한인들이 있어서 그나마 다행이라고 스스로 달래야 할까. 누군가가 놓친 부분을 아름답게 채우는 이들, 영국의 한인사회는 이런 민간 외교의 일선에 선 이들이 많아서 그나마 다행이다.

윤여철 대사가 찰스 3세 국왕에게 신임장을 제출하러 가는 날, 버킹엄궁까지 태우러 온 왕실 마차가 대기하고 있다.

# 13
# 주영한국대사관과 역대 대사들

1949년 1월 18일 영국 정부가 대한민국 정부를 승인하면서 한영 국교가 다시 수립된다.
(영국 정부는 미국, 중화민국에 이어 세계에서 세 번째로 대한민국을 정식으로 승인한다)

**대사관의 뿌리는 대한제국 주영공사관**

주영국 대한민국 대사관은 대한제국 주영공사관에 뿌리를 두고 있다. 1901년 초대 공관장 민영돈을 영국에 주재시키고 주영명예총영사Honorary Korean Consul-General인 모건馬肯, William Pritchard-Morgan의 소유였던 프리차드 모건 회사(W. Pritchard Morgan & Co.)가 있는 퀸 빅토리아 스트리트Queen Victoria Street에 임시 공사관을 마련했다가 런던 얼스코트Earl's Court 부근 건물(4 Trebovir Road, London SW5 9LY)을 주영공사관으로 사용한다. 1903년부터 1905년까지 주영공사관으로 사용했는데 홀로 남아 영국을 대상으로 외교활동을 펼치던 이한응 공사가 이곳에서 순국하자 주한일본공사관은 한국 정부에 재외공관을 모두 없애는 '폐쇄훈령'을 내리라고 압박한다. 1905년 11월 17일 을사늑약으로 우리나라의 외교권을 일본에 박탈당하고 서울에 개설한 각국의 공사관들이 철수하거나 영사관으로 대체된다. 을사늑약 체결 후 주영공사관도 주영총영사관으로 격하된다. 1905년 12월 24 외부대신 이완용 명의로 주독, 주불, 주미, 주청, 주일 등지의 각 공사에게 공관의 폐쇄를 지시한다. 그러자 영국의 한국명예총영사였던 모건은 공사관 폐쇄 비용 400파운

드와 이한응 공사가 자결한 직후부터 대리 근무를 한 8개월 동안의 급여를 청구하면서 한국공사관의 서류와 가구 등을 일본공사관에 인계한다.

재미 사학자 방선주 박사는 이한응 열사 순국지인 런던의 주영공사관 건물을 당시 조선 정부가 매입했는데 이를 일제가 1910년 경술국치 무렵 매각했을 것이라고 했다. 런던의 브리티시도서관에서 찾아낸 자료에 이 건물은 1900년까지 개인 소유 여인숙이었다가 1903년부터 1905년까지 주영한국공사관이 입주한 것으로 되어 있다. 방 박사는 공사관 건물을 매입하지 않고 3년 동안이나 장기 입주하기 어려웠을 것이라고 주장한다. 또한 1908년에 건물 입주자 기록이 없고 1911년 영국 군인이 입주한 것으로 되어 있는데 1908년에 입주자가 없다는 것은 일제가 1905년 을사늑약 당시부터 조선의 해외 공관들을 강제로 폐쇄했는데 주영공사관 건물도 그때 강탈해 팔지 않고 갖고 있었던 것으로 보이며 1911년에 입주자가 있다는 것은 1910년 경술국치 무렵 판 것으로 보인다고 했다.

## 1957년 공사관에서 대사관으로

1949년 1월 18일 영국 정부가 대한민국 정부를 승인하면서 한영 국교가 다시 수립된다.(영국 정부는 미국, 중화민국에 이어 세계에서 세 번째로 대한민국을 정식으로 승인한다) 이에 1950년 2월 17일 윤치창을 공사로 임명해 런던 서쪽 카도간스퀘어에 주영한국공사관(36 Cadogan Square, London SW1X)이 개설된다. 벽돌 7층 건물의 일부를 사용했는데 대지면적 297.522㎡(90평), 건평 253.22㎡(76평)으로 연 1만 400파운드의 임차료를 지불했다.

1957년 6월 13일 한영 양국 간에 공사관을 대사관으로 승격하기로 합의함에 따라 7월 11일 대사관으로 승격한다. 김용우 제4대 공관장이 초대 대사가 된다.

1970년대 초 카도간스퀘어에 대사관이 있을 당시 대사관 직원 구성을 보면 모두 12명으로 대사 1명, 공사 1명, 참사관 2명, 정무서기관 1명, 영사 1명, 총무 1명, 무관 1명, 재무관 1명, 공보관 1명, 국정원 2명 등이었다.(2020년 현재는 모두 22명으로 대사 1명, 공사 2명, 재경관 1명, 문화원장 1명, 해양관 1명, 참사관 5명, 상무관 1명, 입법관 1명, 외사영사[경찰] 1명, 홍보관 1명, 국방무관 1명, 공군무관 1명, 교육원장 1명, 과학관 1명, 조달관 1명, 1등서기관 1명, 2등서기관 3명, 영사 1명, 3등서기관 1명 등이다)

1975년 1월 19일 처음으로 주영한국대사관 건물(4 Palace Gate, London W8 5NF)을 매입해 이전한다. 지상 3층 지하 1층에 대지면적 545㎡(165평) 건물면적 957㎡, 1997년까지 대사관으로 사용하다가 1998년부터 현재까지 대사관저로 사용한다.

1995년 1월 10일 지금의 대사관 건물(60 Buckingham Gate, London SW1E 6AJ)을 매입한다. 그러나 입주하기까지는 약 2년이 걸려 1997년 2월 21일에야 대사관이 이전한다. 노창희 대사 시절 매입했으며 입주는 최동진 대사 재임 때다. 지상 7층 및 지하 1층에 대지면적 265㎡(80평) 건물면적 2644.10㎡인 현재의 대사관은 버킹엄 궁전과 매우 가까이 있다.

주영한국대사관 전경

## 주영대사관저 연혁

주영대사관저는 1972년 10월 31일에 윔블던 콤몬Wimbledon Common 공원 바로 근처(28 Parkside, Wimbledon, London SW19 5NB)에 있는 건물을 18만 9천500파운드에 매입한다. 이 건물의 원래 소유주가 007시리즈 영화배우 '숀 코너리'로 알려졌다. 당시 이런 규모의 대사관저를 매입한다는 것이 무척 파격적이라는 평을 받았는데 최경록 대사가 군 출신이라 박정희 대통령과 특별한 관계에 있었기에 가능한 특혜였다고 재임했던 외교관들도 판단했다. 잉글랜드와 웨일스에 있는 주택을 대상으로 평균 가격을 비교해 가장 비싼 주거지역을 알아보는 조사를 영국 은행들이 자주 하는데 영국에서 가장 비싼 집들이 모여 있는 지역으로 윔블던이 매번 1위를 차지한다. 런던 남서쪽과 써리지역 북쪽에 고급 주택가가 많이 있는데 런던 중심가와 가깝고, 주변에 좋은 학교가 많고, 범죄율이 낮아 최적의 주거지역으로 꼽힌다는 것이다. 1972년에 윔블던에 대사관저를 매입한 것은 그래서 파격적이라는 평이다.

관계자들에 따르면 관저에서는 주말에 자주 모임이 있었는데 주로 사교모임이었으며 대사관 직원과 주재 상사 대표, 일부 교민들을 초대했다고 한다. 벽돌로 된 전형적인 영국 하우스 3층 건물로 대지면적 696평, 연건평 124평 규모였다. 1998년까지 주영대사관저로 사용됐다.

지금의 대사관저는 런던 켄싱턴Kensington 부근(4 Palace Gate, London W8 5NF)에 있는데 과거 1975년부터 1997년까지 대사관으로 사용했던 건물이다. 1998년부터 현재까지 주영대사관저로 사용한다. 지상 3층 지하 1층 벽돌 건물이며 대지면적 545.45㎡(165평) 건물면적 957.28㎡ 규모로 1975년 1월 19일 98만 500파운드에 매입했다.

런던 켄싱턴에 있는 대사관저

## 역대 주영국 대한민국 대사들

◎ **초대 공관장 민영돈**

**(閔泳敦 1864~1919 / 재임 1901년 7월~1903년)**

1901년 3월 12일 고종실록에 '민영돈을 영국과 이탈리아에 주재시키다'가 나온다. 1901년 특명전권공사로 임명돼 영국과 이탈리아에 주재했다. 딸 민갑완이 영친왕 황태자비로 선발됐으나 파혼당하고 평생 수절했다.

◎ **제2대 공관장 윤치창**

**(尹致昌 1899~1973 / 재임 기간 50.02~51.05)**

일제 강점기의 기업인, 외교관. 에딘버러 의대를 나온 의사 윤치왕의 친동생. 1948년 8월 대한민국 정부 수립 후 외교관이 되었고 1950년 2월 초대 주영국 공사로 임명됐다. 정부의 재정적 지원이 없는 주영공사를 처음 거절했으나 이승만의 부탁으로 1950년 2월 17일 런던의 마블아치 부근 카도간스퀘어에 대한민국 주영공사관을 개설했다. 그러나 공관 건물 임대에서 현지 고용직원의 임금, 그리고 외교 활동 경비에서 자동차 수리비까지, 모든 경비를 개인의 재산으로 부담하였고 아무런 지원이 없어 결국 1951년 5월 사직서를 제출하고 귀국한다.

◎ **제3대 공관장 이묘묵**

**(李卯默 1902~1957 / 재임 기간 51.05~57.02)**

일제 강점기의 교육인, 하버드 대학교 대학원을 수료하고 연희전문학교 교수를 지냈다. 일제 말기에 여러 친일 단체에 적극적으로 가담한 행적이 있어 친일인명사전에 올랐다. 미군정 시기에 존 하지 사령관의 통역과 한국인 비서를 지냈다. 1951년 주영국 특명전권공사로 런던에 파견. 파리 개최 제6차 국제연합총회 한국 대표, 1953년 엘리자베스 2세 대관식에 신익희 국회의장을 수석으로 하는 한국의 사절단과 함께 한국 대표로 참석했다. 당시 사절단과 함께 처칠을 비롯한 16개국 참전국 대표들을 만나 큰 외교적 성과를 거두었다고 한다. 1957년 2월 27일 주영 공사로 재직 중 영국에서 사망했다.

◎ **제4대 공관장 김용우**

**(金用雨 1912~1985 / 재임 기간 57.10~58.05)**

1957년 6월 13일 한영 양국 간에 공사관을 대사관으로 승격 합의함에 따라 초대 주영국 대사가 됐다. 민간인 출신 국방부 장관. 1957년 10월 28일 영국

도착. 1958년 제네바에서 열린 국제해양법회의에 한국 대표로 참석해 미국의 안에 찬성표를 던지라는 본국의 훈령을 거부하고 반대표를 던졌다. 미국의 안이 영해 및 어업권 확보 측면에서 우리에게 불리하다는 판단 때문이었다. 국익에 맞는 판단이었지만, 그는 이 항명에 대한 책임을 지고 주영국 대사에서 물러났다. 한국 보이스카우트연맹 총재, 대한체육회장, 적십자사 총재 등을 역임했다.

### ◎ 제5대 공관장 김유택

**(金裕澤 1911~1975 / 재임 기간 58.11~60.05)**

1950년 이후 한국은행 총재로 5년 동안 재직하였고, 주일대사와 주영대사를 지냈다. 5·16 직후에 재무부장관으로 입각하였다가 제6대 국회에 전국구로 진출한 뒤 제3대 부총리 겸 경제기획원장관을 역임하였다.

### ◎ 제6대 공관장 김용식

**(金溶植 1913년~1995 / 재임 기간 61.07~62.08)**

대한적십자사 총재, 주유엔 대사, 주필리핀 대사, 외무부 장관. 주영대사 재임 시 사절단을 이끌고 그리스를 방문하여 그리스 외무장관 에반 로스 아베로프, 국방장관 죠지 테멜리스와 접견하고 그리스와 외교 관계를 수립하였다. 2013년 출생지인 통영에 그와 동생 김용익을 기념하는 '김용식·김용익 기념관'이 건립되었다. 민족문제연구소의 친일인명사전 수록자 명단 사법 부문에 선정되었다.

### ◎ 제7대 공관장 이형근

**(李亨根 1920~ 2002 / 재임 기간 62.11~67.09)**

대한민국 국군의 상징인 '군번 1번', 육군 대장으로 예편. 대한민국재향군인회 회장. 1961년 6월 주필리핀 특명전권대사를 거쳐 주영대사를 지냈다. 인기가수 이현의 아버지로도 유명한데 주영대사 재임 시 박경리의 소설 '토지'를 영문판 'Land'로 번역한 홍명희 씨와 천갈로 성공회 신부의 결혼식 주례를 섰다. 대한민국 국군 초기 창군 주역이자 원조로 평가받는다. 민족문제연구소의 친일인명사전 수록예정자 명단 중 군 부문에 선정되었다.

### ◎ 제8대 공관장 배의환

**(裵義煥 1904~2001 / 재임 기간 68.02~71.07)**

한국은행 총재, 주일 대표부 공사, 아르헨티나 대사를 역임했고 저서 〈보릿고개는 넘었지만〉이 있다.

◎ **제9대 공관장 최경록**

**(崔慶祿 1920~2002 / 재임 기간 71.10~74.10)**

육사 교장. 국방연구원장, 육군 참모총장. 주멕시코 대사, 교통부 장관을 역임했다. 교통부 장관 재직 시 1977년 이리역 폭발 사고에 대한 책임을 지고 사임하였다. 제24대 대한민국재향군인회 회장 역임.

◎ **제10대 공관장 김용식**

**(金溶植 1913~1995 / 재임 기간 75.02~77.02)**

외무부 장관, 통일원 장관을 거쳐 주영대사로 왔으며 박동선 로비 사건으로 주미대사가 경질되자 2년 만에 주미대사로 발령이 난다.

◎ **제11대 공관장 한표욱**

**(韓豹頊 1916~2003 / 재임 기간 77.06~80.12)**

일제 강점기 대한민국 독립운동가, 연희전문 재학 시절 국사 시험 시간에 일본사는 우리 국사가 아니라며 답안을 백지로 낸 일화가 있다. 미국 유학에서 이승만 박사를 만나 미국 전역을 돌며 독립운동을 펼칠 때 동행했다. 1977년 유네스코 총회에 한국 대표로 소련을 방문한 바 있다. 외교관으로서의 평가는 외교학을 오래 공부했고, 외교관 경력이 풍부하고, 국제회의에 가장 많이 참석한 최고의 외교관이라고 극찬. 주제네바 대사, 주태국 대사, 주유엔 대사. 김용식 대사가 주미대사로 임명되자 주오스트리아 대사를 하다가 주영대사로 전보 발령받았다. 주영대사를 끝으로 외교무대에서 은퇴. 저서로 〈한미외교요람기〉, 〈The Problem Of Korean Unification, Research Center For Peace And Unification〉 등이 있다.

◎ **제12대 공관장 강영훈**

**(姜英勳 1922~2016 / 재임 기간 81.02~84.12)**

육사 교장, 5·16 군사 정변에 반대해 교도소에 수감되고 육군 중장 예편. 주영대사 주아일랜드 대사, 주로마 교황청 대사 역임. 6공화국 국무총리. 분단 후 첫 남북 총리회담을 성사시킨 주역이다. 총리로는 최초로 평양을 방문, 김일성 주석을 만났다. 대한적십자사 총재 역임. 외국인에게 수여하는 영연방의 훈장인 명예 KBE를 받았다. 저서로 〈한 외교관의 영국 이야기〉, 〈죽더라도 거짓이 없어라〉 등이 있다.

◎ **제13대 공관장 김영주**

**(金永周 / 재임 기간 84.12~87.11)**

외무부 차관, 주독대사, 주캐나다대사, 주오스트리아대사 역임. 주영대사로 있던 1985년 옥스포드 학생들과의 즉석 만남 자리에서 한인 학생 단체 결성을 유도해 옥스퍼드 학생회가 만들어졌다. 박진 의원이 초대 회장이었으며 손학규 전 경기도지사, 정미령 교수 등이 회원이었다. 재임 시 전두환 대통령이 영국을 방문했으며 대처 영국 총리가 한국을 방문했다. 외교관으로 활동했던 경험담을 묶어 회고록 〈외교의 경험과 단상〉을 출간.

◎ **제14대 공관장 오재희**

**(吳在熙 / 재임 기간 87.11~91.03)**

외무부 차관. 노태우 대통령과 경북고 동기 동창생이며 노재봉 국무총리와 처남·매부 사이로 개각 때마다 외무장관 물망에 오르내렸다. 1965년 한일 국교 정상화 당시 실무자로 한일 협정 협상에 참여했고 주일대사 재임 중 "일본 정부에 정신대 강제 연행 사실을 인정하라고 요구하는 것은 무리"라고 했다가 파면 소환하라는 시민단체의 반발을 샀다. 재임 시 노태우 대통령이 영국을 방문했다.

◎ **제15대 공관장 이홍구**

**(李洪九 / 재임 기간 91.03~93.04)**

서울대 정치학과 교수, 통일원장관. 김영삼 정부에서 총리와 여당 대표를 지냈으며 김대중 대통령이 92년 대선 패배 이후 영국에 있을 당시 주영대사를 지낸 인연으로 김대중 정부에서 주미대사를 지냈다. 국토통일원 장관, 국무총리 역임. 1993년 제6기 민주평화통일자문회의 수석 부의장으로 취임하면서 영국에 해외 평통 위원 2명(장민웅, 강철수)이 선출된다. 신한국당 전국구 국회의원, 신한국당 대표최고위원.

◎ **제16대 공관장 노창희**

**(盧昌憙 / 재임 기간 93.04~96.03)**

한국의 마지막 유엔 옵서버 대사이자 첫 정식 주유엔 대사, 외무부 차관. 외교통상부 본부대사. 전국경제인연합회 상임고문 역임. 저서 〈어느 외교관의 이야기〉. 재임 당시 현 대사관 건물 매입.

◎ **제17대 공관장 최동진**

**(崔東鎭 / 재임 기간 96.03~99.03)**

국제해사기구(IMO) 총회 의장으로 피선됐다. 우파 성향의 전직 외교관 모임인 나라사랑전직외교관모임에서 활동한다. 재임 당시 현 대사관 건물 입주.

◎ **제18대 공관장 최성홍**

**(崔成泓 1938~2020 / 재임 기간 99.03~01.04)**

주헝가리 대사, 외교통상부 차관, 외교통상부 장관. 장관 재임 중 칠레와 FTA를 체결함으로써 한국 최초 FTA를 체결한 외교통상부 장관이 됐다.

◎ **제19대 공관장 라종일**

**(羅鍾一 / 재임 기간 01.05~03.02)**

영국 케임브리지 대학교 트리니티 칼리지 정치학 박사 과정 졸업, 경희대학교 정치외교학과 교수, 국가정보원 1차장, 주일본 대사, 우석대학교 총장. 저서로 〈한국의 불행한 대통령들〉, 〈가장 사소한 구원〉, 〈장성택의 길〉, 〈아웅산 테러리스트 강민철〉 등이 있고 동화작가로도 활동하며 〈낙동강〉 등을 썼는데 많은 책이 미국, 중국, 일본, 헝가리, 러시아, 이란 등에서 번역 출간됐다.

◎ **제20대 공관장 이태식**

**(李泰植 / 재임 기간 03.06~05.01)**

주이스라엘 대사, 외교통상부 차관, 주미 대사 역임. 주미대사 시절 뉴욕 세미나에서 "코끼리가 싸워도 피해를 보는 것은 풀이고, 코끼리가 사랑을 나눠도 역시 피해를 보는 건 풀이다"라며 강대국 사이에 끼어있는 한국의 상황을 코끼리로 인해 피해를 보는 풀에 비유한 연설로 유명하다. 주영대사 시절 노무현 대통령이 영국 국빈 방문을 했다.

◎ **제21대 공관장 조윤제**

**(趙潤濟 / 재임 기간 05.06~08.02)**

노무현 정부에서 비서실 경제보좌관을 역임했다. 노무현은 경제보좌관였던 조윤제의 보고서에 "혼이 담겼다"며 좋아했다고 알려져 있을 정도로 노무현의 신임이 두터웠다. 문재인 대통령의 유럽연합, 독일 특사로 파견, 문재인 정부의 첫 주미대사.

◎ **제22대 공관장 천영우**

**(千英宇 / 재임 기간 08.05~09.11)**

초대 한반도평화교섭본부장으로 임명돼 북핵 6자회담 수석대표를 맡았다. 외교부 제2차관, 청와대 외교안보수석을 역임하였다.

◎ **제23대 공관장 추규호**

**(秋圭昊 / 재임 기간 10.02~12.09)**

외교통상부 대변인, 한국외교협회 부회장, 한일미래포럼 대표. 재임 시 한인종합회관을 개관했다. 2012년 퇴임했으나 2020년 주교황청대사에 임명.

◎ **제24대 공관장 박석환**

**(朴錫煥 / 재임 기간 12.09~13.06)**

주베트남 대사, 외교통상부 제1차관, 한국가스연맹 사무총장. 이명박 전 대통령의 대학(고려대) 후배로 외교부 의전장으로 이 전 대통령을 가까이에서 모시다 외교부 차관으로 영전한 뒤 정권 말에 주영대사가 된 것이 측근 챙겨주기 인사라는 뒷말이 있어 박근혜 정부에서 부임 8개월밖에 안 된 박 대사를 교체했다.

◎ **제25대 공관장 임성남**

**(林聖男 / 재임 기간 13.07~15.10)**

외교통상부 한반도평화교섭본부장, 외교부 제1차관, 주 아세안 대표부 대사. 영국대사 재임 시 박근혜 대통령이 영국 국빈 방문을 했다. 런던 템스강변에 한국전 참전 기념비를 준공했다.

◎ **제26대 공관장 황준국**

**(黃浚局 / 재임 기간 16.03~18.03)**

고입 연합고사 전국 수석을 했다. 외교부 한미방위비분담협상 대사, 외교통상부 한반도평화교섭본부장, 황 대사는 외교관으로 첫 해외 근무를 영국에서 한 후 30년 만에 주영대사로 다시 부임한 경우다. 외교부는 2014년 제9차 한·미 방위비 분담 협정 당시 '예외적 현금지원' 이행약정이 국회 보고에서 누락되면서 이면 합의로 비칠 소지를 제공했다고 향후 유사한 사례의 재발 방지를 위한 조치로 당시 협상 대표였던 황 대사를 절차에 따라 귀임시켰다.

◎ 제27대 공관장 박은하

(朴銀夏 / 재임 기간 18.11~21.07)

여성 최초 외무고시 수석 합격자라는 기록을 세운 박은하 대사는 주중국 공사, 외교부 공공외교대사를 거쳐 첫 여성 영국대사가 되었다. 영국 입국 시 애로사항인 입국 심사 지연해소 노력으로 한국을 자동 입국 심사 대상국에 포함시키는 공로를 세웠으며, 이러한 공로로 주영국대사관이 2019년 정부 혁신 최우수 사례 대사관으로 선정되는 데에 기여하였다.

◎ 제28대 공관장 김건

(金健 / 재임 기간 21.07~22.05)

주밴쿠버 총영사, 외교부 국제안보대사 겸 장관특별보좌관, 차관보 등을 거쳐 부임했다. 2022년 5월 13일, 윤석열 정부의 외교부 한반도평화교섭본부장에 임명되었다.

◎ 제29대 공관장 윤여철

(尹汝哲 / 재임 기간 22.10~현재)

외무고시 18회에 합격한 윤여철 대사는 2002년 의전2과장, 2004년 북미 2과장, 2004년 주유엔대표부 참사 , 2007년 UN사무총장 특별보좌관, 2012년 UN사무국 의전장을 거쳐 2014년 외교부 의전장, 2016년 대통령비서실 의전비서관을 역임했다. 유 대사는 2018년 주이집트대사 2020년 광주광역시 국제관계대사를 거쳐 2022년 10월 주영국대사로 부임했다.

# 14

# 영국을 방문한 역대 한국 대통령들

영국 왕실이 외국 정상을 국빈으로 초청하는 것은 일 년에 한두 차례뿐이다.
10년도 안 돼서 한 나라의 대통령을 두 차례나 국빈으로 초대한 것 자체가 이례적이라는 평가였다.

영국 왕실이 외국 정상을 국빈으로 초청하는 것은 일 년에 한두 차례뿐이다. 그런데 2004년 노무현 대통령의 국빈 방문에 이어 2013년 박근혜 대통령이 국빈 방문을 하게 되는데 10년도 안 돼서 한 나라의 대통령을 두 차례나 국빈으로 초대한 것 자체가 이례적이라는 평가였다.

대통령의 해외 방문은 의전의 차이에 따라 국빈방문State Visit, 공식방문Official Visit, 실무방문Working Visit, 사적방문Private Visit 등으로 구분된다. 전두환 대통령 이후로 한국의 대통령들은 영국을 꾸준히 방문하고 있다. 최근엔 윤석열 대통령이 2023년 11월 찰스 3세 영국 국왕 초청으로 영국을 국빈 방문했다.

## 전두환 대통령

전두환 대통령은 1981년 1월 미국 방문을 앞두고 미국 측에 국빈방문으로 해달라고 요청했으나 돌아온 답은 국빈방문은커녕 공식방문도 아닌 실무방문이었다. 전 대통령이 워싱턴 국제공항에 내렸을 때 아무런 환영 행사가 없었다.

마찬가지로 전두환 대통령은 '알프스 계획'이란 이름으로 영국·서독·프랑스·벨기에 등 유럽 4개국을 '국빈방문'할 계획이었다. 결론적으로 1986년 4월 5일부터 21일까지 유럽 4개국을 순방했으나 벨기에만 국빈방문했다. 나머지 국가는 외교부에서 아무리 요청해도 비용과 기간 등의 문제로 받아들이지 않았다. 특히 영국은 국빈방문을 일 년에 두 차례로 제한하고 있어 오래전에 신청해도 성사된다는 보장이 없을 지경인데 방문을 불과 몇 개월 앞두고 무리한 제안을 하는 한국 외교부의 요청이 먹힐 리 없었다. 더욱이 영국 측은 한 달 뒤인 5월에 대처 총리가 한국을 공식 방문하는데 한국 대통령이 이 시기에 왜 오느냐고 의아해했다고 한다. 그래서 전 대통령의 영국 방문은 국빈방문은 아니고 공식방문도 아니고 실무방문도 아닌 '런던시장 초청 방문'이 됐다. 일국의 대통령이 시장 초청으로 외국을 방문한 것도 우스운 일인데 내용을 들여다보면 더 심하다. 런던시장이 초청했다는 데 당시는 런던시장이 없었다. 있지도 않은 런던시장을 억지로 만들어서 방문 목적을 만든 것이다. 지금처럼 시민이 투표로 선출한 런던시장이 없던 때라 당시 런던시장이란 말은 금융가 시티City의 상인조합Guild 대표를 런던시장이라고 했는데 한국 언론이 이를 억지로 만들어 붙인 것이다.

어쨌거나 전두환 전 대통령은 1986년 4월 8일

전두환 대통령 영국 방문(1986.04.08)

영국을 방문한 최초의 한국 원수가 됐다. 4일간 머물렀다. 엘리자베스 여왕도 만났다. 그런데 엘리자베스 여왕 부부와 전 대통령 내외 이렇게 딱 4명만 모여서 윈저성에서 오찬을 했다. 당시 대한뉴스를 보면 '엘리자베스 여왕이 외국 정상을 위해 윈저성에서 오찬을 한 것은 이번이 처음'이라고 보도했는데 버킹엄궁전도 아닌 윈저성에서 만찬도 아닌 오찬을 했다는 것이 외국 정상을 위한 접대로는 처음일 정도로 홀대가 분명해서 재영칼럼리스트인 권석하 씨는 〈당시 교민들 사이에는 '전 대통령이 윈저에서 라면 먹고 갔다'는 비아냥이 돌기도 했다〉고 적었다.

전 대통령은 다우닝 총리 관저에서 통역만 따라 들어간 단독회담으로 대처 총리와 한·영 정상회담을 했다. 웨스트민스트 무명용사 묘를 참배하고 참전용사들을 만났다. 이순자 여사는 런던시에 있는 영국 유아원을 방문해 둘러보고 유아들에게 봉제 인형을 선물했다.

전두환 전 대통령은 영국 방문 기념 우표를 발행했다. 안경을 쓴 전 대통령의 얼굴 위에 한·영 국기가 있고 뒤에 빅벤이 있다.

윔블던 테니스클럽 연회장에서 교민환영회를 했는데 참석 인원을 처음에 주재원들로 구성된 한인회원 위주로 꾸미자 교민회에서 불참하겠다고 반발해 행사 준비차 나와 있던 대통령 비서관이 교민 부부 20쌍을 환영회에 초청하겠다고 약속하는 등 우여곡절이 있었다. 당시 해외 동포사회에도 전 대통령을 좋지 않게 평가하는 이들이 많았는데 유럽 다른 나라에 사는 교민들이 영국 교민회에 전 대통령의 방영에 맞춰 반대 데모를 하자는 제안을 했다고 한다.

이순자 여사가 한인 여성들을 따로 모아 교민간담회를 했는데 강북런던한국학교 정구선 교장이 영국에 있는 한글학교에 한국 교과서를 지원해 달라는 요청을 했다. 이 여사는 이런 비유를 들었다. "한 방에 여러 명의 형제가 있고 이불이 하나뿐이다. 춥다고 형제 중 한 사람이 이불을 당기면 다른 형제가 추워진다. 교과서를 지원하는 것도 어느 한 나라를 지원하면 다른 나라에 지원할 것이 줄어드니 영국의 한국학교는 스스로 알아서 해결해야 한다." 이 말을 들은 교민들은 당황했다고 한다. 당장 지원은 어렵더라도 한국에 돌아가서 관계 부처와 협상해 잘 해결되도록 노력해보겠다는 식의 답변이라도 나오길 바랐으나 그 자리에서 안 된다고 단호하게 말해 모두가 놀랐다고 한다.

전 대통령은 1983년 버마 아웅산 테러 사건 이후로 해외 방문 시 경호를 더 강화했고 영국 방문에서는 테러 우려로 호텔이 아닌 대사관저에서 잠을 잤는데 당시 대사관저가 윔블던 주택가에 있어 위치나 구조면에서 경호하기가 매우 불편했다. 경호원들이 야간 경호에 특히 어려움을 겪었는데 대사관저 외부 경호를 하려니 너무 추워 침낭을 구해서 그 안에 들어가 밤을 새웠다고 한다. 그러자 영국 경찰이 찾아와서 이런 모습(침낭에 들어간 채 서서 대사관저 주변을 지키고 있었다)을 하고 있으면 여기 주요 인사가 있어 경호 중이란 걸 오히려 알려주는 격이 되니 집 안에 들어가 있으라 권유했다고 한다.

## 노태우 대통령

노태우 대통령은 1989년 11월 유럽 4개국(서독·헝가리·영국·프랑스)을 순방했는데 6공화국이 추진해온 북방외교의 결실로 한국 국가원수로는 처음 동구 사회주의 국가인 헝가리를 방문한다는데 많은 의미를 두었다. 유럽 4개국 순방 기간 내내 헝가리 방문이 가장 화젯거리였다. 또한, 유럽 4개국 순방을 앞두고 한국의 여러 매체에서는 노 대통령이 국민의 직접 선거로 탄생한 민선 대통령이라는 사실을 강조했다. 전임 전두환 대통령의 유럽 방문과 차별을 두려는 의지가 분명했는데 그래서 보도하기를 민주주의를 연 민선 대통령으로서 과거 한국에 대해 부정적으로 인식하고 있던 유럽에 새로운 민주 한국의 이미지를 심는 기회가 될 것이라고 설명했다. 노 대통령 자신도 1964년 박정희 전 대통령의 서독 방문, 전두환 전 대통령의 1986년 영국 방문 등과 비교해 자신의 유럽 국가 방문이 과거 군인 출신 대통령들의 방문과는 사뭇 다르다는 '차이'를 두려는 느낌이 강했다.

노 대통령은 서독, 헝가리 공식 방문에 이어 스위스를 비공식 방문하고 영국에 27일 도착했다. 공항에서 울스워터 여왕대표, 지오페리 하우 부총리 등 영국 측 인사들의 영접을 받고 신호철 재영한인회장, 이원덕 평통자문위원 등 교민 대표들도 만났다. 오재희 주영대사가 지극히 공을 들여 데려온 교민들이 열렬히 환영했는데 숙소인 클라리지 호텔 앞 양쪽 대로변에 교민 100여 명이 한복을 차려입고 현수막과 피켓을 들고 대통령을 환영했다. 노 대통령도 교민들과 일일이 악

영국을 방문 중인 노태우 대통령 내외와 마거릿 대처 총리

수하며 인사했다.

노 대통령은 엘리자베스 여왕을 만났으며 여왕은 필립공과 앤공주가 88올림픽 때 한국을 방문했다는 소식을 전했다. 노 대통령은 웨스트민스트 사원의 무명용사 묘에 헌화했고 영국 총리 관저에서 마거릿 대처 총리와 정상회담을 가졌다. 이 자리에서 대처 총리는 전두환 전 대통령을 두고 "한국의 발전을 위해 그토록 많은 일을 한 지도자가 현재 고통받고 있다는 사실은 가슴 아프다."고 했다.

노 대통령은 런던 그로버너 호텔에서 교민들과 만났다. 신호철 한인회장이 당시 베를린 장벽이 무너진 지 며칠이 지나지 않은 시점이라 환영사로 "분단된 우리나라에도 베를린 장벽이 무너져 내린 것과 같은 기적이 일어나도록 해달라"고 했고 노 대통령은 "베를린 변혁이 우리의 판문점에까지 이어지리라 확신한다"고 답했다. 그리고 "민주주의의 요람인 영국에서 지난 수십 년 동안 무슨 독재다, 긴급조치다, 인권이 어떻다는 조국의 이야기를 들으면서 교민들이 아주 속상했을 것이지만 지금 한국의 민주주의는 급속히 진전되고 있다. 지난 2년 동안 심지어는 물대통령이라는 소리까지 들으면서도 계속 참으면서 민주주의 하기가 쉽지 않다는 것을 절감했다."고 말했다

노 대통령의 영국 방문은 사실 연기될 우려가 있었는데 순방국 중 헝가리와의 문제 때문이었다. 당시 헝가리에는 유학생을 포함해 2천 명이 넘는 북한 사람이 살고 있어 보안상 문제가 있고 동구권과의 북방외교가 좀 더 진척된 후 방문하자는 의견도 있었으나 결국 원래대로 진행됐다.

### 영국 찰스 왕세자 부부 방한

영국 찰스 왕세자와 다이애나비가 노태우 대통령의 초청으로 1992년 11월 2일부터 5일까지 3박 4일 한국을 방문했다. 방한 중 청와대 만찬, 총리 오찬에 참석하고 경기도 파주에 있는 영국군 전적비를 방문하고 경주 불국사, 석굴암, 울산 현대조선소 등을 들렀고 다이애나비는 롯데백화점에서 열리는 영국상품 전시장 개막식에 참석하고, 봉천동 중앙사회복지관 등 아동보호 시설을 돌아봤다. 노태우 대통령의 영국 방문에 대한 답방 형식으로 한국을 방문했지만 1883년 한영 우호통상조약을 체결한 지 109년 만에 영국 왕실 가족이 처음 한국을 방문했다는 의미가 있다. 그러나 이들 부부에게는 마지막 공식 해외 순방이 되었다.

전용기에서 내려 화동들에게 꽃다발을 받고 있는 찰스와 다이애나의 모습 (1992.11.02)

## 김영삼 대통령

김영삼 대통령은 유럽 여섯 나라를 순방했다. 1995년 3월 프랑스, 체코, 독일을 방문한 뒤 영국에 왔다. 이어 덴마크 코펜하겐 유엔 사회개발 정상회의 참석하고 벨기에를 방문하는 일정이었다.

김영삼 대통령은 8일 영국에 도착한다. 버킹엄궁에서 열린 공식 환영식과 엘리자베스 여왕 주최 환영 오찬에 참석한다. 다우닝가에서 열린 존 메이저 총리와의 정상회담에서 주로 경제 분야 협력을 약속한다. 영국산업연합회[CBI] 초청 연설에서 '한국이 세계 12위의 무역국'임을 강조한다. 웨스트민스터 무명용사 묘에 헌화했고 교민간담회를 했다. 런던시장 주최 환영 만찬에 참석한다.

김 대통령 영국 방문에서 대통령과 수행원들은 클라리지 호텔에 묵었다. 노태우 대통령 방문 시에도 같은 숙소였는데 세계 각국의 대통령이 올 때나 유명 연예인 등이 많이 이용하는 이 호텔은 '버킹엄 궁전의 별관'이란 별명을 가진 오랜 역사의 고급 호텔이다. 영국 정부 측에서는 이 호텔에 공식 수행원용으로 16개의 룸을 예약했다. 그런데 한국 측은 추가로 83개의 룸을 더 예약해 모든 수행원이 이 호텔에 묵었다. 김 대통령의 유럽 순방에 경제인이 많이 동행했기 때문이다. 세계적으로 비싸기로 유명한 호텔에 이토록 많은 룸을 빌렸다는 사실이 어느 외국인이 쓴 책을 통해서 상세히 알려져 뒷말이 많았다. 김영삼 대통령 임기 말에 IMF가 터졌을 때 이 사건이 다시 거론되기도 했다.

김영삼 대통령 영국 방문-토니 블레어 노동당 당수 접견

## 김대중 대통령

김대중 대통령은 두 차례 영국을 방문했다. 첫 번째는 1998년 4월 아시아·유럽정상회의ASEM 참석을 위해 영국을 방문했다. 이는 김 대통령의 취임 후 첫 정상 외교였다. ASEM 외교로 불린 영국 방문에서 ASEM과는 별개로 주룽지 중국 총리, 토니 블레어 영국 총리, 하시모토 류타로 일본 총리 등과 개별 정상회담을 했다. 아세안 7개국과 한·중·일 3개국의 합동 정상회담도 했다. '세일즈 외교'에 맞춘 영국 측과 만남에서는 국제통화기금 IMF 관리체제 극복을 위해 영국 금융계 및 경제계 인사들에게 금융위기 극복을 위한 협력을 당부했다.

김 대통령은 서울에서부터 공식 환송 행사를 없애는 등 출국 행사를 없앴고 경제위기에 따른 고통 분담 의미에서 공식·비공식 수행원을 줄이는 등 각종 행사와 비용을 대폭 줄였다

영국 일간지 '더 타임스'와 인터뷰했는데 특집기사에서 "감옥에서 청와대에 이르는 김 대통령의 역정은 어느 모로 보아 남아공 넬슨 만델라 대통령과 비견된다."며 "김 대통령은 영국 방문 때 가장 긴 붉은 카펫을 밟을 자격이 있다"고 칭찬했다.

도어체스터 호텔에서 교민간담회를 했는데 최만영 한인회장, 안승길 경제인협의회장, 김일영 재영한국과학기술자협의회장 등 교민 350여 명이 참석했다. 김 대통령은 교민간담회에서 해외동포들의 이중국적 문제 해결과 해외동포 지원을 약속했다. 이희호 여사는 숙소인 힐튼 파크레인 호텔에서 런던한국학교와 강북런던학교 교사 및 학생대표 10여 명을 초청해 다과회를 가졌다.

김대중 대통령의 영국 동포 간담회

당시 언론은 뉴몰든 한인타운을 취재했으며 IMF 한파가 영국의 한인타운에도 몰아쳤지만 한국 대통령의 영국 방문과 한·영 정상회담이 한국의 신인도를 높이는 계기가 되고 이를 통해 IMF도 빨리 극복하기를 바란다는 내용으로 교포들의 기대와 희망을 보도했다.

당시 ASEM에 참석한 김 대통령이 엘리자베스 여왕에게 "한국에서 뵙고 싶다"고 초청 의사를 밝혔더니 여왕이 "가급적 빨리 가고 싶다"고 응답해 1년 뒤인 1999년 4월 여왕과 부군 필립공이 3박 4일간 한국을 방문하게 된 것이다.

김대중 대통령은 2001년 12월 2일부터 12일까지 영국, 노르웨이, 헝가리, 프랑스, 유럽의회로 이어진 유럽 순방의 첫 일정으로 영국을 다시 방문했다. 두 번째 방문이었다.

김 대통령은 영국 경제인연합회 주최 간담회에 참석했고 토니 블레어 총리와 정상회담을 갖고 교역 및 투자 확대, 지식기반 산업 분야에서의 협력을 협의했다. 엘리자베스 여왕의 만찬에 참석했다.

김 대통령은 영국 투자유치 활동의 일환으로 런던에서 '투자유치 로드쇼'를 열어 유통업체 테스코와 가스제조업체 BOC 등의 투자계약을 성사시켰다. 영국 두 번째 방문을 통해 우리나라가 중동, 아프리카, 발칸에 진출할 때 영국으로부터 도움을 받고 영국이 아시아에 진출할 때 우리나라가 도움을 주는 협력관계를 구축했다.

김 대통령은 케임브리지 대학에서 명예박사 학위를 받았고 영국 물리학자 스티븐 호킹 박사를 만났고 93년 영국 체류 당시 거주했던 '김대중 하우스'를 방문했다.

김대중 대통령과 영국 토니 블레어 총리와의 만남

## 케임브리지의 '김대중 하우스'

김대중 전 대통령은 1992년 대통령 선거에서 패배한 후 정계 은퇴를 선언하고 1993년 1월 영국 케임브리지대학으로 연수를 떠났다. 당시 김 전 대통령이 살았던 아파트에는 이웃 주민들이 부착한 현판이 있다. 가로세로 22㎝인 기념판에는 '민주주의와 인권의 신장자, 김대중 대한민국 15대 대통령이 이곳에 살았다'고 쓰여있다.

김 대통령은 '오스트 하우스'라고 불리는 이 공동주택의 1층에서 6개월 동안 살면서 케임브리지대학 칼리지의 하나인 클레어 홀에서 연구 활동을 하며 스티븐 호킹 등 학자들과 교류했고 6차례 강연과 한반도 통일 방안을 구상하며 베를린을 방문하기도 했다. 정계 복귀의 발판이 된 아시아태평양평화재단의 설립도 이 시절에 준비했다.

1993년 6월 김 대통령이 영국을 떠나기 얼마 전 주민들이 김 대통령에 대한 존경의 표시로 '金氏 家' '킴스 롯지(KIM"S LODGE)'라고 각각 한자와 영문으로 표기된 명판을 붙였으나, 아파트단지의 주인이 두 차례 바뀌는 과정에서 떼어졌다. 그런데 케임브리지대학에 유학했던 김영한 씨가 같은 대학 출신 사업가로 이 아파트 주민이며 김대통령과 친분이 있던 니겔 그림쇼 씨와 상의, 주민들의 동의를 얻어 1998년 12월 초에 명판을 다시 붙였다. 오스트 하우스 인근 주민들은 김 대통령이 15대 대선에서 당선되자 1999년부터 이곳을 '김대중 하우스'로 부르고 있다.

1999년 2월 2일 명판부착을 기념하는 공식행사가 열려 케임브리지대 명예총장이기도 한 엘리자베스 여왕의 부군 필립공이 참석했다. 엘리자베스 여왕의 한국 국빈방문을 앞두고 있던 시기였는데 필립공은 '방한 준비가 잘되고 있다'고 언론에 말했다. 케임브리지대 전 총장, 학장, 주민들이 참석했다.

김대중 대통령과 부인 이희호 여사는 2001년 12월 5일 이 아파트를 다시 방문했다. 집안 곳곳을 둘러보고 주민들과 환담했으며 특히 이웃으로 지내던 스티븐 호킹 교수의 자택을 찾았다. 케임브리지 대학으로부터 명예박사학위를 받고 클레어 홀 칼리지가 수여하는 명예펠로증서도 받았다. 이 증서는 케임브리지 대학에서 교수나 연구원으로 재직한 학자 가운데 뛰어난 업적을 이룬 인사에게 주어진다. 축하 오찬에는 김 대통령의 유럽순방을 수행 중인 장재식 산자부 장관의 아들인 장하준 케임브리지 대학 경제학과 교수가 참석, 김 대통령에게 기념패를 전달했다.

1990년부터 케임브리지 대학교수로 재직 중인 장 교수는 김 대통령이 김대중 하우스에 거주할 때 이웃집에 살면서 김 대통령을 자주 찾아와 가르침을 받았다고 한다.

캠브리지대학 객원교수인 김대중 전 대통령과 기념촬영하는 노무현 전 대통령

## 노무현 대통령

노무현 대통령의 영국 방문은 엘리자베스 여왕이 1999년 4월 김대중 대통령의 초청으로 한국을 국빈방문한 데 대한 답례 차원에서 이뤄졌다. 영국 왕실이 외국 정상을 국빈으로 초청하는 것은 일년에 한두 차례뿐이다.

2004년 12월 1일 런던에 도착했는데 우리나라 대통령으로서는 최초의 영국 국빈방문이라 방문 기간 동안 버킹엄궁에 체류하면서 영국 왕실과 정부로부터 화려함과 품격을 갖춘 최상의 의전과 예우를 받았다. 버킹엄궁 옆 호스 가즈Horse Guards 광장에서 공식 환영식이 열리고 엘리자베스 2세 여왕과 노 대통령이 함께 왕실 마차를 타고 버킹엄궁으로 행진했다. 필립공과 권양숙 여사도 다른 마차에 동승해 같이 행진했다. 엘리자베스 여왕과의 오찬 및 국빈 만찬 등 영국 국빈방문 필수적인 의전이 모두 포함됐다. 노 대통령이 엘리자베스 여왕과 왕실 마차로 행진할 때 외무부 통역관이 한 명 동승하는데 당시 이태식 주영대사의 아들인 이성환 외무관이 그 역을 맡아 외교관 부자 父子가 노 대통령의 영국 국빈방문에 큰 역할을 했다고 화제가 됐다.

노 대통령은 첫 일정으로 세인트 제임스 궁에서 신우승 한인회장, 오극동 민주평통협의회장 등 200여 명의 재영동포와 간담회를 열어 경제 문제, 북핵 문제 해결을 위한 정부의 노력을 설명하고 동포들을 격려했다. 노 대통령은 이 자리에서 국빈방문과 관련된 일화로 "반기문 외교부 장관에게 '국빈방문과 같은 번거로운 방문을 꼭 해야

영국여왕과 노무현 대통령

합니까'하고 물으니 장관님이 놀라서 눈이 동그랗게 됐다. '김대중 전 대통령이 영국 여왕을 초청해 얻은 귀한 국빈방문입니다.'라고 했다"며 "김대중 전 대통령이 인권 지도자로서 명망이 있다. 저는 덕분에 대접을 잘 받는다."고 국빈 방문의 공을 김대중 전 대통령에게 돌렸다.

엘리자베스 2세 여왕이 마련한 공식 환영 행사와 여왕 주최 오찬, 다음날 열린 국빈만찬에 참석했다. 보수당, 자민당 당수 등 야당 지도자들과 면담하고 한국군 참전용사회 대표를 만났고 토니 블레어 총리와 정상회담을 갖고 금융, 과학기술 분야의 협력과 북한 핵 등 국제 정세 등을 논의했다.

노 대통령의 마지막 일정은 런던 시내 길드홀에서 마이클 새버리 런던(시티)시장 주최 만찬이었는데 양국 관계자 700여 명이 참석했다. 한국 측 초청 인사에 역대 한인회장 부부, 주재상사 대표, 한인 단체장, 현지 언론사 대표들이 포함됐다.

런던 시내 길드홀에서 열린 런던(시티)시장 주최 만찬에 참석한 노무현 대통령

## 이명박 대통령

이명박 대통령은 주요 20개국G20 정상회의에 참석하기 위해 2009년 3월, 4박 5일 일정으로 영국을 방문했다. G20 제2회 런던회의는 엑셀 런던ExCeL London에서 진행됐다

이 대통령은 G20 회의는 물론 고든 브라운 영국 총리, 아소 다로 일본 총리, 버락 오바마 미국 대통령, 케빈 러드 호주 총리, 후진타오 중국 국가주석 등 5개국 정상과 양자 회담을 했다. 이 대통령은 첫 번째 정상회담 주자로 고든 브라운 총리를 3월 31일 영국 총리관저에서 만나 양국 관계 발전, 국제 금융위기 극복을 위한 공조, 기후변화 대처, 한·유럽연합EU 협력 방안 등을 협의했다.

이명박 대통령과 고든 브라운 영국 총리

특히 영국식 워킹홀리데이 프로그램인 영국의 청년이동제도Youth Mobility Scheme에 우리나라가 조속히 가입되기를 희망했으며, 영국 총리도 한국의 가입을 위해 노력하겠다고 밝혔다. 버킹엄궁에서 엘리자베스 2세 영국 여왕 주최 리셉션이 열렸다. 이 대통령은 힐러리 벤 영국 환경식품농촌부 장관과 파반 수크데프 유엔환경프로그램UNEP 수석 연구원 등 영국 유력인사들과 한국 관련 주요 단체 대표들을 접견했다.

이 대통령이 4박 5일 동안 영국에 머물면서도 동포간담회를 열지 않아 동포들이 대사관에 항의성 문의를 하고 일부는 간담회를 열어야 한다는 서명운동을 벌이기도 했다. 특히 제2회 런던회의 때와는 달리 같은 해 9월에 열린 제3회 미국 피츠버그 회의에 갔을 때는 재미동포들과 동포간담회를 가졌다는 소식이 알려져 재영 한인들 사이에는 섭섭하다는 목소리가 더 커졌다.

### 박근혜 대통령

박근혜 대통령의 영국 방문은 노무현 대통령과 같이 국빈방문이었다. 2004년에 노무현 대통령이 국빈방문을 한 바 있어 10년도 안 돼서 한 나라의 대통령을 두 차례나 국빈으로 초대한 것 자체가 이례적이라는 평가였다. 영국에서 박 대통령의 취임식에 경축 특사를 파견하면서 양국 간 국빈방문에 관한 협의가 진행됐다. 한·영 수교 130주년이 되는 2013년 11월 서유럽을 순방하면서 프랑스에 이어 영국을 3박 4일 방문했다. 히드로 국제공항에는 임성남 주영국대사, 신우승 민주평화통일자문회의 영국지회장, 채수석 재영한국경제인협회장, 빌 헨더슨 영국 외교부 장관 특별대표 등이 나와 환영 행사를 했다.

박 대통령은 영국에 머무는 동안 국빈방문의 모든 의전과 예우를 받았는데 엘리자베스 2세 영국 여왕이 주최하는 환영식을 시작으로 오찬을 하고 전시물 관람을 했다. 다음날은 버킹엄궁에서 열린 여왕 주최 국빈만찬에 참석했다.

박 대통령은 11월 5일 한국전 참전 기념비 기공식에 참석했다. 한국 전쟁 참전 16개국 중 제일 마지막으로 런던에 세워지게 된 참전 기념비 기공식에 박 대통령, 한국전 참전용사협회BKVA, British Korean Veterans Association 마이크 스윈들 회장, 윌리엄 왕세손, 런던시 여왕대표 데이비드 브루어 경 등이 참석했다. 국방부 뒤편, 템스강변에 있는 이 기념비의 동상은 겨울 군복 차림의 영국 군인이 동료 전우의 묘 앞에 고개를 숙이고 있는 모습을 하고 있다.

버킹엄궁에서 열린 여왕 주최 국빈만찬에 참석한 박근혜 대통령

참전용사인 피터 피셔 씨가 박 대통령에게 전달한 한국전 참전 당시 자신의 이야기를 직접 쓴 책 'In Memoriam-Korean War.

2014년 12월 3일 준공했다. 기공식에서 참전용사인 피터 피셔 씨는 박 대통령에게 한국전 참전 당시 자신이 속한 연대 대원 1,106명의 이야기를 직접 쓴 'In Memoriam-Korean War'라는 제목의 책과 편지를 전달했다.

영국 의회를 방문해 상·하원 의원 100여 명과 대화하고 에드 밀리밴드 노동당 당수와 보수당의 연정 파트너인 자민당 당수 닉 클레그 부총리를 접견했으며 데이비드 캐머런 영국 총리와 정상회담 및 오찬을 했다. 시네월드 헤이마켓 극장에서 열린 제8회 런던 한국영화제 특별시사회에 참석했고 로열가든호텔에서 동포 간담회를 했는데 신우승 민주평통 영국협의회 회장, 유창화 재영한글학교 교사협의회 회장, 김현옥 런던한국학교장 등 200여 명이 참석했다.

버킹엄궁에서 열린 여왕 주최 국빈만찬에 여왕내외와 기념촬영하는 박근혜 대통령

박 대통령의 영국 방문은 많은 뒷말을 남겼다. 우선 동포간담회에서 동포들과 자유로운 토론이 이뤄지지 않았다. 겉으로 보기에는 자유로운 토론이 이뤄지는 것처럼 참석한 동포들의 질문을 받고 박 대통령이 답을 하는 식으로 진행됐지만, 사실은 질문할 사람이 3명 이미 정해져 있었고 질문할 내용도 정해져 있었다. 다른 동포들도 질문을 하려고 손을 들었으나 이미 질문자로 정해진 3명의 질문만 받았으며 그들은 사전에 짜인 내용만 질문했고 대통령은 정해진 답만 하고 끝났다.

박 대통령이 하루 묵은 호텔의 수도꼭지까지 바꾸고 미용을 위해 독특한 조명을 설치하고 한 번 사용할 의자를 50만 원 들여 구입했다는 뒷말은 다른 언론매체를 통해 많이 드러난 것과 같다.

런던 시장(시티 로드 메이어) 초청 만찬에 참석할 때 박 대통령이 차에서 내리다가 한복 자락을 밟고 넘어졌는데 순간 박 대통령이 "Dramatic entry"라고 하며 재치 있게 넘겨 수행 기자단은 이런 가십거리를 보도하지 않기로 했는데 다음날 AP통신이 생생하게 보도한 바 있다.

## 윤보선 기념 심포지엄

해위윤보선대통령기념사업회는 2013년부터 윤보선 전 대통령의 모교인 에딘버러 대학과 함께 윤보선 기념 심포지엄을 해마다 열고 있다.

윤보선 제4대 대통령이 에딘버러 대학에서 유학했던 것을 기리고, 한국과 영국의 우호 증진을 위해서 시작돼 한·영 간 대표적인 학술 교류 세미나로 자리했다. 윤보선 전 대통령 장남인 윤상구 윤보선대통령기념사업회 이사는 이 공로로 2021년 대영제국훈장(OBE)을 받았다.

윤보선 대통령은 대통령으로서 방문이 아니라 퇴임 후 에딘버러 대학의 초청과 아들 내외가 주선한 효도관광으로 1982년 11월, 약 60년 만에 모교를 방문했다.

윤보선 기념 심포지엄 포스터(2021)

BROOK STREET
ROSE LA
Stepney Ca.
Ratcliff Square
WHITE HORSE
LONDON STR
SHADWELL
BROAD STREET
Butcher R
THE NARROW STREET
Shadwell
Shadwell Dock Sta.
Trinity Sta.
Stone Sta.
Ratcliffe Cross Sta.
Queen St.
Kidney
Limehouse Dock
Globe Sta.
King & Queen Stairs
Shepherd & Dog Sta.
The Pageants
SHIPWRIGHT STR
JAMAICA STR
LAVENDER STREET
LXI
HITHE
OTHER
QUEEN STREET
TRINITY
VIEW OF
TER-ABBEY.

영국한인사 편집자의 후기

# 최초의 영국 한인사를 내면서

내 작은 서고書庫에는 한국 관련 영국 고서古書가 몇 권 있다. 개인적으로 영국에서 출간된 한국 관련 고서적에 관심이 있어 수십 년 전부터 영국 고서점 몇 곳에 한국 관련 책이 들어오면 알려달라고 부탁해 구한 책들이다. 십여 권이 되는데 대부분 20세기에, 그러니까 서기 2000년이 되기 전에 구한 책들이다. 1990년대까지는 가끔 책이 들어왔다는 연락이 왔는데 영국에 고서점이 많이 줄기도 했지만 20년 넘게 오랫동안 서점에서 연락이 오지 않는다. 그래도 아직 나는 책 소식을 기다리고 있다. 여전히 고서점 주인들에게 내 전화번호를 남겨두었다. 모르는 이들에게는 한낱 낡은 책에 불과해 쉽게 버려질지 모르지만 우리에겐 가치를 매길 수 없는 소중함, 언제 어딘가에서 모습을 드러낼지 모르지만 영국에서 만나는 한국 관련 고서적은 내게 무척 기쁜 소식이다.

〈한영수교 140년 만에 처음 쓰는 영국한인사〉를 이번에 발간했다. 당연히 이 책은 내 서고에 자리하겠지만 처음 계획은 〈영국한인사〉를 를 만드는 과정에 재영한인 관련 자료도 함께 모아서 내가 모은 고서와 함께 이를 전시하는 작은 박물관을 꾸미려고 했다. 내가 책을 모으면서 처음부터 계획한 것은 아닌데 한국 관련 책 소식이 뜸해질 무렵 구상한 것이다. 사리질지 모른다는 아쉬움에 함께 나누어야겠다는 사실, 영국에 사는 모든 한인과 나누겠다는 마음은 그때나 지금이나 변함이 없다. 그리고 그렇게 나누겠다는 마음에 구상한 또 하나는 〈영국한인사〉를 편찬해야겠다는 것, 이제 그 늦은 결실을 봤다.

시작은 십 년 전쯤이다. 영국에 '한인사'가 '아직' 없음을 알고 뜻이 맞는 분들이 모이기는 했지만 정작 첫 삽을 뜨지도 못하고 그만두기를 여러 차례, 하지만 언제든 해야 할 일의 목록에는 늘 있었다. 그러다 영국에서 동포신문 〈한인헤럴드〉을 발행하는 김종백 사장을 만나 영국한인사에 관한 얘기를 한 것이 몇 해 전이다. 고백하건

<영국한인사>의 표지시안들

대 제대로 된 영국한인사를 만들어 출간하겠다는 뜻은 없었고 그런 욕심을 낼 형편도 되지 못했다. 우리가 첫 삽만 떠 놓자는 자세로 시작했다. 그래서 죽자고 덤빌 이유가 없었지만 그렇다고 죽자고 매달릴 여유도 전혀 없었다. 특히 책 출간에 관해 누군가에게 도움을 청하지 않았기에 생각과 몸이 매이지 않아 자유로운 것이 최대 장점이자 단점이었다. 한국에서도 소식을 듣고 함께 하자는 재단이나 대학의 제의가 있었지만, 김종백 사장이나 나나 자유가 더 큰 가치여서 모두 거절했다. 그러자 함께 하기로 했던 이들이 갖가지 이유로 떠나고 모든 짐을 처음 시작한 둘이 안게 됐다.

책을 쓸 김 사장이나 나나 먹고사는 생활 짬짬이 자료를 모으고 얘기를 해 줄 어르신들을 만나야 했으니, 진행 속도가 느려 "책이 언제 나오나요?"가 우릴 보는 이들의 인사였다. 굳이 변명하자면, 책을 만드는 우리들의 게으름을 탓하기보다는 관련 자료가 없어 늦어진 부분이 더 많다. 기록이 있으면 판단이 쉽지만, 개인들의 기억들 사이에서 사실을 찾아내는 데는 시간이 많이 필요했다. 한국에서 왔다며 관련 자료를 수집해 간 이들이 가장 큰 장애물이었다. 영국의 한인타운에 조그마하게 만들려던 박물관 내지 전시관 계획도 무산된 것이 사실 전시할 자료가 거의 남아있지 않다.

그래도 그나마 많은 분의 기억을 더듬어 이 책의 밑천이 될 기록을 건진 것이 큰 위안이다. 그분들의 기억과 함께 사라질 역사를 이처럼 늦게나마 기록으로 남기게 된 것이 기쁘다. 오랜 시간 어깨에 메고 있었던 '영국한인사 편집자'라는 직책의 무게를 기쁜 마음으로 내려놓게 된 것 역시 기쁘다.

〈영국한인사〉를 만들면서 참 많은 분을 만났다. 시간을 내 만나주셨던 많은 분께 고마움을 전한다. 한국에서 도움을 주신 분들이 있고 여러 방법으로 격려해 주신 분들이 있다. 김장진 선생님을 비롯해 책 발간을 보지못하고 돌아가신 분들께 무척 미안한 마음이다. 그분들의 명복을 빈다.

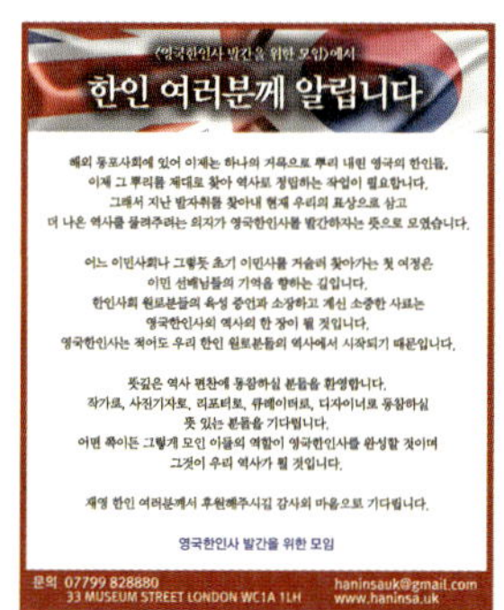


39면 참조

**'영국 한인사'를 곧 발간합니다.**
**게재를 원하시는 개인이나 단체는 연락 바랍니다.**

영국에 사는 한인들의 역사를 찾아내고 모아서 엮은 '영국 한인사'를 곧 발간합니다.
지금 기록하지 않으면 곧 사라질 우려에 붙잡은 순간이었지만 손이 닿은 기록에는 해마다 살이 붙고 지고,
또 길어지고 자르기를 반복하다 보니 여러 해를 넘겼습니다.
이제 '여기까지'라는 결심이 섰기에 책으로 엮어 세상에 내고 저희는 더 나은 역사서가 더 밝은
누군가에게서 나오길 기다리는 또 한 사람으로 돌아가려 합니다.
지금까지 기술된 내용을 우선 목차로 한인여러분께 첫인사를 올리면서 혹시 이 책에 게재되길 원하시는
개인이나 단체의 연락을 부탁드립니다.
모든 주장과 내용이 다 기술될 수는 없으나 최대한 사실에 근거했음이 입증되는 모든 것이 우리 역사라는
자세로 대하겠습니다.

〈영국한인사 발간을 위한 모임〉 올림
목홍균 077 9982 8880 | 김종백 0790 337 0247

〈영국한인사〉의 참여를 권하는 지면 광고들

이 책을 만들면서 영국 한인사회 역사의 한 부분이 되는 모든 분들의 참여를 기대하며 동참을 권했다. 한인헤럴드를 통해 여러 차례 책을 만든다는 소식을 전했고 의견과 정보를 청했다. 일부 단체에는 직접 이메일을 보내 단체의 역사와 현황을 보내 달라고 요청했다. 이 책에 누락된 역사의 부분이나 단체의 현황은 정보를 찾기 어려웠거나 우리가 받은 정보가 없기 때문이다.

이 책의 표지는 여러 안이 있었는데 영국에 사는 한인들의 의견을 모아 선정한 것이다. 가장 많은 분이 이 표지를 꼽았다. 왜 이 안을 추천하는지 의견도 다양했고 재미있는 사연도 많았는데 여기서 소개하지 못하는 점이 아쉬울 정도다.

〈한영수교 140년 만에 처음 쓰는 영국한인사〉는 최초의 영국 한인사로 기록될 것이다. 이 책을 통해 사람들은 영국과 영국에 사는 한인들과 관련된 많은 사실을 접하게 될 것이다. 영국에 사는 한인들의 역사를 비롯해 많은 부분을 알리는 안내서가 될 것으로 본다. 그래서 보다 많은 분이 접할 수 있도록 이 책을 한국의 모든 국공립 도서관 -국가도서관, 공공도서관, 대학도서관, 전문도서관, 학교도서관-에 발송해 비치할 계획이다. 영국에 사는 우리들의 이야기인 만큼 재영한인들께서는 당연히 관심을 갖고 많이 보실 것으로 기대하며 특히 우리 2세들이 자신의 할아버지, 할머니, 아버지, 어머니의 삶이 담긴 이 책을 쉽게 접할 수 있도록 많이 보급할 계획이다.

2023년 12월

영국한인사 편집자

목홍균 배상

한영수교 140년 만에 처음 쓰는

# 영국한인사
# 자료 요청과 안내 광고들

## 영국한인사 편찬에 도움을 주실 분들을 기다립니다.

지난 수년간의 작업을 마무리하고 영국한인사(가제)를 이제 출간하려 합니다.
마지막 수정, 교정을 마치면 이달 말부터 한국 출판사에 원고를 넘겨 편집 인쇄를 시작합니다.
우리 소중한 역사로 기록될만한 꼭 필요한 사진이나 자료를 갖고 계신 분이 있으시면 연락 바랍니다.
영국한인사에 누락되지 않도록 기록하고 남기겠습니다.
아울러 이번 영국한인사 발간에 있어 서적 운송, 판매, 도서 구입, 발송 등 도움을 주실 분들을 기다립니다.
영국한인사는 지난 몇 년간 영국에 사는 한인 개개인의 자격으로 시작했으며 순수 자비로 모든 것이 진행되어 왔습니다.
여러분의 성원을 기다립니다. 고맙습니다.

목홍균 077 9982 8880 | 김종백 0790 337 0247
haninherald@gmail.com

**영국한인사(가제) 목차**

# '영국한인사'를 이렇게 엮으려 합니다

그동안 준비한 '영국한인사'를 이제 곧 책으로 출간합니다.

이 책은 우리 모두의 이야기이며 귀하의 이야기이며 내 이웃의 이야기이며 우리가 아는 그분들의 이야기이며 우리가 아는, 또는 직접 속해 있는 많은 한인 단체의 이야기입니다.

우리 2세들에게는 할아버지, 할머니, 아버지, 어머니의 삶의 기록입니다.

그들의 이야기들로 엮은 기록이 영국한인사가 되었습니다. 자칫 사라질지 모르는 우리들의 오래된 기억을 기록한 것이 역사가 되었습니다.

하여, 많은 분이 기다리셨고 늦어진 만큼 잘 매조지고자 여러분의 고견을 구합니다.

**'한영수교 140년 만에 처음 쓰는 영국한인사'** 다소 긴 제목의 책인데 다음과 같이 6개의 표지 시안을 준비했습니다.

어느 시안이 가장 잘 어울리는지 여러분께 선을 보이고 여러분이 선택해 주신 안으로 책을 만들려 합니다.

여러 방법을 통해 많은 분의 의견을 모으겠습니다. 고견을 부탁드립니다.

<한영수교 140년 만에 처음 쓰는 영국한인사>
저자 김종백 올림

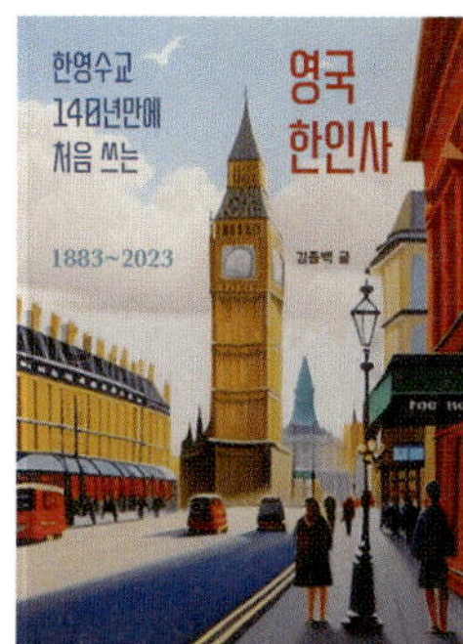


1. Big Ben : 화려한 일러스트레이션으로 주목을 끄는 안.

2. Bus : 붉은색과 베이지를 잘어울리는 프리한 그림 스타일.

3. Calligraphy: 서예가님의 글을 돋보이게 배치한 심플한 시안.

4. Collage: 다양한 본문 내용을 미리 볼 수있는 빈티지한 몬드리안식 레이아웃.

5. Frame: 윌리엄모리스의 패턴을 연상시키는 우아한 프레임으로 장식된 시안.

6. Polaroid : 젊은 감성에 맞는 인스타그램풍의 깔끔한 구성.